知其然　更要知其所以然

西安所以然
——文佑谝西安 上部

李文佑 著

民主与建设出版社
·北京·

© 民主与建设出版社，2023

图书在版编目（CIP）数据

西安所以然：文佑谝西安：上、下 / 李文佑著.—北京：民主与建设出版社，2020.8（2023.3重印）
ISBN 978-7-5139-3120-5

Ⅰ.①西… Ⅱ.①李… Ⅲ.①文化史-西安 Ⅳ.①K294.11

中国版本图书馆CIP数据核字（2020）第129326号

西安所以然：文佑谝西安
XIAN SUOYI RAN WENYOU PIAN XIAN

著　　者	李文佑
责任编辑	程旭　周艺
封面设计	前程设计
出版发行	民主与建设出版社有限责任公司
电　　话	（010）59417747　59419778
社　　址	北京市海淀区西三环中路10号望海楼E座7层
邮　　编	100142
印　　刷	涿州军迪印刷有限公司
版　　次	2020年8月第1版
印　　次	2023年3月第2次印刷
开　　本	787毫米×1092毫米　1/16
印　　张	59.25
字　　数	822千字
书　　号	ISBN 978-7-5139-3120-5
定　　价	158.00元（上、下）

注：如有印、装质量问题，请与出版社联系。

中国国家主席习近平于2015年9月23日访问美国林肯中学,在向该校师生们介绍中国时如是说:"看千年的中国去西安,看五百年的中国去北京,看一百年的中国去上海……"

(央广网美国塔科马2015年9月24日报道)

西安钟楼,建于1384年明洪武十七年,是中国现存形制最大、保存最好的钟楼

西安鼓楼,建于1380年明洪武十三年,是中国现存形制最大、保存最完好的鼓楼

西安大雁塔唐文化风景区

西安城墙的西南城角和护城河

西安城墙永宁门的城楼、箭楼、闸楼、吊桥及周边夜景

西安秦岭植物园入口处

西安唐风唐韵的大唐芙蓉园

西安流光溢彩的大唐不夜城

西安高科技荟萃的高新技术开发区

西安地铁地面横穿的浐河广运大桥

西安昆明池风景区的汉武帝训练水军的大型"军舰"

西安"大唐遗宝"中传世孤品的镶金兽首玛瑙杯

西安"大唐遗宝"中的鸳鸯莲瓣纹金碗

西安"大唐遗宝"中的赤金走龙

西安"大唐遗宝"中的提梁银罐中的顶级藏品

西安亚洲最大高铁枢纽站——西安北客站

中国第一家5G全覆盖的智能体育中心——西安奥体中心

2019年春节期间西班牙等十多个国家的驻华使节结伴来到西安在永兴坊欢度元宵节

2019年西安城墙元旦祈福马拉松大赛(本图及以上第3、4、5、6、7、9、10、13图均为李念拍摄)

序言

PREFACE

用"书"去写西安,很早就有这个想法,但却一直没有这个勇气,因为西安在我心中的巍峨、博大、厚重,可谓是高山仰止,我怀疑,岂是我能够攀登而上的?

认知西安,对我来说是一个从小到大、从感性到理性、从痴迷到狂热的渐进过程。

我的故乡在潼关,那里是一个极具传奇的地方,自古以来即是闻名遐迩的"秦地东大门,长安金锁钥",潼关与西安那是生死与共、密不可分!想一想,一个是钥匙一个是锁,如此关系谁能比之?难怪在古代甚至在近代屡试不爽:"潼关一感冒,西安必咳嗽"。潼关有诸多的故事,特别是战争故事,而我的父亲则特善讲故事,他通古晓今,素有潼关"故事篓子"之称,我从小就是在父亲的故事堆中长大的。父亲的故事,不论是长篇的,还是短篇的,虽然名义上是讲潼关,但几乎篇篇都离不开讲西安。诸如,"李世民的贞观塔为什么建在潼关城?""潼关城、西安城的西城门为什么是一个样?"诸如,"哥舒翰痛失潼关长安不保""李自成智取潼关西安自破",以及"康有为西安盗宝潼关被截",以及"镇嵩军西安败退潼关复仇",等等,就连那些茶余饭后的段子笑料,也都是有潼关即有西安。听父亲的故事,尽管当时我只有七八岁甚至五六岁,尽管囫囵吞枣只是听了个热闹,但不可否认,正是在热闹之中却让我牢牢地记住了西安。

1979年，我进入潼关文化馆担任创作组组长，文化馆的工作，不论是潼关的文化、潼关的历史，还是潼关的战争，事实证明，其内容多与西安有关，多要涉及西安。1992年，我进入潼关文物旅游局担任局长，而潼关的文物旅游那更是与西安割不开、扯不断。说文物，潼关文物的核心是古城文物、古关文物；说旅游，潼关旅游的核心是古城旅游、古关旅游；而潼关的古城、古关，在古代则纯粹是为西安而建的！就连潼关古城西门的城楼箭楼与西安古城西门的城楼箭楼都是一个模子倒出来的。在当时，我亲手撰写的《潼关县旅游总体规划》以及十多个单体项目的旅游规划，其中都能找到西安的踪影，大多都与西安有着密切的关系。不得不承认，在文物旅游局工作的14年，培养了我与西安的感情，拉近了我与西安的距离。在此期间，我写过有关西安的诗歌，有关西安的散文，有关西安的研讨文章，甚至还为数家西安企业做过旅游项目的开发策划，做过旅游产品的营销方案，不仅积累了诸多的西安资料，而且升华了我对西安的总体感知。

2005年3月，对我来说是一个突如其来的人生转折，西安的陕西秦阿房宫旅游集团在《陕西日报》上刊登招聘启事，公开招聘该集团常务副总经理兼阿房宫旅游景区总经理。我带着对西安的崇敬前往应聘，经过了笔试、面试以及竞聘演讲，最终我有幸被正式录用，并毅然离开了文物旅游局前往赴任。从此，我把家搬到了西安；从此，一座两千多年后再现的大秦帝国阿房宫，让我走进了千年古都的大学校；从此，结合企业的运作管理，我开始了对西安的深入研究。从"东有兵马俑，西有阿房宫"的宣传语开始，从阿房宫的秦代开始，一直延伸到了古代西安的周汉隋唐，一直延伸到了现今西安的方方面面。尽管后来企业的情况有所变换，但我对西安的研究则一直未曾中断，且愈加广泛愈加深入。西安的巍峨博大，西安的辉煌灿烂，使我深深沉醉其中，时时心中澎湃，久久不能自拔。

不知从何时起，我发现自己成为了一个"好事之人"：我听不得别人对西安的误解，对以负面心理看待西安的人我必然会去论辩，对真正想了解西安的人我则一定会耐心地介绍。我曾在城墙上对提出"西安城墙是不是真文物？"的游人进行了详细说明；也曾在西安北站向质疑"亚洲最大高铁站"的旅客作出过现场指证；我曾在回民街面对外地游客对"回民街究竟有多大？"的不解展示过自己手绘的回民街地图；也曾在西京医院向外地患者对西京医院在全国位次的误解拿出了中国第五的"百强排名"……如此种种，也就是在这个时候，也就是在这种情况下，让我萌生了一个念头：我想写一本书，让"书"来全面地宣传西安。

不过，写书的念头虽然有了，但动笔的底气却显然不足，说句坦白话，真正要全面地书写西安，在当时，我还不能够完全相信自己。直到 2014 年初，承蒙故乡潼关的厚爱，为本人在当地电视台开设了《文佑谝潼关》的长篇专栏讲坛，并专门前往西安特邀我担任播讲，我经多方考虑后，最终接受邀请。当时电视台的栏目是一周播出一讲，故我只能是边讲边写两月一录。整个《文佑谝潼关》10 大篇章 52 讲，每讲 35 分，电视台连续播了一年多，我也连续写了一年多。《文佑谝潼关》在当地电视台热播的同时，也在腾讯视频同步上线，其范围覆盖全国，影响甚广。让我感到意外的是，《文佑谝潼关》播出之后，全国各地的潼关籍人士纷纷点赞叫好，诸多自称粉丝的潼关观众期待与本人合影留念，有的潼关景区提出为本人开设文佑大讲堂进行现场演讲，诸多单位和个人希望得到《文佑谝潼关》的书籍，而数家在潼关投资的西安、洛阳等外地企业则争相赞助《文佑谝潼关》一书的出版。2016 年 8 月，44 万字的《文佑谝潼关》正式出版，并一直至今都有幸受到了潼关人民的追捧和喜爱。《文佑谝潼关》电视的热播，《文佑谝潼关》书籍的受捧，再加上之前《文佑谝石泉》一书的铺垫，似乎壮了我的胆子：谝了石泉，谝了潼关，我敢不敢再谝西安？久违的念头又一次冒了出来，而且占满了我的脑海。不过，静下心来，思之又思，想之又想，最终我再次冷却了自己的激情，一个小县岂能和西安同日而语！

真正使我最终决定动笔开写这本书的，是 2017 年初报纸上报道的"坚定文化自信,讲好西安故事"的官方号召。当时这一活动在西安已经如火如荼,各行各业都在各显神通地积极响应。"讲好西安故事",这一把火又一次点燃了我的激情,再加之西安建设国际大都市的紧锣密鼓,再加之西安借乘"一带一路"东风的再度崛起,再加之西安近年来追赶超越的日新月异,再看看我长时间积累的大量西安资料,我终于下定了决心:写!写好写不好,先写出来再说。文学大师贾平凹的话极具形象:"鸡有了蛋就要下,不下那会憋得慌。"更何况我已经憋了六七年的时间,实在是憋不下去了。

憋了六七年,并不是无所作为,而是时时都在孕育,天天都在构想,如今突然要释放了,顿觉浑身轻松,下笔反而觉得容易了许多。按照既有的思路,本书共布局了10大篇章76讲400多个小节。10大篇章10大方面;76讲76个专题;400多个小节,每小节都是一个相对可以独立的单元节点。至于10大篇章的76讲以及400多个小节如何而来?那都是按照我最初构想的入书标准"卡"出来的。

本书不像写小说,写的是人、写的是事,本书是宣传西安的书,写的是西安从古到今最最值得夸耀的各种亮点。然而,从古到今西安值得夸耀的亮点实在是太多太多,相比而言本书的容量则实在是太小,故而就涉及到一个选择的标准,哪些可以入书?哪些只能割舍?本书的76讲400多节,几乎每一讲每一节都分别是一个亮点,而这些诸多的亮点,大多都是西安在中国的或之最、或第一、或独有、或仅仅位次于中国的北京和上海。否则,哪怕是排在中国的前十,哪怕是中国的几大之一,哪怕是同样令人们羡慕的西安亮点,也只能是忍痛割爱,难以收进本书之列。本书列入的都是:诸如西安的猿人头骨,历史最久、保存最好,距今时间160多万年;诸如西安的兵马俑,中国独有、世界唯一,各国元首多是慕名而来;诸如西安的飞机城,中国唯一、亚洲最大,在全世界也是颇具影响;诸如西安的尖端科技,不论是科研院所,还是科技人才,都是仅次京沪的中国第三……

然而,你推出了这么多的最大、第一、独有,别人是否认可?故必须要有无可辩驳的论据，一下子把道理夯死，才能让人服气，让人无话可说。如今任何一个城市都在蓬勃发展，都在日新月异，谁不想夺得一个最大？谁不想争得一个第一？例如，高速铁路的火车站，有数个城市都打出了中国的"最大"，有的是占地规模，有的是建筑面积，但是这个若干平方米、若干平方公里的"最大"数据，除非与对比者相差悬殊，否则有谁能比较出来呢？而本书推出的论据则力求显而易见、以理服人：酒店的大小，论的是客房的多少；医院的大小，论的是病床的多少；图书馆的大小论的是藏书的多少；飞机场的大小，论的是跑道的多少；而高铁站的大小，论的则是火车道轨的多少，因为道轨多则证明了通的线路多，道轨多则证明了停的车次多，否则，车站建的再大也没有说服力。根据官方全国十大高铁枢纽站的道轨数据显示：郑州是32道，上海是30道，广州、南京各是28道，成都是26道，北京是24道……而十大高铁枢纽站的最后一个城市车站只有道轨20道。但西安北站的"亚洲最大高铁站"，则拥有道轨34道，全国第一，全国唯一，没有并列，没有之一！而且，每个高铁站站台道轨序号的牌子和检票口都标得清清楚楚，任何人都可以随便进行相互比较，谁不服气谁都可以去现场查证——用翔实有力的论据来论证自己推出的观点，在本书的每一个选题中尽皆如此：如全国最大的军工基地、全国最大的交通枢纽、全国第二的高等院校、全国前列的医疗资源，等等，本书都是既提出了明确的观点，又都给出了充分的论证论据。

"以独特的视角和观点讲述西安的每一个亮点"，是本书极力追求的目标，而且让这种视角和观点直接体现在每一讲、每一节的题目之中。例如：横扫六合的虎狼之军、见怪不怪的西安现象、中国的汉语之根在西安、日本天皇年号的档案馆、张骞出使西域的歪打正着、乾陵至今未破的无头公案、西农大从十农共舞到一统天下、中国的北京时间从西安发出、陕西历博的三个总理决定、民办高校的西安敢撞南墙、看老鸹腥的西安离家出走、吃羊肉泡的五要一不条件、西安信手招来的地下宝库、西安航天产业的美国预言、西安的国之中心东西南北路最短、西安的高速公路"米"字枢纽多三画等等。以上的每一个题目，都在力争体现本书的个性观点，都在希望让人们感到新颖引人，都在希望让人们急欲一睹为快。

让我感触最深的是，本书既是写出来，同时也是"跑"出来的，不跑没有真切的感受，不跑没有充分的论据。本书所涉及的单位和地方，少的我跑了一两次，多的要跑四五次，最多的陕西历史博物馆，我先后跑了八个来回。整个足迹涉及了南边的秦岭，北边的阎良，东边的华阴、潼关，西边的泾阳、乾县，所到之处涵盖了西安的各个区县以及周边县市。我没有计算过总共跑了多少路，更没有计算过总共跑了多少油，但却记住了跑过的时间：连写作时的首跑，带照相时的再跑，总共跑了四个月零二十二天。为了得到"大地原点"的相关资料，我专门跑到泾阳请求协助；为了感受阎良飞机城的特别景观、西飞集团下班时滚滚蜂拥的自行车流，我在阎良专门等住了一个晚上；为了寻找一张我印象中见到的唐末时朱温火烧长安城的图画资料，我冒雨接连跑了西安博物院、大明宫博物馆、陕西历史博物馆，不仅来来回回一张图片一张图片地反复查找，而且麻烦了多个讲解员帮我搜寻；为了彻底"吃"透回民街，我连续转悠了一个星期，曾"跟踪"过国内的游客，"跟踪"过外国的吃货，"跟踪"过媒体的记者，"跟踪"过环卫的保洁……跟他们套过近乎，和他们吃过便饭，为他们送过"加菜"，甚至还接受了一对来自安徽铜陵教师夫妇的邀请，去他们所住的酒店进行有关西安的聊天。也就是在这七天里，我写下了不少回民街的笔记，掌握了诸多回民街的秘闻，包括那张纵纵横横十七条街巷的回民街地图也都是在那个时候手绘完成的。

高山，只有经过攀登你才能感悟它的巍峨、博大、厚重，西安即是一座巍峨、博大、厚重的高山。我庆幸，我攀登了。同时我也希望，全中国、全世界关注西安、喜欢西安以及想要了解西安的人，都能够前来攀登，而此书则是我提供给人们的一本小小的"登山手册"。那一对安徽夫妇在酒店里对我所说的话令我至今印象深刻："原以为西安值得夸耀的只有文化，其它的都不足一提，现在才知道，西安还有如此之多令人瞠目的中国之最、中国第一、世界独有！"并恳切希望，我的书出版后能烦劳寄给他们一本。想一想，偌大的中国，也许持有这种观点的人还会很多，在这里我只想再次重申："西安值得夸耀的只有文化"，这句话并不算错，但西安的这个"文化"不仅只是西安的文化，它更是中华民族的中华文化！世界四大文明古国，唯一延续至今的只有中国，靠的是什么？靠的就是中华文化的代代传承。而西安，正是因为拥有了这一独特的文化辉煌，才衍生出了诸多诸多特有的西安辉煌。

写这本书，我没有别的奢望，还是那句话：我只是在做我多年来一直想做的事，安抚我多年来一直澎湃的心。如今，书是写出来了，但究竟好不好？对于我来说，脑子里来来回回过往了"如此之多的中国之最、全国第一、世界独有"，我已经是完全麻木了，我已经是审美疲劳了，我已经判别不出优劣了。我想，我提供给人们的，只是一本大西安的"登山手册"，对此，西安人民最有评判的资格，至于用起来好用不好用？使起来称手不称手？反正我已鼓足了干劲，付出了十二分的努力。

不过话说回来了，"共步华夏五千年，七彩纷呈大西安"，岂是一本书能够写就的？周秦汉唐，打造了西安的千古大都；华夏之源，酿就了西安的根脉文化；国际都市，助力了西安的再度崛起；"一带一路"，把西安又一次推到了世界的前沿——知其然，更要知其所以然！然而，《西安所以然》仅是窥斑见豹，仅是优中取精，大西安更多更多的"其其然"则有待于人们亲临感悟、现场领略，届时，《西安所以然》定会充当一个尽职尽责的西安导引。

李文佑

2019 年 12 月 31 日

目录

第一篇章　西安　无与伦比的历史地位

第一讲　西安　中国古代建都条件最佳的都城 ………… 3

第一节　中国古代都城的不同概念 ………… 3

第二节　中国古代都城的选址原则 ………… 5

第三节　西安天造地设的综合优势 ………… 7

第四节　西安封建帝都的代代沿袭 ………… 11

第二讲　西安　中国古代建都时间最长的都城 ………… 13

第一节　华夏之朝建都西安 ………… 13

第二节　大秦帝国定都西安 ………… 16

第三节　大汉王朝定都西安 ………… 18

第四节　大唐天朝定都西安 ………… 21

第五节　数十都城三千年　一千余年在西安 ………… 23

第三讲　西安　唐代规模最大的城市 ………… 25

第一节　唐长安城的面积　八十四平方公里 ………… 25

第二节　唐长安城的人口　高达百万人以上 ………… 27

第三节　唐长安城的宫城　被誉为千宫之宫 ………… 28

第四节　唐长安城的商市　有十二万家商户 ………… 30

第五节　唐长安城的街道　宽一百七十六米 ………… 32

第四讲　西安　古代都城规划的典范 ·············· 35
第一节　中轴纵横对称　城市街线酷似棋局 ·············· 35
第二节　宫城皇城郭城　布局恢宏龙威尽显 ·············· 37
第三节　城路居区住宅　等级差异无处不在 ·············· 39
第四节　壹佰零玖里坊　市民居区密而有序 ·············· 41
第五节　供水排水科学　基础设施设计超前 ·············· 43
第六节　四类园林共存　不同群体各有所乐 ·············· 45

第五讲　西安　大唐时期的国际中心 ·············· 49
第一节　受大唐恩赏做官长安的各国英杰 ·············· 49
第二节　向大唐帝国朝拜进贡的各国使节 ·············· 52
第三节　到文化中心学习交流的各国学者 ·············· 53
第四节　来丝路之源贸易经商的各国商贾 ·············· 56
第五节　在世界大都定居落户的"长安市民" ·············· 58

第二篇章　西安　辉煌灿烂的历史文化

第一讲　百万年前的猿人头骨　蓝田猿人 ·············· 63
第一节　北京猿人头盖骨的世界疑案 ·············· 63
第二节　蓝田猿人头盖骨的赫然问世 ·············· 65
第三节　南京猿人头盖骨的好事成双 ·············· 68
第四节　蓝田猿人头盖骨的世界意义 ·············· 69

第二讲　六千年前的远古村落　西安半坡 ·············· 73
第一节　中国第一座史前村落博物馆 ·············· 73
第二节　六千年前的远古华夏第一村 ·············· 76
第三节　半坡遗址让世人大开眼界 ·············· 78
第四节　"人面鱼纹"令学界惊叹不已 ·············· 80

第三讲　中国的汉语之根在西安 ·············· 84

　　第一节　汉语一词　来自汉朝来自汉朝的都城西安 ·············· 84

　　第二节　西安方言　中国古代时间最长的汉语官话 ·············· 86

　　第三节　西安方言　中国大量古文典籍的书用语言 ·············· 88

　　第四节　中国汉语　世界至今最为优秀的语言之一 ·············· 90

第四讲　中国的汉字之本在西安 ·············· 93

　　第一节　半坡的字符　开创了中国文字的功能使用先河 ·············· 93

　　第二节　秦代的小篆　统一了中国文字的标准形体写法 ·············· 95

　　第三节　汉代的隶书　奠定了中国汉字的永久笔划结构 ·············· 97

　　第四节　唐代的楷书　确立了中国汉字的永久通用字体 ·············· 98

　　第五节　中国的汉字　对周边国家的影响深远 ·············· 100

　　第六节　中国的汉字　是中华民族的一统文字 ·············· 102

第五讲　中国的戏剧之源在西安 ·············· 105

　　第一节　秦腔的年龄　两千多岁 ·············· 105

　　第二节　秦腔的剧目　一万多个 ·············· 107

　　第三节　秦腔的发展　大唐天朝功劳最大 ·············· 109

　　第四节　秦腔的传播　催生北南各大剧种 ·············· 111

　　第五节　秦腔的表演　八大绝技誉满神州 ·············· 113

　　第六节　秦腔的进京　唱红清代中国剧坛 ·············· 116

第六讲　西安　秦代军事科技的世界奇迹 ·············· 119

　　第一节　秦代至今无法破解的铸剑技术 ·············· 119

　　第二节　秦代至今难以超越的防锈工艺 ·············· 121

　　第三节　秦代至今叹为观止的加工精度 ·············· 124

　　第四节　秦代威力最强的远距离射杀武器 ·············· 125

　　第五节　秦代世界最早的标准化军工生产 ·············· 127

第七讲　西安　汉代民用科技的世界首创 ················· 130
第一节　西汉　世界最早的造纸技术 ··················· 130
第二节　西汉　世界首创的提花织机 ··················· 133
第三节　西汉　世界最早的温室栽培 ··················· 135
第四节　西汉　世界首创的播种耧车 ··················· 136
第五节　西汉　世界最早的扬谷风机 ··················· 138
第六节　西汉　世界首创的指南皇车 ··················· 139

第八讲　西安　大唐文化的历史巨献 ····················· 142
第一节　大唐文化的辉煌成就 ························· 142
第二节　大唐诗歌的文学传奇 ························· 146
第三节　大唐文化带给世界的巨大影响 ················· 148
第四节　大唐文化繁荣极顶的根本原因 ················· 150

第九讲　西安　层出不穷的地下宝库 ····················· 154
第一节　收容站的偶然"幸遇" ························· 154
第二节　何家村的惊天新闻 ··························· 157
第三节　大唐遗宝的旷世价值 ························· 159
第四节　两瓮一罐的千古奇谜 ························· 161
第五节　见怪不怪的"西安现象" ······················· 164

第三篇章　西安　改变中国的历史事件

第一讲　商鞅变法　开创古代中国历史先河 ··············· 169
第一节　商鞅变法　彪炳千古的伟大变法 ··············· 169
第二节　商鞅变法　对中国的伟大贡献 ················· 173
第三节　商鞅变法　惊憾千古的悲惨结局 ··············· 174

第二讲　横扫六合　造就东方霸主大秦帝国 ··············· 177
第一节　商鞅变法　秦国脱胎换骨 ····················· 177

第二节　力夺九鼎　开启秦王纪年 …… 179

第三节　横扫六合　完成一统大业 …… 181

第四节　虎狼之军　威震东方无敌 …… 183

第五节　千古一帝　开创历史纪元 …… 185

第三讲　刘邦立汉　大汉罗马世界东西两强 …… 189

第一节　西汉　名垂青史的文景之治 …… 189

第二节　西汉　雄才大略的汉武大帝 …… 191

第三节　西汉　所向披靡的钢甲铁军 …… 194

第四节　西汉　世界两强的东方大国 …… 197

第四讲　张骞出使　首开中西交流丝绸之路 …… 200

第一节　匈奴侵掠　西汉遣使西域联友征讨 …… 200

第二节　首使西域　张骞历尽艰险不辱使命 …… 202

第三节　二使西域　开创中西交流丝绸之路 …… 205

第四节　丝绸之路　是古代大汉的强国之路 …… 207

第五节　丝绸之路　是现今中国的世界舞台 …… 209

第五讲　玄武门之变　历史推出大唐太宗 …… 212

第一节　唐高祖的无奈之举酿就了玄武门之变 …… 212

第二节　李世民的盖世功绩诱发了玄武门之变 …… 214

第三节　李建成的釜底抽薪助推了玄武门之变 …… 217

第四节　太子党的三方结盟立决了玄武门之变 …… 219

第五节　玄武门之变　一场惊心动魄的喋血之变 …… 221

第六讲　贞观开元　大唐雄踞世界之巅 …… 225

第一节　贞观之治　开创大唐的辉煌之路 …… 225

第二节　开元盛世　中国历史的盛世巅峰 …… 228

第三节　大唐的疆域　国土范围空前未有 …… 230

第四节　大唐的军队　四大要素样样超前 …… 232

第五节　大唐的长安　是当时的国际中心 ……………………… 233

第四篇章　西安　独领风骚的千年古城

第一讲　古西安　中国千古大都的历史变迁 ……………………… 239

第一节　历朝都城的五度兴建 ……………………………………… 239
第二节　大唐帝都的一朝被毁 ……………………………………… 242
第三节　浴火重生的唐长安城 ……………………………………… 244
第四节　阴差阳错的明西安城 ……………………………………… 246

第二讲　历史上　守护西安古城的天险潼关 …………………… 250

第一节　天险潼关　自古为长安锁钥
　　　　四大要素　雄奇险天下无双 …………………………… 250
第二节　安史之乱　哥舒翰痛失潼关
　　　　玄宗弃京　长安城拱手相让 …………………………… 252
第三节　黄巢西进　起义军智破潼关
　　　　僖宗出逃　长安城刀枪未动 …………………………… 254
第四节　乔扮明军　李自成轻取潼关
　　　　天险已破　西安城开门迎敌 …………………………… 256
第五节　西安事变　"中央军"抢占潼关
　　　　和平解决　西安城逃脱一劫 …………………………… 258
第六节　抗战八年　日本兵难过潼关
　　　　雄关虎踞　西安城免遭涂炭 …………………………… 261

第三讲　八十年代初　西安古城的喜获新生 …………………… 264

第一节　千年西安古城墙　五次遇险　五次幸免 ………………… 264
第二节　国家文物局指令　加强保护　及早维修 ………………… 266
第三节　西安市政府牵头　专设机构　立即实施 ………………… 268
第四节　全民齐上阵　义务劳动　人人奉献 ……………………… 271

第五节　壮哉西安城　雄姿重现　旧貌新颜 …… 273

第四讲　九十年代后　西安古城的锦上添花 …… 277

　　第一节　城楼箭楼排查　彻底修缮加固 …… 277

　　第二节　异变城墙治理　车站豁口连通 …… 279

　　第三节　城河污染根治　科学净化水质 …… 282

　　第四节　环城公园拓建　古城锦上添花 …… 284

　　第五节　综合提升改造　风景这边独好 …… 286

第五篇章　西安　名贯中外的旅游大牌

第一讲　世界文化奇迹　西安兵马俑 …… 291

　　第一节　西安兵马俑　信手拈来的地下宝库 …… 291

　　第二节　西安兵马俑　惊服世界的伟大奇迹 …… 293

　　第三节　西安兵马俑　无法破解的千古技艺 …… 295

　　第四节　西安兵马俑　中国外交的金色名片 …… 299

第二讲　历代皇家温泉　西安华清宫 …… 302

　　第一节　三千年前御温泉的华清宫 …… 302

　　第二节　周幽王笑失天下的烽火台 …… 305

　　第三节　唐玄宗七夕盟誓的长生殿 …… 307

　　第四节　蒋介石西安事变的五间厅 …… 309

　　第五节　惊世之作的实景剧长恨歌 …… 312

第三讲　独领风骚的千年古城　西安城墙 …… 316

　　第一节　西安城墙　中国唯一保存完整的千年古城 …… 316

　　第二节　西安城墙　中国独具创意的中华迎宾大礼 …… 319

　　第三节　登上城墙　领略西安古城的强悍防御 …… 322

　　第四节　登上城墙　尽赏西安市景的古今辉映 …… 324

第四讲　中国唯一的二帝合葬　大唐乾陵 …… 327

　　第一节　一男一女的二帝合葬陵 …… 327
　　第二节　中国唯一的女皇武则天 …… 329
　　第三节　弃帝复后的诸多疑问 …… 331
　　第四节　乾陵选址的经典传奇 …… 333
　　第五节　悬念多多的无字石碑 …… 334
　　第六节　至今未破的无头公案 …… 337
　　第七节　屡掘不成的神秘乾陵 …… 338

第五讲　中国最大的石刻宝库　西安碑林 …… 341

　　第一节　中国历史最早的博物馆　西安碑林 …… 341
　　第二节　中国十大碑林的第一家　西安碑林 …… 344
　　第三节　西安碑林　中华文化儒家精粹的藏宝库 …… 346
　　第四节　西安碑林　中国古代顶级书法的黄金屋 …… 348
　　第五节　西安碑林　日本天皇年号渊源的档案馆 …… 351

第六讲　一古一今的中国之最　西安大明宫 …… 354

　　第一节　唐代大明宫　古代享誉世界的"东方圣殿" …… 354
　　第二节　唐代大明宫　古代"千宫之宫"的皇家宫苑 …… 355
　　第三节　今日大明宫　是联合国大型遗址保护的成功典范 …… 358
　　第四节　今日大明宫　是世界上面积最大的城市中央公园 …… 361
　　第五节　权威的预言　大明宫遗址起码还要发掘二百多年 …… 363

第七讲　一带一路的历史象征　西安大雁塔 …… 365

　　第一节　偷渡西天　万里取经　世界壮举　青史留名 …… 365
　　第二节　皇帝敕令　唐僧亲建　西安雁塔　中国最大 …… 369
　　第三节　西安大雁塔　是一带一路的历史象征 …… 371
　　第四节　西安大雁塔　有亚洲最大的音乐喷泉 …… 373

第八讲　盛唐缩影　西安曲江旅游区 ………………………………… 376
  第一节　唐代极尽辉煌的曲江芙蓉园 ………………………………… 376
  第二节　如今享誉中外的曲江旅游区 ………………………………… 378
  第三节　全球最大的盛唐文化体验地 ………………………………… 380
  第四节　西安独有的曲江大唐芙蓉园 ………………………………… 383
  第五节　国人震撼的曲江大唐不夜城 ………………………………… 385

第九讲　中国唯一　陕西历史博物馆 ………………………………… 388
  第一节　陕西历史博物馆的重大"历史"机遇 ……………………… 388
  第二节　陕西历史博物馆的"四个中国唯一" ……………………… 390
  第三节　陕西历史博物馆的"五个行业之最" ……………………… 392
  第四节　陕西历史博物馆是中国的通史 ……………………………… 393
  第五节　陕西历史博物馆是华夏的宝库 ……………………………… 395
  第六节　陕历博馆舍是"中国建筑新遗产" ………………………… 398

第十讲　华夏龙脉大秦岭　秦岭之魂在西安 ………………………… 401
  第一节　陕西大秦岭　中国的南方北方分界岭 ……………………… 401
  第二节　西安终南山　中国的中央国家大公园 ……………………… 403
  第三节　西安终南山　有中国最大的国家植物园 …………………… 406
  第四节　西安终南山　有世界最早的猿人头盖骨 …………………… 407
  第五节　西安终南山　是佛道九大教派的祖庭地 …………………… 409

第十一讲　西安周边一日游"中国第一"围西安 …………………… 412
  第一节　黄帝之陵　中华民族第一陵 ………………………………… 412
  第二节　西岳华山　奇险天下第一山 ………………………………… 416
  第三节　法门大寺　中国佛教第一寺 ………………………………… 419
  第四节　红镇照金　陕甘边区第一镇 ………………………………… 422

第六篇章　西安　誉满神州的美食名吃

第一讲　西安叫泡不泡的羊肉泡 ……………………………………… 427

第一节	何为叫泡不泡的羊肉泡	……	427
第二节	西安羊肉泡的"泡"从何来	……	429
第三节	西安羊肉泡的中外大名	……	431
第四节	吃西安羊肉泡的"五要一不条件"	……	433
第五节	品西安羊肉泡的"六大特殊功能"	……	435

第二讲　西安没有葫芦的葫芦头 …… 439

第一节	葫芦头泡馍为什么不见葫芦	……	440
第二节	葫芦头与羊肉泡的八大不同	……	442
第三节	经典考究极度诱人的葫芦头	……	444
第四节	西安人对葫芦头的深情厚爱	……	447
第五节	葫芦头对外地人的特殊魅力	……	449

第三讲　西安肉不夹馍的肉夹馍 …… 452

第一节	美媒认定的"汉堡"祖宗肉夹馍	……	452
第二节	肉夹馍之首："腊汁肉夹馍"	……	455
第三节	肉夹馍之花："腊牛肉夹馍"	……	457
第四节	肉夹馍之星："潼关肉夹馍"	……	459
第五节	肉夹馍与秦王李世民的奇遇	……	462

第四讲　西安无处不在的凉皮子 …… 465

第一节	西安凉皮的四大花旦	……	465
第二节	西安凉皮的老陕情结	……	468
第三节	国人钟爱的西安凉皮	……	470
第四节	老外追捧的西安凉皮	……	472
第五节	无处不在的西安凉皮	……	474

第五讲　西安字不会写的biangbiang面 …… 477

第一节	biangbiang面字难写音难发但大名鼎鼎	……	477
第二节	biangbiang面的名字是以声取名	……	480

第三节	biangbiang 面的地位是面食老大	483
第四节	做 biangbiang 面是关中媳妇的拿手戏	486
第五节	吃 biangbiang 面是关中汉子的基本功	487

第六讲　西安音不会读的老鸹飦 …… 491

第一节	写出读不出的老鸹飦	491
第二节	汉武帝赐名的老鸹飦	493
第三节	"好吃懒做"的老鸹飦	496
第四节	"离家出走"的老鸹飦	498
第五节	"丑名远扬"的老鸹飦	500

第七讲　西安点"食"成金的饺子宴 …… 503

第一节	饺子历史悠久　全国各地到处都有	503
第二节	西安精研深钻　千年饺子变身成宴	505
第三节	饺子宴出则不凡　十大突破前所未有	507
第四节	饺子宴一鸣惊人　数百品种精彩亮相	510
第五节	饺子宴点"食"成金　唱响中国走向世界	512

第八讲　西安吃之不尽的名小吃 …… 516

第一节	西安小吃　数之不清	516
第二节	西安小吃　吃之不尽	519
第三节	西安小吃　风靡中国	520
第四节	西安小吃　享誉世界	522
第五节	西安小吃　改变人生	524

第九讲　西安美食天堂的永兴坊 …… 529

第一节	唐代永兴坊　今日非遗街	529
第二节	登上古城墙　高赏永兴坊	532
第三节	走进永兴坊　吃遍全陕西	534
第四节	喝个摔碗酒　好运跟着走	537

第五节　西安永兴坊　中国独一家 ………………… 539

第十讲　西安小吃王国的回民街 ………………………… 543

第一节　享誉全国的美食街区回民街 ………………… 543

第二节　媒体热捧的中国品牌回民街 ………………… 546

第三节　让吃者不顾减肥放开胃口的回民街 ………… 549

第四节　让来者意犹未尽改变行程的回民街 ………… 551

第七篇章　西安　得天独厚的高校基地

第一讲　西安　独具优势的高等教育资源 …………… 557

第一节　西安　世界最早的国立大学 ………………… 557

第二节　西安　中国重要的高教基地 ………………… 559

第三节　西安高校　本科数量位列全国第二 ………… 561

第四节　西安高校　重点数量排名全国前三 ………… 564

第二讲　西安　中国第二的军事学府基地 …………… 569

第一节　北京与西安　全国最大的军事学府聚集地 … 569

第二节　中国军改前　西安军校占全国的十分之一 … 571

第三节　中国军改后　西安军校占全国的七分之一 … 573

第四节　分类对比看　西安占据了各类军校制高点 … 577

第三讲　西安　中国民办高校的领军城市 …………… 580

第一节　中国民办高校的"西安奇迹" ………………… 580

第二节　中国民办高校的西安数量 …………………… 583

第三节　中国民办高校的西安名气 …………………… 586

第四节　中国民办高校　西安敢撞南墙 ……………… 587

第五节　中国民办高校　西安首吃螃蟹 ……………… 591

第四讲　西安　中国九校联盟的西安交大 …………… 594

第一节　九校联盟　中国顶尖大学的联盟 …………… 594

  第二节 西安交大 一百二十多年的历史 …… 596
  第三节 西安交大 自沪西迁的历史背景 …… 598
  第四节 西安交大 西迁之后的花开两家 …… 602
  第五节 五大指标 西安交大的实力依据 …… 605

第五讲 西安 中国卓越联盟的西北工大 …… 608
  第一节 卓越联盟 中国卓越大学的合作联盟 …… 608
  第二节 三航合一 中国独此一家的国防高校 …… 609
  第三节 西北工大 中国三航领域的领头羊 …… 611
  第四节 西北工大 中国领先世界的无人机 …… 614
  第五节 西北工大 中国国防工业的顶级群体 …… 616
  第六节 西北工大 中国最为低调的工业大学 …… 618

第六讲 西安 中国老牌名校的西电科大 …… 621
  第一节 瑞金时期 毛泽东亲手创建的红军通校 …… 621
  第二节 解放之后 新中国资格最老的军事院校 …… 624
  第三节 五十年代 中国首批20所重点高校之一 …… 626
  第四节 西安西电 中国电子信息领域的领军高校 …… 628
  第五节 西安西电 历年以来连连不断的"中国第一" …… 630

第七讲 西安 中国肩负重托的西北农大 …… 634
  第一节 西农大的驻地 中国农耕文明的发祥之地 …… 634
  第二节 西农大的整合 从十农共舞到今一统天下 …… 637
  第三节 西农大的崛起 撑起中国最大的农科新城 …… 639
  第四节 西农大的地位 中国一流高校的农大双星 …… 642
  第五节 西农大的使命 中国半壁国土的现代后稷 …… 643

第八讲 西安 中国享誉中外的空军医大 …… 646
  第一节 创建最早 最受信赖的军医大学 …… 646
  第二节 名为第四 实力领先的军医大学 …… 648

第三节　领先中国　赶超世界的军医大学 …………………… 650
　　第四节　大爱无疆　情系百姓的军医大学 …………………… 652
　　第五节　誉满中外　人民最爱的军医大学 …………………… 654

第九讲　西安　门类众多的军队最高学府 ………………………… 659
　　第一节　空军的最高学府　西安空军工程大学 ……………… 659
　　第二节　火箭军最高学府　西安火箭军工程大学 …………… 662
　　第三节　武警的最高学府　西安武警工程大学 ……………… 665
　　第四节　军委的最高学府　国防大学西安校区 ……………… 667

第八篇章　西安　国之中心的战略中心

第一讲　西安　中国最大的航空工业基地 ………………………… 673
　　第一节　中国航空工业的核心中枢　西安阎良 ……………… 673
　　第二节　中国飞机工业的领军航母　"中航飞机" …………… 676
　　第三节　中国最大的飞机制造企业　西飞集团 ……………… 677
　　第四节　中国"大国重器"的空中预警机 …………………… 679
　　第五节　中国"大国重器"的空中加油机 …………………… 681
　　第六节　中国"大国重器"的战略运输机 …………………… 683
　　第七节　中国"大国重器"的远程轰炸机 …………………… 685

第二讲　西安　中国最大的航天产业基地 ………………………… 687
　　第一节　中国唯一的"航天经济技术开发区" ……………… 687
　　第二节　中国最大的国家级航天产业基地 …………………… 689
　　第三节　西安航天的国家顶级群体 …………………………… 692
　　第四节　西安航天的军民融合发展 …………………………… 696
　　第五节　西安航天产业的世界地位 …………………………… 697

第三讲　西安　中国国防尖端的诸多唯一 ………………………… 700
　　第一节　中国唯一的飞机设计研究院 ………………………… 700

第二节　中国唯一的飞机强度研究所 …………………… 702
　　第三节　中国唯一的飞行试验研究院 …………………… 703
　　第四节　中国唯一的火箭发动机生产基地 ……………… 705
　　第五节　中国唯一的航天器测轨控制中心 ……………… 706
　　第六节　中国唯一的"大地原点"西安坐标 …………… 708
　　第七节　中国唯一的"北京时间"西安发出 …………… 710

第四讲　西安　中国的国际内陆港龙头 …………………… 713
　　第一节　内陆港概念的相关定义 ………………………… 713
　　第二节　内陆港理论是西安首创 ………………………… 714
　　第三节　内陆港样板由西安缔造 ………………………… 716
　　第四节　西安内陆港的三大基石 ………………………… 718
　　第五节　西安内陆港的中国龙头 ………………………… 720
　　第六节　西安内陆港的中国效应 ………………………… 722

第五讲　西安　中国的现代硬科技之都 …………………… 725
　　第一节　全球硬科技的宣言书 …………………………… 725
　　第二节　西安硬科技的八路军 …………………………… 727
　　第三节　西安硬科技的西高新 …………………………… 729
　　第四节　西安硬科技的经开区 …………………………… 730
　　第五节　西安硬科技的科学城 …………………………… 731
　　第六节　西安硬科技的中科院 …………………………… 733
　　第七节　西安硬科技的孵化器 …………………………… 734
　　第八节　西安硬科技的记录仪 …………………………… 736

第六讲　西安　中国最密的高速公路枢纽网 ……………… 738
　　第一节　公元前的大秦直道　使西安成为中国高速公路的鼻祖 …… 738
　　第二节　九零年的西临高速　让西安跨入中国高速公路的前三 …… 740
　　第三节　中国的西部开发　助推了西安高速公路的领先 …… 742

第四节　中国的最大陆港　加密了西安高速公路的网络 …………… 745

　　第五节　独有的战略地位　决定了西安高速公路的中国最密 ……… 747

第七讲　西安　中国最大的高速铁路枢纽站 ……………………………… 750

　　第一节　中国高铁枢纽站　国家规划核定全国只有八个 …………… 750

　　第二节　西安最大枢纽站　大在了西安的轨道站台最多 …………… 752

　　第三节　西安最大枢纽站　大在了西安的高铁线路最密 …………… 755

　　第四节　西安最大枢纽站　得益于西安红火的旅游城市 …………… 757

　　第五节　西安的国之中心　决定了西安必然的交通枢纽 …………… 760

第九篇章　西安　与时俱进的城市地位

第一讲　中国第三个国际大都市定位西安 ………………………………… 765

　　第一节　中国大城市的分布与中国国际大都市的定位 ……………… 765

　　第二节　2009年国家正式认定西安建设国际化大都市 ……………… 767

　　第三节　2018年国家再度重申西安建设国际化大都市 ……………… 769

第二讲　中国第四个"双科中心"花落西安 ……………………………… 773

　　第一节　两个"中心"概念的提出及发改委的名词解读 …………… 773

　　第二节　西安是全国五大"国家科学中心"之一 …………………… 776

　　第三节　西安是全国六大"科技创新中心"之一 …………………… 778

　　第四节　西安是全国三大"双科中心"城市之一 …………………… 779

　　第五节　西安全国双中心唯一"一肩挑"的丝路科学城 …………… 782

第三讲　西安城市地位与时俱进的八大优势 ……………………………… 786

　　第一节　西安是华夏文明之源 ………………………………………… 786

　　第二节　西安是中国古都之最 ………………………………………… 788

　　第三节　西安是古代世界中心 ………………………………………… 790

　　第四节　西安是丝绸之路起点 ………………………………………… 791

　　第五节　西安是中华文化之都 ………………………………………… 792

第六节	西安是世界旅游大城	794
第七节	西安是科教军工重镇	795
第八节	西安是承东启西支点	797

第十篇章　西安　幸福自豪的西安市民

第一讲　西安市民的交通出行　优势尽显 ········· 803

第一节	西安的航空机场　世界机场五十强	803
第二节	西安的高速公路　"米"字枢纽多三画	806
第三节	西安的高速铁路　"中国之最"有四个	807
第四节	西安的地铁线路　纵横交错十条线	809
第五节	西安的地上公交　全程只要一块钱	810
第六节	西安的国之中心　东西南北路最短	813

第二讲　西安市民的医疗资源　同比一流 ········· 816

第一节	中国的三甲医院　西安人均全国领先	816
第二节	中国的"百强医院"　西安数量全国第四	819
第三节	西安的西京医院　连续七年全国第五	822
第四节	西安的口腔医院　全军唯一口腔医院	824
第五节	西安的顶尖医院　中外首例连连不断	826

第三讲　西安市民的子女高考　利惠多多 ········· 830

第一节	西安高等院校多　数量质量位居全国前茅	830
第二节	西安高等院校多　诸多名校中国西安仅有	832
第三节	西安高等院校多　本地考生选择范围大得多	834
第四节	西安高等院校多　本地考生录取比例高得多	835
第五节	西安高等院校多　本地考生免费上学指标多	839

第四讲　西安市民的旅游名胜　比比皆是 ········· 842

| 第一节 | 西安遍地是名胜　扎堆成片处处都有 | 842 |

第二节	西安免费景区多	星罗棋布个个经典	845
第三节	外国姑娘嫁西安	西安的旅游名胜红娘牵线	847
第四节	同学聚会选西安	西安的旅游名胜最大选点	848
第五节	外国元首访西安	西安的旅游名胜品质独特	850
第六节	亲朋好友来西安	西安的旅游名胜最撑脸面	852

第五讲　西安市民的美食名吃　三餐尽享 ····· 855

第一节	西安的美食名吃	西安人大街小巷如影随形	855
第二节	西安的美食名吃	西安人出门在外个个恋家	857
第三节	西安的传统家庭	老婆都有十八般厨艺	860
第四节	西安的风味餐馆	老板都是资深的吃家	861
第五节	西安的美食名吃	西安人顿顿轮换不重花样	863
第六节	西安的美食名吃	西安人招待外客春风得意	865

第六讲　西安市民的休闲健体　资源独特 ····· 868

第一节	环城公园水围城	打拳跳舞入仙境	868
第二节	皇家温泉比比是	沐浴尽在御汤中	870
第三节	沿山峪道一串串	爬山赏景两方便	872
第四节	登上主峰观秦岭	脚跨南北分界点	873
第五节	夏季避暑不远走	南山民居吃住游	874
第六节	雁塔广场度周末	逛完广场看喷泉	876
第七节	城墙上的马拉松	世界没有西安有	877
第八节	不夜城的夜生活	难分大唐和今天	879

第七讲　西安市民的醉美西安　知足常乐 ····· 881

第一节	西安的生活用水	秦岭山泉	881
第二节	西安的汽车让人	温情暖心	883
第三节	西安的厕所革命	城市驿站	885
第四节	西安的环卫管理	人性个性	887

第五节　西安的群众办事　跑腿最少 …………………………… 889

第六节　西安的古都大年　最最中国 …………………………… 891

第七节　西安人对比全国城市　追赶超越优势独享 …………… 893

第八节　西安是全球宜居城市　醉美西安幸福常在 …………… 895

结束语 ……………………………………………………………… 897

后　记 ……………………………………………………………… 898

第一篇章

西安 无与伦比的历史地位

历史的地位是由历史来决定的。有历史，才有历史地位；有悠久的历史，才有显赫的历史地位。西安无与伦比的历史地位，若以世界而论：西安和古希腊的雅典、古埃及的开罗、古意大利的罗马，并称为世界四大文明古都。在浩瀚的世界城市之林，仅仅只有这四个城市享此盛誉，这是西安在世界上的历史地位。而本篇章要说的，仅仅只着重于她在中国的历史地位：暂且只以时间而论，3000多年的建都历史，1000多年的建都资历，是公认的华夏文明发源之地。作为千古大都，西安古代建都条件的最佳，西安古代建都时间的最长，西安古代城市规模的最大，西安是古代城市规划的世界典范，西安是古代万国来朝的世界中心，等等。诸多之最、诸多第一，决定了西安无可争议、无与伦比的历史地位。

开启5500年前的"西安城"

源：陕西传媒网

寨以辩证的关系存在，穿越杨官寨2000多座墓地，一座
出现了。杨官寨不仅仅把西安的建城史提前到5500年前

第一讲
西安　中国古代建都条件最佳的都城

一个国家的都城，就是一个国家的象征，古今中外，概莫如此。5000多年的中国历史，改朝换代，政权更迭，但其最大的标志就是都城的确立。只有有了真正的都城，才算有了真正的政权。一个强大的武装集团，长期征战，攻城夺地，横扫群雄，最终取得了胜利，夺得了天下，这时摆在面前的首要任务，就是尽快为自己选择一个长久稳定的立身之处，确定一个条件最佳的建都之地。作为一个战胜者，征战的足迹遍布大江南北，所有的形胜佳地，可谓知悉于脑，熟记于心。然而，泱泱华夏，广袤神州，佳地遍布，优势各异，哪里才是自己称心如意的都城之地呢？

第一节　中国古代都城的不同概念

哪里是自己称心如意的建都之地呢？先不急，要说古代都城的选址，先要弄清古代都城的概念。"都城"二字，都为首都、城为城市，通常理解，它应是一个国家唯一的政治中心。然而，数千年的中国历史，群雄割据，王朝更迭，政权替换，诸侯林立，产生了纷乱如麻、五花八门，规模大小不一、时间长短悬殊、令人数不胜数的所谓都城：有天下共主之都、有群雄割据之都、有帝都与王都、有首都与陪都、有数月数年的昙花短命之都，有长达数个世纪的大朝大都，等等，令人眼花缭乱，概念不清。

天下共主之都。即天下共同臣服的君主所在之都。从中国几千年的历史长河来看，周封诸侯、秦灭六国、大汉一统、隋定天下、盛唐帝国，以及元、明、清等。这些真正控制着全国大朝大代的都城，在当时，无不规模宏大、城市气派、建筑雄伟、宫殿豪华，不仅是国家共主之都，而且都有世界的巨大影响力。时至今日，这些古代曾经的显赫都城，仍然都是举足轻重的大型城市，不仅有着极高的历史知名度，而且有着无以估价的历史遗存以及难以磨灭的古都风貌。

群雄割据之都。群雄割据之都是中国历史上为时不短的无君无主、占地为王、厮杀混战的诸多割据中心。典型的有春秋五霸、七国争雄、三国鼎立、五代十国、南北对峙，等等。这些诸雄列强，你争我夺，攻城掠地，有进有退，有胜有输，但不管谁强谁弱、谁大谁小，均以国相称，均各控一方，均各有其都。然而，这些诸多的政治集团，因控城不大、条件有限，故所谓的都城，普遍城池狭小，建筑平平，并无豪华辉煌的大型宫殿及领先时代的城市设施等。

帝都与王都。帝都是中国古代国家唯一的政治中心，王都则是君主所封侯王的诸侯国之都。分封列国的目的是为了加强对各地的有效控制，如西周时期的诸侯国就封了70余个，各诸侯国都有自己的都城。主国与属国、帝都与王都并存，不仅在中国古代有，现代世界仍然大量存在。凡世界上的联邦制国家都有数量不等的下属自治国，这些自治国不仅有自己的首都，而且还有自己的总统。但不论是中国古代的帝都与王都、现代世界的联邦国首都与自治国首都，虽然皆称为"都"，但都与都不同，一个是主国、一个是属国，一个是主都、一个是属都，层次一主一从，概念截然不同。

从属于主都的陪都。陪都是中国建都史上的重要创举，影响了中国以及世界几千年。陪都是在首都之外再行设置一个或数个副都，作为首都的辅助和伴陪。历史上的各朝各代大多都有陪都，就连近代的抗战时期，南京沦陷前，国民政府即选择了崇山峻岭环抱的重庆作为战时的陪都。陪都，是中国历史上因不同时期的不同因素而考量设置，世界上也有不少的国家效仿至今。陪都与其他的城市相比地位显赫，但陪都与正式的首都绝不能相提并论，说确切一点，它就是正与副的关系。

以上的都城，五花八门、档次有别、概念不同。而本讲的题目是"中国古代建都条件最佳的都城"，主要说的是都城的选址条件，是否有些文不对题？其实不然，之所以介绍中国古代不同概念的各类都城，目的就是要强调：以下所涉及的都城，既不是以上的首都附设之陪都，也不是以上的诸侯王爷之属都，更不是以上的群雄割据之乱都，而是正儿八经的天下共主之都，是国家唯一的政治中心。这个都城的选址，选择的范围最大、考量的因素最多、要求的条件最严，是新生的政治集团建国立国的首要任务。

第二节 中国古代都城的选址原则

选都建都，是百年大计、千年大计，而都城选址则是都城建设最为关键的第一步，尤为重要。纵观中国历史上各朝各代的都城选址，虽则条件有同有异，但无不严之又严、慎之又慎。概括一下，有三大条件、五大标准、六大因素，而最为推崇的，则是最为苛刻的八大原则。但不论三大、五大、六大、八大，均要逐条进行考量权衡，总之，要从各方面保证都城的长治久安。我这里不说其他的三大、五大、六大，只说最为苛刻的八大原则：一是要国之中心，二是要平原之地，三是要战略优势，四是要水源充足，五是要气候适宜，六是要土地肥沃，七是要物产丰富，八是要风水宝地。八大原则，虽苛刻至极，但面面俱到，条条在理。

第一要国之中心。国之中心，远离外敌侵扰，有战略纵深，犹如国土的白菜心，若遇外敌来犯，就是一层一层地剥，也需相当的时日，更何况还有外围的层层防御，让统治中心最为安全。国之中心，便于国家管理，都城居中，管控属地相对方便，既便于统治者的出巡视访，又便于各地诸侯来京朝拜议事，还便于全国向朝廷的上缴贡赋，让上上下下都感方便。国之中心，交通八方辐射，都城设于中心，可尽快形成国家的交通枢纽，不论陆路、水路，均都汇集于此，辐射全国，不仅能确保朝廷政令最短时间通达各个角落，也能促进以都城为中心的经济带动，让都城交通辐射，引领经济。

第二要平原之地。平原之地，首先是城市规模的需要，都城要大、要气派、要布局有序、要彰显统治者的尊威，就需要大量的平坦之地，都城绝不能依势而建、参差无律；其次是城市建设的需要，大型宫殿的施工、大型材料的运输，需要陆运、水运四方畅通，山区丘陵，则无法施展；最后是平原之地，不仅是城市本身地处的需要，而且是城市外围大面积的发展需要。同时，平原之地，也给都城的交通辐射，奠定了必要的基础。

第三要战略优势。国之中心，保证了都城第一层次的安全，而都城所处之地的战略优势，则在于：一旦外敌攻入，逼近都城，都城四方自然的地理态势，为都城的安全可提供多重保障，且使之攻可出、险可守、退可走，而且要保证一旦出现万一，可以退得及时，退得安全。

第四要水源充足。水是生活之必需，不仅要供人饮用，而且要灌溉庄稼。水源充足的主要表现就是要近河多河，而且水源要相对稳定，基本不受干旱的影响。同时，近河多河，还有一个非常重要的因素，那就是可保证都城先天的漕运功能。

第五要气候适宜。中国之大，东西南北，各有不同。严寒酷暑，差异悬殊，潮湿干燥，区域分明。而中性的气候，既适宜于人的生活，又适宜于农作物的生长，四季轮换，春夏秋冬，不论是人，还是庄稼，均可享受大自然的冷暖调节、雨雪滋润。

第六要土地肥沃。要求土地肥沃的原因非常简单，哪里都有土地，但并不是处处土地都肥沃,只有土地肥沃,才能多打粮食,才能保证百姓的生活必需,才能保证战时的粮草供应,才能保证政治中心以及周边方圆的社会稳定。不论平时与战时,粮食都是第一要素,而肥沃的土地,则是粮食之母。同时,土地的肥沃也意味着相关农业的发达,这是都城运行之必须。

第七要物产丰富。对于庞大的都市中心,仅仅保证粮食的供应是不够的,整个地区,不仅要经济发达、百姓富足,而且要多业并举、物产丰富,要为都城提供多种多样的产出,要使都城在多个领域达到自给自足。

第八要风水宝地。选都城看风水,这是历朝历代的必须之举。山的走势,水的流向,地理地貌,五行阴阳,哪里是龙脉?哪里有鹏相?如此种种,大有文章。各朝各代都有自己顶尖的地理大师,个个高深莫测,有的绝顶奇人甚至可预测到几千年后的今天,而且被证明极为准确,令人不可思议。

八大原则,苛刻至极。如果说,三大原则,还可保证。五大、六大原则,还有一定实现的可能性。而八大原则要条条俱到,可能性则实属微乎其微。但作为一个征服全国的胜利者,一个天下共主的统治者,纵然千挑万选,也要尽可能使自己的都城尽善尽美,不留缺憾。

第三节　西安天造地设的综合优势

西安不仅是中国的顶尖古都,西安更是世界的四大古都。但人们都想知道,西安在遥远的古代、在未成为都城之前是个什么概念呢?为了统一叫法,我暂且古今均以"西安"为名来称谓。早在5000多年之前,西安地区就是先民生活的聚集处,是一块虽未雕琢但却饱藏珍奇的无价美玉,就是一片尚待开发但却霸气四溢的旷世宝地。

前边说到古代都城选址的八大原则,苛刻至极,条条俱到的可能性微乎其微。让我们回到当时的时空,用当时的八大原则,比照当时的西安之地,不免会惊奇地发现，这苛刻的八大原则，竟然和当时的西安如此地吻合匹配，如此地天造地设。

第一看国之中心。从古到今，西安一直都是泱泱华夏的地理中心、大地原点，翻开地图，一看便知，无可争议。只要中国还是中国，西安的国之中心，永远都不会改变，永远也改变不了！

第二看平原之地。西安所处之地，是中国四大平原之一的关中平原，四大平原即：东北平原、华北平原、关中平原、长江中下游平原。四大平原，跨南跨北，但唯有关中平原位处中国的中心，而西安又是关中平原的白菜心。既是大平原，又是白菜心，八大原则的第一第二，先让西安轻松拿下。关中平原号称八百里秦川，只要地壳不变化，关中平原永远是大平原，再大的都城都任你选、任你建！

第三看水源充足。水源充足，是古代西安的特定优势。历史上的"八水绕长安"，先后绕了长安数千年。渭、泾、沣、涝、潏、滈、灞、浐八条河流，每边各二，分别流经西安的东西南北，把古时的西安围在中心。各朝各代都曾先后巧妙利用八水绕长安的独到优势，从不同方向开凿诸多漕渠，环绕城外，交错城内，既方便了城市的用水，又改善了城市的生态，更美化了城市的环境。还有重要的一点是，八水绕长安中最大的渭河，其漕运与黄河相连，贯通了西安古时重要的水上运输大通道，保证了西安的水陆交通四通八达。西安的八水绕长安，中国唯一，世界没有！

第四看战略优势。所谓战略优势，其实就是地理态势。西安古代的战略优势，鬼斧神工，无与伦比。其一，从自然的地理看，西安有史书记载的"山川之固"的地理地貌：南有秦岭、西有陇山、北有黄土高原、东有黄河天堑，整个地形犹如一座天然的大城堡；其二，从战略的态势看，西安又是史称的"四塞之国"，即：东有潼关、南有武关、北有萧关、西有大散关，东西南北四座关塞，东西南北四个天险，把西安"关"在其中，关中之名就是因此而来；其三，从战术的角度看，四座关塞攻可出，险可守，而关键之时的

第一篇章　西安　无与伦比的历史地位

"退可走"，则表现在距西安身后仅 20 公里的大秦岭，情势紧急，即可从数十条峪道迅速遁入崇山峻岭之中。最典型之例便是黄巢兵临西安时，唐僖宗即率众臣入秦岭进四川，逃之夭夭。尔后即重整旗鼓，不久，就又夺回了西安。唐僖宗的脱险，充分证明了在西安建都，最为放心、保险、安全，最有战略优势！

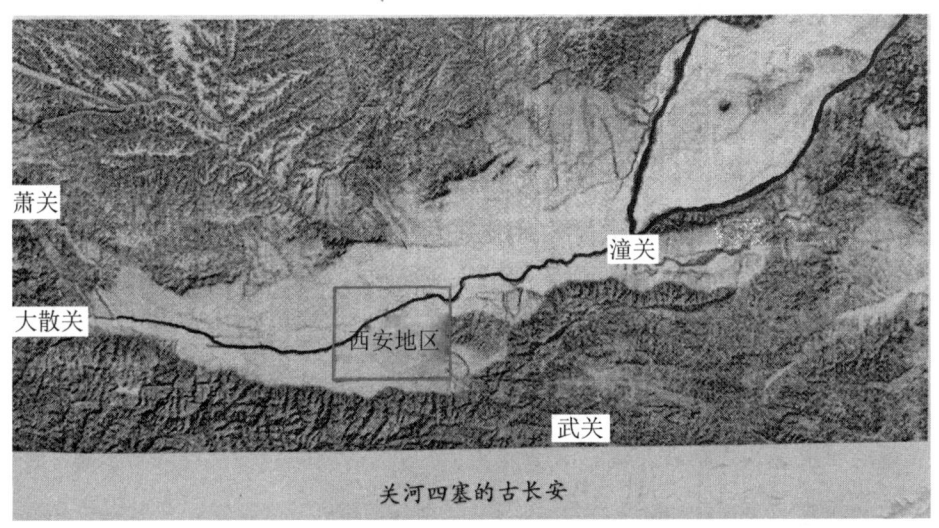

关河四塞的古长安

第五看气候适宜。大多人对气候的最理想要求，是不冷不热，气候适中。中国是典型的南北气候，南方热，北方冷，而且愈南愈北，温度相差愈为悬殊。而分隔这南北气温的"界墙"，就是西安身后横贯东西的大秦岭。南方太热，北方太冷，让分处南北气温地区的人们如同夏天晚上睡觉，关上窗户开空调，太凉；关上空调开窗户，太热；最好的办法是，开着窗户开空调，热凉融合，温度正好！然而，西安地处独特的中国南北气温分界线，南北明显的气温差异在这里热冷融合，就犹如开着窗户开空调，既有四季变换的春夏秋冬，却无难以承受的严寒酷暑，使西安长久地享受着舒适宜人的中性气候。同时，西安身后还有秦岭东西排开的数十条峪道，条条峪道林木茂盛，条条峪道河水清清，条条峪道犹如风筒，就像一个个喷着水雾的送风机，把湿润、清新的空气源源不断地送向西安。西安独特的地处，决定了西安宜人的气候，

9

不论选都不选都,西安的气候都是得天独厚!

第六看土地肥沃。西安所处的关中平原,古今皆称"八百里秦川米粮川",是我国最主要的小麦产地。关中平原在古代的土地是否肥沃?咱们听听古人怎么说,战国时的苏秦在向秦惠王陈说连横之计时称颂关中:"田肥美,民殷富,沃野千里,蓄积多饶";汉代的张良则用"金城千里,天府之国"来概括关中的经济优势而力劝刘邦定都西安(顺便说明,史书记载西安这一"天府之国"的称谓,比四川"天府之国"的称谓早了500余年)。一句话,西安所在的关中,自古都是土肥地壮、华夏粮仓,供养都城的运行及军民生活,那是小菜一碟!

第七看物产丰富。首先,当时的关中,是全国最富庶的地区。司马迁评曰"关中之地,于天下三分之一,而人众不过什三,然量其富什居其六"。此语即耕地占全国三分之一,人口占全国十分之三,而财富却占全国十分之六。其次,物产丰富。我们不用古代的标准,而用现代的标准去衡量,国家对大农业的要求是"农林牧副渔,五业并举",古代的关中,古代的西安,即达到了农林牧副渔,样样都有。农业不用说,土地肥沃,农业发达;林业,西安地处关中平原,本应无林,但西安背靠秦岭,秦岭则林业资源丰富;牧业,古时关中北部牧业发达,《汉书》称:"畜牧为天下饶";渔业,西安八条河流,条条河流都有鱼,人们自古就有以渔为业的习惯;副业,丰富的物产,为当地的手工业发展提供了良好的条件,关中的手工业自古全国驰名。另外,秦岭山中富藏的金、银、铜、铁等多种矿产资源及竹木林材,为兵器制造提供了可靠的资源,达到了就地取材。西安的关中,关中的西安,不仅物产丰富,而且多业并举,在全国可谓鹤立鸡群!

第八看风水宝地。古人认为:秦岭是中国的龙脉,横亘三秦大地,平衡南北阴阳,分水黄河长江。龙能带来吉祥,龙能佑护平安,龙脉的主干就在关中,尊贵的龙首就在西安。中国最鼎盛的唐代不仅建都在西安,而且最辉煌的大明宫就耸立在西安北郊的龙首原之上,让大唐的真龙天子高踞龙首之原，掌控天朝之国，雄霸世界之巅。一切不用怀疑，西安的秦岭龙脉，任何城市搬挪不走，西安的龙首之原，任何地方无法取代！

西安建都的八大优势，在中国数千年的历史长河中，一经发现，看中的绝不仅仅只是一个朝代。

第四节　西安封建帝都的代代沿袭

中国有5000多年的文明史，但只有3000多年的建都史。而3000多年前的选都定都，那可是历尽艰辛、大海捞针。西安建都的八大优势，虽然客观存在、全国仅有，但对第一个选择西安定都建都的朝代来说，西安没有任何文字介绍，没有任何形象概念，没有任何感官参照，因为这里根本没有都城的概念。能够慧眼识金，发现西安，挖出西安的八大优势，认定西安的全国最佳，纯粹靠的是人的脚板，靠的是人的执着，靠的是人的智慧，在数百万平方公里的大地上，一步一步地勘察挑选出来的。

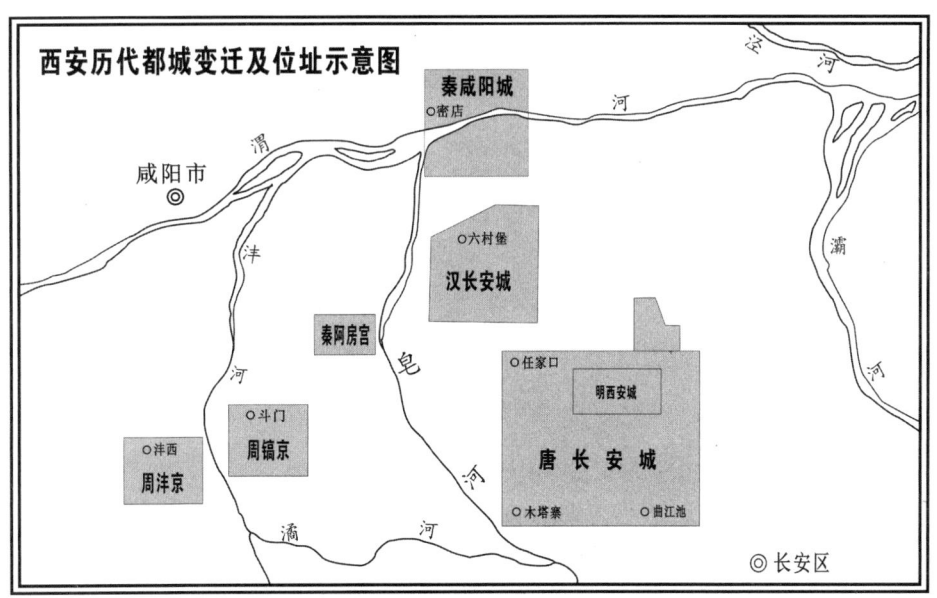

3000多年前，第一个定都西安的朝代，开创了中国历史上都城建设的诸多第一：拥有了中国历史上第一个真正意义的都城；建成了中国历史上第一座真正意义的城市；绘出了世界第一例的城市规划设计；打出了世界第一个的"京"字都城招牌。更为后人称颂的是：前朝西安都城的确定，让此后中国高达10多个不同朝代的选都定都，不用再历尽艰险，不用再大海捞针，不用再目无边际的全国海选，而是坐享其成，代代沿袭，定都西安，时间长达1000多年。

中国人认定一个真理，是金子总是要发光，是宝藏总会被发现。然而，西安的八大优势、西安作为古代建都条件最佳的都城，究竟是被哪个朝代最先发现最先选中？究竟都有哪些朝代沿袭不变在西安定都？究竟各朝各代在西安定都都是多长时间？要知详情，请看第二讲："中国古代建都时间最长的都城。"

第二讲
西安　中国古代建都时间最长的都城

要确立中国古代建都时间最长的都城，首先必须要确立一个标准，那就是"都城"的概念，否则，建都时间根本无法计算。前边已经讲过，中国古代的都城多种多样，有主都有陪都，有帝都有王都，有多足鼎立之都，有群雄割据之都等。要计算一个城市古代建都时间的长短，必须要按同一个都城的标准概念来进行计算，才能公正无误、理服众家。就如统计各个城市的冠军数量，首先要弄清你统计的是什么冠军？是市级冠军、省级冠军？还是全国冠军、世界冠军？否则，都叫冠军，你该如何统计？又如何能够统计明白？本讲要说的都城概念，本讲所计算的建都时间，不包括陪都，也不包括王都，更不包括那些多足鼎立、乱世割据的群雄之都。本讲所说的都城，仅仅只指国家意义上的都城，即天下共主之都，也即国家唯一的政治中心。确立了都城的标准，也就确立了另一个概念，那就是：西安是无可争议的中国古代建都时间最长的都城！

第一节　华夏之朝建都西安

华夏之朝，即中国历史上的周朝。之所以称为"华夏之朝"，是因为沿用至今、代表中华民族的"华夏"一词最早以文字的形式正式应用于周朝，而且成了周朝最初的指代称谓。周朝是中国历史上存在时间最长的朝代，是中国具有划时代意义的历史朝代。

周朝的立国与建都。周朝是我国历史上继商朝之后的又一个奴隶制朝代。周人原无周的概念，起初仅仅只是一游牧部落，后自黄河以北迁至西岐的周原（今陕西岐山县一带），改牧为耕，定居于此，并在周原日益坐大，故以周为名立国，是当时商王朝的属国。之后，周国首领周文王不甘现状，视商王朝的日趋衰落为契机，武力扩张、吞并小国，久而久之，达到了商朝的"三分天下周有其二"。为了彰显周国的尊荣，经过多方考证，周文王将其统治中心，最终选择在土肥水美的今西安所辖的沣河西岸，设都建城，始称"沣京"。然而，它仍为商朝属下的周国，不能无所顾忌、过分张扬，故沣京的建设只能缩手缩脚、委曲求全。但与此同时，雄心勃勃的周文王父子则开始了他们蓄谋已久、推翻商王朝暴戾统治的战争准备。公元前11世纪，周文王离

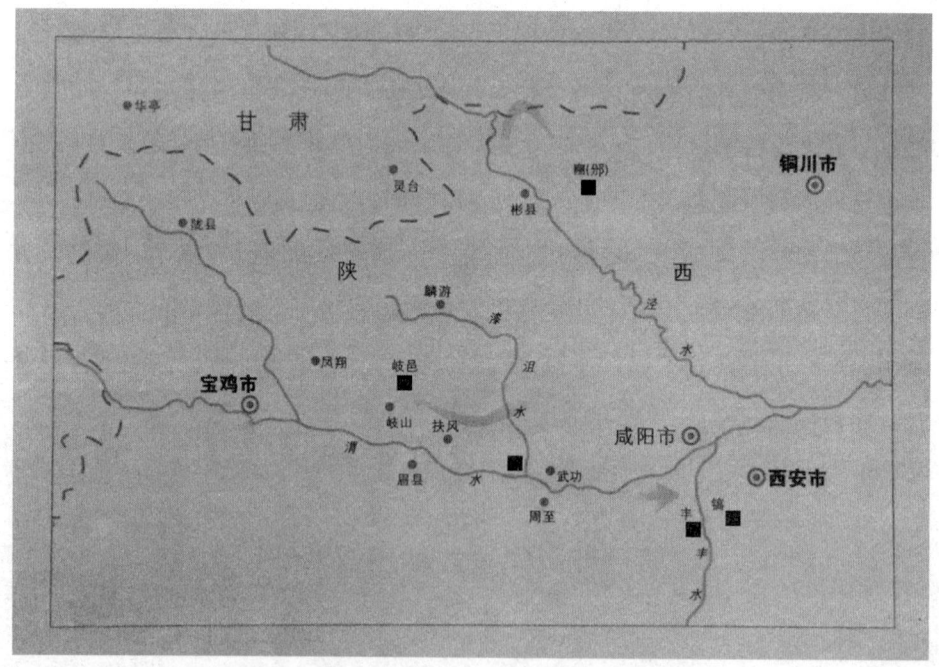

周王朝迁徙"西安"示意图（■为周都曾都之处）

世，其子继位名曰周武王。在周国已是兵强马壮威震四方的情势之下，周武王亲率举国之兵与商王朝的七十万大军会战于中原牧野（今河南淇县）。倾国之战，其结果可想而知：周军大胜，商朝灭亡。周武王班师凯旋，于公元前1046年建立新朝，但仍以"周"为国号。此时的大周王朝，天下共主，尊贵至极，于是，在原侯国之都的沣京隔河东岸，又重新开建了一座规模宏大、气势壮观的国之大都，并称其为"镐京"。自此，沣镐二京隔水相望、东西呼应；自此，中国历史上第一大朝的周王朝定都西安；自此，沣镐二京成为华夏文献上最早出现的中国城市、中国都城。

周朝的西周与东周。所谓第一大朝，是指理论上周朝在中国历史的各朝各代中时间最长，传位30代37王，共达800余年。但原本的周朝在数百年后又分为了西周与东周，西周即镐京之周（今西安），共275年；东周即洛邑之周（今洛阳），起始于公元前771年周平王东迁洛阳为始，共计515年。东周与西周相比，西周政权稳定，275年始终天下一主；而东周从东迁时起即进入了历史上有名的诸侯割据"春秋"及"战国"时期，且两个时期与周朝并存，长达500余年。此间，周王朝实际只控制了西不过潼关、东不过荥阳的约600里土地，仅相当于同时期的中等诸侯国。此时的周朝天子形同虚设，从未行使过真正的国家管理，相反，经济上和政治上还要有求于其他强大的诸侯政权。而当时主要的"春秋五霸"、"战国七雄"，则各居一方、各为霸主，争相主宰天下。但需要说明的一点是，正因为各强并存，相互争斗，反而使名存实亡的周王朝夹缝求生，偏安洛阳，未被取代。故东周王朝一直到战国末期的公元前256年投降秦国后，周朝的"东周"才算寿终正寝。所以，从中国各朝各代的历史纪年来说，周朝仍是我国古代的第一大朝。

中国历史上的华夏之朝。"华夏"一词是中国的别称、美称，中国人喜欢用，从古代一直用到现在，而且一定会永远沿用下去。然而，华夏一词最早创始于何处呢？《尚书·周书》云："华夏蛮貊，罔不率俾，"意思是，不论是中原的华夏民族还是偏远落后的少数民族，没有不顺从（周武王）的。此文是对周朝政权天子权威的真实记载，华夏在此即代表了当时周朝时期的西周。历史研究最重要的依据就是当朝的文字典书，"华夏"一词在西周而不是后世的文献中对周朝及民族的称位，不仅让华夏一词有据可查，而且让华夏之朝名副其实，同时更让华夏一词成了中华民族的永远代称。

中国历史上的首个京城。中国古代把都城称作"京"，创始者也即为西周。不论是周文王的沣京，还是周武王的镐京，以及后人所称的沣镐二京，统统称的都是"京"。京城、京都、京师、京畿，以及班师回京，赴京赶考等，"京"成了都城固定的代称概念。都城称"京"，看似简单，但周朝的这一创意，却一直被沿用了几千年。

周朝建都西安的重要意义，不仅仅在于她是中国历史名义上的第一大朝，不仅仅在于她确立了"华夏"在中国古今的称谓，不仅仅在于她是中国第一个称"京"的都城，关键在于周朝建都镐京，从此开启了西安作为中国历史大都持续的、长久的辉煌之门！

第二节　大秦帝国定都西安

中国历史上的秦国，后世有两个公认的相关称谓：一个是大秦帝国，一个是千古一帝。大秦帝国是对秦朝的最高评价，千古一帝是对秦皇的历史定位。大秦帝国定都西安，给西安打上了特殊的、独有的、不可磨灭的历史烙印。

大秦帝国定都西安，在作为"秦都"的概念上，经历了一个渐进的演变过程。

秦国之都与秦朝之都。秦国之都与秦朝之都，虽然仅一字之差，但本质却截然不同。秦国之都是秦朝建立之前战国时期诸侯国秦国的都城；而秦朝之都则是秦国统一六国后大秦帝国的都城，是大一统天下共主的都城。一小一大，两个概念。

秦国心仪的建都宝地。西周时期的秦国，起初仅为边远小国，因居于天水秦地，故称秦国。西周末年，天下大乱，群雄四起，关中已被西戎所占。秦襄公因救驾有功，被封为了诸侯。周平王被迫迁都洛阳之时，曾许诺秦国，若能驱离西戎，则关中包括西周旧都遗城在内，尽归秦国所有。关中天府之地，早已让秦国垂涎已久，得此重诺，正中下怀。于是，不惜血本，连年拼杀，终于大败西戎，夺回关中。此时的秦国，羽翼已丰、疆土倍增，随即决定移都关中。看着已在自己地盘之内的沣镐遗城，虽则已是废墟，但绝对是风水宝地，不免异常眼红。然而，由于是原来的天子圣地，若自己占其为都，势必遭天下齐力反对，甚至会引来联兵征讨。故而，不敢造次，先行选择了与沣镐遗城隔河相望的渭河北岸（即今咸阳市辖地）作为都城，并称其为咸阳城。即便不能以丰镐为都，但也可紧靠风水宝地，待时机成熟，再向渭河南岸拓展。

渭河之南的秦都中枢。自此之后，秦国强强弱弱，弱弱强强，一直未能如愿。直到秦孝公时，秦国已成为了"七雄"之首，且遥遥领先其他六国，军力强大，威震天下。这时，秦国开始了在渭河南岸的大规模建设，先后在沣镐遗城上建起了豪华恢宏的王室宫殿章台宫、兴乐宫、桂宫以及其他的城市设施（均在今西安市未央区辖区），将秦国都城扩大至渭河南岸。与此同时，秦国的政治中枢也已转移至渭水南岸，章台宫即为秦国国君处理日常政务及生活起居的主要场所。《史记》记载，历史上著名的"完璧归赵"、"荆轲刺秦"等事件，均发生在章台宫的大殿之内。

一统天下的大秦都城。公元前221年，秦国横扫六合，一统天下，建起了中国历史上的第一个集权制国家——大秦帝国。其疆域之大"东至东海，西涉流沙，南到南海，北过大夏"。如此泱泱大国，当年的咸阳城、当年的章台宫，已经代表不了大秦帝国的尊威神圣、至高无上。于是，一个全新的、宏伟的帝国都城在渭河以南开始建设，最终使得大秦帝都形成了滚滚渭河贯城而过,旧城新城二城合一的城市特色。范围包括了如今的西安、咸阳两个城市的部分地区,都城之名,仍然叫作咸阳城。而在渭河之南新城的其中,天下第一帝的秦始皇,更建起了当时天下第一宫的阿房宫。阿房宫恢宏霸气,亘古未有,成了中国历史上的又一个世界之最。阿房宫遗址,位于今西安市未央区的三桥镇,占地15平方公里,被联合国确定为世界上最大的宫殿基址。目前正在规划建设阿房宫遗址公园。

秦阿房宫大殿

大秦帝国是中国古代第二个在西安建都的大一统朝代。从朝代的时间看,虽然不算很长,但以它对中国、对世界巨大、久远的影响,使得无论何时评说大秦帝国,它都是中国古代的辉煌大朝、历史丰碑!

第三节 大汉王朝定都西安

汉朝,是中国历史上的显赫大朝,共计407年,分为了西汉和东汉。汉朝由汉高祖刘邦所建，定都西安，时长210年，历史上著名的文景之治、宣孝之治及汉代极盛时期的汉武盛世均在西汉。汉朝不仅在中国历史上极具代表性，而且在世界历史上也占据着无可争议的领先地位。

大汉王朝定都西安，经历了一个传奇的反复：一个普通小人物，改变了汉朝的大皇帝！

戍卒谏言，刘邦最终改都西安。公元前202年，刘邦大败项羽，正式称帝。随之即驾临洛阳，施政下诏，宴请群臣，把酒言欢，并欲下旨宣布建都洛阳。然而，就在此时，却接来报，有一新征的戍卒求见。戍卒是啥？就是戍边的兵卒，一个普通的新兵蛋子竟敢提出要见皇上，可见并不普通，刘邦反而恩许。这个戍卒名字叫作娄敬，是从山东入伍前往陇西戍边。此人虽为兵卒，但却有学识、有见地、有抱负，特别是颇有心计，不甘当一小兵。当他随着大队人马来到洛阳，并得知刘邦将定都洛阳之时，自小就喜欢研究军事的他突然觉得天赐良机，自己出头的日子来了，于是冒险大胆求见。刘邦本身行事别异，今天又碰到这个别异行事的娄敬，一拍即合。只见娄敬面无惧色、开门见山而直言："定都洛阳不宜，恳请陛下另择佳地。"刘邦凝神而问："理由何在？"娄敬侃侃而答："陛下定都洛阳，是欲学习周朝，而洛阳之地，有德则易以王，无德则易以灭。周朝赢得天下靠的是德行的积累，而陛下夺取政权靠的是残酷的战争，中原之地连年征战、民不聊生、百姓涂炭，若在此建都，不仅没有民意，而且危机四伏，请陛下三思！"

娄敬的几句话即令刘邦刮目相看，刘邦随之又问："依你之见，何处为好？"娄敬暗暗自喜，随即答道："秦地关中最好！我以为，其一，关中土肥水美、物产丰富，素为天府之地，经济有基础；其二，关中依山带河、四塞为固，进可攻、退可守，安全有保障；其三，即便中原生乱，关中东有函谷，也可确保秦地国土。定都关中，犹如扼天下之亢而拊其背也，扼住天下之咽喉，即可随意击打天下任何一处之脊背，进而恩威并举、操控自如也。"

小小兵卒的一番话，有理有据，不卑不亢，论理到位，比喻得当，说得刘邦心服口服，于是广招群臣商议。群臣多为豫鲁人士，谁也不愿入都关中，都说洛阳最好。刘邦虽已心动，但观群臣反对，便使出最后一着，找来顶级智囊张良，遂把娄敬及群臣之见各述了一遍。张良听罢答道："洛阳虽有险阻，但中区狭小，且田地瘠薄，军事上易四面受敌，非用武之地；而关中左有崤函，右有陇蜀，四面据险、北水南山，地理优势极佳。更何况昔人所谓，金城千里，天府之国，诚非虚言。娄敬所说，不为无见，请陛下决议。"国家定都，天大之事，然，一个无名小卒，一个顶级智囊，竟然"英雄所见大同"！刘邦欣然接受，建都关中。而这个戍卒娄敬，则如愿以偿，因此而立大功，被刘邦赐姓于刘，拜为郎中，一步登天！本故事有据可查，来自于《汉书·刘敬传》，只不过书上是文言文罢了。

西安汉城湖风景区内的汉长安城遗址东南城角城墙遗址

刘邦建都的所谓关中，毋庸置疑，当然就是当年的周都之地、秦都之地，今天的西安。大汉王朝的都城，即如雷贯耳的汉长安城；大汉王朝的皇宫，即在秦章台宫、兴乐宫基础上改建的未央宫、长乐宫。汉长安城是古代仅次于唐长安城的中国第二大城，面积36平方公里。大汉王朝定都西安，政治稳定、国富民强，统治时间长达200多年。在这里，大汉王朝创立了辉耀世界的"大汉"品牌，与当时的罗马帝国一并，成了鼎立东西的世界两强。而罗马帝国的都城罗马，大汉王朝的都城长安，也都成为两个最具国际影响力的世界城市，被人们称为"西有罗马，东有长安"。

第四节　大唐天朝定都西安

大唐天朝，是古代世界各国对中国唐代的普遍尊称。中国的大唐，是中国五千年历史上最辉煌耀眼的朝代；大唐的长安，是中国五千年历史上最最辉煌耀眼的都城。大唐与长安同步共进，统治时间长达290余年。

大唐天朝定都西安，从当时的情况来看，没挑没捡、板上钉钉、没有悬念。因为，大唐的开国皇帝是李渊，李渊的个人渊源、皇位内幕以及西安无可比拟的综合优势，决定了李渊定都西安的历史必然。

第一，祖父父亲，柱国将军，一人之下，万人之上，李家根基在西安。中国古代的西魏、北周以及紧随其后的隋朝，都城都在西安。而李渊的祖父李虎、李渊的父亲李昞，分别为西魏及北周的柱国，且均封为唐国公。故柱国一职，极其显赫，位居丞相之上，又统领全国军队，实属一人之下，万人之上；而唐国公又是世袭封位，代代相传。李渊的家族，起源于西安，兴盛于西安、体系庞大、人脉众多、根基坚固。仅此一点，李渊绝对不愿离开西安。

第二，生于西安、长于西安，唐国公任于西安，李渊感情在西安。李渊的家族根基在西安，而李渊本人更是生在西安、长在西安。公元573年，李渊的父亲离世，李渊于当年的7岁之时就继承了父亲的唐国公封位，声名显赫。从小在西安长大的李渊，随后又射箭招亲，以比武赢娶了当时北周武帝的外甥女窦氏为妻，而窦氏更为强大的家族体系也在西安。故而，李渊对于西安感情至深至厚。

　　第三，攻占西安，立扶恭帝，只反炀帝不叛隋，站在道义制高点。公元617年夏天，身为太原守备的李渊，在全国各地因隋暴政而引起的反隋大潮风起云涌、天下大乱之际，一直固守君臣之规的李渊在儿子李世民的多次劝诱下终于起兵南下。当时荒淫无度的隋炀帝，根本不理朝政，长期在江都（今扬州）巡幸作乐。李渊打着只反炀帝不叛隋的旗号攻占了长安，在广为抚民安民、废暴免税的同时，扶立时任长安守备的炀帝之孙杨侑为隋恭帝。虽则朝政大权李渊尽揽，但名义上的职位仍为唐国公，故以此昭告天下：李渊仍为隋朝之臣。如此夺权，李渊占住了道义，故一切照旧，根本不存在定都的任何考虑。

　　第四，恭帝禅让，顺理登基，和平过渡不涉武，先帝都城不能变。公元618年4月，反隋烈火越烧越旺，名义上的隋王朝已是摇摇欲坠，此时，身在江都巡幸的隋炀帝被自己最信任的臣下所杀。消息传到长安，李渊心中大喜。正宗的天子已亡，而长安都城内所谓的隋恭帝已明白自己的傀儡皇帝气数已尽，更况还有朝中强大的逼宫情势，于是，恭帝杨侑，昭告天下，禅让皇位。随即，李渊在众大臣的"万岁"声中，于公元618年五月十四日正式登基，并改国号为唐。此"唐"的来历，正源于李渊家族连续三代的唐国公封号。至此，李渊的起兵目的已经全部达到，并且合乎朝规、顺乎民意。但虽则新帝登基，却属禅让传位，按照李渊多年奉行的忠君之道，先帝的都城怎可变更？

　　第五，四朝都城，龙脉宝地，八大优势样样有，定都西安最为佳。以上关于大唐定都的五点因素，前两点属个人因素，后两点为谋略因素，而最后的这个第五点，才是定都西安的最大因素。龙脉宝地，八大优势，不容置疑；周秦汉隋，定都西安，当然是千挑万选；更何况，前边的四大因素，让李渊对早已习惯、感情至深的长安城怎能割舍？怎可割舍？终于，空前绝后的大唐天朝，定都于空前绝后的名都西安。

大唐的建立，使古代的中国进入了最鼎盛的时期，大唐的建立，使古代的中国雄居于世界之巅。大唐天朝定都西安，使西安成了古代世界的最大城市，大唐天朝定都西安，使西安成了万国来朝的世界中心。

第五节　数十都城三千年　一千余年在西安

数十都城三千年，一千余年在西安。要说清这个问题，首先要有权威的依据。中国大小朝代数十个，大小都城数十个，而一千余年建都在西安，依据是啥？为了避免非议，这里的计算结果，首先是以《新华字典》上中国历史纪年表中列有的正统朝代为朝代计算标准；其次是以中国古都学会全国古都专家的古都研究成果为古都时间标准，最终得出了最权威、最客观、最公正的定论。即西安古代共计建都13个朝代，连同秦都栎阳在内，共计建都1143年。这里一律不包括其他非正统朝代的时间在内。

若按历史上的十个大朝，即：商、周、秦、汉、隋、唐、宋、元、明、清而计，建都时间最长的是西安；若再加上政权并存的南北朝、东晋十六国、五代十国等小朝，建都时间最长的仍是西安；若按全国学术界先后排出的并为全国公认的四大古都、五大古都、六大古都、七大古都以及八大古都的排名来看，西安始终排名第一。然后，我再分别按五个层次进行分述：

第一，中国古代历史从商朝到清朝，作为大一统的朝代只有九个，而其中的五个，即：周（西周）、秦、汉（西汉）、隋、唐，其都城均在西安。

第二，中国古代的大朝小朝，共60多个，而其中公认的最强盛、最具历史影响力的仅三个大朝，即：秦、汉（西汉）、唐，而这三个大朝的都城，均在西安。

第三，数十个大小朝代，时间总计约3600年，但其中超过200年的仅有六个，即：西周、东周、西汉及唐、明、清，而其中的三个，即西周、西汉、大唐，都城均在西安。

　　第四，从商朝开始到清朝结束，数十个都城，总计建都时间约3600年，而以西安为都的仅西周、西汉及秦、隋、唐五个大朝加起来就高达900年，占了整个中国历史时期的四分之一。

　　第五，从商朝到清朝的整个3000多年，涉及都城60余个，而仅仅西安一城，就占了1000余年，几乎为整个中国有朝历史的三分之一！

　　至于外界关于大秦帝国的都城是咸阳还是西安的疑问，其实前边已经说得很清了。说大秦帝国的都城在西安，很对！说大秦帝国的都城在咸阳，没错！因为秦代咸阳城的范围，既包括了如今西安市的部分区域，又包括了如今咸阳市的部分区域。人们只需弄清一个概念即可：古时的咸阳城，和今天的陕西省咸阳市不能画等号，就像古时的长安城，和今天的西安市长安区不能画等号是一个道理。更何况，当时秦国的章台宫、兴乐宫以及秦朝的阿房宫等皇宫大殿，都在今天西安市的未央区。想一想，2000多年前秦代的咸阳城，其范围总不可能在2000多年之后，仍然维持不变，仍然是秦代咸阳城的管辖范围。

　　不论怎样归类，不论怎样划分，西安都是当之无愧、无可争辩的中国建都时间最长的都城。而且，各创辉煌的周、秦、汉、隋、唐，给西安这个古代建都时间最长的都城，又永远地戴上了五彩缤纷的耀眼光环。

第三讲
西安 唐代规模最大的城市

古代哪个城市是世界级的大城市？大多的人几乎都能一口说出：是唐代的长安城！不错，因为学校的历史课本在讲到唐代时都会讲到这一点。唐长安城作为当时世界上最大的城市，她的大，不仅仅大在名气上、大在面积上，而且是大在作为千古一城的方方面面、林林总总。本讲要说的大，不是中国范围的大，而是世界范围的大。

第一节 唐长安城的面积 八十四平方公里

要说一个城市的大，首先要说占地面积。虽然说古代的土地，相对地广人稀，绵延无限，想占多少是多少，但是，这里的占地不是种庄稼，而是建都城，占地越大，花钱越多。一句话，都城的面积是用银子铺出来的。然而，古代都城的大，彰显了皇朝的威武，彰显了天子的尊严，所以，一定要规模大、占地多，不计代价，只要第一！

唐长安城的前身，是建于公元583年的隋朝大兴城，公元618年，李渊建立唐朝后即在原来隋大兴城的基础上再行扩建改造。唐长安城位于今天西安"龙首原"以南的平原之地，相对于汉长安城的龙首以北，面积更大，原面更阔，营建新都有足够的土地进行布局和回旋。虽然如此，但当时的隋唐皇帝在建扩都城时绝不盲目动手，而是多方了解、掌握当时世界的著名大城情况，知己知彼的目的，就是要超过对方，建出世界的最大。

当时世界最为著名的大都城有二：一是古罗马帝国的首都古罗马城，二是拜占庭帝国的首都君士坦丁堡。古罗马帝国是当时西方世界的霸主，而拜占庭帝国则是罗马帝国分裂出来的罗马东部，也即罗马帝国崩溃后依然存留的东罗马，说来就像绕口令，其实还是罗马帝国。故古罗马城与君士坦丁堡均为罗马帝国的象征，规模霸气，建筑超前，占地面积为当时的世界之最。罗马城约11平方公里，而君士坦丁堡因建在其后，必然要赶超罗马，但也仅仅达到12平方公里，只超了罗马城区区一平方公里。

有了这世界大城的对比目标，就有了世界之最的赶超标准。中国人自古就不愿意落人之后，更何况皇帝即天子，天下唯他最大，故唐长安城的建设，按现在的话来说，就是起步即为高标准、高要求，大唐的都城一定要达到空前没有、世界第一！唐长安城的其他方面后边再说，这里只说占地规模。不比不知道，一比吓一跳，长安城东西长9.72公里、南北宽8.6公里，总长36公里，面积达84平方公里。加上后建的大明宫、兴庆宫、东内苑、西内苑、芙蓉园等，面积已近百平方公里。不愧为世界强国！不愧为财大气粗！粗略计算，首先，和同时期先后的世界名城大都比一比，唐长安城的面积，是早前世界西方霸主罗马帝国都城罗马城的8倍，是曾经世界最大都城君士坦丁堡的7倍，是后来的世界大都阿拉伯帝国首都巴格达的6.2倍。其次，再和中国国内大家相对熟悉的古代都城比一比，唐长安城是汉长安城的2.4倍，是北魏洛阳城的1.2倍，是隋唐洛阳城的1.8倍，是600年后元大都城的1.7倍，是700年后明南京城的1.9倍，是1000年后清北京城的1.4倍。

唐长安城的面积规模，不仅是当时的中国之最、世界之最，而且，长达数千年的中国历史，长达数千年的世界历史，直至中国封建社会结束的19世纪末，都一直未被取代、未被超越。

当时世界上最大的城市唐长安城

第二节　唐长安城的人口　高达百万人以上

不论古今，衡量一个城市的大小，最重要的有两个指标，一个是面积，另一个是人口。而面积相对是死的，人口却是活的。唐长安城是当时世界上最大的都市，无人争议，而只要说到唐长安城的人口，便会众口不一，各有说法。唐时的近300年，长安城的人口究竟是多少呢？认真对照国际、国内顶级的汉学、唐学研究专家的研究成果及最能证明事实的历史资料，就能很容易地得出自己的判断定论：唐长安城的人口不仅高达百万，而且是中外公认的当时世界上人口最多的大都会，不带唯一！

中国古代汉唐在世界的至高地位及巨大影响，致世界上的汉学、唐学研究比比皆是，特别是中国周边的日本、韩国以及海峡对岸的台湾地区，不仅研究的人多，研究的范围也广。唐长安城的人口就是他们研究的重点之一，并时常在国际、在中国的研讨会上发布自己的研究成果。其中最具代表性的顶级人物要数日本最著名的汉学家布目潮渢、日本的中国学权威平冈武夫、日本顶级的唐学专家日野开三郎等。以上诸人的研究成果一致表明，中国唐代长安城的人口，天宝年间已达百万，后期则约达到150万，是当时世界人口最多的都城。另有台湾最著名的唐学专家、台湾地区"中央研究院"院士严耕望，以及中国唐史学会会长、武汉大学历史文化学院院长冻国栋等，均在自己的著作中给出了"长安城人口达百万"的结论。以上国际、国内的顶级专家，既不是西安人，也不是陕西人，甚至不是中国人，故他们给出的结论，客观、公正、不带任何的倾向性。

唐长安城是当时世界人口最多的城市，在古今中外的评说中屡见不鲜，有专门负责唐代外事工作的鸿胪寺的有关记载，有新时期《中国古都研究》中的诸多论文，有日本、韩国等国的唐学大家的研究成果。总之，唐长安城是当时世界城市的人口之最，已成为中外学界的共同认知。人口的数字，只是一个相对的概念，不论是150万，还是100万，甚至更少，其实对如今的西安来说已不重要了，重要的是，她已是公认的当时世界人口最多的城市！

第三节　唐长安城的宫城　被誉为千宫之宫

唐长安城的宫城在此指的就是大明宫。大明宫是大唐天朝的政治中心，是唐朝天子的皇宫宝殿，是国家权威的最高象征。大明宫位于现在西安市北门外一公里左右龙首塬上的龙首之上，高居龙首，俯瞰唐都，站在大明宫的含元殿，整个长安城尽收眼底。自唐高宗起，先后共有17位唐朝皇帝在这里处理朝政、接见外使、号令天下，时间长达234年。唐昭宗乾宁三年，大明宫在辉煌中外260多年后，于唐末的战乱中被毁。2014年6月，大明宫遗址被联合国列入《世界遗产名录》。

大明宫是世界上从古到今最为豪华壮丽、最为恢宏霸气的宫殿建筑群，是中国古代建筑史上亘古未有的巅峰之作。大明宫的世界之最，主要表现在

第一篇章　西安　无与伦比的历史地位

四个方面：从规模之大看，不论是占地规模，还是建筑规模，均创出了前所未有、中外第一；从豪华霸气看，不论是外部的高大宽阔，还是内部的辉煌奢侈，均彰显了唯我独大、唯我独尊；从建筑形制看，不论是总体的建筑创意，还是宫殿的巧妙设计，均实现了典范中外、引领周边；从建筑艺术看，还是传统的工艺沿袭，不论是自我的革新创举，均达到了精美绝伦、巧夺天工！大明宫，是被当时世界誉为的千宫之宫，是被当时各国顶礼膜拜的东方圣殿。不过，本节在此对大明宫的其他荣耀一概不讲，只讲最大——大明宫的规模，世界最大！

与大明宫用夹城通道连起来的唐兴庆宫，现为西安的兴庆宫公园

大明宫的大，究竟有多大？按最通常的衡量标准还是占地面积。大明宫的占地面积为3.75平方公里，宫墙周长8公里，其中南北长2.5公里，东西宽1.5公里。大明宫的主要建筑，有核心的前朝三大殿：含元殿、宣政殿、紫宸殿；有一次可同时宴请4000人的麟德殿；有道教宫殿的大角观、三清殿，以及其他各种大型宫殿50余座。大明宫共建有11处城门，其中的丹凤门，规制之高、规模之大，均创中国历史都城的门阙之最。

然而，大明宫占地面积为3.75平方公里，只是一个相对的数字，究竟大到什么程度呢？只有比，才能比出一个明确的概念。那么，咱们仍然拿到中国、拿到世界上比一比：世界上目前有国际公认的五大宫殿建筑群，即北京的故宫、美国的白宫、法国的凡尔赛宫、英国的白金汉宫、俄罗斯的克里姆林宫，是当今世界保存下来的最顶级的历史宫殿建筑群。除时间较短的美国白宫外，全部都是世界文化遗产。而大明宫的大，是法国凡尔赛宫的3倍，是美国白宫的4.5倍，是北京故宫的4.6倍，是俄罗斯克里姆林宫的12倍，是英国白金汉宫的15倍。这就是1400年前中国的大明宫，这就是1400年前长安城的大明宫！

大明宫虽然已不复存在，但作为世界遗产的大明宫遗址，如今已按原范围建成了国家遗址公园，不负众望的西安大明宫遗址公园，还将继续创出中国的最大、世界的最大！

第四节　唐长安城的商市　有十二万家商户

中国的各大城市如今都在争相建设各自的CBD，即核心商务区。然而，早在一千多年前的唐代，都城长安就已经有了古代最早的核心商务区，那就是享誉中外的"东市"和"西市"。

唐长安的东市与西市，简称东西二市，既是当时长安城的经济活动中心，也是全国的工商业贸易中心，更是中外各国经济交流的重要场所。所谓东市、西市，是因不同区域的需要分设在长安城东西方向的两个遥相呼应的超大型城市核心商业区。东市位于今天西安的交通大学一带，西市位于今天西安的劳动路一带。东市与西市虽然都是大型商业区，但又有三大不同：一是所处的位置不同，二是服务对象的不同，三是主营的品种不同。东市位于长安城的东部，靠近"三大内"，即西内太极宫、东内大明宫、南内兴庆宫，周围多住达官贵人，故经营类别以奢侈品为主；而西市位于长安城的西部，周围多是平民布衣，故商家经营则以日用品为先。除此之外，东市与西市还有一个最大的区别是，西市不仅是大众平民的消费市场，更是当时来长安城大量的东亚、西亚、南亚以及周边的日本、韩国等国际客商的物资交流之地，形成了世界最大的商贸中心。故西市较东市更为兴盛、热闹、人多，被称为"金市"。

当时的东西二市，规模之大、商铺之多、品种之繁，不仅是古代的世界之最，就是放到现在，如此规模，也是极为罕见的。东市南北长1200米，东西宽924米，商铺高达73 000余家；西市南北长1050米，东西宽1030米，涉及行业220余个，固定商铺4万余家，另外，还有各种各样的流动摊贩数千家。至于街道，不论东市西市，均为两纵两横直通到头的"井"字大道，还有沿两市围墙内侧而设的环形路，再加上密如蛛网的小街巷，使得长安城的东西二市，商铺密如蜂巢，游人多如群蚁。特别是西市，既有中国人，又有外国人；既有中国货，又有外国货；吃的穿的用的，看的玩的赌的，样样都有，目不暇接。真可谓繁华至顶、热闹至极。常常是人挤了人，脚踩了脚，闹得你争他吵，甚至动了干戈。如此之事，就连唐玄宗的嫡亲也都不能幸免。

史书记载，天宝十年的元宵节，杨贵妃邀兄弟姐妹一行同到西市夜游，不料，却与同来游玩的广平公主及驸马碰巧相遇，且在争相进入西市南门时发生拥挤而起了冲突。公主委屈，哭诉于皇兄。玄宗听罢，左右为难，一个是自己的妹妹，一个是宠爱的贵妃，无奈，只有先斩了杨家的跟班家奴，再免了驸马的现任官职。如此各打五十大板，令杨贵妃大为不满，气撒玄宗。玄宗无辙，于是又召集两市的杂耍戏班，专演专唱，以消贵妃怨气，方使事件得以平息。这个故事，充分说明了当时西市的热闹、游人如织以及无与伦比的超强诱惑力。

12万的商户、两平方公里的面积，1400年前的唐长安城东市西市，成了世界上当之无愧的最大的商贸市场。

如今，当年古长安的大唐西市，已经开发再现于原址，成了全国驰名的旅游景区，而大唐东市也正在积极筹划，运作重建。届时，世界最大的商贸市场，古长安的东西二市，定将重新携手，让全国、全世界的游人，在长安重温大唐梦，来西安买东又买西！

西安在原址上新建的大唐西市

第五节　唐长安城的街道　宽一百七十六米

如果不了解唐长安城街道的概念，让你以现在的思维去猜想，长安城这世界最宽的街道究竟有多宽呢？你一定猜不出来，因为差距太大了。

唐长安城的街迄今为止有三条"世界最宽"！一是皇城与宫城之间东西走向的一条街，名曰"横街"，东西长2820米，南北宽高达220米，简直就是一个硕大无比的广场！二是大明宫正南门外的丹凤门大街，南北走向，长1500米，宽度高达176米！三是长安城南北中轴线的朱雀大街，长5020米，宽度高达155米！以上均为史书记载，有据可查。唐长安城的街道布局，南北大街11条，东西大街14条，除过以上的三条"世界最宽"，五条直通城门的大街宽度也都在 100~138 米之间。再看其他东西南北的各条街道,也都在 47~75 米之间的宽度,虽然达不到世界之最,但同样是超宽的大型街道,既威风,又霸气。

唐长安城 155 米宽的朱雀大街

古时唐长安城的 220 米、176 米、155 米的超宽街道,与不同时期的世界名城、世界名街作一比较,便可得出一个明晰的结论:建于公元前 753 年的罗马帝国罗马城,全城的街道统统没有人行道,最宽的街道不超过 4.8 米;建于 1667 年的法国巴黎曾号称"世界第一街"的香榭丽舍大街,最宽处也只有 120 米;建于 1936 年阿根廷首都的七九大街,号称至今唯一的"世界最宽街道",也不过只有 140 米的宽度。如此一比,不言而喻,唐长安城 220 米、176 米、155 米的超宽级别大街道,不仅是一千年多年前古代世界的最宽,而且是迄今为止现代世界的最宽,绝对是前无古人,后无来者!

作为千年之前的都市,还没有汽车的唐代,街道宽度高达 220 米,简直令人不可思议!220 米的街道是个啥概念?如今的高速路最宽为双向八车道,而一条车道宽度仅为3.5米,若把长安城的"横街"作为高速路,可成为撑破大天的双向62车道;若要给长安城的横街装上红绿灯,那横过马路的人最少也要快走五分钟。真是世界之大,无奇不有。唐长安城的街道,的确是太宽了!

唐长安城的人口世界最多、面积世界最大、宫城世界最大、商市世界最大、街道世界最宽,以及由于篇幅有限而不能一一列举的其他"之最",充分说明了"世界古代城市规模最大的长安城",不是徒有虚名,不是自我标榜,而是实实在在、用数字、事实、史料以及考古成果论证出来的。

第四讲
西安 古代都城规划的典范

人们常说的"城市建设,规划先行",其实并不是现代的创举,早在公元前的1100年时,中国周朝建都的镐京之城就已经有了世界上第一张城市规划图。而在此后的近千年间,世界名都罗马和雅典,却还都在因建城之前没有统一规划,致使城市的发展自由扩张、建筑布局杂乱无序而大伤脑筋、追悔莫及。城市规划是中国人的首创!事实证明,聪明而睿智的中国人,在从周朝开始即运用规划建设城市的1700多年后,对于泱泱隋唐帝国都城的城市规划,不论是在科学性、前瞻性、功能性以及形象性诸方面来说,无疑均是出类拔萃、独具特色、领先世界的。因而,才有了世界建筑史上的千古典范——隋唐长安城(为了方便称谓,之后统一简称唐长安城)。唐长安城的规划领先世界,主要体现在以下的六大特点。

第一节 中轴纵横对称 城市街线酷似棋局

唐代长安城是当时世界最大最繁华的都市,作为城市,唐长安城最大的特点就是布局严谨、街道规整、纵横对称、美观划一。博得了无数文人骚客的咏叹赞美。唐代大家白居易的《登观音台望城》一诗写道:"百千家似围棋局,十二街如种菜畦。"登观音台指的是登上高处,望城望的就是当时的唐长安城,诗句写的就是当时唐长安城的城市布局。既然写的长安城的布局,不妨让我们就以当时长安城的平面图进行比照,以对白居易的诗有一个更加明确的直观理解。

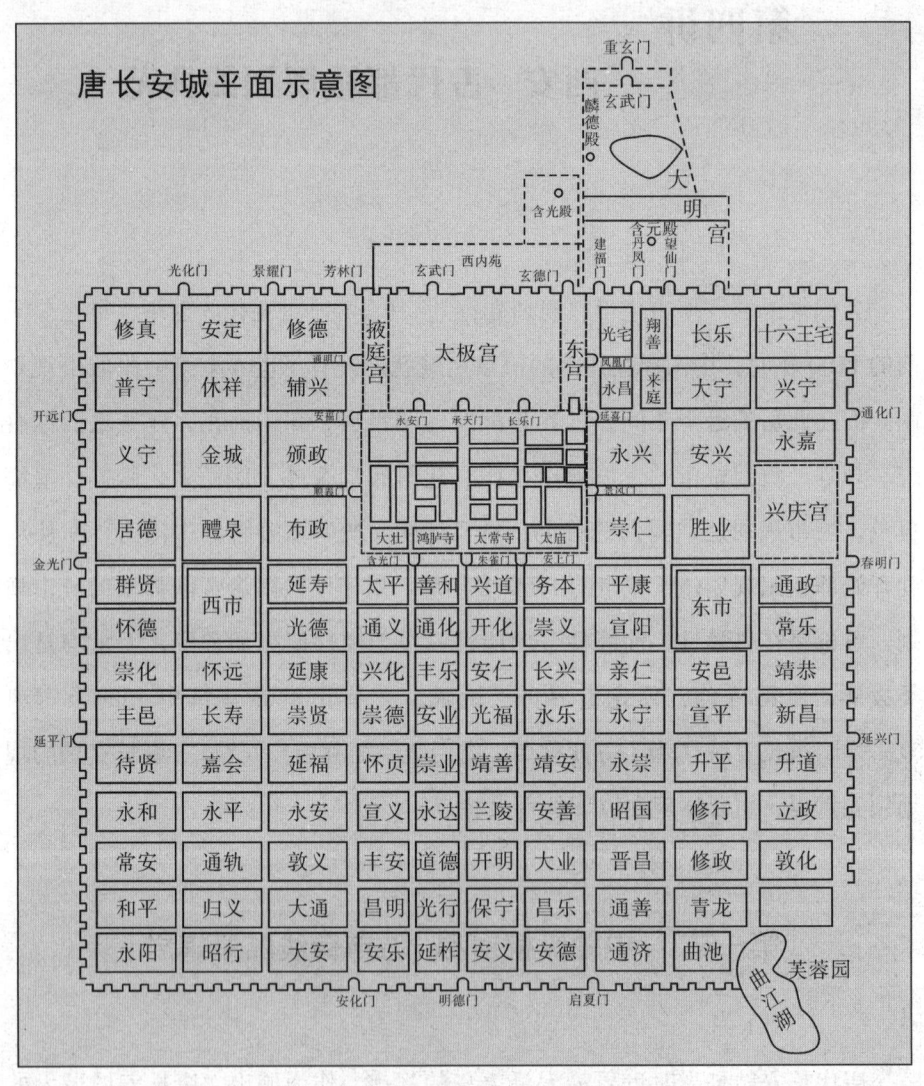

唐长安城平面图

《唐长安城平面图》,任何人一看即可一目了然。整个长安城南北纵向11

条大街,东西横向14条大街。其中贯穿南北的中轴线朱雀大街,宽度高达155米,是当时也是迄今为止世界最宽的城市街道,把长安城区分为了公公正正的两大部分。而这纵横交错的东西南北25条大街,又把整个长安城分割成大小不等的百多个方格,虽然方格大小不等,但绝对严格对称,大对大,小对小,长宽一样、丝毫不差。四周的城墙把这些方格一一不漏地围在当中,严严实实,方方正正!从平面图总观长安城,没有曲线,没有弧线,没有斜线,全部是横平竖直,仅仅只有右下角的一处显示了曲线,但它不是街道,而是芙蓉园中曲江池的不规则湖面。

如此的城市布局、如此的笔直街道、如此的严格对称,这就是长安城规划在当时最为领先的第一大特点。

然后我们再来看白居易的诗,第一句"百千家似围棋局"。不论是象棋,还是围棋,都是方格,都是直线,都是纵横对称,那么,以上的长安城不正是一个巨大无比的大围棋盘吗?第二句"十二街如种菜畦"。长安城纵十一街,横十四街,为何出来个"十二街"?那是因为十一和十四两个数字,不如"十二"用起来更为顺口、贴切,作为诗句,在此完全可以泛指。再说"种菜畦",有年龄的人都知道,过去农村的菜园,由于品种较多,不同的菜均各占一小片地,以地垄为界,分块而种。从高处下望,一块一块,红红绿绿,甚为好看。白居易的诗,第一句是把长安城比作棋盘,纵横对称、规整有序;第二句是把长安城比作菜畦,格格块块、有红有绿。

白居易笔下的棋盘,白居易诗中的菜畦,棋盘内摆的什么棋?菜畦内种的什么菜?白居易没有说,以下再做分节细讲。

第二节　宫城皇城郭城　布局恢宏龙威尽显

唐长安城的建设规划,是中国都城建设史上的一大里程碑。其宫城、皇城、郭城的全新布局，既实现了中国都城建设的多个首创，又推出了都城建设的多个第一，且极大地增强了皇帝宫苑的安全效能，尽显了大唐皇上的至高至上、天子龙威。此为唐长安城规划领先的第二大特点。

"三城"形制的模式首创——唐长安城在中国古代此前一直沿用的"双城制"的基础上，首创了"三城"形制，即在作为郭城的大城之内，又形成了宫城、皇城两重小城。宫城为皇帝居住及理政之地，皇城为中央官署办公场所。"三城"形制，不仅宫、朝分区，便于管理，而且宫城、皇城各有城墙，独立为城，更展示了大唐中枢的恢宏气势、皇家尊威。

唐长安城的郭城城墙遗址，现已建成大型的唐城墙遗址公园

前朝后市的传统突破——"前朝后市"，即前为宫朝、后为市场，是古代隋唐之前都城布局的传统模式。这一模式，让呼叫嘈杂的大市场，紧贴皇帝的宫殿，紧贴中央的官署，既不安静，又失尊严，更不安全。唐长安城的布局，则把朝、市易位，宫、皇两城设在郭城正北，而把东西两市规划在了两城以南的东西居民里坊之中，既远离了宫朝，又方便了百姓。

空前绝后的横街广场——长安城的宫城、皇城位于大郭城的正北，宫城与皇城前后排列，中间仅隔着一条与两城长度并齐的横街，而这条所谓的横街长2820米，宽则高达220米，约合60余公顷，说是为街，实为一个空前绝后的超大广场。如此之大的横街，在此举办的各种庆典、礼仪、集会，让参加的各国使节瞠目结舌，惊诧不已。

威风霸气的朱雀御道——朱雀大街，是皇帝出城的唯一御道。北起皇城的朱雀门，长5020米，宽155米，两旁名树遮天蔽日，一直通至长安城正南的明德门。155米的路宽，可并行60余辆大马车！想当年，大唐皇帝出巡，走在这壮观的朱雀大街上，万乘同行，万人恭送，浩浩荡荡，鼓乐齐鸣，长安城大手笔的"天下第一街"，是何等的霸气？何等的威风？

重重卫护的皇家宫殿——唐长安城的"三城"形制，布局略似一个"凹"字，其凹进的部分，即宫城与皇城所处的位置，凹字四周的线即是郭城的城墙，凹字线内的所有空白处均为民间所用。"三城"制凹字形的布局，让郭城以及层层民用的里坊、商市，把宫城、皇城重重围护、拱卫其中，极大地增强了皇家宫苑的安保效能。

长安城规划首创的"三城"制，自诞生以来，一直都是后世各朝纷纷效仿沿袭的都城样板。

第三节　城路居区住宅　等级差异无处不在

等级差异、尊卑贵贱，是中国古代封建社会集权管理的重要组成部分。为了切实巩固皇家政权，维护封建体制，各朝各代都形成了一整套森严繁杂的等级制度，并贯穿于国家机器及政治体系的各个层面。到了隋唐时代，其等级礼制已经涵盖到了人们生活的方方面面，反映在长安城的规划设计建设上，则更为淋漓尽致，无处不在。这是唐长安城规划领先的第三大特点。

一是城别的不同，城墙的高度不同——唐长安城的宫城、皇城和郭城，虽然都叫城，但宫城、皇城与郭城在功能及地位上的差异甚为悬殊，而这个差异则集中表现在城墙的高度上。宫城和皇城的城墙，高度均为10.3米，而郭城的城墙则为5.3米，仅为二分之一。在这里，本来是为御敌的城墙，却成了等级的标志、皇权的象征。

二是区位的不同，道路的宽窄不同——唐长安城的道路等级，更是皇家尊严的表现之处。大致可分为六个等级：第一级是宫城门前的横街，宽220米；第二级是皇城门外的中轴线朱雀大街，宽155米；第三级为与郭城各大城门相通的街道，宽度均在100米以上。以下还有四、五、六级不等的道路，宽度分别为70、40、25米。宫城前的横街、中轴线的御道、直通城门的大道，与市民通行特别是里坊的街道，形成了巨大的尊卑差异。

三是贵贱的不同，居住的街区不同——住宅区域的划分，最能体现贫富贵贱。第一档不用说，是宫殿官署的特定区域；第二档是宫城、皇城周围的"中央级"达官显贵居住区域；第三档位中轴线朱雀大街两侧的"东贵西富"，东侧为官吏贵族居住，西侧为富商大贾住宅；其他区域则为普通百姓的居住之地。

四是官职的不同，堂舍的规模不同——堂舍即住宅，在古代是衡量官职大小的重要标志，绝不是钱多钱少由自己随意建造，而是由长安城的建筑规划严格规制的。如三品以下，不得超过五间九架；五品以下不得超过五间七架；六品以下不得超过三间五架；而庶民百姓，则只能建在三间四架以下。几间几架的"间"，人们都知道是指房屋的间口；"架"则是指檩条的数量，决定了屋的进深。以上的建筑模规、形制，必须与主人的官职严格对应，不得有半点的越位。

第四节　壹佰零玖里坊　市民居区密而有序

古代《吴越春秋》"筑城以卫君,造郭以守民"中的"守民"二字,指的就是约管和掌控民众。故隋唐之前的都城市民均是统一居住、集中管理。到了唐长安城,则把这百万之众大都市的居民区,规划为了井井有条、规齐肃整、密而有序的诸多"里坊",形成了唐长安城独有的酷似棋局的第四大特点。前边所讲的"白居易笔下的棋盘里摆的什么棋?"摆的就是一百多个里坊,摆的就是百十万的市民。

长安城里坊的布局——长安城里坊的规划布局,除宫城、皇城外,严格地按南北 11 街、东西 14 街的纵横交错划为了 100 多个方格,一个方格就是一个里坊。但只要细细对图一看,就不难发现,凡是与宫城、皇城东西城墙并齐的诸多里坊都是大坊,反之,均为小坊。且大小颇为悬殊,大坊 0.95 平方公里,小坊只有 0.29 平方公里,二者面积相差三分之二还要多。如此布局,只有一个原因,那就是:宫城、皇城周围一定要大城配大坊,一定要彰显皇家的尊严。故才出现了长安城的"棋盘",虽然左右严格对称,但却北大南小、面积不一。

长安城里坊的数量——唐长安城的里坊到底是多少?108、109、110?历来说法不一。本讲中用的是 109。一个单数如何两边对称?是的,如果按纵 11 街、横 14 街的相互交错,除过东西两市,只能是个双数 110 坊,即中轴线两边各为 55 坊。不过之前确有过二合一、一分二,及因其他建筑增减而导致的数字短时变动,但 109 坊为时最长,是学界公认的说法。109 之所以是个单数,是因兴建曲江池占去一坊之地,但方格还在,丝毫影响不了棋盘的左右对称。

长安城里坊的城街——长安城的里坊分为大中小三类,大的面积近一平方公里,相当一座小城。每个里坊都有坊墙,墙基厚达 2.5~3 米,犹如城墙一般。里坊的内街有大小街及巷和曲,小坊只有一条大街其余均为巷曲。大中坊均有十字大街,把一坊划分为四个区片;再用小街把每个区片又划分为四个更小的区块；区块之内另有多条巷曲作为纵横的通道，极大地方便了市民的来往出行。如此的长安城，城如棋盘，坊如蛛网，密麻纵横，经纬不乱，实如布机上织出来的一般。

长安城里坊的管理——长安城的里坊，有效地加强了对民众的管控。每个里坊都是封闭的，坊城的城门只有直对大街才会有，小坊两门，大坊也只有东西南北四道城门。一般民众的宅门只能开向小曲小巷，三品以上的官员宅邸才可面向大街开门，为的是他们便于按时早朝。长安城实行严格的宵禁制度，坊门每天按时开关，每夜街鼓鸣响后，行人务须回到坊内，坊门也随即关闭。三更之后，街上除巡逻的士兵外，再无任何居民走动。严格的里坊管理，虽然带来了诸多不便，但也让坊内的居民更为踏实、更为安全。

西安唐城墙遗址公园中的崇化坊遗址

长安城的里坊分割与管理，不仅影响了中国的诸多城市，就连古代的日本，其城市中的里坊布局、里坊内的"十六町"分割，也全都是仿效的大唐，全都是仿效大唐的都城长安。

第五节　供水排水科学　基础设施设计超前

本节是唐长安城规划领先的第五大特点，也是一致称道于古今的亮点之一。作为当时世界人口最多、面积最大的超级都市，与之配套的城市供排水系统，理所当然也应是同时期的所有城市不能比拟的。对照长安城的相关考古成果，便会惊异地发现，1400多年前的大唐长安，与如今高度文明的现代城市，在供排水系统的诸多方面，竟然如此相近相似。其理念的超前、设施的科学以及创意的独到，不能不令人在惊叹之余，为中华民族的聪明智慧所深深折服。

从供水方面来说，唐长安城既有天然的"八水绕长安"，又有人为的"五渠入郭城"，还有既作为景观又可以蓄水的昆明湖、兴庆湖、曲江池等，更有密如星点、遍布各处的浅层水井。现代城市所有的供水手段：明渠、暗渠、高架渠、管道（陶管）、涵洞、储水池，以及处理泥沙杂物、净化水质的过滤设施，等等，唐长安城统统都有。科学的构想、周到的设计，让百万人口长安城的用水，不仅充足，而且方便；不仅分布面大，而且干净卫生。

至于排水，更是长安城的得意之作，值得大书特书、大说特说。在如今的时代，若遇长时间的大雨暴雨，不论是哪里的城市，只要发生内涝，无非就是一点，雨水排放不畅。但为何雨水排放不畅？究其原因，一定是建城之初的排水系统设计滞后，理念保守。

而在1400多年前的大唐长安城，100余万人的城市人口，绝大部分都聚集于各个稠密的里坊之内，若要遇到暴雨，恐怕更容易出现大型的内涝灾害。然而，长安城理念超前的排水体系，严密配套的排水设施，使得数百年的时间里，每遇暴雨，往往都能有惊无险、安然无恙。

我们按当时的排水系统一环一环往前排：首先是里坊内的各个院落，每个院落房屋都有散水，院落地面都有斜度，院落地下都有渗坑。一遇大雨，院内所有的水一律先入渗坑。渗坑多为砖砌，且渗坑底层之下还埋有相当厚度的废砖及其他吸附力较强的材料，以提高吸水能量。渗坑溢满后再顺院中的排水陶管进入院外的排水支渠，排水支渠入口均有铁栏滤去杂物，以防渠道堵塞。各条曲巷坊街的支渠渠水，再汇集到排水大渠，即大街两侧的主干渠，然后分别排入城北的渭河及城外的各大人工湖泊。需要说明的是，这些湖泊平时在补水时均有一定的水位限制，专门留下了暴雨时接纳雨水的空间。

唐时大明宫内的地下排水涵洞遗存

而这一整套的排水体系，若要在暴雨时不发生内涝最为关键的取决于三个方面：一是城市总体的地理优势；二是各渠各街的坡度如何；三是排水渠道的容量大小。长安城恰恰就瞅准了这三个关键。首先，地理地势南高北低，雨水自然顺势向北流向渭河。其次，各渠各街的坡度，长安城的街渠南北坡度均在0.2%以上，与如今的0.3%的坡度要求极为接近，同时，长安城所有的街，都是中间高两边低，只要下雨，雨水随坡分流两边，进入排水大渠。最后一点，是关键中的关键，也是如今城市排水不畅的最大原因。根据考古测量结果，长安城街道两侧的排水大渠，宽达3.3米，深达2.2米。人们常说，英国伦敦的排水道，可以开进一辆汽车，根本不会发生内涝，而一千多年前长安城的排水大渠，同样可以开进一辆汽车，当然也不会发生内涝了。

翻开史料，自隋文帝时的583年至唐天佑时的904年共达321年间，有记载的大型雨涝只有10余次，可见长安城的排水系统足以应对三四十年一遇的特强暴雨。300多年，10余次的内涝，如此超前的排水能力，不论是当时的古代，还是放到现在，都是相当难能可贵的。

第六节　四类园林共存　不同群体各有所乐

园林，是一个城市规划不可缺少的组成部分，但时代不同，园林的功能也不相同。放到现在，它是美化城市、造福百姓的必须之举；而放在封建社会，它却仅仅是为皇权显贵等少数人服务的享乐之地。但是，在中国封建社会最为鼎盛辉煌的大唐时代，则一举颠覆了此前传统的园林规划概念，开创了皇家园林、寺观园林、私家园林、公共园林四种园林并存的城市园林模式。而其中的公共园林，更成为上至皇家豪门，下至普通百姓，同游同赏、同喜同乐的大众游园，充分展示了大唐开放文明、亲民和谐的社会氛围。

长安城的皇家园林主要指位于郭城北的禁苑、郭城南的芙蓉园以及城外的兴庆宫、华清宫等。其中最为方便的禁苑，东靠浐灞二水，西至都城西墙，北达渭河之滨，南贴宫城皇城，且把原汉长安城全部包含在内，一望无际，面积宽广，南北长15千米，东西宽14千米。禁苑的设置极具意义，由于禁苑南与皇帝所居宫城仅一墙之隔，特殊的位置决定了它既是皇家的园林及游猎之地，同时也是宫城北侧的防卫屏障，驻有大量的羽林军队。作为皇家的游玩场所，苑内的项目可谓应有尽有：有山水风光、有人造景观，有汉代遗存的宫殿、有水上游乐的舟船，有研习乐舞的班会、有学戏唱戏的梨园，有禽鱼养殖的基地、有瓜果蔬菜的生产，有放鹰捕射的狩猎场、有饲虎养熊的动物园，等等等等，丰富多彩。除此之外，其他如芙蓉园、兴庆宫、华清宫、玉华宫等，也都争奇斗艳，各具特色，在此不作一一列举。然而，皇家园林，皇家专享，可谓是："禁苑虽好，但不是百姓所游之地"。

　　寺观园林、私家园林，都是长安城园林体系的组成部分。长安城寺观林立，遍布各处，以慈恩寺、兴善寺、青龙寺等最为有名。作为宗教传播和朝拜之地，其游者不论身份，只要信仰相同，来者一律平等。由于唐代宗教开放，信仰自由，加之寺观幽静高雅、别具格调，故经常是人流如织，络绎不绝。私家园林在长安城的数量更是十分可观，多达140余处，分布在58个里坊之中。虽相对来说规模不大，但却个个设计高超、布局精巧，假山真水、绿树红花、亭台小桥、曲径通幽，让这些达官显贵足不出门，即可尽享人间美景。

唐长安城寺观园林的青龙寺

　　公共园林则是大唐王朝的一大首创，是大唐天子的亲民之举。长安城的公共园林主要有曲江池、乐游园、杏园三处。其中的曲江池是中国历史上第一个公共园林,是长安乃至全大唐风景最美、人气最旺的游览区。每逢佳节良辰,皇帝嫔妃、公卿权贵、儒生学士、平民百姓,不分富贵贫贱,纷纷从四面八方汇集于此,赏景游玩。同时,曲江每年都要举办多次各种各样的大型活动,包括朝廷的相关集会、皇帝的赐宴百官、科考的及第庆典等等,均招来了千千万万的长安民众。特别是每年的科考发榜,更是人满为患。所有及第的进士均要参加在曲江举办的庆宴大会,登台披花、吟诗讴歌、纵酒游玩,甚至持续一个整天,引得了各种各样、不同目的的人前来参与。有昔日同窗,借此机会来寻访故旧,联络人脉;有朝廷命官,借此机会来物色幕僚,培植亲信;有文人学士,借此机会来觅寻知音,以求志同道合;有王公贵族,借此机会来遍访新科进士,以谋求乘龙快婿;更有深闺佳丽,平日难得出门,此时盛装前来,意欲吸引目光,获取爱情。公共园林,热闹至极,难怪皇帝嫔妃舍弃了豪华冷清的皇家禁苑,来这里与民同乐、共享热闹。以致长安城的公共园林、长安城的名胜曲江,常常都像如今的黄金周,摩肩接踵如潮涌,只见人头不见景。

唐长安的城市园林,其规划、设计及建造的水平之高,堪称世界一流。而四类园林共存的新模式,特别是公共园林的出现,让不同的社会群体,都能在不同的区域享受到这人间一流的精神产品,不仅是封建社会城市规划史上的一大创举,而且也把大唐的开放文明、亲民和谐,统统地展示给了整个世界。这是唐长安城规划领先的第六大特点。

唐长安城领先世界的城市规划,造就了领先世界的唐长安城。其规划、其城市,对当时的世界,特别是周边的日本、韩国、渤海等国都城的规划设计产生了巨大的影响。当时日本的都城平城京,即是其遣唐使回国后,日本人模仿长安城,以四分之一的规模建造出来的。不论是棋盘布局、宫城皇城,不论是东市西市、民居里坊,不论是太极殿、中轴线以及朱雀大街，均是布局一样、位置一样、甚至名字都一样。一个中国的都城，被如此照搬地建在外国，且成了如今的世界遗产，不能说不是一个亘古未有的世界奇迹！

第五讲
西安　大唐时期的国际中心

唐时的长安城，最大的一个特点就是外国人多，不同肤色、不同语言、不同职业、不同行为习惯的，应有尽有，随处可见。之所以如此，不仅仅因为长安城是世界超级大国的都城，不仅仅因为长安城是世界最大最繁华的城市，不仅仅因为大唐皇帝天下共主的"天可汗"尊位，还有更为重要的，即大唐的包容、友善，积极地、多元化地开放政策，以及独具魅力的中国文化，才吸引了千千万万来自世界各国的不同人群。致长安城的常住外籍人口达到10万人以上，占到了长安城总人口的高达10%！使得长安城的各行各业，官、民、商、学、军、教、艺，行行都有外国人。

第一节　受大唐恩赏做官长安的各国英杰

在大唐10万多人的外籍人中，有一个按常规理念极为少见的特殊群体，这些人虽然不是长安城外籍人口中的最大部分，但却是长安城外籍人口中地位最高的官员群体。他们几乎都是各个国家的精英才杰，通过不同的途径和方式进入到大唐的京城长安，也通过不同的途经和形式做到了大唐的朝廷京官，成了大唐国家中枢的管理者。其中不仅有文官，而且有武官；不仅有各

"部委"的高级首脑,而且有权倾朝野的大唐宰相。

虽然不知道当时的大唐长安一共有多少官,但是知道当时大唐的外籍官员就高达3000余人。具体梳理一下,这些外籍官员,论族属,有突厥、契丹、回鹘、吐蕃、铁勒,论国别,有大食、波斯、安国、康国、天竺、高丽、新罗、百济、日本等数十个国家;论官职,有武官的节度使以及名目繁多的武卫将军、骑卫将军、领军将军、镇军将军、员外将军等,有文官的中书令、上柱国、秘书监、安南都护、御史大夫、知瑞书监、太仆员外卿等等,涉及近百个高级职务;论来去时间,有的在长安出生,有的幼年随父母而来,有的青年时受国家派遣,有的中年时以各种原因进入。不管何时入唐,但大部分都留居长安,成家立业。祖辈传承、世代成为长安人的也为数不少,就连人人熟悉、分别为正反形象的哥舒翰、高仙芝、安禄山、史思明也全部都是外籍之人。据统计,一人之下,万人之上,权倾朝野的宰相(中书)一职,在整个大唐共有369人担任,外籍人士就占到了23人。

如此之多的外籍官员,其入职途径,却是五花八门。

长期侵扰大唐,烧杀抢掠的东突厥首领颉利可汗,是唐太宗李世民的世敌。然而,终在一次决战中被唐军生擒。李世民宽宏大度,以礼相待,赐其田地,授其禁军大将军,对其手下也一律安置、留居长安,颉利感恩戴德,跪拜叩谢。此举为大唐在世界上作了一个极具价值的形象广告。

波斯国王卑路斯,由于自己的国家长期遭受大食国侵犯,无力抵抗,后逃亡到长安。大唐呵护弱小,以礼迎接,并封其为右武卫将军。该国王视大唐为第二故乡,一直再未回国,直到客死长安。

铁勒可汗契苾何力,实力强大,但仰慕大唐国富民安,与母共同率部六千余户归顺唐朝。唐太宗不为异议所动,任其为左领军将军,并封其母为姑臧夫人。契苾何力不负皇恩,先后领军伐龟兹、平高昌、击败西突厥、消灭高句丽,为大唐立下赫赫战功。

日本遣唐留学生阿倍仲麻吕,19岁参加长安科考,深得玄宗赏识,官职连连晋升,直至最后担任秘书监职位,相当于国家图书馆长,达到了正三品。56岁时他已在长安度过了37年的异国生涯。尽管备受恩宠,但思乡之情与日俱增,故申请回国。唐玄宗念其赤诚仕唐30余年,于是,忍痛割爱,任命其为驻日使官,使他带着大唐的官职,荣归故里。

在大唐朝廷为官30多年的日本留学生阿倍仲麻吕位于西安兴庆公园的纪念碑

大量的外籍能人入仕长安,然而,他们能否值得永远的信赖呢?仅举两例:一是前边说过的原铁勒可汗契苾何力,在前往西凉省亲时被敌军诱捕,并以杀其母而逼其降,而此时的契苾何力则拔出靴中佩刀,面向东方长安厉声大喊:"岂有大唐忠烈之士受你等侮辱,天日昭昭,我心可见",说完将左耳一刀割下,发誓不降。唐太宗知晓后感动落泪,不惜以公主许配,方才换回契苾何力。二是《资治通鉴》关于贞观二十三年唐太宗驾崩时的场景描写:"四夷之人入仕于朝及来朝贡者数百人,闻丧皆恸哭、剪发、剺面、割耳、流血洒地","契苾何力、阿史那社尔则力请杀身殉葬"。如此诸多的外籍之人,对中国皇帝之死，行如此自毁其容之大礼，甚至杀身殉葬，细数中国几千年的封建社会何时曾经有过？

大唐的以德治国、以德待人，换来的是四夷臣服，换来的是对大唐的忠心耿耿，换来的是大唐在世界上强大但又仁义的崇高形象。

第二节　向大唐帝国朝拜进贡的各国使节

大唐在当时拥有着至高无上的地位，是世界上最为强大的国家。但大唐虽然最为强大，却又是最为仁义，而且为整个世界所公认。所以，当时的世界各国都想靠近大唐、依附大唐、交友大唐、讨好大唐，纷纷争先恐后地与大唐拉关系、套近乎。故当时大唐的都城长安，各国的外交使团纷至沓来、比比皆是，你来我往、络绎不绝，年年如此。

公元629年，当时北方最野蛮、最猖獗且长期侵扰大唐的东突厥汗国被唐军全歼，可汗颉利及生还将士一一被擒，东突厥就此宣告灭亡。大唐一举打出了国威，然而，颉利这个李世民的世敌、死敌以及他的所有被俘人员，却被大唐天子李世民一一以礼相待、赐田赐地、封官给爵、妥善安置。东突厥的灭亡，不仅彻底地震慑了大唐周边的数十个部落汗国，同时也让他们充分感受到了大唐的强而不霸、强而仁义。于是，公元630年，西域和北部各汗国首领相约齐行来到唐都长安，跪拜叩首，齐声尊奉唐太宗为他们共同的天可汗。从此，这些汗国向大唐集体称臣，年年朝拜，岁岁纳贡。

以上仅指的是紧邻大唐的西域和北漠地区不同政权的汗国。至于更远的亚洲、欧洲、甚至非洲各国也同样慕名而来。如横跨欧亚非的世界强国阿拉伯帝国，欧洲的东罗马、拜占庭，亚洲的日本、天竺、越南、波斯、新罗、百济、高丽、尼泊尔、斯里兰卡，等等，均争相派出使团，结交于大唐。据唐代史书记载，从唐初到玄宗的开元年间，曾向大唐朝贡及使节交往的"四蕃之国"近四百,而其中的"自相诛绝及有罪见灭者"三百余国,开元年后尚存还达七十余国。除少数为大唐周边各少数民族建立的独立政权外,大部分都是至今仍然存留的亚欧各国。

能够出使大唐,不仅是各个国家的荣耀,更是各国外交人员的梦想,故纷纷想尽办法,争相前往,以致于人数越来越多,次数越来越频。当时各国派遣大唐的均为外交使团,统称为遣唐使,所有国家均为多次遣唐或长驻长安。派遣唐使最多的国家高达160次,其中新罗也即如今的韩国则高达120次,就连远在欧非的世界强国阿拉伯帝国遣使来唐也高达33次。各国遣唐使团每次人数规模不等,但尤以日本为最,19次遣唐使团,每次不下百人,最多的一次高达805人。唐代的鸿胪寺,相当于今天的外交部,其下属专门用于外交接待的"四方馆",长驻外事人员就达4000余人。如此之多、之繁、之重的外交接待,常常使当时的鸿胪寺不堪重负,叫苦连天。

各国使臣不论是首次来唐,还是例行朝拜;不论是远隔大洋,还是周边国家,无一例外都会有贡礼所献。而大唐地大物博,无奇不有,故让各国在贡品上都大费脑筋。为了讨得大唐皇帝的欢喜,所献贡品五花八门,极具用心,有国君自存的稀世珍宝,有本国独有的奇产异品,有大价收购的民间奇货……凡此种种,应有尽有。人所共知的汗血宝马,即为西域大宛国王朝贡给唐玄宗的本国国宝。

第三节 到文化中心学习交流的各国学者

经济基础决定上层建筑。大唐国力强盛,经济繁荣,在中国封建社会是空前的,在当时的世界也是仅有的。强盛的国力和繁荣的经济给大唐文化的提升奠定了坚实的基础。开放兼容的大唐,承袭但又突破了前朝的文化精髓,使大唐文化的各个领域,均呈现出了百花竞艳、辉煌极尽、博大精深、独领风骚的空前局面，站到了中国文化的最高峰，树立了世界文化的新标杆。

大唐文化的辉煌灿烂，大唐文化的杰出贡献，表现在诸多方面、各个领域。李白、杜甫的诗歌，吴道之、阎立本的绘画，颜真卿、柳公权的书法；以孙思邈为代表的医学，以颜师古为代表的经学，以玄奘为代表的宗教学，以一行大师为代表的天文学；以及以宫廷乐舞为代表的音乐，以经典石窟为代表的雕塑，以雕版印刷为代表的印刷；还有历法、算术、史学、教育、建筑设计、城市规划等，均达到了世界的最高水平。

百花竞艳的大唐文化，极大地影响了当时的世界，深深地吸引了各国的学者。不论东西南北，不分国家信仰，学者们不顾跋涉艰险，蜂拥而至，来到长安，学习观摩、交流摄取。使大唐的都城长安，成为无可替代的世界文化交流中心，且长久不衰，持续整个世纪。

各国都想派人到大唐来学习、取经，但来人太少，不起作用，而来人太多，能否通过？还是日本人最聪明，创立了一个名号"遣唐使"，以国家外交使团的名义，访问大唐，名正言顺。使团使团，当然人多，有了遣唐使的名号，日本人胃口大开，每次使团都规模庞大，最多的一次竟然高达800多人！于是，各国纷纷效仿，致遣唐使成了大唐对各国来唐学习访问学者团体的统称。然而，当各国学者到了长安这世界大都一看，哇！如此泱泱华夏，巍巍长安，千年文化，博大精深，岂是外交使团区区有限的时间能够轻易学到的？对此，还是日本人的点子多，他们把原有的"遣唐使团"中大部分来学习的学生，分为了两类，一类为可长期留下学习的，一类为短时学习但需要随团返回日本的。两类学生分别简称为："留学生"与"还学生"。如此一来，问题解决，又是各国效仿，又是大唐认可。于是，世界各国均出现了大量的留学生，源源不断地进入长安，且都是各国精选出来的钟爱大唐文化、并在相关领域有一定研习修养的优秀人才。另外，在此需要强调，是日本人在大唐时期创造了本国学生到中国求学的身份名称"留学生"一词，而且，这一专用词汇，此后在全世界一直广泛沿用，直至如今。

除留学生之外,还有各国大量的在相关文化领域做出成就的学者,也同样慕名到长安,进行学习与交流,既带来了本国的文化,又带回了大唐的真经。这些不论是学成回国的留学生,还是功成名就的大学者,自长安回国后,不仅将大唐文化发扬光大,而且大都成了两国关系的友好使者,有些甚至被世代纪念、千古流传。

在长安学习佛教的日本高僧空海回国后即创立了中国佛教日本宗派的"真言宗"
图为位于西安青龙寺由中日官方1982年共建的空海纪念碑

第四节　来丝路之源贸易经商的各国商贾

商人是无所不到的。长安既是当时世界最大的都市，又是世界丝绸之路的起始之地。巨大的商机，无处不在，故长安城在吸引了大量各国学者的同时更吸引了大量的各国商人，不仅带来了本国独具特色的各类商品，而且开展了双边互惠的贸易交流，极大地促进了长安经济的多元化发展。

唐代最大的国际市场——大唐丝绸之路的起点在长安，长安丝绸之路的起点在西门。而闻名于世的长安城西市就与西门近在咫尺，商户达到四万余家，历来都被称为金市。故来长安城的外商，都蜂拥而至，集中于西市之内。除欧洲的罗马等少数国家外，主要有来自中亚、南亚、东亚以及高丽、百济、新罗、日本、尼泊尔、斯里兰卡等国的客商，其中尤以中亚、波斯、大食（今阿拉伯）的"胡商"最多，外国商户达到了两千多家，从而形成了一个唐朝最大的、世界闻名的国际商贸大市场。

名目繁多的外商经营——唐代也像现在一样，对外商实行鼓励并保护的政策，故当时长安的"外资企业"格外兴旺。大唐西市不仅汇集了各国最优秀的商家，而且经营的品种也名目繁多、特色独具。有香料、药材，有服装、靴帽，有地毯、挂画，有铜器、古玩，有琉璃器皿，有马匹用具，有乐舞杂技，有客栈酒肆，以及钱庄、典当等，琳琅满目。特别是"胡人"所开的酒肆最多，就如今天的酒吧，大多有西域姑娘在此歌舞侍酒，生意十分红火。常诱得当时的"富二代"、"官二代"频频光顾，故才引出了李白的"五陵少年金市东，笑入胡姬酒肆中"的名诗佳句。

广受欢迎的胡风胡俗——胡人，是大唐对波斯、阿拉伯、印度及西亚、南亚、中亚等各国人的泛称。大量的胡人，在从商长安的同时，也带来了自己独特的胡人文化，胡食胡酒、胡乐胡舞、胡姬胡服等，让具有悠久历史的大唐长安竟然掀起了一股长久不衰的强大"胡风"。最为明显的即表现在胡服的盛行。任何时候的女人，都是服装的风向标，胡女的"头戴尖顶帽，身穿紧腰衣,足蹬长筒靴",成了长安年轻女性的时尚标志。一向传统守旧的中华女性,穿衣从不显臂亮肤,然而,远道而来的胡服,竟然让大唐的女性个个大胆叛逆,不仅显臂亮肤,更是坦胸露乳,实现了令人难以置信的开放大跨越!唐诗名句的"日照邻女笑相逢,慢束罗裙半露胸",就是对当时长安女性身着胡服大胆开放的真实描写。

西安曲江的"胡店街"

一掷万金的外国商人——繁华的国际大都会,为在长安的外国商人提供了一个绝好的大舞台。天长日久,不少胡人都成了腰缠万贯的大牌豪商。他们出手阔绰、一掷万金,常常让人瞠目结舌。一胡商偶尔于西市见到一枚宝骨,售价高达一千万钱,胡商二话不说,慷慨买之。另有一胡商,看中了展于西明寺一枚武则天钦赐的青泥珍珠,喜欢异常,三番五次前来观看,就想买走。僧人似觉有利可图,即告知:此珍珠一千贯你即可拿走。谁料想,胡人头一摆：不要！一千贯不是此物的价值！说罢转身就走，弄得僧人大惑不解。第二天，胡人又来了，此时的僧人已领悟了其中的道理，立马就问：一万贯你要不要？岂不知胡人仅仅愣了一下，然后仍是两个字：不要！这是皇帝的钦赐之物吗？照样扭头离去。第三天，僧人知道胡人一定还会再来，一见面，僧人直接就说：此珍珠昨日别人出到十万贯，我坚持没给，专门为你留下了。胡人大喜，于是毫不犹豫，十万贯成交。史书记载的这一故事，可谓天下奇闻，竟然还有买东西嫌东西便宜的！不过，细细琢磨，还真有道理，试想，如果有人卖你一幅齐白石的真迹，售价只要几百元，你会买吗？绝对不会！恐怕仿真的赝品都不止这几百元。十万贯！一贯是一千钱，十万贯相当于今天的2000万元，足以见得，当时长安的胡商，腰中缠了多少贯！

第五节　在世界大都定居落户的"长安市民"

长安城中占总人口百分之十的外国人，在长安定居落户的只是其中的一部分，然而却是其中的一大部分。因为这些长期在长安做官的、留学的、从艺的、经商的、做学问的外国人，甚至包括被其母国把国王嫡亲作为人质押在长安的"质子"，最终大都选择了落户长安、终老长安。究其原因，不仅仅是因为唐朝的富裕强大，不仅仅是因为长安的城市繁华，不仅仅是因为自己的事业有成，更是因为，大唐的开放包容，大唐的友好亲善，大唐的宾至如家，是感情把他们的一生留在了长安。

兵败国灭的突厥余部。大唐的死敌突厥可汗颉利被俘后，不仅未被诛杀，反而委官封爵，致其属下各部首领纷纷率部归顺大唐。中科院历史所副所长向达在其论文中有"贞观初，突厥降人入长安者乃近万家"。仅按每家四、五人算，长安城就增加人口四、五万人。

投奔大唐的各国王侯。有波斯国王卑路斯，有于阗国王尉迟胜，有小勃律国王苏失利等，虽然都因国内状况客居长安，但大唐天子的礼仪相待，却使他们备受感动，故皆视大唐为故乡，长期留居，直至客死长安。

皇族血统的各国质子。虽为人质，但大唐的德仁恩惠以及长安的灯红酒绿，让他们执意寻找理由，不予回国。突厥左贤王阿史那，久居长安50年；于阗国王子尉迟锐，国内多次催回继承王位，但该王子宁愿在长安当护卫，也不愿回国当国王。

弘法传教的各国僧侣。冲着大唐的宗教开放，冲着大唐的各教和谐共处，冲着大唐宗教的特殊地位，他们坚守长安，虔诚传教。如何国的僧伽大师、康国的法藏大师、疏勒国的慧琳大师等，均为久负盛名的高僧，都一直久居长安不曾回国，而且最终都分别圆寂于长安的荐福寺及西明寺。

西安小雁塔所在的荐福寺是唐时康国人法藏大师的圆寂之地

久居长安的各国使者。大唐的魅力，长安的繁华，唐女的贤惠，致他们大多不思回国，且纷纷买田置宅，娶妻生子，永留长安。如波斯国的大酋长阿罗撼，高宗显庆三年即出使大唐，他喜欢长安，热爱长安，一直在长安活到 95 岁。

事业有成的各国学者。各国学者包括留学生，都是搞学问之人，大唐灿烂的文化、长安优越的条件、朝廷全力的支持，学者最看重的就是这些，也是大量的外国学者留居长安最重要的原因。前边所说的日本人阿倍仲麻吕，因回国途中生变，又二返恋恋不舍的长安，直到 74 岁高龄逝于长安。公元 864 年入唐的日本留学生菅原清公回国时曾咏一诗："我是东蕃客，怀恩入圣唐。欲归情未尽，别泪湿衣裳。"充分代表了当时的留学生对长安的感念及不舍之情。

生意兴隆的各国客商。没有罚款收照，没有吃拿卡要，当时的唐长安对于外商提供的保护可谓说到做到。地处世界的商业中心，又有如此的宽松环境，生意兴隆的各国客商当然不愿意离开。于是，扩大经营、接来父母、娶妻生子、扎根长安，而且是成片串通，相约而行。至今闻名遐迩的西安回民街，其大部分经营商户，就是当时留居长安的大食、波斯、回纥等伊斯兰人的后代，直至今日仍然是生意兴隆、财源滚滚。

以上各类的不同人群，都是在长安户册上永久挂号入编的"长安市民"。

作为世界的经济文化交流中心，来到长安的各国友人，不论从事何种职业，不论停留时间长短，不论是否定居落户于长安，他们都在学习大唐文化、发扬大唐文化、传播大唐文化的同时，也带来了不同的异域文化，聪明善学且兼容并蓄的长安人，把优秀的华夏文化与个性的异域文化有机融合，创造出了更加辉煌灿烂、引领世界的大唐文化。

第二篇章

西安 辉煌灿烂的历史文化

有历史，才有历史文化；有悠久的历史，才有悠久的历史文化。西安，之所以有辉煌灿烂的历史文化，首先是因为她有无与伦比的历史地位。遥遥历史长河，悠悠古都西安，西安是中华民族的摇篮，是中华文明的发祥地，是中华文化的代表象征。远古时，蓝田猿人在这里繁衍生息；新石器，半坡先民在此处建立部落；周、秦、汉、隋、唐，中国历史上的五个主流大朝在这里建都。3000多年的建城史，1000多年的建都史，特别是大唐时期，不仅让西安成了当时中国、当时世界的经济中心，更成了当时中国、当时世界的文化中心，孕育出了辉煌、灿烂且经久不衰的历史文化。

第一讲

百万年前的猿人头骨 蓝田猿人

蓝田猿人，也称"蓝田中国猿人"，是国家相关部门对出土于西安市蓝田县猿人化石的命名。1964年，中国科学院古脊椎动物与古人类研究所在蓝田县的公王岭挖出一具世界罕见的完整猿人头盖骨化石。经中科院及相关国际机构认定，该头骨化石为一个30岁左右的女性，距今约115万年（之后又有中科院研究员的研究成果将这一时间推至距今约163万年），远远早于70万年的中国北京猿人、印尼的爪哇猿人、阿尔及利亚的特尼芬猿人等。当时即轰动了整个世界，被国际考古界誉为世界20世纪60年代最伟大的考古成果。蓝田猿人的头盖骨，不仅是当时的世界之最，而且时至今日，也是世界最早、最完整的猿人头盖骨！

第一节 北京猿人头盖骨的世界疑案

要说蓝田猿人，必须先说北京猿人，因为北京猿人发现的时间早，又是我国第一起猿人考古成果。最重要的是，北京猿人经历了从发现的举国欢欣，到"丢失"的巨大遗憾，一个让国人痛心不已的漫长过程。

北京猿人，又称"北京直立人"，俗名"北京人"，距今约70万年，其遗址位于北京市房山区（原房山县）周口店的龙骨山。1921年，中国北洋政府矿政顾问、瑞典地质和考古学家安特生与奥地利生物学家师丹斯基在周口店发现了一处规模较大的动物化石堆积点，即后来的北京猿人遗址。至1923年，在此先后发掘出两颗古人类牙齿。1927年，即开始了大规模的系统性发掘，又发现了一颗左下恒臼牙。当时的北京协和医院解剖科主任、加拿大解剖学家步达生，对先后发现的三颗古猿牙齿进行了深入研究，最终给这一从未见到过的古人类化石定名为"北京猿人"，美国的古生物学家葛利普则给它起了一个俗名"北京人"。

此后，北京猿人的考古发掘一直持续进行。1929年12月2日，在中国年轻的考古学家裴文中的潜心努力下，终于爆出了冷门：一个完整的古猿人头盖骨破土而出，呈现在众人眼前。这一惊天新闻，轰动了整个世界的考古界，因为只有头盖骨，才能最真实的反映人类的体质特征；只有头盖骨，才是研究古人类最有说服力的骨质部件。北京猿人的头盖骨，对于当时世界古人类的研究，稀缺至极、弥足珍贵！随后，国民政府高度重视，加大人力物力的投入，谁也料想不到，竟然接二连三，又先后发掘出四颗头盖骨，以及许多古人体各部位的骨件和147颗牙齿。如此辉煌的成果，世界前所未有，喜哭了所有专家、振奋了中国人民、鼓舞了整个国际学界。然而，大喜之中，同时也埋下了极大地隐患。

1937年7月，日本发动了全面侵华战争。战争不仅威胁到了中国人民，也直接威胁到了北京猿人。七七事变的第三天，北京猿人遗址的考古发掘全面停止。而与此同时，轰动世界的北京人头盖骨，却让当时的日本人牢牢地刻在了心中。

值此中华民族的危难之际，为了防止战争对北京猿人头盖骨的毁坏，更为了防止日本人对北京猿人头盖骨的掠夺，在当时瑞典人类学家魏效瑞的提议下，国民政府决定把北京猿人头盖骨等化石全部运往美国暂存。1941年11月20日，北京猿人的五颗头盖骨，连同140多枚牙齿、面骨、股骨、下颌骨等，以及山顶洞人的全部资料，统统装入两个大木箱，贴上封条，从美国人办的北京协和医院库房装车，当即运到美国领事馆，待随美国海军陆战队一同运往美国。然而，当12月8日美国海军陆战队乘专列从北京赴秦皇岛欲走海路回国时，珍珠港事件爆发，一支直接受命日本天皇指挥的特战队，包围了美军专列，美军陆战队员全部被俘。日本人找到存放北京人头盖骨的木箱，但当打开木箱时，在场的所有人都呆了：两个箱子全都空空荡荡，北京猿人头盖骨及所有化石统统不翼而飞，无踪无影。二战后，中国专家曾在日本苦苦找寻五年有余，最终无果而回。时至今日，已经过去60余年，北京猿人头盖骨仍然没有任何下落。如今摆在北京猿人展览馆内的，仅仅只是北京猿人头盖骨的模型而已。北京猿人头盖骨的离奇丢失，不仅是世界近代科学史上最大的疑案，更是中华民族永远挥之不去的切肤之痛！

2015年，抗战胜利60周年之际，北京猿人的老家，北京市房山区政府隆重成立北京人头盖骨化石工作委员会。在世界疑案的64年之后，以政府的名义成立专门机构，在全球范围内寻找北京猿人头盖骨，此举足以说明，北京猿人的头盖骨对中国何等重要，对中华民族何等重要。

第二节　蓝田猿人头盖骨的赫然问世

蓝田猿人，也即出土于西安市蓝田县公王岭的猿人头盖骨。蓝田猿人的发现，看似偶然，实为必然。1963年，中科院古脊椎动物与古人类研究所考察队，在蓝田县陈家窝，意外的挖到一具古人类的下颌骨和10枚牙齿，经鉴定，是一个老年女性的下颌骨化石，在形态上和北京猿人的下颌骨基本相同，时间约在距今的70万年之前，随即被命名为"陈家窝蓝田人"。这一意外的发现，让考古队兴奋异常、激动不已。岂不知，老鼠拉木锨，大头在后边，这一个小意外，居然又带出了一个大收获。

数月之后，考古队结束了陈家窝人的整体发掘工作，前往公王岭考察。当地村民得知他们就是陈家窝的考古队时，一下热闹起来，纷纷告知：离此处不远的坝河边，能挖到"龙骨"，可带考古队去，看是不是猿人化石？就此，考古队被带入了村民所谓的"龙骨"之地。当进入到一个狭长的冲沟之内，一看，呵！被雨水冲出来的"龙骨"碎片，遍地皆是，有马牙、鹿牙、貘牙、鼠牙等诸多的动物化石，看来，此处大有文章可作。于是，研究所集中人力，由曾参加过北京猿人发掘工作的贾兰坡教授担任队长，在此处名为公王岭的地方，开始了大规模、系统性的考古发掘。功夫不负有心人，1964年5月23日，终于在一片厚硬的动物化石土层中，挖出一枚猿人牙齿以及部分石制品。有猿人牙，必有猿人；有石制品，必有会造石器的猿人！这一重要发现，令考古队大喜过望。队长贾兰坡根据现场土层的钙质结核判断，极可能还有其他人类化石。事不宜迟，贾队长果断决定，立即做大套箱，把地层分块包装切割，运回北京实验室，由实验室专业修复人员进行处理。于是，数十个大套箱，把这硕大的一块地层分块切割、分块包装，运往了北京中科院古人类研究所的实验室。

中科院的实验室里，风不吹，日不晒，修复技师面对数十箱的钙质土层板块，一层一层地铲，一点一点地刮，一天天、一箱箱、一块块，不厌其烦，当在剩余最后两箱时，终于露出了一小块厚厚的骨头，修复技师心中咯噔一惊，有情况！于是，急忙叫来所里的同志，当着众人面，小心翼翼刮掉四周钙土，刷净表皮浮灰，哇！一具完整的头盖骨终于展现在大家面前。随即，人们请来了当年发现并发掘北京猿人的中国猿人泰斗裴文中裴老，裴老细观之后，二话没说，一语定论：恭喜大家，这就是猿人头盖骨！此话一出，众人顿时欢呼雀跃，把修复技师顺势抬起，抛向空中，一次一次，难以平静。看来，中国的黄河流域，不仅是中华民族的发祥地，更是地球人类的发祥地了。紧接着，即进行了层层严格地科学检测和鉴定，这个沉睡了100多万年的蓝田猿人，终于惊世爆出！随之，消息即通过新华社的广播、中央各大报刊，迅速传遍了大江南北，传到了世界各地。

展出中的蓝田猿人头盖骨

蓝田猿人出土的是研究古人类最需要、最权威的头盖骨。对其的研究成果，如果用考古的专业词汇、数据来说，可能很难说得明白，不如用一个最通俗、最容易理解的"脑容量"来解释，人们就会有一个明确的认识：蓝田猿人的头盖骨，高度是世界上已发现的所有"直立猿人"中最低的一个，其脑容量仅为778.4毫升，印尼爪哇猿人为882.5毫升，北京猿人平均为1 075毫升，而现代人则高达3 000毫升以上。四个数字一比较，道理很简单：脑容量越小，聪明程度就越低；聪明程度越低，距现在的时间就越久；距现在的时间越久，其化石的科研价值就越珍贵。

中国科学院对蓝田猿人头盖骨研究得出的核心结论如下：蓝田猿人属旧石器时代早期人类，为"直立人蓝田亚种"，时间距今110万~115万年。随同蓝田猿人头盖骨先后出土的除猿人下颌骨、碎骨、牙齿等，还有石制工具13件，动物化石42件，以及其他各类化石200余件。这些化石连同顶级国宝的蓝田猿人头盖骨一道，至今还都一直珍藏于中国科学院古人类研究所，从不公开露面，从不对外展出！

第三节　南京猿人头盖骨的好事成双

2014年8月10日，位于南京汤山的南京猿人遗址公园建成开放，接待游人。听者肯定颇感新鲜，不禁要问：南京也有猿人？是的，南京确实有猿人，只不过来得稍晚；不仅有猿人，而且还是头盖骨。更为稀罕的，还是猿人头盖骨有男有女，同时亮相。

南京有个汤山，汤山有个葫芦洞，葫芦洞是个未开发的大溶洞，南京猿人的头盖骨，就是在这个葫芦洞里发现的。

1992年6月，当地村组在汤山的雷公山开山采石，荒山野岭中竟然意外地发现了一个大溶洞，因溶洞形似葫芦故取名葫芦洞。村干部大为兴奋，开山开出了大溶洞，歪打正着，利用溶洞搞旅游，岂不比采石更赚钱？于是，村干部立即报告了汤山镇，汤山镇立即报告了江宁区，江宁区立即报告了南京市。而当南京市的相关部门一行人来到葫芦洞考察时，却又意外地发现了洞内有不少像化石一样的东西。相关部门对此不敢懈怠，于是又立即报告了考古单位。考古单位随即派来了许多考古专家，这些考古专家在这个原汁原味的溶洞里居然毫不费力地拿到了鹿、猪、熊等多种动物化石。考察旅游，考察出了动物化石，很快，这些化石就被一一送到北京的古脊椎动物研究所进行研究。不久，北京专家回了话，南京汤山的动物化石和北京周口店与猿人共生的动物化石是同一时期的。与此同时，北京的专家们不约而同产生了一个疑问：南京的汤山会不会也有猿人化石？一个颇有吸引力的疑问，终于让南京迎来了北京的国家级考古专家。专家们来到汤山，直奔葫芦洞，亲自坐镇，跟班察看。天天如此，坚持不断。果然不出所料，专家所见略同，就在1993年3月13日这一天，真的就有一个工人挖出了一个裹满泥巴的瓢形物体。看来有门！专家用专用工具一点一点剥开泥巴，仔细一看，欣喜若狂，此物体竟然就是一颗较为完整的猿人头盖骨。

人常说，好事成双，这句俗语也应验在了南京猿人的出土上。1993年4月17日，即在第一颗猿人头盖骨化石发现的第34天后，还是这个葫芦洞，还是原班人马，居然又发现了一颗猿人头盖骨。南京猿人两颗头盖骨的先后发现，其过程，就是如此简单，就是如此不可思议，就好像提前预设的计划一样。

两颗头盖骨，经过鉴定，初步确认为：第一颗为女性，大概21~35岁；第二颗为男性，大概30~40岁。两颗头盖骨距今时间约为58万~62万年，是长江以南迄今发现的唯一和北京猿人同一时期的猿人头盖骨。

第四节 蓝田猿人头盖骨的世界意义

猿人的化石之所以珍贵，就是因为它是研究古人类和人类进化的重要依据。然而，猿人身体的骨位很多，究竟哪些部位的化石才是最有价值的呢？按照权威观点，研究猿人和古人类，最关键的就是头盖骨。只有头盖骨，才是最能代表猿人特征的研究标本；只有头盖骨，才能为研究猿人提供最为详实、最有说服力的科学证据。头盖骨的高还是低，头盖骨的薄还是厚，头盖骨的宽还是窄，头盖骨的前倾还是后斜，头盖骨的突起还是扁平，这些细微的不同，都是鉴定古人类极为重要的标准和依据。特别是脑容量，可直接推定出猿人的生活时代、距今时间、年龄性别、进化程度，甚至当时的生活形象等。我国的猿人泰斗，北京猿人的发掘发现者裴文中教授曾说：脑容量的大小，在古人类的鉴定上至关重要，极为权威。而没有头盖骨，脑容量就根本无从谈起。

1964年出土的蓝田猿人化石,就是头盖骨,而且是完整的头盖骨。前边已经讲过,当时即震惊了中国,轰动了世界。那么,蓝田猿人头盖骨的发现,对中国来和世界来说,究竟有多大的意义呢?1965年1月3日,《人民日报》专门发表了关于蓝田猿人的文章,题目即为"蓝田猿人头盖骨发现的巨大意义"。请注意,《人民日报》的文章题目点名点的是头盖骨,题目用词用的是巨大意义。而这个"巨大意义",在科学界看来,不仅仅体现在当时,而且直到现在,也仍然还有巨大的意义。

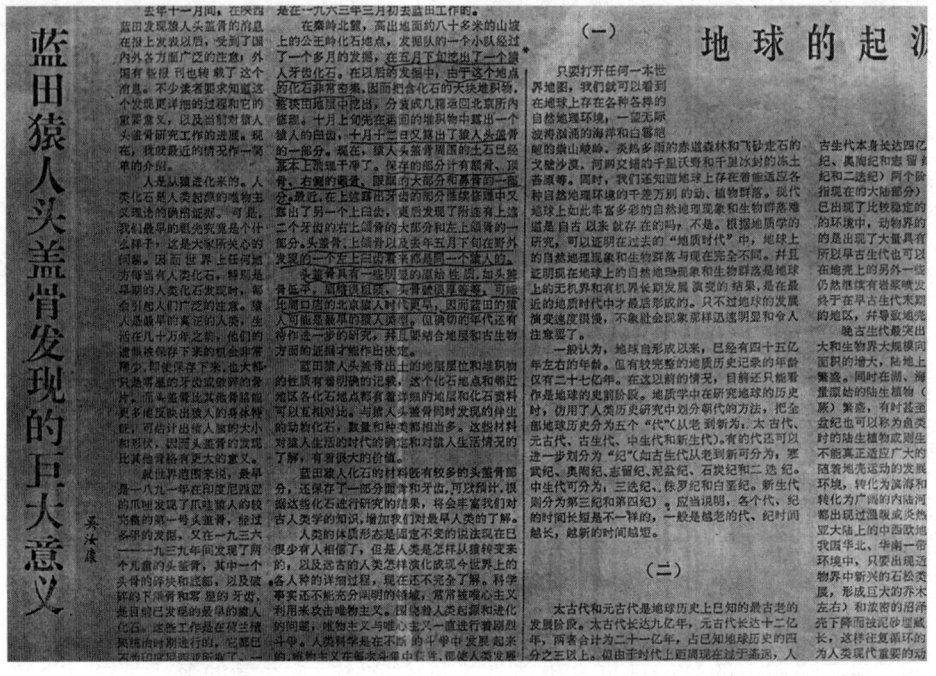

1965年《人民日报》题为"蓝田猿人头盖骨发现的巨大意义"的文章

第一,向世界证明了猿人化石可以遗存于洞外。"巨大意义"一文中说:"北京猿人"的化石是在洞穴里发现的,以前考古界一直认为,在比较寒冷的地区,如我国的北方,远古人类在洞外居住的可能性极小,因而考古单位大多只在洞穴内的堆积中去寻找猿人化石。而蓝田猿人化石发现于洞穴之外堆积中的事实,向世界表明了,寒冷地区的洞外堆积中,同样有存在猿人化石的可能性。

第二，向全球宣告了中国猿人头骨的前赴后继。北京猿人的五颗头盖骨，世界级的国宝，离奇失踪，不仅让中国人民痛心至极，而且让中国人民痛恨至极。蓝田猿人头盖骨的出现，填补了这个空白，大涨了中国人民的志气。同时，也是向世人宣告：古老的中国，古老的文明是层出不穷的，昨天走了北京猿人，今天就来了西安猿人，今后或许还会出现更多的"中国猿人"！

第三，是世界仅有的三大完整猿人头盖骨之一。1970年之前，世界已有的完整猿人头盖骨仅仅只有三颗：一颗是印度尼西亚的爪哇人头盖骨，发现于1891年；另一颗是阿尔及利亚的特尼芬人头盖骨，发现于1954年；再一颗就是中国的蓝田人头盖骨，发现于1964年。

第四，是至今在中国、在世界年代最久的猿人头盖骨。在中国，自1964年蓝田猿人头盖骨发现之前，有北京猿人头盖骨；1964年之后，又出现了1973年的安徽和县猿人头盖骨；1993年，又出现了南京猿人头盖骨。不过，北京猿人的距今时间为70万~20万年；南京猿人的距今时间为62万~58万年；而和县猿人的距今时间只有30万~20万年。再看世界上著名的大牌猿人头盖骨：1891年发现的印尼爪哇人，时间只有70万~50万年；1954年的阿尔及利亚特尼芬人，时间只有70万~40万年；1975年的坦桑尼亚奥杜威人时间较远，但也只有100万年；再有大名鼎鼎的1907年发现的德国"海德堡人"的化石，则只是一具下颌骨，时间也仅仅只有50万年。而中国的"蓝田猿人"头盖骨，距今时间为110万~115万年！之后，中科院又出研究新成果，将这一时间向前推至163万年！不仅在中国，而且在世界，都是时间最长、最完整的猿人头盖骨。请注意，在这里，相对比的只是猿人最重要的头盖骨，而且是完整的猿人头盖骨。

世界距今时间最长的蓝田猿人头盖骨，在中国，还有一个绝妙的奇遇。

中国目前拥有北京猿人、蓝田猿人、南京猿人三大猿人头盖骨品牌，而三大猿人头盖骨的发现地恰是中国的三大古都北京、西安和南京；三大古都建都时间长短的顺序是西安、北京和南京，而三大猿人头盖骨距今时间长短的顺序也是西安、北京和南京；中国三大古都建都时间最长的是西安，而中国三大猿人头盖骨距今时间最长的也是西安；北京猿人五个头盖骨最后一个的发现时间是1935年，距蓝田猿人头盖骨发现的1964年相隔29年，而蓝田猿人头盖骨发现的1964年距南京猿人头盖骨发现的1993年相隔时间也恰恰是29年。绝吧，妙吧，有趣吧？三大古都、三大古猿的奇遇，竟然是如此的巧合！看来，古猿出古都，古都出古猿，既是巧合，又非偶然。

第二讲 六千年前的远古村落 西安半坡

中学的历史课本、生物课本在介绍人类进化时,都要讲到新石器时期的母系氏族社会,都要讲到西安的半坡遗址。半坡遗址可以说名扬中外,人人皆知。该遗址位于西安市东郊的浐河东岸,是黄河流域一处极具典型的原始社会母系氏族公社村落遗址,距今已经6000多年。半坡遗址1953年发现并开始发掘,是中国发掘最早、遗址面积最大、出土文物最丰富、原貌保存最完整、国内外影响最广泛的远古人类村落,被誉为"华夏第一村"。

第一节 中国第一座史前村落博物馆

半坡遗址,只是一个统称,其概念既包括了半坡遗址,也包括了半坡遗址所在的西安半坡遗址博物馆。

黄河流域、关中地区、西安方圆,是世界公认的中华民族发祥地。地面之下,是一个无以估量的大宝库,蕴藏着诸多不可预知的千古文明、华夏遗存。谁也不知道谁的脚下可能埋着什么奇物珍品;谁也不知道谁在施工中会遇到什么惊天新闻。1953年春,西安灞桥火电厂在半坡村附近修建专线铁路,推土机在推土时,司机忽然眼前一亮,发现了一块彩色的瓦片。由于西安发生的此类事情太多了，故西安人大都具有文物头脑，更不要说专门挖地掘地的推土机司机了。司机机警地立马下车观看，果然是一片彩陶。凡参观过半坡博物馆的人都记得，展览中首个篇章的题目是"惊世发现"，而这个司机挖出的这一片小小的彩色陶片，就是这一"惊世发现"的前奏之曲，引路之物。

于是，一个彩色陶片，层层上报、层层研究，层层都是抑制不住地喜悦。1954年，西安迎来了由中国科学院200余名考古专家及工作人员组成的庞大半坡考古队，一场大规模地发掘工作全面铺开。在1954年至1957年的四年间，共进行了五次大面积地开挖。发现遗址总面积50 000余平方米，揭露遗址总面积10 000余平方米。共发现圈栏2座，烧陶窑址6座，房屋遗址46座，储物地窖200余个，成人墓葬174座，小孩瓮棺73座，以及大量的生产工具、生活用品和装饰艺术器皿近万件，获取了大量世界罕见的珍贵科学资料。

半坡遗址的发掘发现，经过国内外专家论证，确认其为距今约5600~6600年前的原始社会母系氏族公社大型村落遗址，而且内容丰富，极具典型性。是当时世界唯一的原始村落遗址，为世界研究人类母系氏族社会先民的生产、生活及进化提供了极其珍贵的活教材。半坡遗址这一惊世发现及研究定论，当时即轰动了全球，各国考古界甚至国家政要纷纷发电发信，表示热烈祝贺。面对巨大的轰动效应，虽然当时新中国成立仅仅数年，且正在进行第一个五年计划建设，正是用钱之际，但当时的陈毅副总理仍然慷慨批示，从中央财政直接拨出专款，全额投资建设西安半坡遗址博物馆。随后的半坡遗址，边发掘边建设，边建设边开放，直至1958年正式开馆对外接待游人。1961年，西安半坡被国务院确定为全国文物保护单位，成了中国第一座史前村落遗址博物馆。

新建成的西安半坡遗址博物馆，布局大气，设计别异，一花独秀，吸人引眼，整个遗址全部囊括其中。全馆陈列面积约5 000余平方米，分为了出土文物、遗址大厅和辅助陈列三大部分。出土文物由第一、第二展厅组成，主要展出半坡出土的原始先民使用过的生产工具、生活用具以及艺术品等；辅助陈列有第三、第四展厅，主要举办一些与半坡遗址相关的古人类史方面的专题展览等；博物馆的核心是遗址大厅，3000余平方米的遗址，真实地再现了6000多年前先民们住过的房屋、烧过的陶窑、储物的洞穴、做饭的炉灶、议事的会堂、护村的沟壕，以及人死后不同的墓、不同的葬、不同的棺、不同的陪葬物品，等等。随后的1994年，又有新发掘并建成的半坡氏族村正式开放，占地高达33 000平方米，有半坡人居住的茅舍、陶山；有半坡人远古生活的动态演示；有半坡人生产劳作的情景再现；有半坡人创造的古埙古奏；有半坡村议事会堂的原始舞蹈表演以及部落间的原始打斗、重大内容的祭祀庆典，等等，琳琅满目，丰富多彩。西安半坡遗址博物馆以原风原貌、原汁原味的开放形式，首次把这一中国乃至世界最早发现的远古人类村落，真实、形象、全方位、多角度地展示给了国际社会，再一次让西安成了焦点，成了中国和世界百闻不如一见的热门旅游目的地。

西安半坡遗址博物馆

另外,在博物馆宏伟的遗址大厅拱顶前端,有四个遒劲隽秀的行体大字:"半坡遗趾",这是由当时的中国科学院院长郭沫若所题写。但细心的人都会发现,遗址的"址"本应是土字旁,而郭沫若却写成了足字旁脚趾的"趾"。究竟何因,众说纷纭,成了流传至今的半坡之谜。有人说,是郭沫若喝酒之后的醉笔;有人说,是古文通假的共用字;还有人说,是郭沫若有意而为之,以博人眼球;更有人说,是郭沫若的寓意:以足字旁的"趾"代替遗址的"址",寓意西安的半坡遗址,是6000多年前的半坡先民们,一步一步走向进化的历史足迹。以上猜测,不论是何种观点,不论谁对谁错,都丝毫影响不了郭沫若的名人、名字,相反,倒给这本来正统专业、考古学术氛围极浓的半坡遗址,平添了诸多情趣和遐想,以及经久不衰的议论话题。

第二节 六千年前的远古华夏第一村

华夏第一村,听起来好像大多人都觉得耳熟。不错,大邱庄、南街村、华西村,都曾这样称宣传过。这些村都是在改革开放后领先超前的中国样板村,他们所谓的"华夏第一村",是指在中国的农村他们名列前茅,排序领先。然而,这里所说的"华夏第一村",不是指的现代,而是前边所说的,6000多年前母系氏族社会的大型村落——西安半坡。

半坡遗址,作为原始村落,让我们以现在的眼光来看,也不失为设计合理,布局有序,绝对是经过预先规划的。村落遗址面积约50 000平方米,呈不规则的椭圆形,分为生活居住、制陶加工及公共基地三大功能区。生活居住区在村落的中心,周围有一圈人工挖掘的宽8米、深6米的大河沟紧紧围绕,既可防野兽伤害,又可防外族侵扰,是最早出现的护城河。大河沟外的北边是公共基地,东边是制陶窑群,也即"工业区"。三大功能区在当时来说,缺一不可,互为依存。居住区的大量房屋,排列有序,形式各异,有圆形、有方形，有半地穴的、有全地面的。每座房子均有门道、门槛；屋内均有灶炕、房柱；墙壁均有草泥涂盖；不论圆形方形房屋，面积均在20平方米之内，诸多的储物窑穴，分布于各房屋之间，以便相互拿取方便。居住区位于村落的中心，而居住区的中心，则建有一座规模显眼的长方形大屋，面积近200平方米，被所有房屋包围，形成众星拱月之势，这即是部族的议事会堂。6000多年前的原始村落，如此大的面积、如此多的房屋、如此科学的布局，不仅在时间的久远上，而且在村落的规模上、规划上，绝对无愧于中外游客称誉的"华夏第一村"。

半坡遗址6000年前的半穴式房屋遗址

第三节　半坡遗址让世人大开眼界

半坡遗址让世人大开眼界，之所以大开眼界，关键在于它久远的历史，奇迹般地创造。6000多年前的半坡，其诸多的遗存展现在世人面前，大多人都流连忘返，反复地看，反复地品，即便用现今的逻辑和理念去遂一比较，最终也都是连连咋舌、感到不可思议！

半坡先民的护城河沟。半坡的护城河沟，前边也已说过。现在要说的是：宽8米、深6米、周长500米的大河沟，总计挖出的土方高达24 000立方米，用现在15吨的大型拉土车拉，要拉2400车！如此之大的土方量，竟是6000年前的半坡先民用小小的石片一点一点抠出来的！这需要何等的信念？何等的毅力？

半坡先民的议事会堂。处于母系氏族社会的半坡部落，虽则共同议事是部落的法则，但人们却根本不会想到，这久远的6000年前的半坡，不仅有民主议事的机制，而且还有专门开会的议事会堂？高，实在是高！

半坡先民的烧陶窑穴。半坡遗址共发现烧制陶器的横竖窑穴6座，均由火膛、火道、窑室和窑箄四部分组成，与现在的陶器烧制原理基本相同。

半坡先民的粮食作物。半坡遗址储物窖穴中堆积的粟谷，出土的陶罐中装有的粟谷以及使用过的石磨，充分证明：当时的半坡先民，不仅种植出了粮食作物，而且创造出了磨粉工具，和我们今天吃的东西一样，加工办法相同，并没有多大差别。

半坡先民的经纬织布。经过对半坡出土的陶钵上的布纹印记测量，当时半坡人纺的线，最细的仅为0.5毫米。用此线织出来的布，质地细密、平整光滑，每平方厘米的经纬织线高达16根。织布方法与现在的农家土布如出一辙，难分优劣。

半坡先民的蒸食锅具。当时的半坡人竟然早已悟出水蒸气可以熟食，且发明了蒸食的锅具陶甑。如同现在的蒸屉，下边有孔，上边有盖，配有盛水的陶罐,即是一个完整的蒸锅。为后人利用蒸汽熟食创出了最原始的范例,只不过现在是铁的,过去是陶的罢了。

半坡先民的缝衣骨针。半坡出土的骨针,精致至极,巧夺天工。和现在的钢针粗细长短几乎一样,最短的只能达到现在的一半长度。不仅如此,竟然上边还有针眼,直径不超 0.5 毫米!真的难以想象,是如何钻出来的,实在令人不可思议。

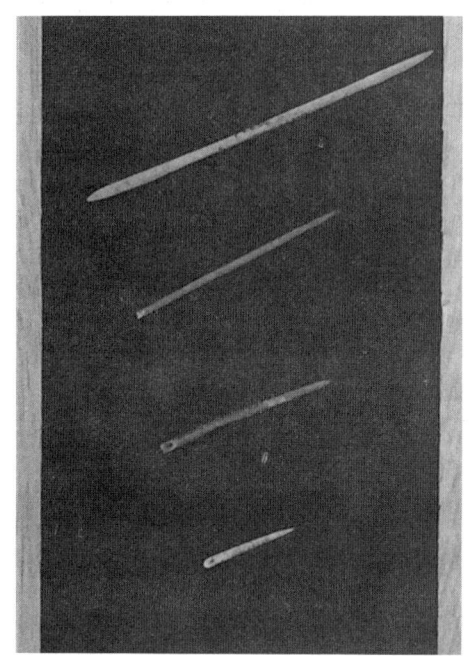 

半坡出土的缝衣骨针及取水尖底陶罐

半坡先民的"文房四宝"。文房四宝,笔墨纸砚。而 6000 多年前的半坡遗址,竟然出现了石砚!石砚里装的,竟然是红色的"墨"汁!看来,半坡人当时在陶器上作画时,用的就是石砚,用的就是石砚中的红墨,用的就是"文房四宝"。

半坡先民的原始文字。半坡出土的陶器上共有 22 种不同类型,113 个笔画各异的单体字符,按郭沫若的话说,"这是最早的文字符号,是中国文字的起源"。英文字母有26个,就组成了通行世界的国际文字,而半坡先民的113个原始字符,则无疑是中国文字的开山鼻祖。

半坡先民的吹奏乐器。半坡遗址出土了两枚陶哨,且均保存完好,形状为梨形。吹时,一孔两音,声音厚重。经考古学家和音乐家共同认定,该陶哨是"埙"的最早形式,是我国最早最古老的吹奏乐器。

半坡先民的审美装点。尽管当时的生存条件相当原始,但半坡的女性们却爱美喜美,且创意尽显,创造出许多沿用至今的装扮及饰品。如发式的挽髻、盘头的头笄、耳朵的吊环、脖子的项链,以及身上的种种饰件,不仅秀美,而且精致,在半坡出土中都一一可见。虽然全是骨质的,但半坡先民的审美水准及超前创意,却是世界之最,令人折服。

半坡先民的人类指纹。半坡的一个陶片,清晰的留下了一枚当时制陶人左手大拇指的立体指纹。经鉴定,该指纹毛孔比现代人大,指纹比现代人密。现代人指纹一平方厘米有17条,而陶片上的指纹一平方厘米有19条。如此清晰的6000多年前的人类指纹印记,恐怕不仅是全中国的最早,更是全中国的唯一。

半坡先民的陶器彩画。半坡出土的彩陶,除了部分绘有图案,还有部分画有图画,一幅一幅,堪称最为原始的美术作品。细品其画,构想超前,思维别异,审美独特,放到今天,甚至可以进入抽象派的画展殿堂。其中最具代表性的、最为珍贵的,即闻名中外、老幼皆知、中国的国宝级文物——"人面鱼纹"陶盆。

第四节 "人面鱼纹"令学界惊叹不已

人面鱼纹盆,所谓的闻名中外,是指大多数的外国游客来中国,就是要看中国的历史,故到中国必先到西安,到西安必先到半坡,到半坡必要看人面鱼纹。所谓的老少皆知,是指中国的中小学历史课本,都有"人面鱼纹盆"的专门介绍,凡上过学的大人小娃,无人不知,无人不晓。所谓的中国国宝,是指人面鱼纹盆不仅是中国的一级文物,而且是一级文物中的珍品。自 1953 年出土,至今一直珍藏在中国国家博物馆,是国博的镇馆精品之一,连西安人都不曾见过。60 多年了,只在 2006 年 5 月回过一次"娘家"探亲,时间也仅仅只有一个月。所谓的令世界瞠目结舌,是指人面鱼纹盆,凡看过的外国游客、外国专家、外国政要,对这一 6000 多年前的中国原始艺术杰作,从工艺制作、绘画创意、表现手法上等,无不人人惊叹,个个咋舌,且留下了诸多的想不到、搞不懂、猜不透、弄不清。

珍藏于中国国家博物馆的半坡人面鱼纹盆真品

中国彩陶工艺的杰出代表。彩陶,即彩色陶器。是指以赤铁矿粉和氧化锰为原料,使用原始的毛笔,在陶坯的表层画出各种图案图画,入窑经火烧后,在橙红的底色上,呈现出黑、白、红等色彩。烧成后的陶器彩画,始终光亮如初,永不脱落。彩陶工艺是中国新石器时期原始工艺艺术的主体,半坡彩陶则是这一时期彩陶工艺的鼎盛阶段。而这一阶段出现的人面鱼纹陶盆，不论是从造型、成色、烧制工艺、敲击声音、绘画与陶器的完美结合上来看，均堪称精品中的精品，是当时中国彩陶工艺制品的杰出代表。

中国先古绘画的极顶之作。人面鱼纹盆，是一个陶盆，人面鱼纹则是陶盆内的一幅图画。该画的极顶之处，就在于半坡人把现代才有的抽象派大胆、夸张、构图怪异的画法，完美地运用在了6000年前的彩陶图画中。看人面，不论鼻子、眼睛、嘴巴，像又不像，极度夸张；看鱼体，不论鱼身、鱼尾、鱼翅，似鱼非鱼、人鱼合一；看人面头上的三角顶，不知是发髻，还是头冠，造型怪异；看人的耳两旁，嘴两边，四鱼对应，既好似胡须，又好似帽檐。究竟画的什么？究竟表现的什么？无人说得出，无人道得来。它既像现在的企业LOGO图，又像现在的广告招贴画，总之，是一幅现代概念十足的工艺装饰画。而当时半坡人的爱美之心，不正是需要对其使用的物品进行美化的装饰画作吗？但请不要忘了，那不是现在，那是在6000多年之前。

中国人面鱼纹的千古之谜。人面鱼纹，一幅6000多年前小小的彩陶图画，却成了6000多年后一个大大的学术难题，在中国和世界学术界引起了轩然大波。人面鱼纹，到底代表了什么？诸多中外学者都纷纷加入到这一研究探讨和争论之中。纵观中外，观点是五花八门，类别达30余种：有图腾说、神话说、面具说；有祖先形象说、原始信仰说、权力象征说；有太阳崇拜说、原始历法说、人鱼来源说；甚至还有丰收愿景说、年年有余说、外星人形象说，等等。就连新加坡的前总理李光耀也对人面鱼纹的探讨表示了莫大的兴趣，提出了自己的猜测。人面鱼纹，当时的半坡先民究竟想表达什么？其实，这个已经不重要了，重要的是，人面鱼纹千古不解的难题以及人面鱼纹超前的创造性和不朽的艺术性在中外引起的巨大反响，让中国和世界把西安和西安的半坡，已经牢牢地刻在了脑海之中。

6000多年前勤劳智慧的半坡先民们，在这块丰腴肥美的土地上，孕育出了不朽的人类文明，谱写出了灿烂的史前文化，创造出了诸多的"世界之最"。外国人常说："到中国不到西安，不算到中国，西安有6000多年的中国历史。"这里再补充一句："到西安不到半坡，不算到西安，半坡有6000年前的中华文明。"正是西安的半坡，把6000年前的史前中国和6000年后的有史中国，无缝对接地串联起来，才构成了一部完整的中国历史，才绘出了一卷多彩的中华文明。

第三讲
中国的汉语之根在西安

2200多年前,中国的汉朝建立,让古老的华夏民族有了"汉人"这一新的称谓,而汉人的称谓,又衍生了相应的"汉语"一词。从此开始,大汉帝国的诸多词汇都和这个"汉"字紧紧地联系在了一起。汉语是中国的国语,是世界第一大语言。联合国六大工作语言,即汉语、英语、俄语、法语、阿拉伯语、西班牙语,其中汉语的使用人口高达16亿之多,占到了世界总人口的五分之一以上。而且,10多亿使用汉语的人口几乎都集中在中国一个国家。数千年的文化积淀,亿万万人的语言传承,使汉语对整个中华民族拥有着极其强大的凝聚力。

第一节 汉语一词 来自汉朝来自汉朝的都城西安

外国人常常会有一个疑问,中国的语言为什么不称为"中语"而要称为"汉语"呢?为什么?这个问题也许每个中国人都能作出回答:因为汉语的称谓源自于中国的汉朝。然而,中国的汉朝为什么要称之为汉朝呢?这一问,也许就不是人人都能够知道了。当然,汉朝之所以称为汉朝,在当时,那一定是要有各种理论来支撑这一国号的。

公元前202年，距今的2200多年以前，刘邦打败了项羽，成为天下共主，建立了自秦之后的中国的第二个大一统帝国，确立国号为"汉"，定都关中的"西安"。然而，世界上的名号千千万，刘邦定国号为什么偏偏只定为"汉"呢？这还得从之前项羽的封王说起。项羽灭秦后，封刘邦为汉王，驻都汉中。但因汉中地处秦巴山中，封闭落后，较关中差之甚远，刘邦颇不乐意。项羽摸透了刘邦的心理，于是说："语曰天汉，其称甚美"。什么意思呢？古时人们称天上的银河为汉河，天上的汉河，则简称"天汉"。天为上、地为下，吉祥尊贵，人人皆知。而把天与自己的"汉"连在一起，当然"其称甚美"了。刘邦听后，高兴应允，即赴汉中做了汉王。后来在长达五年的楚汉相争中，刘邦大获全胜，统一了天下。之后，在定国号的问题上，刘邦早已心中有底：一则因自己原为汉王；二则又因楚汉相争，汉者为胜；三则更因"语曰天汉，其称甚美"，故最终确立国号为"汉"。自此，辉煌华夏，威震东方的大汉帝国——中国汉朝正式建立。

汉朝建立后，实行了一系列的发展新政，特别是文景之治以后，中国汉朝一举成为与罗马帝国齐名的世界东西两大强国。从此，汉朝被称为了"大汉"，汉朝的国民被称为了"汉人"，汉朝的语言被称为了"汉语"，汉朝的文字被称为了"汉字"，等等。虽然汉代之后历代的国号朝朝更换，但中国汉朝的一系列汉称，则一直延续2000多年，从古到今再未有过丝毫的改变。

汉语因汉朝而生，因汉朝而叫，首先是因外国人对汉语的称谓。但在当时外国人眼中的汉语，绝不是汉朝各地的地方方言，外国人要掌握的汉语，更不是汉朝各地的地方方言，外国人要学习的、运用的、要和大汉交流的，是汉朝的官方语言，即当时的汉语官话。就像今天外国人学习中国的汉语，铁定要学的就是当今的汉语官话——以中国首都北京语音为标准音的普通话。而当时汉朝汉语的官方语言，汉朝汉语的普通话，就是当时汉朝都城的所在地，过去的长安今天的西安的"西安话"。

西安话，属典型的北方语言，诞生于中华民族发祥地的黄河流域，好说、好听、好懂、好记。就是放到现在,在中国任何一个方言地区,都能听得懂、记得住。作为2000多年前汉朝时期的官话,一直持续了数个朝代,历史充分证明,西安话作为汉语的官方语言,保持了长久不衰、绵延不断的顽强生命力。

中国的汉语,其汉语称谓来自汉朝,其汉朝官话源自西安,历史如此,现实如此,不以人的意志为丝毫转移。

第二节　西安方言　中国古代时间最长的汉语官话

要说古代汉语官话的最早最久,必须先要说清为什么西安话是古代的官话。中国古代的官话,即中国古代的雅言。《辞海》"雅言"词条的解释为:"雅言,古时称'共同语',同'方言'对称"。可见,雅言就是我国古代的通用语,相当于现在的普通话。

世界上的国家,只要是大国,只要是地域辽阔,就不可能没有各种各样的地方方言。因为有各种各样的地方方言,执政当局则必须要确定一种统一的官话,也就是标准语,来作为官方的交流语言,作为对外的标准用语。而中国古代的官话,就是中国古代的雅言,最早形成于中国的西周,形成于西周的都城:古老的西安。

史料记载,我国最早的雅言是在周朝的地方语言基础上形成的。周朝都城的沣镐二京(今西安),当时的语言,叫作"夏语",也就是当时的雅言。《诗谱》也载:"商王不风不雅,而雅者放自于周"。说得很明白,商朝不风不雅,而到周朝才有了雅言。到了战国时期,虽则群雄争霸、诸侯割据,但各国的交往却照样进行,而官方交往的语言,就是当时的雅言。如果官员不会说官方的语言,那可以和现在一样,带一个会官方语言的翻译,则不会影响正常的交往。不仅官方的交往要用雅言,学术交流也要使用雅言,同样和现在一模一样,《百家讲坛》的主讲,不管是哪个省的人,上了讲坛,就得讲普通话。《论语》中记载孔子曾说:"诗、书、执礼皆雅言也",指孔子在日常交往中大多使用的鲁语,但在讲学、诵读诗书、参加祭祀以及出席所有的正式场面时,则一律使用雅言。综上所述,充分说明了3000多年前的雅言、西安的方言,作为国家的标准语言,影响格次之高,影响范围之广。同时,也充分地说明了,当时的雅言、西安的方言,作为国家的标准语言,是中国历史上最早的汉语官话。

中国历史上的官话,从来都是以都城的确定而确定,以都城的改变而改变,绝对不可能建都在西安,而把其他地方的语言作为当朝的官方语言。然而,当中国的都城随着历史的变化而东移北京后,除了元代属外族入侵,该朝的官话为蒙语外,之后的明朝,甚至同属外族的清朝都毫无例外地以北京语言为官话。直至新中国的建立,中国的官话仍然是以北京语音为标准语音的普通话,直至今天。

西安的方言,作为中国古代的官话,从3000多年前起始,经历了它作为周都的西周,经历了它作为秦都的秦代,经历了它作为大汉的汉朝,经历了它作为隋都的隋朝,经历了它作为都城的诸多小朝,经历了它作为中国历史上最鼎盛朝代都城的大唐,先后连坐中国历史上的汉语"官话"交椅长达1000余年,是中国历史上时间最久的汉语官话。

纵观中国历史,中国的汉语官话,从周朝起始,到今天的现代中国,共经历了3000多年的时间。其中只有西安和北京,连续为都的时间最长,且明显地分为了两个漫长的历史时期。故中国从古到今的汉语官话,基本上是前为西安话,后为北京语,构成了一古一今的中国两大官方语言。而西安1000余年的官话时间与北京600余年的官话时间,则无疑是中国历史长河中两个持续时间最长的汉语官话。

第三节　西安方言　中国大量古文典籍的书用语言

作为中国持续时间最长的汉语官话，西安话是方言而不俗套，是官话而不浮华。听起来圆润清亮、美妙悦耳，用起来形象生动、含义绝妙，说起来顺畅上口、抑扬顿挫。各种史书以及大量的古汉语、唐诗词，如果不用西安话来诵读，则很难理解其中的词汇，很难品出其中的味道，很难读出其中的韵律。作为中华民族发祥地的西安，其数千年的西安官话，它所承载的不仅仅是古老西安的风土人情和中华民族的历史积淀，更典型的，它是中国所有方言中罕见的把口头语与书面化完美结合，融贯古今的汉语官话。2500多年前的《诗经》即是用雅言写成，诸多的古代史料典书及诗词作品中还存留着相当丰富的、至今还在使用的西安方言。请看：

西安话"嫽的太"，即好的太——要再加强语气，则为"嫽的太太"。此"嫽"字，此意思，《诗经》即有："月出皎兮，佼人僚（嫽）兮。"汉代杨雄的《方言》一书中说："嫽即好也"。

西安话"倩蛋蛋"，"倩"即可爱，倩蛋蛋，更加可爱——《诗经》还有："巧笑倩兮，美目盼兮。"唐代的孔颖达注解，倩，就是用来形容巧笑之可爱。

西安话"大白雨"，即大暴雨，因为暴雨一般雨点都是白的——苏轼《六月二十日望湖楼醉后书》诗曰："黑云翻墨未遮山，白雨跳珠乱入船。"说的就是大暴雨的雨珠纷纷跌入船内。

西安话"咥泡馍"（音喋），即吃泡馍——《辞海》解释为："咥即咬"。《易履》中有："履虎尾，不咥人"之说，意为，踩在老虎的尾巴上，老虎也不咬人，不吃人。

西安话"谝闲传"，即闲聊、侃大山之意——《周书·秦誓》中有："惟截截善谝言"，《周书》里则用的"谝"最多，都和现在的谝是一个意思。

西安话"闻早走"，即早走——闻即"趁"的意思。白居易的《二月五日花下》诗中云："闻有酒时花下乐，不管身事莫思量。"以及唐朝王建的《秋日后》诗云："住处近山常足雨，闻晴晒暴旧芳茵。"两首诗中的"闻"，均为"趁"的意思。

西安话"屋里人"，即指女人或妻子——男为外头人，女为屋里人。《红楼梦》九十回即有："然而到底是哥哥的屋里人。"连清代的曹雪芹，写书用的都是汉代的西安官话。

西安话"楔钉子"，即钉钉子——为打击之意。古文中也很多见，柳宗元《岭南节度飨军堂记》中有："楔击鼓吹之声，飞腾幻怪之容。"在这里，楔与击，均为敲打之意。

凡此种种，举不胜举。还有那诸多的：乡党、瓷实、迍活、倭也、年时、圪蹴、牟乱、瓢人、难常、毕了，等等，都在古书中比比皆是，根本无法一一列举。

另外，前边说过，读唐诗，如果不用西安话，则很难读出诗中的韵律。这里仅举李白、杜甫诗两例，只不过，需要用西安话来读。

李白的《古风》一诗："大车扬飞尘，亭午暗阡陌。中贵多黄金，连云开甲宅。路逢斗鸡看，冠盖何辉赫。"其中的陌、宅、赫，绝不能用普通话，只能按西安话的音，分别读作：mei、zei、hei。

杜甫的《梦李白》一诗："恐非平生魂，路远不可测。魂来枫林青，魂散关塞黑。落月满屋梁，犹疑照颜色。水深破浪阔，天使蛟龙得。"诗的韵脚，都在最后一个字，此诗的测、黑、色、得和前诗一样，不能用普通话发音，只能用西安方言的音，分别读作 cei、hei、sei、dei。

以上两诗，只有用西安话，才能朗朗上口，才能合辙押韵，而李白是四川人，杜甫是湖北人，两个中国古代最有名的大诗人写诗用的都是西安话。中国的唐诗，再一次证明了，至少在宋代建立之前，汉语的官话用的就是西安方言，用的就是西安方言的标准音。若要用其他省份的话去读唐诗，那只能是自找别扭，难以有地道的唐诗诗味，更难以有地道的唐诗韵律。

现在的人若要写诗，不管作者是哪个省的，统统用的是普通话，统统用的是中国的国语；而唐代的诗人写诗，统统用的都是西安话，统统用的都是大唐的国语，否则，在唐代其作品是很难得到社会的认可的。

第四节　中国汉语　世界至今最为优秀的语言之一

中国汉语的优秀，优在何处？秀在哪里？和谁比，才是关键。英语使用的国家多、使用的范围广，是世界的通用语言。故要比汉语的优，要比汉语的秀，就要和英语比，而且是一项一项的比。中国汉语，与英语相比，共有七大优势。

第一、中国的汉语，使用人口世界最多——世界人口70亿，200多个国家和地区，2500多个民族，5000多种不同语言。使用人口最多的十大语言为：汉语、英语、印地语、西班牙语、阿拉伯语、德语、俄语、法语、孟加拉语、葡萄牙语。十大语言中，按使用人口的数量来计算，汉语第一，英语第二。汉语使用人口16亿，按英语为国语的人口计算，仅仅不到中国的二分之一。

第二、中国的汉语，千年传承，古今不变——中国汉语同中国汉字高度融合，数千年不改变，只发展，一直完整地传承至今。现在中国的普通学生，可以朗朗上口地读出2000年前的屈原楚辞。而英语呢？多国使用，语出多门，直至400年前才统一了拼写，致英语专业的大学生，连300年前莎士比亚的作品都难以读懂。

第三、中国的汉语，词汇丰富，表达力强——汉语的词汇，丰富极顶，一语多表，一意多说，具有绝妙的、无与伦比的表现能力。仅仅要表现一个人的离世，即可以多次分用，雅俗分用，贵贱分用，褒贬分用。请看，两个字的有：去世、离世、逝世、老了、走了、去了、牺牲、光荣、就义；三个字的有：不在了、咽气了、毕格了、蹬腿了、成仁了、归西了；四个字褒义的有：撒手人寰、驾鹤西去、与世长辞、离开人间；贬义的有：脑袋搬家、身首异处、呜呼哀哉、死有余辜，等等，层出不穷。以上如此之多的词汇，还远远没有说完，但却只表达了一个意思：人没有了！试想，用这样丰富的词汇去讲话，用这样丰富的词汇去写作，咋能不引人？咋能不精彩？

第四、**中国的汉语，用字最少，组词最多**——汉语用字最少，仅仅3000多字，但组词能力强大无比。不仅记忆量小，更重要的是可以触类旁通，能以一当十，以一当百。中国汉语，小学毕业生仅掌握2000个字，就可以看书。

第五、**中国的汉语，衍生丰富，魅力无穷**——中国汉语的独有，衍生出了世界上独有的文化、独有的艺术，例如，唐诗宋词、元曲杂剧、谜语谚语、快板评书、相声小品、单弦大鼓等多种艺术门类，以及排比句、双关语、疑问句、惊叹语、对偶句、歇后语等多种语言表现形式，展现出了中国汉语的博大精深、无穷魅力。

第六、**中国的汉语，精辟精准，寓意深奥**——汉语的词汇多，英语的词汇少，用语言表达思想，相互根本无法对应。把英语小说译成汉语，简单容易，因为英语一个词，可对应汉语太多的词，随便挑一个即可。而把汉语小说译成英语，若想达到原书的本意，可以说难上加难。因为，众所周知，汉语一个普普通通的词，在不同的语境里可以是多种多样不同的意思，甚至是相反的意思。一副对联人人都熟悉："墙上芦苇，头重脚轻根底浅；山间竹笋，嘴尖皮厚腹中空。"如果要翻译成英语，真想不出，会翻成个什么样的结果。中国人说出这样的话，创作出这样的对联，只能用中国的语言，以中国人的思维方式，才能读得懂，知其意，才能悟出其中的深奥道理。

第七、**中国的汉语，语法简单，先难后易**——学习中国的汉字，就像学习开汽车，自动挡好学，掌握的技术简单；手动挡难学，掌握的技术复杂，但日后大有用处。说中国的汉字难学，其实只相对于外国人，他们认为汉字笔画复杂，难认难写，且字意多变。而对于中国人来说根本不难。现在学前班的小朋友认字的字片，上边都是连图带字，火字就画的火，树字就画的树，马字就画的马，既有字形又有字意，记住了字形，就忘不了字意。看起来是比英语字母的量要大得多，但一个学生只要掌握了 1 500 个汉字，哪怕年龄再小，都能读书看报，都能触类旁通。

　　七大优势，是中国汉语的优势，而英语作为世界上使用范围最广的语言，当然也有自己的诸多长处。总之，不论怎样说、怎样比，汉语和英语都是世界上使用人数最多的两大语种。

　　从古到今，都城几乎都是国家的官话诞生之地，而且是随着都城的变化而变化的。不论今后中国的都城是否有所改变，汉语的官话是否有所更换，但中国话只要还叫汉语，那汉语之根都在西安。因为，中国的汉语在汉代是从西安走向世界的，而汉代的官话则是在西安起根发苗的。

第四讲　中国的汉字之本在西安

2000多年前,"汉人"的称谓衍生了相应的"汉语",而汉人和汉语又衍生了相应的"汉字",以及一系列带"汉"的各种称谓和词汇。汉语是中国的国语,汉字则是中国的官方文字。纵观几千年来中国文字的形成,大致经历了五个阶段,即:原始字符阶段、甲骨文阶段、小篆阶段、隶书阶段、楷书阶段。而这中国文字的五个阶段分别都是在哪里形成的呢?除甲骨文的形成地点至今不明外,其余的四个阶段均在西安。特别是汉字的称谓,则直接源于汉朝的"隶书"。特别是从汉唐都城西安创作出来的隶书、楷书,奠定了中国汉字基本的字形、笔划、结构、表意,且一直沿用至今,没有改变,是全世界唯一保留下来的古老文字。

第一节　半坡的字符　开创了中国文字的功能使用先河

西安的半坡遗址,是6000多年前新石器时期的人类生活遗址,是我国最早发现的上古原始村落。半坡遗址出土的113个单体字符,即是中国最早的原始文字。这一古老的文字发现,在当时的中国立即引起了巨大的轰动。

半坡村落有专门的陶器加工区,故遗址陶器的出土占了一定的比重。在发掘中，考古人员不约而同地都在诸多陶器、陶片上发现了各种各样不同的字形符号，随之即有意识地对此进行了专门的规整发掘，最后，共收集到了113个大小不一的字形符号，且均有规律的镌刻在陶器的口沿之处。

研究人员对所有的113个字符首先进行了规律性地分析。研究发现，已有的113个字符可归分为29种类型，若用现在的汉字笔画来对应，有横有竖有撇有捺，有钩有折有箭头等；若用现在的象形意会来对应，有米字形、丰字形、乙字形、倒钩形、树杈形等；若用现在的英文字母来对应，有ATL、有ZYS、有KEVX等。总之，五花八门，应有尽有。

通过更进一步的辨识研究和考证，研究人员初步认定，半坡遗址的符号，部分为记数类，可以代表1～9的数字概念；部分为记事类，其字形的创造相同于河图、洛书中的"五"象形的造字方法。半坡的符号，已经具有了文字的初步形象，并为以后的造字确定了基本的框架。至于这些字符刻在陶器上代表了什么意思，根据字符大多都刻在陶器的口沿处来推断，要么是器物主人的族徽，要么是制造工匠的名号，要么是记载相关的的数字。总之，这些符号的出现，绝对是刻"字"人某种意愿的表达，是中国最早的文字功能的运用。

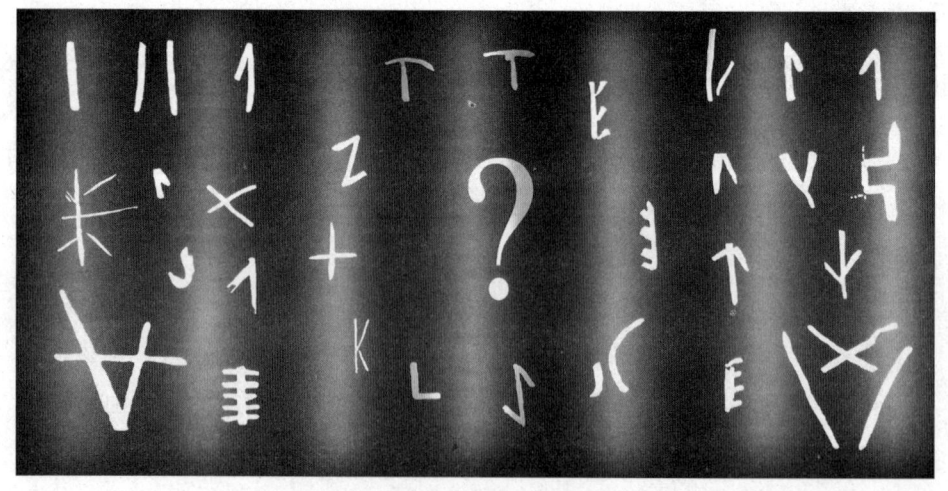

半坡陶器上刻写的部分字符

60多年前，郭沫若先生专程来到西安半坡考察，先后研究了遗址的环境，分析了相关的实物。面对诸多的陶器符号，他欣喜万分，当即表示：半坡的陶器符号"无疑是中国最早的文字符号，是中国文字起源的有力证据"。郭沫若先生作为当时、甚至现在中国古文字研究的顶级权威，所给出的定论得到了整个学界的广泛赞同。

第二节　秦代的小篆　统一了中国文字的标准形体写法

西安6000多年前的半坡村落，诞生了中国最早的文字符号，成了中国文字的起源之地。而公元前220年，作为中国第一个大一统国家秦帝国的都城，西安对中国文字的发展，做出了什么贡献呢？大秦帝国对中国的诸多巨大贡献之———统一文字，就是在当时的秦王宫内创作出台并诏令发布的。

大秦统一天下后，百废待兴，但最大的问题并不在此，而是政令无法下达。因战国时期各国的文字字体、字形、笔划、写法均不相同，出现了大量的异体字，大秦皇帝的诏书颁至各地，竟然大多数人都不认识，给国家的管理及国民交流造成了严重的障碍。于是，秦始皇果断下令，命丞相李斯负责，对现有的文字进行规范和整理，制定一套统一的官方标准文字，颁布全国。当时，既是丞相又是书法家的李斯，不负众望，终日宫门不出，潜心造字。很快就在大篆和原六国文字的基础上，创出了一套全新的"小篆"字谱，并制出了诸多的字斗标准范本，供人学习、仿写。与此同时，永久废除了所有小篆之外的各种异体字，一律不得再行使用。为了使小篆新字体能够尽快地推行，尽快地普及，秦始皇身体力行，只要出巡，不管何处，都要立碑刻石，展示新字，以昭告天下、示范百姓。山东泰山的石刻，就是秦始皇的出巡墨迹。"书同文"的强势推行，让中国文字从此翻开了新的一页。

秦代统一的标准化小篆，与原来的"大篆"及六国杂乱的文字相比，"笔划比较简单，字形比较方长；结构比较匀称，用笔比较圆转；笔势瘦劲俊逸，体态典雅舒宽；字体图画性减少，线条符号性增强；异体字几乎已经没有，偏旁部首位置基本固定。"受到了所有的用字人、写字人、看字人的喜爱和欢迎。

秦代的小篆

秦代小篆标准书体的推出，是中国文字发展的一大里程碑，是中国历史进程永垂青史的不朽之举。它不仅统一了全国的文字，不仅推进了中国的文明，不仅加强了民间的交流，更对中华民族的大一统发挥了极其重要的、不可替代的伟大作用。单凭这一点，是世界上任何一个国家的任何文字，所无可比拟、所望尘莫及的。

第二篇章　西安　辉煌灿烂的历史文化

第三节　汉代的隶书　奠定了中国汉字的永久笔划结构

中国的文字到了汉代，则被统称为汉字。汉代的文字，是一种全新的字体，名叫隶书。当时，秦代的小篆，虽然较大篆更规范、更整齐、更华丽、更具观赏性，但随着时间的推移，知识的进化，其在使用中逐渐显现出了诸多的不足，书写起来既慢，又麻烦，更费时间，特别是在竹简上刻字，其不足则更为突出。于是，便有人试图改变，故而，出现了不少人认为的，最早的所谓"秦隶"。

史载，秦代有一名叫程邈的人，曾在京城的监狱供职，专门负责狱中文书一类的差事。后因犯罪判刑，成了"徒隶"，即服刑劳改的犯人。他在狱中度日如年，无所事事，便有了干一番事业的打算。由于曾担任狱中的文书差事，亲身经历了小篆书体运用的诸多不便，而自己又擅长书法，故便打算研究文字、改进文字，整理出一种适于快写的新式书体。于是，程邈结合了民间的种种写法习惯，化繁为简、化圆为方，历经数年，终于改写出了简便易写的3000多个新字。当他的这一成果被呈给秦始皇时，秦始皇非常高兴，用现在的话来说，监狱改造出成果，不仅立免了他的罪，还任他做了一个御史小官。同时，并允许此字可在官狱中应用。由于程邈原为徒隶，

汉代的隶书

而他创作的新形字又是仅在狱隶中使用,"隶人"的字隶人用,故当时被形象地称为了"隶书"。不过,从存世的程邈书法碑石上来看,以专家之见,其作品虽对小篆有了一定的改造,但快写及潦草连笔的成分比重较大,特别是对后来隶书最大特点的蚕头燕尾、一波三折等都表现的很少。故秦代所谓的"秦隶",与汉代的"汉隶"有着本质上的区别。而秦代公认的文字字体仍然是秦丞相李斯所创造的秦代小篆。

汉代的汉隶,成了一种全新的字体。但因汉隶是受程邈的秦"隶"启发而来,故其名仍然沿袭了"隶"的叫法。古人把西汉初期的汉隶称为蜕变期,把西汉后期的汉隶称为定性期,十分中肯,恰如其分。西汉后期的汉隶,在形体及写法上与秦代的小篆已有了本质的改变:改图形为笔划;改象形为象征;改圆转为直折;改瘦长为扁形;改直横为波挑;改撇捺为藏锋。总之,蚕头燕尾、一波三折,写之好写,看之好看。形成了中国汉字的独特字体——汉隶,且在大汉帝国全面推广、迅速普及。

汉代的隶书,是中国的第二大书体,是中国文字发展的又一大里程碑,它上承秦篆,下继唐楷,是中国古文字和今文字的分水岭。汉代的隶书,确立了中国汉字永久的方块字形;确立了中国汉字永久的笔划结构;确立了中国汉字永久的点横撇捺;确立了它在中国汉字中的永久地位。直至几千年后的今天,出自古西安的汉隶,仍然作为书法艺术,作为装饰字体,作为广告门头,作为书报名标,在中外广泛流通,辉煌于世。

第四节 唐代的楷书 确立了中国汉字的永久通用字体

中国汉字的真、草、隶、篆,其实作为传统概念上的字体,只有真隶篆三种。至于"草",不过只是一种书体,而不是字体。因为它只是按照隶书或者楷书的基本笔画,用"草"的方式表现出来而已,且每个人每个字的表现形态又各有不同，随人而异，随书而异。而"真"也即楷书，则为中国汉字的第一大体，是中国汉字的最基本字体、最实用字体，更是使用频率最高、国际影响最大的汉字字体。

中国的秦篆，成就了中国的汉隶；而中国的汉隶，则成就了中国的"唐楷"。中国的汉字到了唐代，尽管都城还在西安，但更是三生有幸，掉进了福窝。诸多的幸遇，催生了正统庄重、潇洒俊秀、长青不老、辉煌不尽的唐代楷书。

幸遇之一，遇到了唐代的楷书三大家。即欧体的欧阳询、颜体的颜真卿、柳体的柳公权。三大家的三大楷，名震华夏，古今耀眼，电脑字库中一调即出。同前边所讲的汉隶一样，成了现在装饰、宣传、匾额、广告的常用字，且最能体现古朴、厚重、庄严、沉稳之神韵。西安地铁三号线各站的所有内外站名，全是用颜体所写，千年唐都与其孕育出来的千年唐楷，在这里浑然一体、形神交融。

幸遇之二，遇到了唐代的天子唐太宗。唐太宗不仅文韬武略、治国有道，而且还是君王书法大家。他对书法尤其楷书的偏爱，几乎达到了痴狂的地步，他寝殿的墙上，挂满了名家书法，朝夕坐卧观赏。是唐太宗把唐代的楷书、把唐楷创始人的三大家、六大家，捧到了前所未有的高度，给唐代楷书的继续辉煌，铺就了一条通向未来的锦绣之路。

幸遇之三，遇到了中国历史上首创的书学教育。唐代的楷书之所以从创立到兴盛，从本朝兴盛到世代兴盛，除以上之外，还有一个重要的原因就是唐代"书学"的创立，把汉字的书法学习作为了唐代最高学府的国子学、四门学、太学、率学、书学、算学等"六学"中的一学，开创了中国历史上最早的书法教育专科，专门培养高级书法人才。其内容不仅有技法传授，更有书法理论、书史研究，为中国唐楷等书体的辉煌传世，起到了无可替代的推动作用。

唐代的楷书

唐代楷书的创立，对中国的最大贡献是：确定了中国汉字最终的笔划结构，确定了中国汉字永久的通用字体，确定了中国汉字对外交流的官方书体形式。是中国汉字的领军之字、代表之字、形象之字。

第五节　中国的汉字　对周边国家的影响深远

中国的汉字是世界最古老的四大文字之一。在世界其他国家基本还没有自己的文字之时，中国的汉字则早已被熟练使用且影响了世界上的不少国家，有些国家仿效汉字创造本国文字；有些国家半汉半己掺和使用；有些国家则直接照搬，拿回就用；有些国家对汉字恋恋不舍，至今还在使用。以上的诸多现象，足见中国汉字的强大魅力。其中，最为受影响的要数中国的周边国家。

一看朝鲜——朝鲜古代文字落后，一直未发明出自己的文字，故从唐代起就开始使用中国汉字，时间长达1000多年，且被称为"吏读文字"，即仅官员和上层人士使用的文字。直到1418年中国的明代时期，朝鲜的世宗大王决心发明朝鲜文字，并亲自主持向中国学习取经，先后历时30年之久，最终在1446年才发明出朝鲜的拼音文字，名曰"谚文"。虽则谚文已经诞生，但使用者仅为未受过良好教育的下层民众，而官员、贵族们却仍继续使用着吏读文字的中国汉字。一直到了甲午战争中国的清朝被日本打败，国际地位一落千丈，朝鲜的谚文才得以广泛运用。是清朝的衰败，促使了朝鲜文字的独立。

二看越南——越南和朝鲜不同，19世纪前一直是中国的郡县，秦、汉、隋、唐均在越南设官统辖，使用的文字全部都是汉字。到了北宋时期，越南独立，但之后无论是上层的官员交往，还是学校的语文教育，以及文史的撰写创作，也全部以汉字为工具，而且是原封原样的汉文汉字。就连1893年越南最后一个王朝的皇帝，还专门奏请中国的康熙皇帝向越南颁发《康熙字典》，以供当时的越南人学习汉字。一直到了1945年越共建立政权，汉字才全面退出越南社会。

三看日本——2000多年前的中国汉代，日本和朝鲜一样也没有自己的文字。中国的汉字被日本的使者带回日本后，很快便融入日本的文化之中，成了日本的通用文字，是日本国民传播思想、表达感情的唯一载体，时间长达500年之久。尽管自公元900年时，日本借用汉字创制的"假名文字"已在日本推行，但汉字一直还在继续使用。时至今日，中国的汉字仍在深深地影响着日本，日本的文字中仍保留着1000多个中国汉字。

日本东京一所医院内的文字标识

第六节　中国的汉字 是中华民族的一统文字

中国汉字最少有 6000 多年的历史。它是中国的自创文字,是全球使用时间最长且从未出现过断层的文字,是世界上唯一传承至今并硕果仅存的表意性文字。

中国正是拥有了汉字这个世界上唯一保留下来具有数千年历史的古老文字,才使得她在数千年的历史长河中连续不断地使用、连续不断地发展、连续不断地完善;有了中国汉字这数千年连续不断地使用历史、发展历史、完善历史,才使得中国的汉字尽善尽美、魅力尽现,才使得中国的汉字,聚拢了世界上人数最多的使用群体;有了中国汉字世界上人数最多的使用群体,才使得这一数千年来中华民族自创、自研、自制的独有文字,产生了无以抗拒的向心力、认知力、召唤力和凝聚力;才使得中国的汉字把整个使用群体牢牢地"统一"在了中华民族的大旗之下，才有了今天世界上人口最多、团结强大、牢不可破的中华人民共和国。

欧洲的面积为1016万平方公里，和中国960万平方公里的面积相差无几，中国的人口高达14亿，欧洲的人口仅仅7.4个亿，但却分为了45个国家。45个国家各国有各国不同的拼音文字，读法不同，用法不同，表达的意思也完全不同。虽然大多国家已经贯通了边界，但是没有统一的文字，也许它只能是欧盟，而不会是欧国。

古老的中国，地广人多，山高路远，天南海北，江河阻隔。不同的区域都有不同的方言发音，不仅北方听不懂南方的话，就连南方也听不懂南方的话。福建的潮州，县县都有各自的方言，相互之间难以交流。然而，中国有统一的汉字，听不懂不怕，写出来就行，书信、史料、公函、政令，所有的内容让所有的人群一看就懂。福建有个城市叫石狮市，北京人发音叫"shí shī shì"，河南人发音叫"shí shí shǐ"，西安人发音叫"shí sí sì"，福建人发音"sí sī sì"，广东人发音"xiǎ sī sǐ"，苏州人发音"sě sī sǐ"，仅仅一个地名，发出了如此多的读音让所有人一头雾水。然而，不管这个地名在什么地方发什么音，哪怕再听不明白，但只要用汉字一写，五花八门的发音，写出来的统统都是"石狮市"这三个汉字。

纵观中国历史，曾出现过春秋，曾出现过战国，还有过各朝各代的封国封侯，虽群雄割据、侯国并立，一直伴随了中国的诸多朝代，但最终都未曾形成国家分裂，最终都是一个中国。原因是什么？是中国民族的主体性！是中国汉字的一统性！中国汉字，是中华民族的灵魂血脉，是中华民族的一统文字，是数千年历史长河中凝聚中华民族的特殊武器，任何东西都无法替代。没有中国的汉字，很可能古代的中国，就是今天的欧洲！

中国的汉字，古老悠久，独特深奥，生命力强，普及率高。从半坡的字符，到秦代的小篆，从汉代的隶书，到唐代的真楷，一代一代，不断完善出新，不断发扬光大，让中国的汉字，从古到今，光耀世界、普惠人类。但历史永远不会忘记，这些从数千年前传承至今的中国汉字，都是在当时的古都西安，由历代的文字、书法专家，一个一个地精心孕育，一个一个地推广普及，才有了今天走遍世界的中国汉字。

第五讲　中国的戏剧之源在西安

秦腔是中国最为古老的剧种。它起源于古代陕西关中方圆以及甘肃东部的民间乐舞，形成于中国古代政治、经济、文化中心的西安。秦腔之所以称为秦腔，是因为自周朝前后，关中之地即素称"秦"地，故诞生于秦地的戏曲，自然而然地被称为了"秦腔"。秦腔，大秦之腔，秦人之腔，是陕西人的象征。"八百里秦川尘土飞扬，三千万秦人齐吼秦腔。"这句20世纪90年代初的戏语，流行全国，影响甚广。如今，八百里秦川的尘土飞扬早已变为了满目绿野，而三千万秦人齐吼秦腔却依然照吼不误，真实地反映了古老的秦腔与秦地、秦人的一脉相承，深厚情缘。然而，中国的戏曲剧种有300多个，秦腔的古老，究竟古到什么时候？老到什么地步呢？人们都想有一个明晰的概念。

第一节　秦腔的年龄　两千多岁

精神愉悦，文化享受，人人需求，自古就有，更不要说皇帝天子、王公大臣了。3000多年前，周武王推翻了殷商，一统天下，建立周朝，定都西安。多年征战，终于成了天下共主，政权夺取了，战争停止了，宫殿建好了，国家稳定了，接下来，当然就是要酒舞相伴，娱乐享受了。于是，陕西关中，以及陇东地区颇具特色自娱自乐的民间说唱乐舞，有幸被召入宫，且一经演示，即被周王大加赞赏。由于艺人们要不断讨得王公大臣的欢喜，就要不断地推陈出新、变换花样，以至于人人身上穿的、手上拿的、脸上画的、嘴上唱的，可谓百花齐放。但是，这毕竟是唱给宫廷的，因之逐渐形成了一套最初的说唱模式，加之宫廷专享的氛围促进、宫廷文人的修改升华，进而，造就了中国最古老的艺人群体，奠定了中国最古老的戏曲雏形。

中国秦腔的雏形，源于关中，源于中国的周朝。而周朝是中国历史上第一个在西安建都的大朝，距今时间已经3000多年了，为什么说秦腔的年龄只有2000多岁呢？其实，说秦腔3000多岁也不为错，只是，按专家的话来说，秦腔真正地形成则是在周朝之后的秦代。

西安所有公园内都有市民的秦腔自乐班在大唱秦腔

秦腔之名，在周朝原来只是一个"秦地腔调"的概念，一直到大秦帝国的建立，本身即为秦代，秦腔之名方显得贴切准确、名副其实。故自秦代起，秦腔才从秦地腔调的概念，成了广泛的称谓。自此，中国的秦腔，作为中国传统戏曲的开山起源，正式登上了中国的历史舞台。

纵观秦腔的起源、发展以及传承兴盛，用中国戏剧界的定义概括即为："**形成于秦、精进于汉、昌明于唐、完整于元、成熟于明、广播于清，几经发展，蔚为大观。**"古老的秦腔，先后经历历史长河2000余年，先后贵为五大朝代宫廷文化，是华夏民族永远的文化遗产。

第二节　秦腔的剧目　一万多个

剧目，即一个剧种所演出过的且属于自己创作或改编的戏剧作品。剧种靠剧目支撑，剧种靠剧目兴旺。而剧目的多少，则直接取决于剧种的年龄。当医生的年龄大，看的病人肯定多。剧目也是如此，剧种的历史越长，演出的剧目就越多，这个道理再简单不过。秦腔的历史2000多年，那么，中国其他著名各大剧种的历史都是多长时间呢？我们摘取《中国戏曲网》上对各剧种的渊源介绍，连同秦腔在内，选择了最具影响的全国十大剧种作以比较。

北京的京剧——形成于清代的道光年间，距今约190多年。

河南的豫剧——形成于明末清初（原为河南梆子，新中国成立后称名豫剧），距今约340多年。

浙江的越剧——形成于清光绪年间，距今约110多年。

江苏的昆剧——形成于元朝末期（原名昆曲），距今约600多年。

四川的川剧——形成于明末清初，距今约350多年。

河北的梆子——形成于清道光年间，距今约180多年。

唐山的评剧——形成于清朝末期，距今约110多年。

山西的晋剧——形成于明嘉靖年间（原为蒲剧），距今约400多年。

湖北的黄梅戏——形成于辛亥革命前后，距今约110多年。

陕西的秦腔——形成于秦代，距今约2200多年。

从以上各剧种的形成历史，可以得出这样一个结论，除江苏的昆剧形成时间达到600多年外，除过山西的晋剧400多年外，其他各剧种的形成时间最长不超过400年，而秦腔则为2200多年。2200多年，与三四百年、与600多年相比，虽然以上各剧都是非常优秀的中国剧种，京剧自不用说，是中国的国粹，其他的各大剧种有的甚至在发展中超过了秦腔，但毕竟这个时间没有可比性，因为相差得太远了。

秦腔百年经典剧目《三滴血》2018年5月被改编成秦腔系列动画片
在巴基斯坦伊斯兰堡国际艺术节上获奖

剧种的起源时间长，拥有的剧目自然多。秦腔的占先，不仅仅是时间这一点。查中国的戏剧网，各省都有各省的"母戏"，名字都有所体现，如河南的母戏是豫剧，四川的母戏是川剧，山西的母戏是晋剧，北京的母戏是京剧，河北的母戏是河北梆子。而秦腔则不同，西北五个省区，均以秦腔为母戏，从古到今，皆为如此。在这一点上，全国所有的剧种，哪怕流行的再广，喜欢的人再多,但都不会因此超越。一个秦腔剧种,五省作为母戏,演出的剧目当然要多得多。且看,前边说的十大剧种,除过秦腔,剧目最多的为京剧,拥有剧目 5 000 多;其次为评剧,拥有剧目近 2 000 多;再次为豫剧,拥有剧目 1 000 多。而中国秦腔,从先秦到如今,从宫廷到社会,时间跨越 3 000 年,上演剧目一万多。是中国共有的 300 余个大小剧种中,不仅历史最为悠久、剧目数量最多,而且是遥遥领先!

作为秦腔,不仅时间长、剧目多,而且剧目质量高、流传广、寿命长。不少传世剧目,数百年来,广受喜爱,常演不衰。一部昏官断案的《三滴血》,情节离奇,人物经典,既让观众哭笑不得,又让观众深深叹服。打出了陕西,红到了北京,唱响了全国,唱到了国外。2019 年 12 月,秦腔《三滴血》动画片在巴基斯坦的伊斯兰堡国际艺术节上,获取了最佳动画片奖,随后又在法国国际动画电影节正式亮相。至今,只要有人唱起剧中的戏词"祖籍陕西韩城县",立马就会引来诸多的回应:韩城,古代出了个司马迁,近代来了个"浆子官",司马迁狱中写《史记》,浆子官滴血断姻缘。韩城,跟上这两个人,把光都沾大了!

中国的秦腔,浩瀚如海,《三滴血》只是茫茫沧海之一滴。一万多个剧目,要演一万多天,一天晚上看一个,几乎要看一辈子。

第三节　秦腔的发展　大唐天朝功劳最大

秦腔的发展,经历了一个漫长的历史时期。中国戏剧界对秦腔的概括是:**"起始于周、形成于秦、精进于汉、昌明于唐、完整于元、成熟于明、广播于清,几经发展,蔚为大观"**。秦腔在大唐时又形成了前后两个阶段的分水岭,即唐以前为宫廷文化阶段,唐以后为全民文化阶段。把以上定义的前半部分包括唐代在内再作进一步的解读,即为:秦腔的发展历史,从最初秦地的民间唱曲,至周朝作为享乐艺术走进了宫廷;秦朝的建立,使原为八百里秦川地方艺术的秦地腔调,成了名副其实的秦腔;在经历了周、秦、汉、隋四个大朝宫廷文化的积淀升华,特别是汉朝国家稳定,经济发达,文化繁荣的社会大势,更为秦腔艺术的进化提供了不可多得的发展沃土;直至大唐,一个中国最为鼎盛的朝代,一个世界文化中心的西安,一个最钟爱戏曲的皇帝,对秦腔的发展做出了里程碑的重大贡献,让近千年禁锢于宫廷之内的秦腔,步出宫墙,回归民众,从此走向了社会,为秦腔的厚积薄发、兴盛广播,铺就了一条阳关大道。

位处西安华清宫内的唐代梨园遗址博物馆

秦腔的发展兴旺,作为当时大唐皇帝的唐玄宗,绝对功不可没。其功劳主要表现在五个方面:第一,创建了中国历史上第一所演艺学校"梨园",广泛培养艺术人才,为秦腔的后续发展储备了大量的精英;第二,唐玄宗对梨园偏爱有加,不仅亲自授课,而且经常走进剧中扮演角色,过一过他钟爱的秦腔瘾，为秦腔充当了一个难得的活广告；第三，作为皇帝，由于他经常上戏出演，被奉为了戏剧的祖师爷。过去的戏班，都有供奉祖师爷的习俗，而秦腔戏班的祖师爷，身着黄帔，头戴龙冠，供的就是唐朝的皇帝唐玄宗；第四，唐玄宗创办的梨园，作为一个名号，从唐代到清代，从清代到现在，一直作为戏剧界的专用名词沿用至今；第五，当时的梨园，不仅出新人，而且出作品，梨园乐师李龟年谱写的《秦王破陈乐》，当时被称为"秦王腔"，是中国最早的戏剧乐谱。

有了唐玄宗的开明，秦腔得以官民共享；有了唐玄宗的梨园，秦腔人才走向社会；有了唐玄宗为祖师爷，秦腔的身价如日中天；加之随后的安史之乱，致诸多的宫廷秦腔高人流落民间。各种优势集于一身，终使秦腔像决了堤的洪水，漫延于陕西的四面八方，广播于中国的大江南北。

第四节　秦腔的传播　催生北南各大剧种

走出宫廷的秦腔，犹如鸟儿放飞到天空，任其展翅翱翔。皇家高雅的秦腔艺术与民间特色的秦地小曲，一经碰面，迅速融合，不长时间，即形成了东西南北中的五路秦腔：中路秦腔以西安为中心，又称西安乱弹，是各路秦腔的龙头核心；西路秦腔以宝鸡、天水为领衔，也称"西府秦腔"；东路秦腔以大荔、朝邑为代表，又叫"同州梆子"；南路秦腔流行汉中、洋县地区，也叫"汉调秦腔"；北路秦腔覆盖富平、礼泉、泾阳、三原一带，俗称"阿宫秦腔"。秦腔五大路，东西南北中，以"秦"而统，各有小异。

当时的中国，至少在元末之前，全国其他任何地方都还没有过正式形成的戏剧艺术。秦腔的出现，秦腔到全国各地的亮相巡演，无疑像刮起了一股强烈旋风，搅动了整个中国。试想，当世界上第一辆汽车在柏林街头出现，那是一个什么概念？然而，有了德国造，就肯定会有以后的美国造、英国造、法国造。但无论后来哪个国家再造出来的汽车,谁能说没有受到德国造的启发?谁能说没有借鉴德国造的原理?谁能说没有学习过德国造的技术?2000年前秦腔的出现,就是这个概念。

  按多种中国戏剧史相关资料的记载,唐代后秦腔形成的"五大路",其中西路秦腔,翻山越岭流入四川,形成了明末清初诞生的川剧(原为梆子);东路秦腔,流入与同州梆子一河之隔的山西蒲州,形成了清咸丰年间诞生的蒲剧;流入山水相连的河南,形成了明末清初诞生的河南梆子(后更名为的豫剧);流入隔着晋豫的河北,形成了清道光年间诞生的河北梆子;流入当时的京城北京,对诞生于近200年的京剧影响更为深远;流入到了广东、流入到了福建、流入到了台湾,都对当地地方戏剧的催生,起到了莫大的作用。

  以上的相关记载,有的具体,有的简单,有的写有形成的过程,有的则轻轻一笔带过。本节的题目是:"秦腔的传播,催生北南各大剧种"。催生,怎么催生?秦腔与各剧种诞生的关系如何?要解释,很简单,首先有相互诞生时间的悬殊对比,其次是"先汽车与后汽车"的因果关系,催生不催生,一想便知。只要在网上搜京剧、搜豫剧、搜蒲剧……搜这些剧种的历史渊源等相关内容,可以说,几乎都离不开秦腔,离不开该剧与秦腔的关系。因篇幅原因,在此,仅仅举两个小例,以作参考。

  冯纪汉,生于1918年,河南省西平县人,是中国著名的戏剧理论家,新中国成立后任河南省文化局副局长、中国剧协河南分会主席。他在他的著作《豫剧源流初探》中说:"豫剧源于秦腔,明末清初之际,秦腔传入河南,在河南民间音乐的基础上,吸收了当时河南普遍流行的清戏、啰戏等古老剧种的精华,逐步发展而来。到了乾隆初年,以开封为中心,才形成了具有中原特色的河南豫剧。"王振南,河南著名的豫剧剧作家,1937年曾扶持常香玉成立了中州戏曲研究院,为常香玉创作了不少的演出剧本,是常香玉的黄金搭档。王振南对秦腔的研究认为:"梆子戏是黄河流域的地方戏,虽有多种,但根源却只有一个,很清楚,都是秦腔演变而来的。"这是河南两位著名的戏剧专家学者,对秦腔与豫剧渊源关系的评论。

秦腔的传播,催生了北南各大剧种,这里讲的只是催生。1988年,上海建起了中国第一条高速公路,之后,各省纷纷观摩学习效仿,兴建自己的高速公路。此道理和秦腔一样,都是先有的催生了后来的。

第五节　秦腔的表演　八大绝技誉满神州

人常说:"十年磨一戏"。这说明,首先,戏是磨出来的;其次,戏是用时间磨出来的。没有悠久的历史,没有漫长的时间,又能磨出来多少戏呢？2000多年的秦腔,不仅磨出了一万多个剧目,更磨出了誉满神州的八大绝技,即:吹火、顶灯、踩跷、打碗、耍牙、甩鞭、上吊、变脸。

秦腔八大绝技之一的吹火

一是吹火——一般多用于有鬼怪出现的剧情之中。吹火的原理是先将松香研成细末,再用韧性强的白麻纸包成小包,演员将松香包噙入口中。吹火时,舞台灯光全部熄灭,表演者用力把松香沫吹向前方的火把,顿时一股大火自口中喷射而出，呼呼直响，煞是好看。吹火的形式，可有单口火、连口火、一条龙、翻身火、蘑菇云，等等，再配以演员的各种动作变换，在全场黑暗的情况下，演员腾跃，烟火翻滚，花样百出，人火难分，让观众大呼小叫、喝彩连连，深深地陶醉于剧情之中。

二是顶灯——丑角演员头上顶一盏点着的油灯，做出各种各样挑战性的动作：跪地、快走、翻滚、仰卧、攀上、跳下、钻椅、上桌。特别是一把椅子那极小的空间，空人钻过都相当的困难，但演员头顶的油灯，不洒、不歪、不灭、不掉，且怪相百出，轻松自如，好似头上无物一般。更有玄乎的，演员竟能将自己头顶的灯盏，一口气吹灭。搞不明白，嘴在下边，灯在上边，气还能拐弯？看来，古人和今人真是大不一样。

三是踩跷——踩跷就是男扮女装的演员，"穿"上仅为三寸长的绣花小木鞋进行各种表演。这一特技的极高难度在于：两只小鞋不是穿在两只脚上，而是绑在两个脚趾上，演员全身的重量只靠两个跷起的脚趾来支撑，而且要做出许多特别的动作。如走条凳、过长桌、踢毽子、踩沙窝，要沿低上高、蹦跳不止，专门显示演员的真功绝技。难不难？人们只需用双脚各两个脚趾跷起脚尖，试一试能否撑得起身体，不做任何动作，便可知道高低深浅。说穿了，这是典型的脚上"二指禅"！有几个人能做得到？

四是打碗——打碗，其实就是戏中的杂技。打碗有平打，有斜打。平打是将碗底朝下，水平抛向空中，另一碗碗底朝上，对准空中动态的碗打去，两个碗底对底在空中相撞，双方破碎，散落而下。斜打是将碗直立抛向空中，如车轮飞转，另一碗则从侧面抛出，用碗沿与空中的碗底相击，双碗齐碎，碎片散落。这一绝技，是以动态打动态，玩的就是一个快，玩的就是一个准，玩的就是一个现场刺激。

五是耍牙——耍牙指的就是磨牙和咯牙，主要表现在仇恨之时，要让牙齿发出咯咯吱吱的声响，以示咬牙切齿。听起来这个并不难，好像人人都会。其实大错特错，耍牙的功夫，要是仅仅只是发出声音，那就不叫功夫了。耍牙关键是要声音大、传得远，观众都能听得见。过去演戏，没有音响，也没有话筒，口中发出的咯吱声，要传给台下的观众，那得要多大的声音？多大的力气？牙齿人人都有，咬牙人人都会，但要咬到这个效果，恐怕没有几个人能够做到！

六是甩鞭——甩鞭就是现在所说的鞭技，在台口前，高高悬挂一盏油灯，灯捻拉长，现出灯花。表演者双手持鞭，站在一丈之外鞭打灯捻，另一盏灯则专照表演者的脸部。昏暗中，只听鞭声响起，就见灯花四散，双鞭连连作响，灯花不断四散，如同春节的烟火，星光绽放，当空飞舞，忽明忽暗，扑朔迷离，极大地烘托了剧情，极大地渲染了舞台效果。

七是上吊——上吊，其实玩的是一种假象，即人在"自尽"时将绳索挂于舞台一侧的树枝上，然后把绳环套在脖子上，蹬倒椅子，上吊者即伸舌瞪眼垂直吊挂于舞台之上，相当逼真。其实是演员衣内有一铁质裹腰，上端有两个钩，自胸部直通脖颈，挂在脖子上的绳环，实则是挂在了铁钩上，但设置的天衣无缝，谁也看不出来。八大绝技，其他玩的都是功夫技艺，只有此一项，玩的是创意，玩的是道具，玩的是以假乱真。

八是变脸——变脸，大家都知道川剧有变脸，其实秦腔也有变脸，而且时间更早，唐代就有。但秦腔的变脸和川剧的变脸有着本质的不同：一个是真脸，一个是假脸。川剧的变脸，是用预先画好的不同脸谱一层一层贴在脸上，表演时，利用服装的掩护拉下一层变一次脸，完全靠的是道具。而秦腔的变脸，纯粹是演员真正的脸在变，根据不同的剧情，五官可变、肌肉可变、下巴可变、额头可变、胖瘦可变、长短可变；鼻子会动、耳朵会动、眉毛会动、头发会动、皮肉会动、骨头会动。秦腔的变脸，不用衣服挡，不用袖子遮，灯光之下，千变万化，各种脸型、各种表情，用的全部就是演员的一张肉脸，靠的全部就是演员的脸上功夫。

秦腔的八大绝技绝不只是传说而已，哪一项绝技？哪一个演员？在哪一出剧中？扮演的哪个角色？为哪一个情节？做了哪样的表演？都在资料中写得清清楚楚，都统统记在了秦腔戏剧史和中国戏剧史的永久档案之中。

第六节　秦腔的进京　唱红清代中国剧坛

秦腔作为中国历史上时间超前的最古老剧种，周、秦、汉、唐，立足京都，无疑是中国的一枝独秀。到了清初，其都城的母戏京剧还未诞生，故京城的剧坛一直为南方的昆剧所垄断把持。直到康熙年间，因社会稳定，经济繁荣，各地方戏曲纷纷进京献艺，为凸显尊贵，京城的梨园界就此被人为地分成了"花"和"雅"的两大部分。"雅"部即专指昆曲，被尊为正统，其他的所有剧种一律归为"花"部，被视为杂戏，之前的秦腔也在花部其中。近百年间，虽然花部联盟，屡屡抗争，但雅部的昆曲一直稳居京城梨园霸主。直至乾隆时期，陕西的秦腔，出了一个前所未有的领军巨头，出了一个男扮女装的传奇花旦，出了一个艺不惊世死不罢休的魏长生。魏长生的秦腔戏班三次进京，连演连爆，冠盖京华。至此，长达百年的花、雅之争得以休止，昆曲的霸主地位终被秦腔取而代之。

乾隆三十九年（1774），魏长生的戏班首次进京，演出的剧目是早已倾倒西北五省的秦腔奇剧《滚楼》，演出时间持续4年，其结果是：一炮打响，冠盖京华。乾隆四十五年（1780），魏长生的戏班二次进京，演出的剧目仍为秦腔《滚楼》，演出时间长达8年，其结果是：花、雅诚服，皇妃认亲。嘉庆五年（1800），魏长生的戏班三次进京，演出剧目以秦腔《香莲串》为主，演出时间仅仅3年，其结果是：殉艺舞台，举城共哀——魏长生年已花甲，烈士暮年，壮心难支，他是以惊人的毅力支撑他在台上坚持唱完最后一句唱词。当谢幕之时，众演员用椅子抬着端端直坐的他，当所有的观众全场起立狂热欢呼之时，谁也不会想到，这位京师的秦腔之神，在刚刚的下场之后，心脏就已经停止了跳动，而抬到台前的，只是魏长生刚刚逝去脸上还淌着汗珠的遗体！自此之后，长达数十年的北京剧坛，秦腔还在人已去，京师民众心空空。

套用一句如今的常用语：不看过程，只要结果。在这里，咱们对秦腔在京演出的火爆经过，对魏长生在京受到的追捧过程，不予详述，只说一说，秦腔的三次进京，给秦腔带来了什么？

第一，开创了京城"到处笙箫起，尽唱西秦句"的秦腔时代。

第二，造就了"六大班伶人失业，争相入秦班觅食"的秦腔纪元。

第三，打破了"同行冤家"的旧规，花、雅各部纷纷拜码头、朝门子，尊秦腔为贵。

第四，留下了清皇室亲王昭梿在其著作《啸亭杂录》中的记述："魏长生甲午岁入都，名动京师，凡王公贵族，以至词垣粉署（即翰林院）无不倾掷缠头数千百，一时不得识魏三者，无以为人。"

第五，获得了历史对秦腔的客观评判。清代专著《燕兰小谱》中说道："秦腔进京，不仅致雅部昆曲日趋没落，就连花部也大为失色，使'高腔'旧本置之高阁。"

第六，引领了各剧种争学秦腔绝技。魏长生的经典绝技秦腔"踩跷"，引领了众剧的演员纷纷暗中效仿，闭门偷学。然而，效仿者有为之趾骨骨折；有为之肌肉撕裂；有为之椎间盘突出，但仍难以达到魏长生的瑰丽俏姿，以至魏三过世，此绝技也随之消失。

第七，博得了清皇妃的宠爱认亲。秦腔的火爆，让乾隆和皇妃慕名乔扮观赏。双方一见魏长生扮演的辽邦公主，不仅演技空前绝后，更让皇妃怦然动心的是，其扮相酷似皇妃半年前刚刚早逝的独生公主，于是皇上皇妃立马决定，收魏长生为"格格"，做了皇家的"干女儿"。次日，魏长生即奉旨着辽邦公主装束，进宫向皇帝皇妃谢恩拜母。

第八，赢得了梅兰芳对秦腔助生京剧的肯定："由于秦腔'徽伶尽习之'的铺垫，对于后来在'徽班进京'基础上所产生的京剧，则融进了诸多的秦腔元素。"梅兰芳先生对秦腔之于京剧的功劳，给予了充分再三地评判和肯定。

秦腔自乾隆三十九年进京，先后在北京戏剧舞台独领风骚长达六、七十年，直至道光年间（1840年后），京剧诞生，秦腔的地位才逐渐被京剧所取代，但秦腔对京剧的催生、影响，业内皆知，历史公认。

从西周的都城、古时的沣镐、今日的西安，孕育出来的古老秦腔，在其后长达3000多年的时间里，从周朝一直唱到清朝，从西安一直唱到北京，唱红了整个中国大地，催生了各个地方剧种，引领了整个戏曲世界。现代艺术的不断出现，致戏剧这一传统的艺术形式，必将面临各种各样的生存挑战，古老的秦腔同样也不能幸免。但中国戏剧的历史，秦腔发展的历史，秦腔在中国戏剧史中的地位，却不会因艺术的不断更新而发生任何的改变。

第六讲
西安 秦代军事科技的世界奇迹

中国的秦朝,也称"大秦帝国",是一个崇武、尚武、以武起家的朝代。大秦帝国的一切,说白了,都是靠武力打出来的。从一个诸侯小国,打成了战国七雄;从战国七雄,打成了一统天下;从一统天下,打成了世界强国。从古到今,凡战争,打的都是科技,你的兵器先进,你的胜利就来得容易。大秦帝国的科技,特别是军事科技,不仅发达、超前,而且创出了诸多的中国没有,创出了诸多的世界奇迹。

第一节 秦代至今无法破解的铸剑技术

剑是中国最古老的短兵武器,《史记》中即有"黄帝铸剑"一说。素有"短兵之祖""诸器之帅""百兵之君"的美誉,集近距搏杀、贴身防护、地位标志、权力象征等功能于一身,历来被权贵达官、帝王天子所钟爱。

无论剑的功能有多少,但最基本的功能都是武器,是近身搏杀的武器。然而,出现在同一时期,同为近身武器的刀,却从来没有受到过任何权贵达官的青睐。原因何在?主要有四:一是刀蛮,剑雅;二是刀用力,剑使巧;三是刀要距离近,剑则距离远;四是刀的出手慢,剑的出手快。在此,不妨做一个口头演练：仇敌甲乙近距离搏杀，甲持刀，乙持剑。甲砍乙时，首先必须离近，用刀的中部去砍；其次，必须先高高举起，然后才能用力砍下。而作为持剑的乙方，不动声色，只需轻抬手中剑，待甲方的刀还未举过头顶，乙方单手往前一刺，甲方就已经提前倒在了脚下。但话说回来了，如果甲方拿的不是刀，也是一把剑呢？好，问得好，同样都是剑，那，就看谁的剑长了。

现在的导弹，都想打的远，古代的宝剑，都想造的长。战国末期，诸国的青铜剑，最长的也不超过60厘米，再长，太粗了拿不动，太细了容易断。谁都想自己的剑又长，又不断，但谁的技术都达不到。而大秦帝国就有这个本事，造出来的剑最长，造出来的剑不断，一把剑长度达到95厘米，前所未有！都是青铜剑，一下子几乎长出了二分之一还要多。上了战场，你的剑50厘米，他的剑95厘米，同距一米，你够不着他，他却能刺着你，那结果是谁死谁活，岂不清清楚楚的了吗！

其实，在战国末期，炼铁技术已经出现，且铁器在农业生产中已广泛使用。但由于武器对铁质的要求极高，而当时的冶铁水平还仅处于块炼铁和生铸铁的阶段，其强度、硬度根本达不到武器的要求。而青铜的冶炼、工艺、合金配比、分类运用，已被秦人研究得炉火纯青，把青铜冶炼工艺推向了历史的最高点，故秦代的兵器，清一色的全是青铜器。90多厘米的青铜剑，既长，又轻，既有硬度，又有韧度，刚柔兼具，锋利无比。别人都做不到，而秦人的秘诀在哪里呢？关键的关键，就在于青铜器的铜锡配比：锡少了，太软，剑没劲；锡多了，太硬，剑易断，而秦人的铜锡比例恰到好处。至于各种武器的详细配比都是多少？大家不知道，我也不知道。但有一点，用现在的专业术语来说，就是基本达到了中碳钢调制后的合金硬度。硬度达标了，武器的要求就达到了。但韧度呢？秦人最得意的韧度呢？请看西安兵马俑，请看西安兵马俑出土的秦代长剑。

1994年，兵马俑的考古人员在清理一号坑的过洞时，发现一尊秦俑压在一把青铜长剑上。重达150公斤的秦俑，压弯了整个剑身，弯度足以超过45度。而当两人轻轻地移开秦俑，在场的所有人都不约而同地叫出了声："哇！"匪夷所思的奇迹出现了，那把又窄又薄的青铜长剑，竟然在刹那间"嘣"的一声，反弹平直，自然复原！神话般的兵马俑、神话般的古长剑，当代冶金学家长期梦想的"形态记忆合金"，竟然出现在了2000多年前的秦代古墓之中。

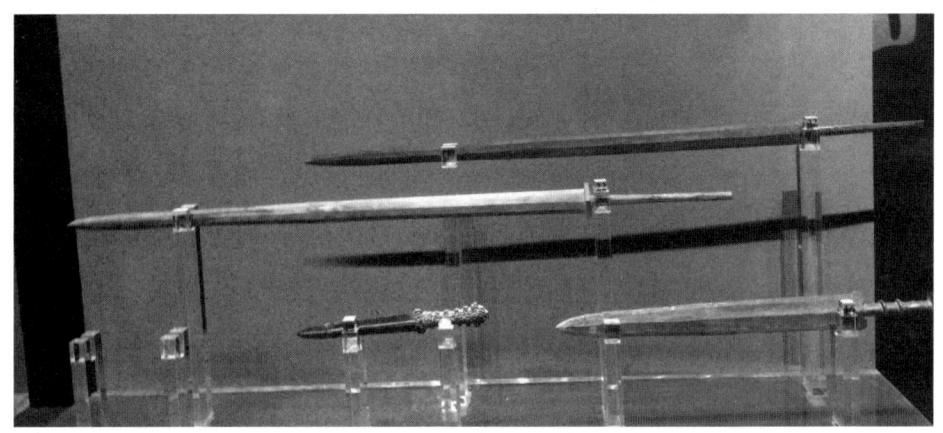

秦代的青铜长剑

什么是形态记忆合金？那就是，理想中的合成金属，在受到外部压力时，它会变形，但只要压力去除，它仍然记忆着自己原来的形态，立即恢复原状。秦代的铸剑技术，让秦代的长剑清楚的记得，它原为一把笔直的长剑，是2000年前的古代人把它压弯，是2000年后的现代人又让它挺直了腰杆。然而，挺直了腰杆的秦代长剑，在感恩的同时，却给2000年后的现代人，划出了一个大大的问号，留下了一个无法破解的世界难题。

第二节　秦代至今难以超越的防锈工艺

通常人们都会认为，古代必然没有现代进步，古代人必然没有现代人聪明，古代科技必然比不上现代科技。然而，在"世界第八大奇迹"的西安兵马俑，却屡屡推翻了这个"必然"，展示了现代世界至今都望尘莫及的古代科技。除了上节 2000 年前铸剑技术的无法破解，还有本节 2000 年前防锈工艺的难以超越。

横扫六合的大秦帝国，其兵器无疑是当时最为先进的。兵马俑出土的青铜剑，既然能有 2000 年后自我形态恢复的奇异功能，必然还会有其他方面的过人之处。让我们回到上世纪的兵马俑青铜剑出土之时，当时的青铜剑，剑身修长，但尺寸不一，最长的 95 厘米，最短的 81 厘米。深埋地下 2000 年，周身裹满泥土，不见本来面目。工作人员用专门的工具慢慢刮掉剑身的泥巴，轻轻擦去表层的浮土，当此刻剑的真容显露时，大家全都瞪大了眼睛，张大了嘴巴：青铜剑竟然没有任何锈蚀的痕迹，而且亮光闪闪、寒气逼人；摸一摸剑身，冰渗、光滑；试一试剑尖，细薄、锋利。工作人员兴致大增，立马拿来报纸，多层折叠，当场就要试一试这千年的青铜剑到底有多大的威力。随即，剑尖对报纸，未敢用力，仅稍稍一划，顿时，厚厚的报纸豁开了一条大口。大家相互对看，相互瞪眼。再细细数一数报纸的层厚，好家伙，一剑划破 18 层！奇迹，奇迹！一把秦代的青铜剑，埋在土中 2000 年，不仅不蚀不锈、不缺不残，而且寒光四射、锋利无比，实在不可思议。考古人员的这一发现，让秦代的青铜剑，又给"划"出了一个大大的问号。

青铜剑，深埋土中，千年不锈，锋利如初，奥秘何在？经过多道的科学检测，始得发现，在剑的表面，镀有一层约十微米厚的铬盐氧化物。剑剑检测，剑剑如此，一模一样。而铬则是一种极具防蚀抗锈能力的稀有金属，聪明的秦代人用铬给青铜剑上加了一层防护膜，这才是青铜剑千年不锈的真正原因。

看似原因找到了，但是问号更多了，而且疑团更大了。因为，这镀铬防锈的工艺技术是德国在 1937 年、美国在 1950 年分别研究发明，并获得世界专利权的垄断技术。1937 年、1950 年，比秦始皇时代晚了 2000 多年！而且

第二篇章　西安　辉煌灿烂的历史文化

有一点还必须要特别的强调，德国的镀铬防锈、美国的镀铬防锈，虽然都有专利，但二者的防锈时限，介绍得清清楚楚：一般只能保持 60 年左右，而且是在自然环境之中。而中国秦代的镀铬防锈，是埋在泥土中，是长达 2000 年，是 2000 多年后仍然闪闪发光、毫无锈斑，是防锈时限已经从古到今，且不知还要再持续多少年！

> **铬盐氧化处理技术**
>
> 　　经检测，俑坑出土的青铜剑的表面有一层厚 10～15 微米的致密的铬盐氧化层，具有良好的防腐抗锈性能。以往认为这一工艺是近现代才出现的，德国于 1937 年、美国于 1950 年发明了铬盐氧化处理技术，并先后获得专利。而我国远在两千多年前的秦始皇时代已创造了类似的工艺，这不能不说是世界冶金史上的奇迹。
>
> **Chrome-Plating Technology**
>
> Scientific testing reveals that the surface of the sword contains chromium, with a thickness of 10 to 15 micron, which acted as a protected coating against corrosion. The chrome-plating technology was invented by the Germans, Americans in 1937 and 1950, but it had emerged in China 2,200 years before. How amazing it is!

图为西安兵马俑博物馆对秦代兵器防锈技术的介绍展板

秦代人的防锈技术究竟能不能被现代人所超越？关于这个问题西安的导游是这样回答的：现代科技日新月异，很可能如今的防锈工艺已经足够超前，很可能如今的防锈工艺其防锈时限也可以达到 2000 年以上。只不过，如何能知道其防锈时限最终的防锈结果呢？我们是不可能的，恐怕只能留给 2000 年之后的未来人去检验求证了。

第三节　秦代至今叹为观止的加工精度

现代社会，由于科技的高度发达，对工业产品的机加工，特别是金属产品机加工的精度，提出了更高更严的要求。如通常人们使用的长度单位，最小的只到毫米，但在现代精加工的范畴内，就有了毫米之下诸多的十进制精细计量单位，如：丝米、忽米、微米、纳米、皮米、飞米、阿米等，即1毫米等于10丝米，1丝米等于10忽米……以下类推。仅仅对于金属部件的光洁度，就分为了14个等级，最高的14级为镜面，即把金属的表面处理得像镜子一样光滑明亮。但这高标准的精度要求，都是要用现代的精准机械设备进行加工、现代的精细计量单位进行计量、现代的精密计量工具进行测定，才能够达到的。

古代金属产品的制造，既没有如今的机械设备，又没有如今的计量标准，更没有如今的计量工具。然而，西安兵马俑出土的2000多年前秦代的兵器产品，其精度却达到了现代人必须用现代的机械进行加工，必须用现代的精细计量单位进行计量，必须用现代的精密计量工具进行测定的标准，听起来，实在有些天方夜谭。

西安兵马俑，共出土了4万多个青铜箭头，所有的箭头都是三个棱、三个面。从外观上看，精致好看，像是一个个小小的玩物；从设计上看，三个棱，一律为锋利尖薄的抛物线，三个面，一律为物理凹形的出血槽；从力学上看，箭头的任何一条棱线，都是一道犀利的刀刃，一旦给予外力，就会轻松地穿过当时的铠甲，进入人体，具有极强的杀伤力。然而，当专家对这大量的青铜箭头用放大20倍的显微镜逐一进行精度检测时，惊异地发现，同一个箭头的三个面相比较，其角度、其宽窄，一模一样，误差竟然小于1.5丝米，即0.15毫米；不同箭头的三条抛物线相比较，其弧度、其长短，误差竟然小于2丝米，即0.2毫米。而且，总共检测箭头900个，个个一样，个个无异！

西安兵马俑，先后共出土 19 把青铜长剑，每把青铜剑虽然长短不一，但相同的是，每把剑均为八个棱面，一边四个。用肉眼细细观察，八个棱面的棱线，笔直笔直；八个棱面的分割，宽度一律。再用精密的游标卡测量，八个棱面相互对比，90 余厘米的青铜剑，不论棱角的直线，还是棱面的宽窄，误差竟然不超过 7 忽米，即 0.07 毫米。用通俗的话来解释，即误差不超过一根细细的头发丝。而且，已出土的 19 把长剑，剑剑如此，剑剑相同！

兵马俑出土的青铜剑，其剑身光亮平滑，手感细腻，如同绸缎一般，看不见任何的锉磨痕迹。现在的金属加工光洁度分为 14 个等级，光洁度符号为▽，读音为"花"。▽1 以下为未经机械加工的原铸件，▽1~▽3 为粗糙等级，▽4~▽6 为半光面等级，▽7~▽9 为光面等级，▽10~▽14 为最光面等级，也即"镜面"。而兵马俑青铜剑的光洁度，用今天的专门仪器检测，竟然高达▽7~▽10，这是现代工业机加工光洁度的最高阶段，用检测长剑专家的话来说：了不得！了不得！真是了不得！

兵马俑出土的兵器，其加工的高精度，如果放到现在，实属小菜一碟，但那都是要用现代的刨床、铣床、镗床、磨床等不同设备一道一道加工出来的。然而，2000 多年前的秦代武器，没有任何的机器设备，全部都是人工操作，竟然达到了 2000 多年后机加工的高精度标准。面对如此的奇迹，今天的现代人，除了诸多的不可思议，留下的只能是长长久久的叹为观止了。

第四节　秦代威力最强的远距离射杀武器

这里所说的最强，是指 2000 多年前的最强；这里所说的远距离射杀武器，是指 2000 多年前的秦军强弩。弩，虽然诞生于春秋战国，但是，是秦人，在秦国、在秦代，把弩的发展推向了前所未及的最高阶段，为大秦帝国立下了永载史册的不朽功劳。文史资料的记载，影视作品的纪实，兵马俑军阵的展示，无一不从各个角度进行了有力地佐证。

　　第一、秦弩的弓干，张力更强，弹性更大——弩的发力，一靠弓干的张力，二靠弓弦的弹性。秦弩的弓干，首先，用的是优等的桑木，本身就张力极强；其次，整个弓干全部用动物的皮条密密缠扎，既增强了弓干结构的强度，又充分利用了皮条的韧性和弹力；再次，配以兽筋作弓弦，既结实耐用，又有极强的弹性。如此强强结合，使秦弩的张力、弹力、爆发力都达到了前所未有的强度。

　　第二、秦弩的箭头，造型刁钻，凶狠毒辣——秦弩的箭头，设计绝对高明：三个棱面，三个倒钩，三个凹槽。三个棱面，实为三道锋利细薄的刀刃，当箭头在射中目标的瞬间，三棱刀刃即会形成强劲的切割力，使箭头轻松进入人体；三个倒钩，当箭头进入人体后，随即牢牢地钩住了已经收缩的伤口，使伤者即使忍痛想拔，也难以拔出；三个凹槽，即三个出血槽，像吸血蝙蝠一般，不断地吸出伤者的血液，使伤者不久即可因失血过多而致死；同时，含铅量高达7.71%的铜箭头，大大提高了人的中毒率。

　　第三、秦弩的弩机，设计精密，击发精准——弩机是一个典型的金属机械装置，是秦代对传统弓弩的一次革命，代替了持弓的胳膊和拉弓的手。传统的弓要一手使劲撑弓，一手使劲拉弦，要在双臂甚至全身都在用力的同时进行瞄准放箭。要么削弱了拉弓的力量，要么影响了射击的精准。而有了弩机，可用双脚蹬弓，双臂拉弦，靠整个身体的最大力量拉开高强度的弓，将弓弦挂在弩机突出的卡牙上。然后，左手托起弓弩，右手食指勾住扳机，屏住呼吸，对直望山，轻松瞄准。一旦对准目标，只须手指轻轻扣动扳机，箭即精准地射向敌人。既省力，又好瞄，又准确，就像现在打枪一样。只不过，枪出去的是子弹，弩出去的是箭头，而且，还没有任何的后坐力。

　　第四、秦弩的射程，史上最远，威力最大——由于秦代强弩的拉弓用的是双脚蹬弓，双臂拉弦，使用的是全身的力量，故致强弩的张力也达到了最大化。兵马俑出土的秦弩目前有大小两种，经科学测算，小型弓弩射程约150

米，大型强弩的最远射程则高达 800 米以上。古时的战场上，只要听见秦人强弩放弦发出的巨大呼啸声，敌阵中瞬间胆颤心惊，四下张望——这一箭过来，不知谁又该命归西天了。

第五、秦代的强弩，远程打击，国之重器——秦军的强弩兵阵，是国家的精锐之旅。兵阵所有的弩兵，从不配个人武器，其安全则由专门持长戈拿铁矛的大队重兵层层护卫。强弩兵阵，专门实施远程打击，进则，强弩齐射，摧枯拉朽；退则，重兵护卫，转移迅速。远程打击是单向打击，谁不见谁，令敌方闻秦弩即人心惶惶，闻秦弩即乱了阵脚，具有极大的精神震慑力。

第五节　秦代世界最早的标准化军工生产

什么是标准化？标准化就是对一个产品的所有零部件制定出统一的生产标准，不管谁生产，标准都一样，以达到零部件的通用互换，以达到大工业生产的批量需求。世界最早的标准化生产，诞生于 200 多年前即 1798 年的美国；之后的 1901 年，英国成立了世界第一个国家级的标准团体——英国标准协会；再之后的 1947 年，世界最大的标准化机构国际标准化组织宣告成立。

世界最早的"标准化"，诞生于 200 多年前的美国，这是世界公认的，没有任何争议。然而，随着西安秦代兵马俑的惊爆问世，这一公认被彻底地推翻了，那就是：世界最早的标准化，诞生于 2000 多年前的中国！而且是军工生产的标准化！

2000 多年前的秦始皇，建立了世界上最早的兵工厂，实行了世界上最早的标准化。西安兵马俑出土的每一样兵器，都形制一样、规格一样、尺寸一样、重量一样。这四个一样的程度，都达到了现代标准化的要求标准。

兵马俑出土的矛，尽管面上所刻的生产日期不同，甚至时间相隔十几年，但外形尺寸完全相同，大小误差不超过 0.9 毫米；

兵马俑出土的戈，尽管造型别异，年代不一，但长短宽窄，薄厚重量则一模一样，比重误差不超过10克；

兵马俑出土的青铜弩机，其牙、其栓、其刀、其孔，全部可以通用互换，全部可以打乱混装，各个零件的对比误差，不超过1毫米；

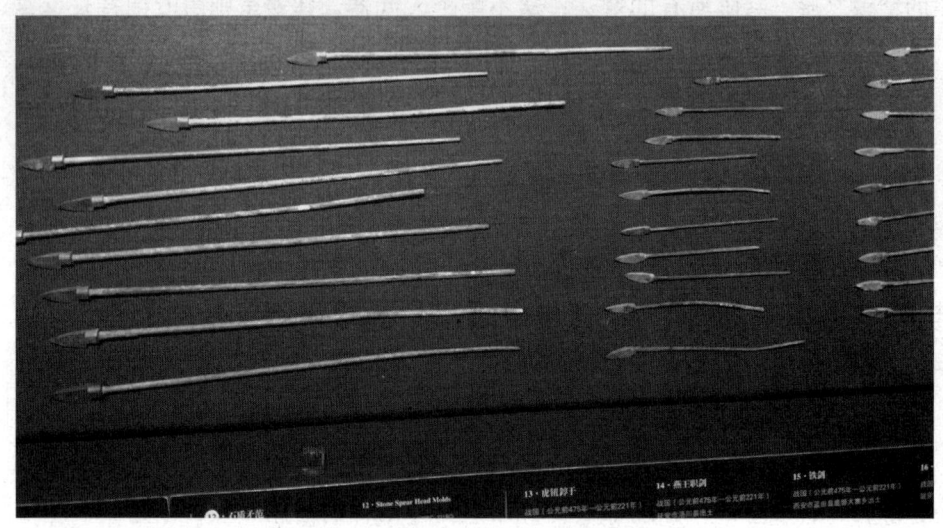

西安兵马俑中秦代标准化生产的箭簇

兵马俑出土的4万多个三棱箭头，小巧玲珑，极其规整，不论是弧线、角度、凹槽、倒钩，肉眼观看一大片，一模一样；仪器检测900个，差之甚微，平均误差不超过0.15毫米；

兵马俑出土的青铜长剑，剑长90余厘米，剑身8条棱线、8个棱面，不论是棱角的角度，棱线的笔直，棱面的宽窄，其误差均不超过0.07毫米。

湖北是楚国的旧址，在湖北出土的一把秦剑，细薄修长，和楚国青铜剑的又宽又短迥然不同，但与西安兵马俑的秦长剑一比，长短吻合、重量无异、宽窄一模一样。

以上的诸多举例，足以证明秦代军工生产不但是标准化，而且是高标准的标准化。秦代军工生产的标准化，不仅落实在了工序上，而且落实在了管理上，实行了极其严格的四级生产责任制。秦代生产的每一件兵器，都分别刻有四级责任人的名字，最高一级为丞相吕不韦，是全国兵器生产的总监管人；再下来是兵工厂的"厂长"；再下来是生产车间的"主任"；再下来是直接生产的生产者；最后再刻上该产品生产的具体日期。并把质量的责任以法律的形式固定下来：秦律规定"物勒工名，以考其诚，工有不当，必行其罪。"一旦质量出现问题，层层落实、层层追责。确保了秦代兵器生产的规模化、标准化、高质量、高效率。

从古代到近代，标准化的命名在后，标准化的实例在先，一个是200多年的近代，一个是2000多年前的古代。人们实在无法理解，近代和古代，如何能有这么大的"代差"。

"秦代军事科技的世界奇迹"，几乎全部都浓缩在了这小小的西安兵马俑之中，全部都浓缩在了这数以万计的不同兵器之中。不论是铸剑技术、防锈工艺、加工精度，还是远距离武器、标准化生产，让几乎所有的中外游客瞠目结舌，不可思议。2000多年前的军工生产充分彰显的不仅是中国秦人绝顶的聪明智慧，更彰显了中国秦人极其超前的独特思维。

第七讲
西安 汉代民用科技的世界首创

汉代分为西汉和东汉，这里讲的只是西汉，即立国210年的西汉，建都于古西安的西汉。西汉是中国继秦之后的又一个大一统帝国，在中国历史上占有极其显赫的地位。秦时先进的科技，因常年征战，主要用于军事，其集中表现于把青铜器在军事领域的应用，发展到了世界的极顶。到了西汉，由于有强大的国力做后盾，西汉的科学技术，在当时已远远超前于欧洲，远远超前于世界。而政局的长期稳定，经济的持续繁荣，使先进的科技，直接促进了民生的改善，促进了生产的发展，创出了诸多民用科技的世界第一。

第一节 西汉 世界最早的造纸技术

造纸，是我国古代的四大发明之一，是世界的首创。然而，长期以来，不少人都误以为纸是东汉时期的蔡伦发明的，主要依据是《后汉书·蔡伦传》记载了蔡伦造纸并向皇上献纸一事，并把蔡伦向东汉皇帝刘肇献纸的公元105年，作为了中国造纸的诞生时间。

其实，这是一个已经被证实过时了的错误概念，考古的新发现会不断地改变已有的旧"历史"。1933年后，数次在西汉古墓中发现的麻纸实物，已经无可辩驳地证明了：中国四大发明造纸术的纸，最早诞生于西汉初期的公元前118年，比蔡伦献给东汉皇上的纸，早了200多年。

1933年，考古学家黄文弼在新疆罗布泊的汉遗址挖掘中发现了一块麻纸，其年代为西汉的汉宣帝时期（公元前73年～公元前49年）。故黄文弼首次提出，在东汉蔡伦之前的170多年，中国就已经有了麻纸。一石激起千层浪，之后，中国的相关学术界，即对中国古纸的诞生时间产生了新的看法和争议。

1957年，在西安东郊灞桥的一处古墓中发现一叠古纸，共88片，最大的一片约10平方厘米。后经进一步的考证鉴定，确定该古墓的时间为西汉的汉武帝元狩五年（公元前118年），该古纸为植物纤维的麻纸。这一麻纸的出现，比蔡伦献纸的时间早了210多年。

1978年，陕西省扶风县的西汉建筑遗址发掘中，出土的文物有一件漆器，空间中填满了古纸。该纸颜色略白，质地较细，6.8×7.2厘米。经考证鉴定，遗址为西汉的汉宣帝时期（公元前73年～公元前49年），古纸为麻纸。比蔡伦献纸的时间早了170多年。

1979年，甘肃省汉长城联合调查团在敦煌马泉湾的西汉遗址考古发掘，共发现古纸五片，其中最大的一片为20×32厘米的长方形，其四周自然边沿清晰无损，是我国迄今为止出土的古纸中最早、最大、最完整的一张纸。经考证鉴定，该遗址为西汉的汉宣帝时期（公元前73年～公元前49年），古纸为纤维麻纸，比蔡伦献纸早了170多年。

1986年，甘肃省考古队在天水市郊外放马滩的西汉古墓内发现了一片残缺的古纸地图。古纸残片为5.5×2.6厘米，上边画有山川、道路等图形。该图出土时放置于棺内死者的胸部。考古队在该墓的发掘报告中写道："此墓的年代为西汉的文景时期（公元前179年～公元前141年）。该墓出土的纸质地图残片，是目前中国所出土的年代最早的纸质实物，它有力地证明了我国在西汉时期，也即蔡伦之前的270多年，就已经发明了可用于写画的古纸。这对于重新认识纸的起源、制造技术、用料及用途有特别重大的价值。"该墓发掘报告的出台，立即震动了整个考古界。从 1990 年 6 月起，甘肃放马滩的西汉古纸，作为"中国文物精品展"的展品，在北京故宫正式与中外观众见面并长期展出。7 月 5 日，《中国文物报》就此写道："作为中国四大发明之一的纸，其实物竟然会出现在西汉初年的墓葬中，不禁令人联想起学术界多年来有关西汉是否有纸的争论可以到此休矣。"

天水放马滩 1986 年出土的西汉纸质地图

综上所述，中国的考古专家于 1933 年、1957 年、1978 年、1979 年、1986 年，先后五次在新疆、陕西、甘肃等省区的不同地点，发现了西汉不同时期制造的早于蔡伦 200 多年的古纸，并经"中国文物精品展"对中外观众进行了公开展示认定。从而，重新确立了中国造纸的起源时间，补充了《史记》《汉书》漏记西汉造纸的历史缺憾，纠正了《后汉书》关于"造纸起源于东汉"的历史误记，把中国造纸术的起源提前了270多年，还原了历史的本来面目。

中国的造纸术，是世界的首创，是中国献给世界的一份大礼。它起源于公元前的100多年，起源于中国的西汉。需要说明，以上的实料、观点，并不是笔者的主观而为，而是中国科学院的考古专家所论，文章来源于《中国造纸史话》，这里只是摘其要和重新组织语言罢了。

第二节　西汉　世界首创的提花织机

提花织机，就是能织出花的织机。一般的织机，古代称为素织机，只能织出平纹布。而提花织机，构造精密，专门织的高档品：织花纹、织图案、织锦绣霓裳、织龙凤官衣，只要能画出来，它都能织出来。

古代在没有提花机之前，连皇帝、皇后的衣服都是单色的。电视中我们常常看到，要装饰要漂亮，最多给衣服的衣领、衣袖、衣襟，加上一道不同颜色的边。然而，从西汉之后，中国的皇帝有了龙袍，中国的皇后有了凤衣，中国的达官贵人有了镶锦挂绣的尊贵礼服，中国的俊男靓女有了绚丽多彩的平民亮衣。因为啥？因为有了提花机，因为有了西汉工匠制造的提花机。中国的提花机，就此引领了全球，引出了一个五彩缤纷的世界。用《人民日报》的话来说："西汉的提花机，改写了中国、改写了世界的纺织史。"

2012年7月，成都市天回镇老官山的一座西汉古墓，突然传来消息，一次出土了四台西汉时期的木制提花机。提花机在地下埋藏了2000多年，刚发现时浸在水中，一碰就碎。连续三年，专家都在不停地进行保护修复，以望早日真容再现。2015年9月15日，中国丝绸博物馆举办的"丝路之绸：起源、传播与交流"大展，在杭州西湖展览馆隆重开幕，会期一个月。然而，就在展会将要结束的前五天，在成都刚刚完成修复的两台提花机，即被火速调往杭州参展,为已近尾声的丝路之绸大展会引爆了一颗重磅炸弹。

对此,《人民日报》2015年10月23日以"正在杭州西湖博物馆举办的'丝路之绸'展会上,一件展品引人瞩目——西汉提花机,改写纺织史"为大小标题,做了详尽的报道,我部分抄录如下:

> 正在杭州西湖博物馆举办的"丝路之绸:起源、传播及交流"特展,最近加入了一件重量级展品,即成都老官山汉墓出土复原的2000多年前西汉提花机。
>
> 这台提花机,曾经改写了中国乃至世界的纺织史!
>
> 中国科学院自然科学史研究所所长张柏春说:这是我国发现的唯一完整的西汉时期的提花机,也是世界迄今发现最早的提花机,是研究古代机械史起源弥足珍贵的第一手资料。
>
> 中国丝绸博物馆馆长赵丰说:西汉提花机是世界纺织史上的里程碑,它精密科学,通过把编好的提花程序储存在织机的综片或是与综片相连的综线上,即可以重复控制提花的动作,从而大大地提高了织锦图案的精准循环复制。
>
> 国家文物局副局长童明康认为:"这台提花机填补了中国乃至世界科技和纺织史的空白,对丝绸之路沿线不同文化的传播互动具有极为重要的意义。"
>
> 丹麦国家纺织品研究中心主任玛丽·路易斯说:"2000年前提花机的完整出土,这在世界考古史上是独一无二的,它代表了中国西汉纺织技术的世界高峰。"
>
> 杭州的《钱江晚报》,则以"古代女子的尊贵神器,世界最早的西汉提花机"为标题,以对现场演示的提花机进行拟人化采访的形式进行报道。把西汉提花机的尊贵、精密、操作技艺、传媳不传女等介绍得风趣、传神、透彻、详细。
>
> 2000年前西汉的提花机,摆在2000年后现代人的面前,现场操作演示,

引得大量的中外游客蜂拥现场，围观赏奇。诸多人则专门为此来到杭州，不看西湖美景，专赏西汉织机，让即将结束的丝路之绸大展会，天天爆满。

第三节　西汉　世界最早的温室栽培

如今，凡40岁以上的人，大概都能记得，20世纪的80年代甚至90年代之前，根本没有什么现在的反季节蔬菜。冬季菜蔬极为贫乏，只有挖窖储藏的白菜萝卜，只有盐腌醋浸的咸菜泡菜。直到90年代之后，才陆续出现了大棚蔬菜，让人们在大冷的冬天也能吃上花样诸多的新鲜菜蔬。在当时，常常会听到众人的感慨之语：现在的人就是聪明，能发明出什么温室栽培，能把夏天的菜种到冬天，如今，再也不用挖菜窖埋萝卜了，再也不用买水缸腌酸菜了。直到今天，人们已经彻底地忘记了原来瓜菜的冬夏之分。走进农村，到处是大棚，遍地是温室，一年四季，不分何时，蔬菜瓜果，应有尽有。然而，有谁知道这温室栽培、夏菜冬种并不是现代人的发明，而是早在2000多年前的西汉，早在2000多年前的长安，就已经发明出了温室栽培，当时的人们就已经享用到了现在的夏菜冬吃！

西汉时期，特别是文景之治，采取的是抑商重农的政策。皇帝认为，发展农业可使百姓安居乐业，可使国家发达兴旺，不仅实行了为耕农免除徭役的优惠政策，而且每年正月，亲自下地耕作，倡扬以农为本。从而极大地促进了农业的发展，激励了农民生产的积极性，出现了许许多多农业科技的创新成果，"温室栽培"就是诸多创新成果的其中之一。

文景时期，西汉的温室栽培在长安就已广泛使用。史料记载，当时民间善动脑、有创意的能人，根据通常蔬菜喜温怕冷、过不了冬的习性，在已有的菜地上搭建起保温的房屋。到了冬季，在室内燃烧炭火，不论白天黑夜，始终使室内保持一定的温度，以便蔬菜不受冷、不受冻，像夏秋一样正常生长,形成了最早的"温室"。虽然这需要经济的支撑,仅仅局限于大户人家使用,但此创举也迅速被皇家宫苑所利用,让大汉的皇帝也与民同福,最早享用到了这温室栽培带来的夏菜冬吃。

西汉的宫廷,建有太官园,专门为皇家生产蔬菜。据《汉书》记载:"太官园,种植冬生韭葱菜茹,覆以屋庑,昼夜燃蕴火,温气升乃蔬菜生。"史料记述,当时的长安城反季节蔬菜品种多样,有甜瓜、冬瓜、胡瓜、韭菜、菠菜、白菜、萝卜、茄子、葱蒜等,达到20多种,一年四季,月月不断。温室栽培技术,一直延续,传到了隋唐。

西汉的温室栽培,让中国的西汉人,让西汉的长安人,最先享受到了人类的反季节蔬菜。这一古代农业科技的创举,早于西方长达1000多年。

第四节　西汉　世界首创的播种耧车

中国是世界古代机械发展最早的国家,曾创出了许许多多的世界第一。西汉发明的播种耧车,也即条播机,即是中国古代农业机械的一大典型创造,是全世界至今所有的半自动、全自动播种机的始祖,其基本原理,都来自于中国西汉的播种耧车。

西汉的汉武帝时期,即公元前的100多年,一位名叫赵过的朝廷农官,亲自发明了"三脚耧车"。汉时的《政论》记载,大意为:三脚耧车,只需一头牛拉车,一个人扶耧,即能按可控的速度,将种子均匀地播成三条直线,大大地提高了播种的质量及效率。

让我们来详细地了解一下西汉的条播机。三脚耧车条播机,由耧杆、耧把、耧斗、耧脚、耧铧几部分组成。其工作原理为:种子放在耧斗里,耧斗下有三根木管,三根木管通向三个内空的耧铧,三个耧铧并排插入土中大约8厘米。播种时,一牛在前牵引耧车,一人在后手扶耧把,耧斗中的种子,在扶耧人的不断左右摇动中，均匀地通过三根木管，进入三个耧铧，再进入三条8厘米深的土沟之中。耧车后，还拖有一根横在地上的木杠，耧车所过之处，耧铧翻起的土壤，被这根横在地上的木杠碾压拉平，自动地盖住了种子。好了，大功告成，简便易行。一耧走过，开出了三条直直的播沟；一耧走过，播下了三行均匀的种子；一耧走过，实施了种子的全面覆土；一耧走过，完成了复杂的三道工序。不仅省时省力省种子，而且，行距相等，疏密一样，像在戏耍中播种劳作。一台耧车，一天可播种高达一顷多地，是西方人手撒播种效率的20多倍。

西汉发明的三脚播种耧车（摄自中国农展馆）

西方的手撒播种一直持续到了1566年，威尼斯参议院为欧洲人卡米罗·托雷洛发明的单行条播机授予了专利权，至此，西方人才逐渐地用上了耧车播种。然而，这个欧洲的单行条播机比西汉的三行条播机足足晚了1600多年！

第五节　西汉　世界最早的扬谷风机

西汉的农业发达，农业机械更发达，不仅有播种耧车，还有扬谷风机。扬谷风机是西汉诸多农业机械的又一大创举，是世界上最早的风力清选谷物的机械设备，是"影响世界的100大中国古代发明"的其中之一。

所有的谷物，从古到今，不论是大麦、小麦、大米、小米、大豆、小豆，都有秕糠和谷壳。当对谷物碾压致谷粒和谷壳脱开后，如何把这大量的与粮食混在一起的秕糠清理出去，这在当时的确是一个既费时又费工又费力的麻烦活。

最初清除谷糠的办法是：人们利用谷重糠轻的不同，先是爬在地上，一点一点用嘴吹，吹走谷糠；再后来，一人用手扬，一人用扇扇，扇走谷糠；直到最后，用木铲扬向空中，靠自然风，刮走谷糠。然而这三种办法都不是好办法：用嘴吹，太费人；用扇扇，太费力；用风刮，要受天气的制约。虽然三种办法都不能解决根本问题，但却给了西汉的能人一个启示，那就是三种办法用的都是风。于是，西汉人根据扇子扇风的原理，想到了人造风，造出了世界最早的扬谷风机。

西汉的扬谷风机，现在看来并不复杂，但在2000多年之前，它却绝不简单。扬谷风机由机架、机壳、风洞、漏槽、旋转风扇、放料木斗、调节阀门、齿轮传动、手摇曲柄等组成。工作时，只需一人，将混在一起的连糠带谷倒进料斗，然后手摇曲柄，于是大齿轮带动小齿轮，小齿轮带动风扇轮，瞬间一股强风即吹出风洞。这时，打开调节阀门，谷粒谷壳混在一起，徐徐而下，落入风洞。轻的谷壳被一一吹出，重的谷粒，则源源不断地落入漏槽，流进谷仓。谷是谷，糠是糠，轻轻松松，一分两清。这就是当时的西汉，一人操作扬谷机，提高工效几十倍。

西汉的扬谷风机，早于欧洲类似的扬谷风机1400多年，为人类农业科技的进步做出了巨大的贡献。不仅如此，扬谷风机的发明，既包含了农业领域，又涉及了工业领域，一台扬谷风机，连同风机本身在内，加上其中的"齿轮传动"，加上其中的"曲柄摇把"，三大项目，分别都荣列于《影响世界的100大中国古代发明》的红榜之中。

一直从西汉沿用下来的扬谷风机（摄自中国农展馆）

第六节　西汉　世界首创的指南皇车

指南皇车，是可以自动指示方向的车，是专用于皇帝乘坐的车。它发明于中国的西汉时期，距今已经2000多年。指南车是中国古代的文化瑰宝，是中国古代科技创造的杰出代表。

车辆行走的方向指南，放到现在，不少汽车上都有，已不是什么稀罕的配置。而在2000多年前的西汉，它则是最先进的科技，是最顶级的装置。在中国的古代，只有皇帝才能有这个车辆。在世界的古代，只有中国才拥有这个装置。

指南针靠的是磁铁的磁性，指南车则靠的是机械的转动，二者不是一个概念。指南车的机械装置复杂巧妙，独具匠心，一环套一环，一轮带一轮。车的内部，装有一个最核心的垂直大齿轮，车辆行进时，转动的车轮首先带动了垂直的大齿轮，垂直的大齿轮又带动了与其啮合的小平轮，小平轮再带动了中心的大平轮，指方向的小木头人就装在这个大平轮的正中间。当车转弯时，车上的离合装置，便可通过拉线、滑轮、铁坠等，自动控制大平轮的转动，从而保证了小木头人的指向始终不变。指南皇车的机械装置、配合原理，越说越复杂，越说越说不清。不过，大家也无需掌握其中的详细奥妙，只要知道基本的原理就行了，那就是：西汉的指南车，是通过最早的齿轮、最早的离合、最早的机械联动，实现了小木人的永远指南，方向不变。

汉代的《西京杂记》是最早记述指南皇车的史书。指南皇车，皇帝专享，故该车车身高大，装饰华美，金碧辉煌，尽显皇威。该车的使用，即使皇帝也只在重大场合、重要礼仪方才使用。凡使用皆前呼后拥，鼓乐齐鸣，老百姓是无论如何也看不到指南皇车的详细面目的。同时，由于指南皇车皇帝专享的特殊身份，故一旦改朝换代，天子更替，指南皇车一定会随之被废，另造新车。使得古代的指南皇车，屡废屡制、屡制屡废，对于历代百姓来说指南皇车始终是一个不解的谜，始终是一个欲探的密。然而，中国西汉的指南皇车，却被远在万里之外的英国科学家情有独钟，仿制复原，展示在了伦敦的大英博物馆，并对其给予了极高的评价："中国的指南车，是人类历史上的第一架控制论机械装置。"

指南皇车的出现，说明我国的西汉，已经发明了齿轮并创造出齿轮的传动系统；说明了我国的西汉，已经发明了离合装置并能把离合装置运用于车辆的传动控制；说明我国的西汉，已经能制造复杂的机械装置，而且把复杂的机械装置应用于各个领域。西汉指南皇车的发明，代表了中国古代的机械制造水平在世界上处于绝对的领先地位。

西汉立国，共计210多年，而西汉民用科技的世界首创，实在太多太多。以上仅仅列举了6例，另外还有：豆腐、墨水、焰火、船舵、油漆、马具、负数、铁犁；降落伞、独轮车、浑象仪、游标卡、平衡环、走马灯；齿轮传动、皮带传动、记里鼓车、曲柄摇把、生铁炼钢、煤的发现、勾股定理、人造磁铁；微型热气球、密封实验室以及白兰地、威士忌，等等，连同前边的6项，共计32项。最重要的是，这里所列举的这32项西汉首创，都是荣列在《影响世界的100大中国古代发明》的红榜名单之中，而西汉其他"100大"之外的发明，在此红榜中还根本未予涉及。中国的古代长达5000年，《影响世界的中国古代发明》只精选了100项，但只有区区210年历史的西汉，即半个汉朝，就独独占了32项。而这32项《影响世界的中国古代发明》，都是从当时的西汉都城长安城里发明出来的。

第八讲 西安 大唐文化的历史巨献

本篇章的题目"西安辉煌灿烂的历史文化",包括了广义的文化和狭义的文化。说到大秦,列举的是领先的军事科技;说到大汉,列举的是超前的民用科技;而说到大唐,列举的则是典型的传统文化。大唐的文化,琳琅满目,丰富多彩,各领风骚,辉耀中外,为中国留下了永传不朽的宝贵遗产。

第一节 大唐文化的辉煌成就

大唐留给世界的辉煌很多,但最为辉煌的,莫过于大唐的文化。不论是文学、美术、书法,还是音乐、戏剧、舞蹈;不论是书学、历法、天文,还是彩瓷、药学、印刷,以及超大型的壁画、超大型的雕刻、超大型的建筑艺术,等等,无不都是该领域发展的里程碑,无不都是彪炳历史、辉煌永存的传世极品。

唐代的文学,以诗歌和散文为主。散文的代表人物为韩愈和柳宗元,二人不仅散文创作达到了前所未有的高度,而且领导了有着划时代意义文学革新的"古文运动"。从此,带来了散文创作的大变革,创造了中国古典散文的空前繁荣和辉煌。

唐代的美术。开创了美术审美的新纪元，从唐代开始，美术才真正摆脱了实用主义的束缚，真正实现了审美性的革命，真正成为了纯粹的艺术。且唐代之后，历朝历代，审美性均成了美术的唯一标准。唐代美术的审美，大大促进了美术的繁荣，造就了阎立德、阎立本、吴道子等中国历史上顶级的美术大师，创造出诸多价值连城的美术极品。

唐代的书法。由于李世民的挚爱倡扬，把中国的书法艺术推向了历史的最高峰，真、行、草、隶都出现了影响深远的大家。成就最为突出的当属楷书，其代表人物为颜真卿、柳公权、欧阳询，创出了新体楷书，留下了历史范体。其三大家的颜体、柳体和欧体，代代盛传，直到现在，所有印刷品的正规字体都是唐代楷书的版本。

唐代的乐舞。也即音乐和舞蹈，可以说是唐代的宠儿，深受皇帝所喜爱。唐玄宗、杨玉环，都是天才的音乐大师、舞蹈大师，亲自谱曲、亲自作词、亲自编舞、亲自表演，这在中国历史上、世界历史上绝无仅有。大唐时期出现了许许多多的音乐极品、舞蹈精品，创造出了前所未有的集歌、诗、乐、舞为一体的乐舞新形式——唐代"大曲"，实现了中国古典乐舞的大全大美。其音乐代表作为唐玄宗亲自谱曲的、共分为三个乐章长达36节的大型舞曲《霓裳羽衣曲》。其舞蹈的代表作为杨贵妃亲自编舞、亲自表演，数十人集体参加的大型舞剧《霓裳羽衣舞》。两个作品，一曲一舞，珠联璧合，比翼双飞。时至今天，仍被誉为中国音乐史上的璀璨明珠，中国舞蹈史上的一大奇迹。

唐代的唐三彩。是中国陶瓷烧制的顶峰，是中国陶瓷史上的一个划时代的里程碑。在唐代之前，陶瓷釉面都是单色，到了汉代才有了少量的两种颜色。而唐代的唐三彩，在世界上首创了一件陶器七种色彩。七种色彩，斑斓夺目；七种色彩，光耀中外，一举成为了当时亚洲、欧美等国家纷纷不惜代价、竞相猎取的世界艺术珍品，成为了中外仅有、震古烁今的艺术奇葩。

唐代的壁画。其最具历史意义的，不仅仅在于唐代壁画的水平技艺。不论是唐代的敦煌壁画,还是皇陵壁画、宫苑壁画,都是中国、是世界的壁画极例。而且还在于,唐代壁画以自己独到的创作思想,绝妙的表现手法,极尽的巧夺天工,从此规范了整个中国古代壁画的发展轨迹,规范了整个中国古代壁画的形色法则,且代代沿袭、代代传承。唐代壁画,是公认的中国壁画乃至世界壁画的历史巅峰。

唐代的雕塑。唐代雕塑其数量之多、规模之大、工艺之精,都达到了前所未有;唐代雕塑,在创意上、在技法上、在表现形式上,都达到了炉火纯青;唐代雕塑,在塑造对象上、在雕琢手法上、在刻画传神上,都达到了运用自如。最具代表性的有:敦煌的唐代泥塑、龙门的唐代石雕、乐山的唐代大佛、西安的皇陵雕像。从数量上说,这些仅仅是唐代雕塑的冰山之一角,但却都是中国之最、世界之最。

唐代的建筑艺术。唐代的建筑是世界建筑史上的标杆,在所有的建筑规划上,均表现出了创意超前、设计先进、布局独到、个性尽显。仅以长安城为例,其总体设计"规模宏大、气势磅礴、形体俊美、庄重大方、整齐而不呆板、华美而不浮躁、舒展而不张扬、古朴而不失活力,集中体现了当时的时代精神。"不论是皇家宫殿的辉煌壮丽,还是园林与建筑的完美结合,不论是前朝后宫的精致布局,还是离宫别苑的依山傍水,以及长安城内众多寺观庙宇的建筑设计,均为中国经典、世界一流。故才有了外国照搬的长安城,才有了外国套用的"东西市",才有了外国仿建的"大明宫"。当时的长安城,其实就是一个多姿多彩的建筑艺术博物馆,供人参观、供人学习、供人照搬、供人仿建。

唐代文化的辉煌成就,还有很多很多。唐代的医学,孙思邈写出了千古不朽的医学专著《千金方》,被后世称为"药王";唐代的历法,颁布了新历制《大衍历》,是当时世界最先进的历法;唐代的数学,出版了《算经十五书》及《辑古算数》两部专著,为中国数学做出了巨大贡献;唐代的雕版印刷,开创了世界的印刷先河,是中国伟大的四大发明之一;唐代的天文科学,首次测出了子午线的长度,是世界上最早的子午线测量;唐代对天象的观测,在世界上最早发现了恒星的移动现象,比英国人1718年的发现早了将近1000年。

大唐书法家颜真卿　　　　大唐绘画家阎立本　　　　大唐天文学家僧一行

大唐雕塑家杨惠之　　　　大唐药王孙思邈　　　　大唐星象大师李淳风

西安大唐不夜城的大唐精英雕像群

　　大唐文化的历史巨献,太多太多,但不足为奇,因为大唐的都城长安,本身就是当时世界的文化中心。文化中心出文化,理所当然。不过细心的人可能会发现,大唐文化说了这么多,却唯独少了大唐最值得大说特说的大唐诗歌。不错,大唐诗歌,千古奇葩,下边我们专门来说说"大唐诗歌的文学传奇"。

第二节　大唐诗歌的文学传奇

大唐的300年，创出了大唐诗歌的千古传奇，创出了世界独有的"唐诗效应"，筑起了中国古诗不可逾越的文学高峰。

在唐代，文学仅仅只有诗歌和散文。但在今天，文学的形式多种多样，百花齐放。有小说、散文、剧本、诗歌以及报告文学、纪实文学，等等。且这不同的文学体裁，又有各自不同的类别细分。至于诗歌，"五四"时期兴起的新体自由诗，早已成为了现代文学诗歌的主流诗体，就连中国作协主办的《诗刊》，刊登的作品也全部都是自由诗。那么，1000多年前的唐代诗歌，放到今天，其文学传奇，奇在何处？如何传奇呢？请看以下关于唐代诗歌从不同角度的古今对比。

在唐代，几乎所有识字的成人都会咏唐诗；而在今天，几乎所有不识字的小孩都会背唐诗。父母对幼儿的启蒙，几乎都从唐诗开始，知不知道意思并不重要，先背会了再说，以后慢慢理解，慢慢体会。"熟读唐诗300首，不会做诗也会吟"，说的就是这个道理。

在唐代，文学的主要形式只有诗歌，爱好文学的不同年龄、不同身份的人，皆以唐诗为工具来抒发自己的感情；而在现代，不仅文学形式多种多样，且新体的自由诗已经盛行了近百年，但不同年龄、不同水平、不同文化层次的人却都纷纷不爱新诗爱旧诗，涌现出了大批专门写唐代诗体的诗人，专门出唐代诗体的诗集，专门论唐代诗体的诗会组织。

在唐代，长安城的儒生崔护，用一首留在柴门上的"人面桃花相映红"七言诗博得了喜诗爱诗女子的暗恋，且因相思而病亡，又因相见而死后复生，留下了唐诗谱写的千年爱情传奇。而在今天，一个未上过大学的男士，赛诗会自创了一首"唐诗"，却不料深深地打动了一位同样酷爱唐诗的父亲，该父亲不惜亲自出马，为自己的硕士女儿暗里考察，明里测试，终于以唐诗为线，以岳父为媒，成就了一桩现代版的唐诗姻缘。

在唐代，一首"床前明月光"，仅仅表达了一个诗人夜深人静之时对故乡的深深眷恋。而在现在，这首区区只有 20 个字的五言绝句《静夜思》，却可以神奇地让世界上所有不同国度、不同民族、不同文化的飘落海外的游子，触诗生情，唤起强烈的爱国之情，勾起无限的思乡之意。

大唐"大李杜"的李白

大唐"大李杜"的杜甫

大唐诗人白居易

大唐"小李杜"的李商隐

大唐"小李杜"的杜牧

大唐诗人王之涣

西安大唐不夜城大唐精英雕像群中的大唐诗人

在唐代，诗是人才的标准，以诗取士，以诗选贤。凡大牌的诗人，都是朝廷命官，都是皇家重臣。而现在，诗是知识的象征，虽然精通唐诗并不一定能够做官，但做了官的各级官员，却都无一例外的喜欢在自己的演讲中、文章中、说话中，引用1000多年前的唐代诗句来精彩自己的论述，来佐证自己的观点。

在唐代，贵为天子的唐太宗、唐玄宗、武则天，都喜欢吟诗作诗，常常情不自禁；而在现代，诸多的国家领导无不都是唐诗的忠实追随者，无不都有自己的或"五言"、"七言"，或"五律"、"七律"的唐体诗作。

在唐代，著名的书法家太多，但遗存的书法作品，却很少见到唐诗的大作。而在今天，大凡写字的人，出名不出名，只要写的是书法，则大多以唐诗为内容，以诗展己字，以字咏唐诗。就连既是诗人又是书法家的世界伟人毛泽东，也概莫能外，其书法作品的内容，除过自己的诗作之外，其余的，也大多都是千古传承的唐诗佳作。

仅仅作为文学，中国1000多年前的唐诗，在1000多年后的中国，无处不在，处处都有，高度融进了整个社会的文化和生活当中，形成了中国特有的大唐诗歌的千古传奇以及大唐文学的"唐诗效应"。

第三节　大唐文化带给世界的巨大影响

辉煌灿烂的大唐文化，在当时的世界是全方位、多领域、无所不及的。从传统文化方面来看，其文学美术、书法音乐、戏剧舞蹈、数学历法、天文地理、医药教育，等等；从意识形态方面来看，其治国理念、思想体系、宗教信仰、伦理道德、君臣礼仪、五经三史，等等；从广义文化方面来看，其国家体制、官吏构架、管理模式、司法律令、科学技术、城市建设、制造工艺、农业水利，等等。以上的任何一个领域、任何一个行业，随意拉出哪一个，唐代的成就都是硕果累类，超前领先。

文化是伴随着文明的产生而产生的，是伴随着文明的进步而进步的。公元前的200多年到公元后的六七百年，近千年的文明积累，近千年的精英创造，使得大唐超前的文化文明令世界特别是周边国家眼花缭乱、目不暇接，看啥啥都好，看啥啥稀罕。

如此以来，中国变成了一个世界的大学校，周边国家、中亚西亚、世界各地，纷纷派人到大唐学习取经。各国情况不等，派出的人数少则几十人，多则几百人；派出的次数少则十几次，多则几十次；留学的时间少则三五年，多则十几年；学习的内容少则按需先学，多则见啥学啥。

以大唐为样板，收获最丰、得益最大的当数日本，几乎样样都学、全套照搬。大唐时的日本还处于奴隶社会的末期，故对学习大唐的先进文化如饥似渴，不遗余力。来大唐求学，不是几个人，而是大团队；不是学习生，而叫遣唐使；不是来一次，而是数十次；不是短时间，而是十多年。其中的佼佼者吉备真备，开元五年随日本遣唐使团大队人马来到长安，在唐学习长达19年的时间。回国时，朝廷准其带走了大唐各类典籍专著多达1700余部，回国后，吉备真备立马成为了天皇的老师，其带回的1700多部中国典籍，则成为了日本政府管理国家的范本蓝图。所有来大唐求学的日本学生，无不为大唐的慷慨而备受感动，无不对大唐的长安而依依不舍。日本留学生菅原清公归国时那一首至今让人们记忆犹新的诗作："我是东蕃客，怀恩入圣唐。欲归情未尽，别泪湿衣裳。"表达的不仅仅是日本留学生对长安城的深深眷恋，更是对大唐文化的无限崇拜。

以下，让我们看一看大唐文化留在日本的历史印记。

8世纪之前，日本一直使用的中国汉字，直至公元753年遣唐使从长安学成回国，创造出了汉字式的日本文字后，日本人才拥有了自己的文字，不过，汉字在其中仍然扮演了太多的角色；日本的吏制，其中央政府的各部机构均称为"省"，官员皆叫大臣，包括节度使等诸多官职，全部照搬大唐的模式和称谓；时至今天，中国早已旧称不再，而日本，仍然是各部称为"省"，部长称"大臣"；日本的司法律令，公元701年颁布的《大宝律令》，公元718年颁布的《养老律令》，几乎全是照抄大唐的《永徽律令》，各条各款，详细对

日本公元720年模仿大唐"开元通宝"
铸造的日本铜币"和同开珎"

照,尽可明白;日本的教育制度,中央设"大学",地方设"国学",学校课程设《孝经》,设《论语》,以及考试任官,等等,全部套用的大唐体制;日本的天文历法,公元753年,大唐的历法《大衍历》被遣唐使带到日本,日本即开始全套使用中国历法,直至公元826年,才被新历所取代;日本的户籍制度,查阅8世纪日本的户籍条款,逐条对照,与大唐的户籍规定如出一辙,极为相似;日本的造钱铸币,公元720年铸造的铜币"和同开珎",全部模仿大唐的"开元通宝",其外形一模一样,如果不看上边的文字,一定会认为是中国的铜钱;日本的班田制度,也即政府颁布的"班田制",全部沿袭了大唐的"均田制",其规定内容几乎条条相同,不差上下;日本的城市建设,京都、奈良两大古城,其城市的总体规划、街道布局、功能分区、标志建筑,等等,统统照搬的大唐长安城,就连太极殿、朱雀门、东市西市等名称,也都是全套不变、一字不差。以上诸例,足以说明大唐文化给日本带来的实惠太多。同时,也正是因为日本对大唐文化的学习,学得扎实、学得大胆、学得彻底、学得到位,才使得当时的日本少走了诸多弯路,避免了盲目摸索,尽快地走在了世界东方的前列。

第四节　大唐文化繁荣极顶的根本原因

　　大唐文化的辉煌灿烂、大唐文化的博大精深、大唐文化的繁荣极顶,不仅对当时的中国和世界产生了深远的影响,也对后世乃至现代的中国和世界发挥着重要的作用。特别是唐诗，在中国历史上、在世界历史上，绝对都是前无古人，后无来者。然而，人们不禁要问：中国有5000多年的历史，经历了数十个大小朝代，为什么唯独只有大唐才会有如此繁荣极顶的中华文化呢？不奇怪，一点都不奇怪，因为大唐文化繁荣的根本原因，既有经济的，又有政治的；既有特定的，又有独有的，并不是历史上其他朝代都可以同时做到的。

首先，大唐国力强大，经济高度发达。大唐是中国整个历史上最鼎盛的时期。国家强大了，社会就稳定了；经济发达了，精神追求就增多了。大唐强大的国力，发达的经济，政局的安定，百姓的安居乐业，为大唐文化的发展创造了极为宽松的环境，为大唐文化的繁荣奠定了坚实的基础。

其次，大唐政治清明，倡扬文化繁荣。唐太宗的治国理念是，大唐帝国不仅要经济发达、军事强大，而且要文化繁荣、全面发展。在唐代，不禁锢文人思想，更不会焚书坑儒。大唐提倡百花齐放，提倡三教并举，设立各种文化奖项，鼓励文人创作，并大量投资文化设施建设，积极推进文化繁荣。为大批有才之士提供了施展才华的大好机会，有效地激发了各类文人学士的创作热情。

第三、大唐开放兼容，广纳外来文化。大唐的强大盛极，让大唐建立了前所未有的文化自信。大唐对外奉行开放兼容，对内实行民族平等。针对所有的外来文化，如对开元天宝时期盛行长安的胡风、胡俗、胡衣、胡食、胡歌、胡舞，不仅不排斥、不抵制、不禁止、不怕同化，而是积极接纳、中外并存。但同时，又在相互融合中取精汰劣，为唐所用。创造出了精彩纷呈、多元共融的盛唐文化。

第四、大唐兴学设考，以文选贤纳士。大唐创办了中国历史上第一所国家的最高学府"国子监"，设立了从中央到地方的"国学"教育机构。并在历史上首次建立了完善的科举大考制度，有每年一次的"常举"，有择时进行的"制举"，从根本上结束了各朝之前仅从贵族豪门中选拔人才的历史。而唐代的诗赋就是皇帝亲自主持的"制举"考试中的代表性科目。凡考者一旦及第,则仕途无量,晋升顺畅。极大地刺激了当时有志报国的文人学士,精心研习,发奋创作,直接促进了大唐文化的繁荣兴旺。

西安大唐芙蓉园中的"杏园",大唐每年科考放榜之后皇帝专门举办"探花宴"的地方

第五、大唐创立艺校,培养专业人才。大唐首创,在"国学"教学中设置专门的文化艺术学科,有文学、书法、绘画、乐舞、戏剧等等。不仅如此,大唐还独辟蹊径,创办了前所未有的艺术学校,名为"梨园",专门培养音乐、舞蹈、戏剧的创作和表演人才。梨园规模庞大,其中有外来弟子数百,有宫中宫女数百,甚至连皇帝都会经常到梨园亲自讲学。

第六、大唐皇帝的挚爱,尊贵了文化的地位。这一点,在大唐其实是非常重要和独具特色的。唐太宗喜诗爱字,常召学士入宫,与之唱和,对诗咏诗,把书法大家的字围挂寝宫,睡前看,起床看,如痴如魔。唐高宗喜欢填词,常自作新词,与皇后入乐对唱。武则天遇酒即诗,宴请群臣,必以诗对酒，获胜者即御赐锦袍。唐玄宗既善诗又精乐，作为优秀诗人，"每每运笔赋诗，动辄乐以忘忧"；作为音乐大家，谱曲作词，一人完成，其作品流芳千古。杨玉环，作为唐玄宗的爱妃，乐舞天才，连编带演，与唐玄宗黄金搭档、比翼双飞。大唐诸多皇帝的如此挚爱，让大唐的文化身价倍增，地位尊贵。致有此专长的各类人才，无不刻苦研习，奋发创作，谁都想在皇帝面前博个头彩。

大唐的文化，有了大唐的政治经济，有了大唐的天地人和，有了大唐的上行下效，如何能够不繁荣？如何能够不辉煌？这就是大唐文化繁荣极顶的根本原因。

大唐文化的历史巨献，不仅仅是对中国的巨大贡献，而且是对世界的巨大贡献。相关的周边国家，借助了大唐文化，才有了捷径可走！中国的历史文化，没有了大唐的加入，绝不会闪闪发光！如今的"一带一路"，绽放着大唐的光辉，更显得魅力诱人！大唐文化，是中国的永远骄傲，是世界的宝贵遗产。

第九讲
西安　层出不穷的地下宝库

本讲所说的地下宝库，当然指的不是地下的矿产资源，而是指的地下埋藏的文物。地下的文物，不是自己生成，不是大自然的给予，而是地上的东西埋在了地下，经过数百年、数千年的演变，才变成了文物，变成了宝物。西安显赫的历史地位，决定了西安埋在地下的东西时间久、范围大、数量多、档次高，形成了西安无法预知、但却层出不穷的地下宝库。不过，那些已知的皇陵、大墓、珍贵遗址，只是西安地下宝库的一个部分，而那些大量的、不为人知的地下宝藏，多少年来，却大多都是以极其偶然的形式亮相出土，不断地轰动着考古界、震撼着全中国，惊爆海内外的"何家村遗宝"，就是一个最具典型的例子。

第一节　收容站的偶然"幸遇"

收容站，是原来公安部门下属的收容机构。一个专管收容流浪、无身份证明人员的公安单位，能会有什么样的"幸遇"呢？让我们来一个20世纪70年代的历史"回放"。

第二篇章　西安　辉煌灿烂的历史文化

1970年的秋天，西安南郊陕西省公安厅的一所收容站扩大规模，一座两层楼房正在施工。过来人都知道，那个时候盖房子不像现在，包给建筑公司即可。那个时候的工程，特别是小工程，干活的都是施工队，只管干活不管材料，建筑物资全部都是甲方采买。故建设单位主管基建的人员整天都在工地转悠，检查质量、督催进度、监控耗材，工地上发生什么情况，从来都瞒不过甲方基建人员的眼睛。

10月5日这一天，天气照常晴朗，工程照常进行，工地照常一片忙碌。施工人员正在进行人工操作的地基开挖，挖坑的挖坑，运土的运土，卸石头的卸石头，各人都在干着各人的事情。而收容站的基建干警则蹲在坑沿上，一边抽烟，一边和众人侃着大山。

这时的基坑，大约只挖到了80厘米的深浅，而两层楼房最少需要一米多的地基。虽然当时是手工开挖，但因为一直都是黄土，故挖起来倒是相对顺利，一锹一锹踏下去都比较轻松。然而，就在此时，一个工人的铁锹却愣生生地踏不下去了，凭感觉一定是碰到了硬东西。在西安，人们早已习以为常，凡是在黄土的开挖中，只要是踏出了硬物，任何人都会特别地紧张，特别兴奋。于是，这个工人不动声色地按惯例改从两边向中间开挖，并且是轻手轻脚、小心翼翼。随之，仅仅数锹，黄土中即露出了一个沾满泥巴的圆盖。再沿着圆盖挖了一圈，随之，又露出了一个灰头土脸的瓦瓮，直径大约六七十厘米。挖土的工人心中怦怦直跳，但还未等他打开瓮盖，旁边的人即大喊了一声："妈呀，快来看，出宝贝了！"想一想，在千年古都的西安，挖出了一个埋在土中的大瓮，这大瓮中难道能够没有什么东西？而且，它绝对不会是普通的东西！这一喊不打紧，几乎所有的人都撂下了工具围拢过来，当然，最先赶过来的即是收容站的基建民警。当基建民警与另一人轻轻地抬开了瓮盖，在场的所有人都倒吸了一口冷气：哇，一大瓮的金银器皿，光彩夺目，刺得人直眨眼睛！

展出于陕西历史博物馆中收容站出土的两瓮一罐

再看这时的基建民警,可谓惊中不乱,处惊有方。首先,他立即掏出了手枪,表情严肃,护住了大瓮;其次,他指令工头,跑步向站长报告,请站长火速前往现场;接着,他命令在场的工人一律停工,全部撤出工地。仅仅片刻,站长即赶到了现场,听取了民警的汇报后立马为大瓮贴上了封条。随之,立即向省公安厅汇报,省公安厅立即向省革委会汇报,省革委会立即通知陕西省博物馆,陕西省博物馆立即指派了四位文物专家,四位文物专家立即坐着博物馆仅有的一辆美国吉普紧急前往。与此同时,收容站的所有工地全部停工,任何地方不得再擅自动土开挖,整个现场全部交由公安干警持枪守护。再后,由陕西省博物馆也即今天的陕西历史博物馆,全面接管收容站工地,全面展开了收容站的地下勘探工作。

想一想,40多年前西安的这一次偶然"幸遇",非常值得庆幸:它发生在了公安部门的收容站所,所有珍宝及时地得到了控制和保护。反之,若发生在其他的建筑工地,那么,这一大瓮而且又都是小巧玲珑的金银器皿,有谁可以保证它能够完好无损的一件不少?而对于当时陕西省公安厅收容站的干警来说,那是他们难得的人生"幸遇",谁也想象不出,他们的院子里居然"隐居"着如此珍宝!谁也想象不出,他们院子里的这些珍宝竟然会一举炸响了中国,惊动了世界!

第二节　何家村的惊天新闻

陕西省博物馆派出的专家,有文物专家、也有考古专家,包括随后跟进的勘探人员,一路上都是怀着极其激动的心情赶过来的。

专家们来到收容站的第一件事,无疑是首先查验大瓮中的文物。西安的文物专家、考古专家,古代的东西什么没有见过?尽管早有思想准备,但当打开了瓮盖,拿出了一件一件的藏品,在场的所有专家仍然是大惊失色,瞪直了眼睛。因为他们从未见到过这么丰富、这么精美、这么集中的出土文物!而且全部都是民间绝对没有的宫廷珍宝。各种各样的金器银器、金币银币、金饰银饰、金饼银饼以及各种材质、各种类别、各种造型的稀世珍品……琳琅满目,精美绝伦,其总数达到了500多件套!

这边的惊喜正在继续,与此同时,那边勘探人员的8根探铲各就各位,则开始了全面排探。岂不知,这个收容站的偶然"幸遇",好事并不独来,惊喜一个接着一个。仅仅时间不长,仅仅在距离大瓮旁边的一米多远,一位工作人员又传来了一声大喊"有货"!把所有的人又都吸引了过去。这根探铲当探到同样是80厘米的深浅时,即听得了一声明显的硬物撞击声,然而,仅仅只撞击了一声,等再继续伸进探铲,这一铲居然空了、透了,居然直接捅进去了20多厘米,而且居然听到了清晰的金属声响。勘探人员满脸惊喜,当着众人的面,再次抬起探铲,再次轻轻一捅,仍然捅进去了20多厘米,不过他马上提住了探铲,未敢再往下捅。这时的众人,无不都屏住了呼吸,双眼紧盯着探铲的洞口,双耳静听着洞中的声音,只见勘探人员仅仅轻轻地向下一点，洞中即传出了金属碰撞的声响，而且是多个金属器物重叠一起的混合声响！这一下，大家群情激昂，几乎异口同声地直呼："开挖"！当人们急不可耐地挖开了周围的黄土，暴露在众人眼前的硬物，居然是几乎和第一个瓦瓮大小、形状一模一样的大肚子容器。非常值得庆幸，那一声探铲捅空的声响，只是把薄薄的瓦瓮瓮肩捅透了一个大约10厘米的圆洞，探铲就是从这个洞中伸进，才捅响了大瓮里的金银器皿，才发出了相互撞击的声音。而第二个大瓮中装的是什么？不出大家所料，仍然是满满一瓮散装的珍奇异宝！所不同的是，除过散装的珍奇异宝，这个大瓮的肚子里，还怀着一个另外的"胎儿"——一把银制的提壶。拎起提壶，沉甸甸的，揭开壶盖，一片金光。壶内装着大半壶不知什么的液体，液体上漂浮着一张闪亮的金箔，金箔之上站着12条排列有序的赤金走龙。而收起了金龙，取开了金箔，液体之中竟然还浸泡着整整一壶五颜六色的宝石和玛瑙！

何家村遗宝中的赤金走龙

然而，惊天的惊喜并未到此结束。当众人小心翼翼地刨开了大瓮，更令人不曾想到，这个大瓮不只是怀着一个"娘胎"，而且另外还拖着一个"儿子"！在紧靠大瓮的底部，依偎着一个精致的提梁银罐，约有30厘米的大小，而就是这个提梁银罐，里边不仅藏着多件其他的珍品，更藏着那个中国顶级的国宝"镶金兽首玛瑙杯"！

至此，收容站的偶然幸遇，共挖出了"两瓮一罐"的窖藏珍宝，而这两瓮一罐的窖藏珍宝加起来则达到了1000多件！更令人叫绝的是，每个瓮内罐内居然都分别在盘子上用毛笔标写着各件藏品的名称和重量。按照专家的定论，这是中国有史以来宫廷珍宝集中出土的最大发现，其数量超过了以往发现同类物品的全国总和！一时间，轰动了西安、炸响了中国、惊动了世界，引来了诸多媒体的争相报道。一个小小的收容站，从此即被人们踏破了门槛。不过，明明是收容站的"幸遇"，而最终却被专家们命名为了"何家村遗宝"，让收容站的所有干警颇感失落。

为什么要称之为何家村遗宝？因为，这个收容站位处于西安市碑林区的何家村。尽管遗宝出土于收容站的院内，但总不能称之为"收容站遗宝"，谁都知道收容站的名字不能代表地域方位。"何家村遗宝"，让何家村得了一个大大的便宜，从此名扬中国，享誉世界，连全村的村民无不都洋洋得意：我就是何家村的！

第三节　大唐遗宝的旷世价值

两瓮一罐1000多件的宫廷遗宝，仅仅只是在收容站见了一下阳光，然后，一件一件都被悉数送到了陕西省博物馆的文物库房，等候专家们的登记、验证、研究、定论。参与何家村遗宝研究的，不仅有陕西的顶级专家，而且有全国的顶级专家，包括中国隋唐金银器的研究权威、北京大学的博士生导师齐东方。

经过各方专家的研究，结果一致认为，以往各地出现的宫廷珍宝均为少量的陵墓陪葬，而本次则是集中的宫廷窖藏，其规模前所未有，其精美无与伦比,其数量超过了以往发现的同类物品的所有总和!齐东方认为,西安地区已有唐代金银器的"窖藏"20多个,本次的发现如果也叫窖藏的话,无疑太受委屈。为了加以区别,应该称为"遗宝",故才有了"何家村遗宝"的命名。地下遗宝,"出土为安"!而此时,人们最为关心的则是:这些打包窖藏的宫廷珍宝,究竟都有些什么宝贝?究竟都来自于哪个朝代?究竟都能有多大的价值?自此,国内国外的关注点又都全部转移,将焦点统统对准了当时的陕西省博物馆。

何家村遗宝究竟都有些什么宝贝?究竟都来自哪个朝代?不说不知道,一说吓一跳:1000多件遗宝,全部来自于大唐,全部来自于大唐的宫廷宝库!有称誉"大唐第一碗"的鸳鸯莲瓣纯金碗,有中国银器最华丽的鎏金鹦鹉提梁罐,有唐天子游猎用的鎏金舞马衔杯壶,有皇后、皇妃使用的玛瑙水晶玉器皿,有与杨贵妃佩带的一模一样可以自转的纯银贴身香囊,有不作流通只为唐玄宗撒钱赏赐把玩的纯金"开元通宝",等等。1000多件遗宝,件件都是精美绝伦!件件都是巧夺天工!件件都是旷世奇宝!

● 盖内唐人墨书,记录罐内存放物品的名称与数量。　● 内装文物

何家村遗宝提梁银罐中的所装宝物及盘子上写的标记

至于何家村遗宝究竟有多大的价值？按照专家的话来说，那是既有价，又根本无价，只看你怎样来计算。

如果按当时的金银原料来计算价值，1000多件遗宝，其中金器的总重量为298大两（唐代的大两等于42.8克），银器的总重量为3900多大两，仅金银两项的原材料即折合当时的3830万钱，可购买大米300万斛（一斛为十斗），相当于15万男丁一年向唐政府缴纳的租粟。就这还不包括各种玉器、玛瑙、宝石、琉璃以及复杂精细的加工费用。

如果按各种遗宝的工艺来计算价值，1000多件遗宝，几乎全部为大唐宫廷的作坊制做，不论金器银器还是玉石玛瑙，件件都是从古到今的顶级工艺。一块普通玉石到雕琢成精美绝伦的器皿，这中间的工艺比原料的价值不知要高出多少的倍数，而何家村遗宝3830万钱的金银料钱，与其巧夺天工的工艺制做相比价，那简直是一个无法估计的天文比例！

如果按何家村遗宝的文物概念来计算价值，那更是无以估量、无法计算。1000多件的遗宝，包括了大量的外国金币银币，包括了大量的丝绸之路遗存，包括了大量的国家一级文物，包括了多件套的中国文物"国宝"，包括了国家永久禁止出境的国宝中的极品，包括了至今仍是世界孤品的镶金兽首玛瑙杯！请问，以上的"文物"，谁能够对此做出计算？谁能够对此估出价值？镶金兽首玛瑙杯的举世无双，只怕是"价值连城"，也不是它的真正价值！

第四节　两瓮一罐的千古奇谜

话说到此，人们最大的疑问出来了。大唐国库的珍宝，按常理来说应该是一代传给一代，一朝"留"给一朝，即便是官员私藏偷拿，也不可能有如此庞大的数量。何况，宫廷的珍宝即使要藏要埋，也不会用两个轻薄得不堪一捅的瓦瓮装埋！更有，这两瓮一罐的大量珍宝，究竟是如何到了一人手中？

究竟是因何原因要藏要埋？究竟埋藏的主人又是何许人也？这一连串的疑问不仅让众人百思不得其解，更给相关的专家画出了一个大大的问号。

大唐遗宝的宝物中，不知是因公因私，但都分别有相关的注明。
此图为写在银饰盘中的金银重量

专家们对此的研究，有相同的部分也有不同的部分。相同的是，何家村的位置是原唐长安城中的兴化坊，而兴化坊则是唐长安城109坊中紧靠皇城的地方，住的都是朝廷的要员，埋宝的主人一定是在此居住的大唐高官。不同的是，埋宝的主人有的说是张三，有的说是李四，有的说埋宝的主人是收藏家，有的说埋宝的主人是皇太子。相对而言，最为人们认可，最有说服力，且有一定古代文字旁证的观点则是：埋宝人为唐代官位显赫的尚书租庸使刘震，而埋宝的原因则是在唐德宗建中四年（公元783年）突然发生的"泾原兵变"。

"租庸使"是唐代中央专设的征收租庸调的高官，而保管朝廷的财富珍宝即是租庸使的重要职责之一。公元 783 年,唐德宗李适为了解救被叛军围困的河南襄城,下令泾原(今甘肃泾川)节度使姚令言速率五千大军前往救援。由于一路冒雨没有得到任何赏赐,直到抵达长安仍然一无所得,致泾原兵怒火中烧,群起造反,并一鼓作气直接攻到了大明宫的丹凤门下。至此,唐德宗逃亡奉天(今陕西乾县),长安城全城大乱,泾原兵趁机大抢大掠,凡拒者一律砍杀。

而此时,掌握着朝廷大量金银财宝的刘震,面对没有任何先兆的突发兵变,连皇帝都已弃城而逃,谁能料到后续将会出现什么样的结果。作为有职有权有条件处置朝廷财物的高官,刘震此刻倒是处惊不乱,他速派人率领"金银罗锦二十驼"先行出城,而自己则随后与夫人带着精心挑选、随身好藏、既小又精的珍品乘车出逃。至于携带大量珍品出逃是为公出逃,还是为私出逃,则始终无人可知。但是,当刘震的坐车到了城门之下,守门的军士得知来人是朝廷的官员时,根本不敢开门。无奈,刘震只有速速掉头再返回家中,自己动手将所携珍宝装瓮埋藏(两个瓦瓮可能是自家装粮食的容器),以待时机日后再取。随之,眼看大势已去,刘震即投降了叛军,并做了叛军的命官。然而,投敌的刘震却彻底失算,很快,唐军即集结反攻,收复了京城,刘震夫妇双双被斩。而这时的两瓮一罐珍奇异宝,也就永远地不为人知,永远地埋在兴化坊的地下了。至于那二十驼的金银罗锦,很有可能也被拒绝出城,说不定也埋在了人们还不知晓的长安其他地方。

尽管是在 1000 多年前埋下的大唐遗宝,尽管当时的埋宝人双双被杀,尽管当时的一切都再无人可知,但是,只要是在西安,即便时间再长,所埋的宝贝都不怕它不露脸。因为,人们都会相信,西安是中国古代的地下宝库,而宝库中的宝物,迟早会因各种各样的不同情况先后都要被"征调"出来亮相的。

第五节 见怪不怪的"西安现象"

西安有 5000 多年的文明史，有 3000 多年的建城史。西安是 1000 多年的历史大都，经历了中国历史上最具代表性的周、秦、汉、唐，为西安积淀了极其厚重的地上文化、地下文化。那些已知的、未知的以及似知非知的，根本意想不到的地下宝库，不知道什么时候以什么样的形式就会突如其来，让西安惊喜不断、收获连连。演绎着层出不穷的西安偶然，呈现出全国独有的"西安现象"。

西安有句话广为流传："挖个坑都见文物，捅个洞都是古墓"，虽然有些调侃，但足以说明问题。前边所讲的收容站的偶然幸遇，虽然"偶然"到了诸多的珍奇异宝，"偶然"到了中国的世界唯一，然而，这个偶然仅仅只是西安诸多"偶然"中的一个个案，西安的"偶然"实在是太多太多了。

西安的蓝田，挖龙骨挖出了百万年前的蓝田猿人；西安的灞桥，挖路时挖出了 6000 年前的半坡遗址；西安的临潼，挖井时挖出了世界八大奇迹的秦兵马俑；西安的未央区，挖地时挖出了至今香气四溢的西汉美酒；西安的砖瓦厂，挖土时挖出了金光灿灿的数百枚汉代金饼；西安的荒郊外，乱倒的建筑垃圾中倒出了各种各样的一大堆古代钱币……，举不胜举。上述一个一个的"偶然"，包括"何家村遗宝"在内，个个都是特大的新闻，个个都是考古界的奇迹。

西安大量的、不可预知的地下宝库，连连爆出的西安偶然，使这个中国的千年古都，形成了特有的、连锁的、令人颇感奇异的西安现象。

一是西安的文物部门压力最大。不论是星期六星期天，还是大半夜二半夜，经常会有建筑工地打来电话，发现情况。任何一个电话都是情况紧急，文物部门都要立即赶赴现场，先令停工，再行保护，24 小时都不得安宁。

二是西安的挖掘机司机眼睛最尖。每遇挖土时，挖掘机的司机个个都是双眼瞪大，不仅要看挖斗，更要紧盯挖过的土层，一层一层，精细扫描，上车下车，来回奔波，谁也不想成为毁坏文物的千古罪人。

西安砖瓦厂挖土时挖出的汉代金饼，共219枚共54.5公斤

三是西安的建筑工地最容易被叫停。在西安，地下文物就是高压线，谁也不敢碰。重点工程的地铁二号线，总共遇到了130多座汉唐大墓，一直是干干停停，停停干干，谁也不能通融。重点工程的机场城际线，不走直线走大弯，因为涉及了300多座古墓葬，31处古窑址，光考古发掘，就用了两年多的时间。在西安干工程，因地下文物而不断被叫停工，那是家常便饭，随时都有。

四是西安建筑工地的管理人员都是文物通。建筑工地的管理人员一般都是大学生，管理的工地多了，停工的次数多了，出土的文物多了，掌握的专业知识当然也就多了。竟然一个个满口的文物专词，一个个都懂文物大论，以至于还有人干脆放弃了自己的专业"工民建"，干起了文物识别的"经纪人"。

五是西安的大多市民都有着相当敏感的文物神经。西安层出不穷的地下宝库，让西安的大多人习以为常，只要是挖坑动土，只要是平地推堰，只要是遇到相关的机会，都会下意识地低头察看，只怕错过任何蛛丝马迹，只怕失去一个登报纸上电视的极好机会。

西安层出不穷的地下宝库，西安源源不断地文物出土，强力地推进了西安博物馆的繁荣，大大地丰富了西安博物馆的藏品，有效地提升了西安博物馆的品质——按照 2020 年底国家发布的博物馆数量信息来看，西安拥有各类博物馆 134 家，在全国包括 4 个直辖市在内的 30 多个省会级以上的城市中排名第二，仅次首都北京。从博物馆的藏品上来看，陕西历史博物馆拥有藏品 171 万件，在全国各大博物馆中排名第二，仅次藏品 180 万的北京故宫，超出了紧随身后其他博物馆的三到五倍。从出土文物的量和质上来看，国家从 2002 年起先后公布了三批共 195 件永久性禁止出境文物，而出土于西安以及西安周边关中的就高达 40 多件，几乎占到了全国的四分之一。从博物馆的品质档次上来看，西安拥有国家一级博物馆 7 家，排名全国第二，仅次首都北京，且大比例地领先于身后的其它城市。从非国有制博物馆的发展上来看，截至 2020 年底，全国非公有制博物馆共有 1860 家，其中只有一家国家一级博物馆，而这个全国唯一的一家非公有制一级博物馆，就是西安的大唐西市博物馆。以上各项指标的全国遥遥领先，西安层出不穷的地下宝库，毋庸置疑就是其最最直接的坚强后盾！

第三篇章

西安 改变中国的历史事件

从2000多年前的大秦一统,到20世纪30年代的西安事变,在这漫长的历史长河中,中国发生了诸多的重大事件,推动了历史的发展,促进了社会的文明,加速了世界的进步。而这些改变世界的诸多重大历史事件,都发生在西安这片古老而特殊的土地上。

第一讲

商鞅变法　开创古代中国历史先河

数千年的历史长河，中国出现了诸多著名变法，有些不仅改变了中国甚至影响了世界。其中时间最早、力度最大、影响最久远的，当数2000多年前秦国的商鞅变法。空前绝后的商鞅变法，开创了中国历史新纪元。而这个商鞅变法，就发生在当时的秦国都城栎阳，即现在西安阎良的武屯镇。

第一节　商鞅变法　彪炳千古的伟大变法

商鞅是中国古代出类拔萃的政治家，名震千古的改革家，是秦孝公时期的秦国一人之下、万人之上的"大良造"（宰相），执掌秦国军政大权20年。商鞅推行的变法，使原来贫穷落后的秦国，短时间一跃成为当时诸侯国中最先进、最强大的国家，为以后秦统一六国奠定了坚实的基础。

商鞅变法的主要内容，概括一下，有八大类项，而且，项项开天辟地，项项创意独到，项项行之大见成效，项项世代传承沿袭。

一是弱敌强己，提出人口移民战略——战国时期，群雄割据，战争频繁，而秦国却是地广人稀，军力不济。商鞅认为，人口众多是赢得战争胜利、统一天下的主要前提，人口太少，打了仗，无人种地；种了地，无人打仗。要

古代伟大的变法家商鞅

想富国强民,首先要尽快改变秦国人土不称的局面,大力增加人口。但自然生育,速度太慢,商鞅的谋略是:广引移民,弱敌强己,立竿见影,一举两得。即以"给地给房、免除徭役、不用当兵"等极为诱人的政策,让外来人种地,让秦国人当兵,吸引周边地少人多的赵魏韩等国人口来秦国定居。短时间内即大量增加了本国的人口,即大量削弱了敌国的兵力,即取得了战略上的绝对优势。

二是按功晋爵,取代世卿世禄制度——商鞅的按功晋爵,在先秦时期具有划时代的巨大意义,彻底取代了世卿世禄制度。让外来移民种地,让秦国人来当兵,秦国人愿意吗?愿意!商鞅把功爵定为了20级,砍敌脑袋一个,晋升爵位一级,砍敌数量越多,晋升爵位越高。总之,杀敌的多少与自己官位的高低、田宅的奖励、赋税的减免、甚至犯罪的豁赦,等等,统统直接挂钩,而且不别亲疏,不殊贵贱,一律平等对待。给秦国的普通百姓提供了一个从未有过的升官获地的极好机会,强烈地刺激了秦军的战斗力。致使所有兵士,一旦上了战场,个个冲锋在前,个个骁勇无敌。秦军的"虎狼之师"即因此而来。

三是废除井田,首开土地私有制度先河——"井田",是对土地划分成块、形似"井"字的简称。井田制是指中国古代长时期以"公有制"为名义的实际土地贵族所有制。而商鞅的变法,在中国历史上,开天辟地第一次,以国家法令的手段,废除了井田的所谓"公有制",确立了土地的真正私有化,从根本上形成了一种全新的社会形态,把为人种地变成了为己种地。极大地推进了社会的进步,促进了生产的发展,增加了秦国的农业产出。

四是兴农抑商,首创农业领域全新理论——商鞅在中国历史上,首次提出了"以奖兴农"的理念:"一夫不耕,或受之饥;一女不织,或受之寒","农者,天下之大本也,黄金珠玉,饥不可食,寒不可衣"。商鞅主张,不仅要兴农,而且要重赏耕织优秀者,或免除徭役,或奖励土地。首次提出了"人口与土地平行"的观点:即"制土分民之律"。主张若有五万人口的生产区域,需要方圆一百里的土地,其中良田占4,坏田占2,河湖山地占3,城镇道路占1。首次提出了"农业人口与非农业人口比例"的理论:即"百人农,一人居者(指非农人口),王;十人农,一人居者,强;半农半居者,危。""农者寡,而游者(非农人口)众,其国贫危也。"主张农业人口应占总人口的90%以上。上述理论,不仅科学经典,而且一一实施,行之有效,满足了对外战争的需要,壮大了秦国经济的实力。

五是强化掌控,实施户籍制度,精细人口管理——商鞅变法,在东周各诸侯国率先创立了周密的、常态化的人口详细登记;掌握人口的生死状况,"生者注、死者削";掌握人口的性别比例,男多少,女多少;掌握人口的职业构成,农、工、商,各占份额;掌握人口的青老参数,强男壮女、老弱童幼等概念如何。商鞅认为,若不能掌握详情,则"地虽利,民虽众",也会"国愈弱至削"。商鞅户籍制度的推行,为战争的统筹、经济的发展、国家的管理,提供了详实有效的人口数据。

六是严明法度,实行伍什联户,家家相互监督——商鞅颁布新法,以法治国,以法治人。创立了"伍什联户",即五户为一伍,十户为一什,一户犯罪,家家监督,知情不报,与罪同处;凡相互有纷争纠葛,一律诉诸法律,严禁个人私斗;对不务正业、游手好闲、打斗生事之人,以及欺压百姓的富贵子弟,统统按律令押送边疆垦荒种地;对所有违法犯律,均以伍什联户为制约机制。商鞅云:法令行至,公平无私,罚不讳强大,赏不私亲近。伍什联户的制定与实施,取得了巨大的成效,使秦国"道不拾遗,山无盗贼,家给人足,乡邑大治。"造就了一个全新的秦国。

七是统一度量衡,推进各地经济相互交流——度是长度,量是容积,衡是重量。商鞅之前,秦国各地的度量衡,器具各叫各名,标准各不相同,换算各行其事,一个地方和一个地方根本无法比照、无法交流。商鞅变法,颁布制作了标准的斗、升、桶、权、衡、丈、尺,拟定了各自的进位制,使全国有了统一的度量准则。为秦国各地经济、文化的交流提供了便利,为赋税制和俸禄制的实施创造了条件,为秦朝建立后再行统一六国的度量衡奠定了基础。

秦时的量器。

八是废分封、推县制,创立中央集权国家政体——商鞅之前的分封制,严重削弱了国家的权力,严重架空了国君的地位,形成了秦国之内的诸多诸侯小"国"。而商鞅变法,则废除了所有分封,收回了所有地盘,中止了所有贵族世袭。在全国分设 31 个县制，县县都由中央直接管辖，官员均为国君直接委任，从根本上加强了中央的管控，保证了国君的权威，实现了政令的一路绿灯。

商鞅变法，是中国历史上最为深刻、最为彻底的社会大变革，极大地推进了社会的进步和人类的文明，是中国历史上彪炳千古的伟大变法。

第二节　商鞅变法　对中国的伟大贡献

商鞅变法，涉及了方方面面，任何一项都从不同角度推进了历史的发展，但对古代的中国、对现代的中国来说，商鞅变法最重要、最伟大的一点，莫过于政治上创立了包括废分封、设郡县、官员任命在内的"中央集权"国家政体。因为，直到现在，中国还一直沿用着中央集权的国家管理模式。

要说商鞅的中央集权制，其实是被分封制教出来的。分封制起始于西周，是周王为了笼络那些老贵族以及有功的新贵族，对其封侯封地，且其领地内的政治、军事、土地、人口等一切权力均归所封之侯全权掌握，在全国形成了一个一个基本独立的国中之"国"。比如今的联邦制更要"联邦"。分封制的最大危害，就在于诸侯国一旦强大之时，必然野心膨胀，不仅不听命于国君，而且时时意欲取而代之。分封制到了东周，即出现了春秋与战国两个割据时期，形成了春秋五霸、形成了战国七雄，形成了周天子的地位形同虚设，形成了最后一强独霸、决心一统天下的秦国。

秦国是在周平王东迁洛阳时才被封为侯国的。秦国因分封而拥有了关中，因分封而逐渐强大，因强大才有了野心，故秦国对分封的危害深有体会。因此，秦国才要废除分封世袭，设立直管郡县，实行官员任免，才要建立一声喝到底的中央集权，以防自己的国家再出现一个当初的"秦国"。

商鞅变法的中央集权制，是中国古代政治制度的一个巨大进步，为后世的各朝各代创立了一个国家管理的成功模式。就是这一模式，使2000多年来的中国，杜绝了分疆裂土，废止了国中之"国"，避免了像欧洲一样诸多小国的结果。所以，从商鞅之后的各朝各代，尽管有时还有一些小小的封赐，但中央集权的主轨道，却始终未敢偏离。直到中华民国，直到新中国的建立，一直都坚持的中央集权，且毫不动摇。

第三节　商鞅变法　惊憾千古的悲惨结局

中国历史上，曾出现过许许多多的变法家、改革家。然而，2000多年的变法改革之路，诸多名留青史的变法人物，只有一人变法成功，只有一个变法成果至今还在应用，而且被历史、被现代证明了是行之有效、用之即准、彪炳千古的伟大变法，这个唯一成功的伟大变法，就是大秦的商鞅变法。

中国古代最著名的变法家，在商鞅前后的战国时期内，有四大变法家，即秦国的商鞅、魏国的李悝、楚国的吴起、韩国的申不害；在中国整个古代的历史长河中，也有四大变法家，即战国时期的商鞅、西汉末期的王莽、北宋时期的王安石、明朝中叶的张居正。以上的两个"四大变法家"，除商鞅之外，其他人的变法改革都是昙花一现，最终无不以君王的更替，无不以变法者的离世，致人死而法止，均以失败而告终。

总览以上所有的变法，有的因为仅得到国君的支持，而国君一死，变法即随之宣告结束；有的因为把变法以人治的权术来落实，而未予立法，但当手段高明的国君驾崩，则变法不能得以延续；有的因为违背了社会发展的潮流，直接开了历史的倒车，故被历史所淘汰；有的因为只改革经济，不改革政治，不敢触碰上层建筑，故难以取得最后的成功；有的因为变法只富国强兵，但却不利民惠民，致失去了改革的社会基础，其结果同样是以失败而告终；有的因为虽当政的国君支持，但太多的权臣反对，在国君死去的朝堂当场，变法者即被众权臣乱箭射死，致其变法运动连同支持的国君，连同变法者本人，一并走向了坟墓。

然而，商鞅的变法，既顺应了历史的发展大势，又涵盖了当时的各个领域，既博得了国君的喜爱有加，又相对兼顾了各方的不同利益。更叫绝的是，所变之法，将要带给普通民众的实惠，大家知道后竟然不敢相信，故才产生了历史上著名的典故"徙木立信"。

徙木立信，指的是商鞅变法的内容一经发布，立即引起了强烈的反响，特别是其中的惠民条款，实在令人难以置信。为了让民众相信新法，相信新法有法必依，商鞅在城南门口立木一根，并张贴告示承诺，谁把木头从南门扛到北门，即赏十金。然而，看的人多，但无人上前一试。商鞅见状，索性把赏金一下加到五十金。重赏之下，必有勇者！于是，这位勇者轻轻松松把木头扛到了北门，然后，又在众目睽睽之下轻轻松松拿到了五十两赏金。这时，围观的人才如梦初醒：还真给呀！当大家得知眼前这位立木者就是新法的制定人商鞅时，顿然群情沸腾，奔走相告，徙木立信连同新法迅速传遍了全国。

商鞅就是以此徙木立信的绝招，建立了自己和新法在民众中的崇高信誉。自此之后，商鞅的变法得到了上下的拥护，得到了顺利地实施，得到了长久地持续以及彻底地成功，成为了中国历史上彪炳千古的伟大变法。

但是，有谁能料想得到，如此伟大的变法，而其变法的创立者商鞅，竟落得了一个惊憾千古的悲惨结局。

商鞅变法，从古到今，褒贬不一，那是因为评判的角度不同。自古以来，衡量一场改革成败的标准，一是要看它是否顺应了历史发展的潮流；二是要看它是否促进了生产力的发展；三是要看它是否实现了国家的强大；四是要看它是否符合了大多数人的利益。若论以上四点标准，商鞅变法无疑都可以打个高分。然而，任何一场改革，必要伤筋动骨，必要损害一部分人的利益。而且，改革越深刻，树敌就越多；改革越彻底，积仇就越深。商鞅变法，加强了王权,削弱了贵族,废除了世卿世袭,但深受其害的旧贵族不敢对王权挑战,却敢对商鞅报复。随着商鞅的靠山秦孝公的死亡,贵族集团即开始了对商鞅的反攻倒算,一个来无踪,去无影的"谋反"罪名就扣在了商鞅的头上。而在刚继位的惠文王看来,商鞅的功劳再大,也必须得死,因为一则,商鞅变法已使秦国国富兵强,商鞅已不重要;二则,商鞅已成为了王权与贵族利益的冲突点,杀死商鞅远比得罪贵族集团更为划算。故而,惠文王下达命令,捉拿商鞅。

忠心为秦的商鞅,此时孤独无援,只有出逃。逃至边关,需要投宿,但竟然没有一家客栈敢收留他,店家的理由更为讽刺:商君有令,没有证件,不得住宿;商鞅欲逃往魏国,但魏国却因他生擒魏国大将为秦国立了大功,而拒绝他入境;商鞅想到其他诸国逃命,但任何一国都因秦国的强大不敢收留商鞅而怕与秦国结怨。无奈,商鞅只得返回自己的封地,举兵自保,结果战败而亡。而后,惠文王下令,车裂其尸,灭其九族,就连商鞅80岁的老母也不能幸免。

不过历史是公正的,商鞅虽死,但新法却未终止,商鞅之法仍在不断地为秦国创造着辉煌,仍在不断地为秦王捍卫着政权。惠文王虽然杀了商鞅,但他绝对不会舍弃商鞅的新法。虽然车裂灭族,作为君主制下的臣子,商鞅是悲哀的;但作为古代的政治家,商鞅又是幸运的,因为他的名字永远都会在历史的长河中熠熠闪烁。

第二讲
横扫六合 造就东方霸主大秦帝国

中国历史上,有秦国有秦朝,二者虽然都有"秦",但概念并不相同。秦国是战国时期"七雄"之一的侯国秦国,秦朝是秦国统一六国后的大秦帝国。秦国是秦朝的前身,秦朝是秦国的延续。秦朝之所以称为大秦帝国,因为它是中国历史上第一个统一的、多民族的中央集权国家。没有"秦",也可能就没有汉、隋、唐,也可能就没有元、明、清,也可能就没有今天中华一统的大中国。

第一节 商鞅变法 秦国脱胎换骨

历史上商鞅所处的战国时期,名义上是东周的政权。东周都城设在洛阳,周天子也身居洛阳,但其实早已是形同虚设。各诸侯国纷纷割据称霸,相互争夺兼并。各国之间靠的就是武力征服,战争夺取,周天子无力干预,也不敢干预,仅能苟且偷安。整个东周,几十年、几百年都处于频繁的战乱之中,故历史上称为"战国"。

商鞅之前的秦国,虽然地处关中,定都渭河沿岸的咸阳城,但是,地广人稀,经济滞后。在战国时期的十多个大小候国中实力较弱,备受其他诸国的小瞧和欺凌。到了公元前的326年，胸怀大志的秦孝公继位，立志振兴大业，富民强国，上任不久，即颁布求贤令，广招能人入秦。于是，原为魏国官员的商鞅，冲着秦王的求贤若渴，即于此时进入了秦国。

商鞅自幼喜好刑名之学，后得到魏国的国相公叔座的赏识，在魏国任中庶子。公叔座在重病期间即向魏惠王举荐商鞅，言其是个奇才，治理国家强他十倍，可以担任魏国国相。又言：若魏王不用商鞅，一定要杀了他，不能让他出境投奔，为他国服务，否则后患无穷。然而，魏王则认为公叔座病重胡言，并未理睬。当商鞅得知秦国在广招贤能之时，便应招来到秦国。商鞅入秦，先后三次面见秦孝公，一、二次分别用帝道和王道论述自己的观点，但听得秦孝公直打瞌睡。第三次商鞅用霸道之术游说，则令一心想争霸天下的秦孝公听得如痴如迷，二人畅谈数日毫无倦意。于是，商鞅"应聘"成功，先任秦国的"左庶长"，后任一人之下、万人之上的"大良造"。就此，商鞅终于开始了他"胸中自有百万兵"的伟大变法。

当时处于战国时期，变法离不开战争的前提。商鞅根据秦国的具体实际，结合战争与治国的需要，制定出了涵盖全面的八大类项变法内容：一是通过"广招移民，弱敌强己"，吸引了大量的敌国人口，使原来地多人少的秦国，人力资源迅速增加；二是通过"按功晋爵，废除世袭"，使秦国的军队军力倍增，个个如狼似虎，人人争功杀敌；三是通过"废除井田，实行土地私有"，为普通民众谋了福利，极大地促进了生产力的发展；四是通过"以奖兴农，增加农业人口"，大大提高了农业产出，壮大了经济实力，满足了战争的需求；五是通过"实施户籍制度，精细人口管理"，为战争的统筹、经济的调控、国家的管理，提供了详实的人口数据；六是通过"伍什联户，相互监督"，形成了人人遵纪守法，个个道不拾遗，有效地稳定了社会秩序；七是通过"统一度量衡，标定度量准则"，方便了经济交往，规范了商业流通，促进了社会的发展；八是通过"废分封，设郡县，建立中央集权"，强化了中央权力，实施了官员任命，实现了层层的政令畅通。以上的八大变法的实施，涵盖了秦国的方方面面、林林总总，让原来积贫积弱的秦国，时间不长，即达到了全面的脱胎换骨、强筋健体。

强大了的秦国，紧接着的就是一场一场的征战，收复失地，夺取城池，敲打群雄，立尊树威。靠武力、靠经济、靠强大的威慑力，打出了一个全新的威武秦国。

就这样，洛阳的东周天子，送来了"霸主"的称号；各诸侯国的国君，纷纷前来朝拜秦国；秦国的国君一声怒吼，各国都要相互打探，是何原因？一个威震华夏的秦国，终于屹立在大秦之地，酝酿着他一统天下的宏图大业。

第二节　力夺九鼎　开启秦王纪年

"九鼎"，即九个铁铸的大鼎。相传为夏禹时期所铸，是夏禹统治天下的标志。"九"即象征九洲，"鼎"即象征至高无上。夏商周各代，均分别奉为国宝。天下共主，谁拥有了九鼎，谁就是当今的天子。而在战国这个200余年群雄争霸的特定时期，谁最强大谁就是霸主，更何况，还有名义上的周天子已经专封了秦国"霸主"的称号，那么，不用说，意欲一统天下的秦国，自然而然地要打九鼎的主意。

按照当时的情况，要想一统天下，洛阳的东周天子周赧王大可不必考虑，因为数百年来的东周政权一直都是个摆设。秦国的战略是，柿子先挑硬的啃，硬的拿下了，软的都好捏。公元前的256年（秦昭王51年、周赧王59年），秦国首先向赵、韩两国发起进攻。这时的东方诸国谁也不愿坐以待毙，故组成了多国联军共同抗秦。与此同时，东周王朝的"西周公"（爵位名称）不识时务，竟也带领仅有的数千人马加入抗秦联军，并让联军打出了周王的旗号。秦昭王一看不禁大怒，本来只想先扫平了诸国，再去解决周天子，没想到周赧王自找倒霉，抢在了前头。于是，改变战略，先擒周王，再平诸国。

公元前 256 年的下半年，秦军集中兵力围攻东周王城，而其他诸国此时则袖手旁观，无一救援。秦昭王还未开打，周赧王与西周公即举起了白旗，以东周当时仅有的三十六城、三万余户为大礼，正式投降了秦国。

投降秦国的周赧王，随后被秦昭王贬封于梁城为"君"，而领兵抗秦的西周公则随周赧王被贬为家臣。仅仅一月有余，周赧王即在梁城抑郁而死。自此，东周王城的九鼎，堂而皇之地被秦国移置于自己的都城咸阳城。虽未建立新国，但因拥有了象征天子的九鼎，自此年起，即公元前的 255 年，史书即开始了文字记载的"秦王纪年"，历史进入了新的一页。

九鼎迁秦，一言九鼎！九鼎告知了各国，秦王将要成为天下共主，秦国可以名正言顺地讨伐各国的乱臣！随后的历史，将要上演的，便是秦国金戈铁马，驰骋中原，长达十年的一统大战。

古代的鼎

第三节　横扫六合　完成一统大业

九鼎移秦后，已是70多岁的秦昭王心力不支，四年后便离世而去。虽然在位长达56年，但统一天下的宏愿最终未能实现。紧接着的秦孝文王、秦庄襄王，一个在位只有三天，一个在位仅仅三年，都是突患暴病而死，未能成就大业。紧随其后的公元前246年，庄襄王的儿子嬴政继位，即后来的秦始皇。自此，中国一统大业的重任就落在了秦国新王嬴政的肩上。

秦嬴政继位时，仅仅只有13岁，但他年幼志大，城府颇深。他并不急于对外发动大规模的战争，而是用了十年的时间来修炼"真功"，养精蓄锐，建立自己的绝对权威。期间，作为一种战术，秦国不断地蚕食诸国。十多年后，也即从公元前的230年起，运筹帷幄的秦王嬴政，终于发动了全面平定六国的统一战争。

秦王嬴政根据李斯的建议，确立了统一战争的总体战略，即倾国之力，血战十年，由近及远、虚实变幻、打强震弱、各个击破。北取赵，中除魏，南灭韩，然后再一一包剿齐、楚、燕。

韩国是当时战国除秦国之外六雄中实力最弱的一个国家，但韩国离秦国最近，且地处中原要塞，属兵家必争之地，故成了秦国一统战略的首个目标。公元前230年，秦王嬴政集全国优势兵力，一举开赴韩国，包围韩国新郑，力求速战速决。此时的态势是，一大一小，一强一弱，虎狼之军，兵临城下。秦军连吓唬带强攻，未用大力，新郑即被攻破，韩王即被生擒。继而秦国占领韩国全境，韩国彻底宣告灭亡。此战，让秦国夺取了天下之枢的战略要地，迈出了统一中国成功的第一步。

赵国是剩下的战国五雄中实力最强的国家，兵力几乎和秦国不相上下，是秦国统一天下的最大障碍。一直从公元前236年开始多次交战，虽灭掉赵军数十万，但最终未能予以全歼。故秦王选取了在灭韩后的第二年，即公元前229年，正值赵国遭受前所未有的大旱之时，复派大将王翦率大军二次进攻赵国。王翦兵分两路，各行其是，一部分围住赵都邯郸，只扰不攻；一部分则与20万赵军主力对阵井陉。秦军横冲直撞，赵军拼死抵抗，看似激战正酣，难见分晓，实则刀剑之中，暗藏玄机。忽然间，秦军后退撤兵50里，令赵军一头雾水，莫名其妙，不知秦军耍的什么花招。其实，秦军在撤兵的同时，暗中使用反间计，以重金贿通了赵王重臣，向赵王诬陷赵军大将李牧。其结果，李牧先被罢免，后被处死。秦军则趁此闪电进攻，只见得铁蹄所到，横尸遍野，20万赵兵，溃不成军。最终王翦的两路大军合二为一，于公元前的228年，攻入赵都邯郸，俘获赵国国君，赵国从此寿终正寝。秦国统一天下的最大障碍，就此彻底予以铲除。

此后，战国六雄剩下的四雄，对于秦国来说，早已经是"雄"而不"雄"了。公元前226年，秦国进攻燕国，用的是强攻。因有燕国实施的"荆轲刺秦"，故秦军复仇心切，四大城门一起，连撞城门，带攻城墙，强弩带火，齐射城上。时间不长，燕国都城即破，燕王出逃，燕国国灭。公元前225年，秦军进攻魏国，用的是水攻。因魏国都城大梁城墙坚固，魏军紧关城门，坚守不出。秦军重兵包围大梁，摇旗呐喊，外围却调集兵力，不动声色，挖渠修槽，引黄河、鸿沟之水入"浸"大梁。不出三个月，大梁城墙纷纷垮塌，都城不攻自破，魏王出城投降。公元前224年，秦军进攻楚国，60万大军南下，连战连捷，不久即生擒楚王负刍。没想到楚国大将项燕又自立新的楚王，继续顽抗。第二年，秦军再攻，楚军再败，这一仗秦军活捉了楚大将，杀死了新楚王，楚国从此不复存在。以上的七雄五国，一一灭亡，最后只剩了一个齐国，自知气数已尽，终日惶惶不安。公元前221年，秦国仅用了少数兵力攻打齐国，惊弓之鸟的齐国，看到虎狼一般的秦军，虽有抵抗，但螳臂挡车，都城临淄很快便被拿下，齐国随之宣告灭亡。至此，掐指一算，从公元前230年占领韩国，到公元前221年齐国灭亡，耗时刚刚十年。

短短十年，秦国以雷霆万钧之力，一路势如破竹，横扫六合。在秦王嬴政的统帅下，终于完成了统一大业，建立了中国历史上第一个真正概念的一统大国——大秦帝国。

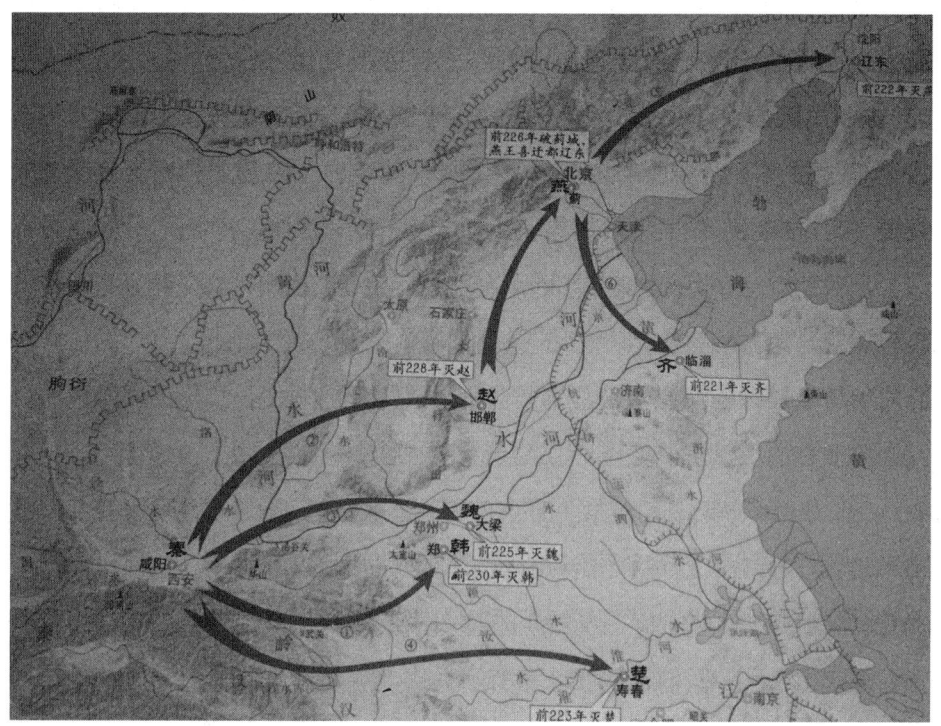

秦始皇横扫六合路线示意图（摄自陕西历史博物馆）

第四节　虎狼之军　威震东方无敌

"秦王扫六合，虎视何雄哉，挥剑决浮云，诸侯尽西来。"秦军所到之处，摧枯拉朽、势不可挡、所向披靡。当时的各国谈起秦军，无不以"虎狼之军"相称，无不流露出对秦军的莫大畏惧，成了世界古代战争史上的一大奇迹。那么，秦军的强大、秦军的虎狼，是如何得以形成？其奥秘究竟何在呢？

纵观中国历史上的战国后期，秦国之所以能够威震东方，横扫六合，不仅仅因为秦国有当时世界上最早的规模化、标准化的军工生产；不仅仅因为秦国有当时世界上最为科学完善的军需供应体系；不仅仅因为秦国有当时各国望尘莫及的保障战争粮食供应的农战法令,更为关键的是,秦国有当时世界上威力最大的精锐武器,以及世界上最具特色的二十级军功计爵制度,造就了世界东方最为强悍无敌的秦国军队。

精锐武器,是虎狼之军的钢牙铁齿——秦军武器的精锐,主要表现在它的"先人一步"。敌军的剑长60厘米,而秦军的剑长90厘米,二人对战,敌方够不着秦军,而秦军却能先人一步,刺死敌方;敌军的矛长3米,而秦军的矛长6.3米,比敌方矛长了一倍,两军对垒,敌军还未到跟前,秦军的长矛就先人一步,齐刷刷一捅就是一长排;敌军的弓弩射程最远100米,而秦军的小弩能射150米,劲弩能射300米,强弩能射900米,敌军的马队直冲过来,距离还很远很远,秦军的强弩一阵齐射,连人带马,一摆就是一大片;敌军的箭头是普通箭头,而秦军的箭头是流线形状,不但飞行距离远,而且是三角刃、带倒钩、带凹槽,只但射中敌人,三个凹槽就像三个吸血器,鲜血哗哗哗地往外直冒,绝对是一箭致死,无法抢救。仅仅以上数例,便可得知,当时的秦军兵器最独特、最超前、杀伤力最强,个个都是中国之最、世界领先。

战功晋爵,是虎狼之军的"精神吗啡"——战功晋爵,是商鞅的首创,即以斩首而计功。其功之重、其效之强,达到了无以复加、叹为观止。秦国的二十级军功计爵制度,从低到高,依次排序。所有的秦军一般士兵,不分任何背景,不论贵族平民,只要斩获敌人"甲士"即军官一个首级,即可获取一个爵位,斩首的越多,爵位获得的越高。如斩获一个甲士首级,即可获取第一级"公士"爵位,可得田一顷、得宅一处、得仆人一个;如斩获两个甲士首级,除获取第二级"上造"爵位应得的封赏外,他的父母若为囚犯,便可立即释放,他的妻子若为奴隶,便可立即转为平民;如获得三级爵位,除可得到三顷地、三处宅、三个仆人外,连吃饭的米,都变成了精米,而三级以下则统统为糙米;获得九级爵位,即可封你城邑,土地统管、百姓统管、税收归你,成为地地道道的新贵族……以上的种种诱人前程,秦军的任何一个士兵，都可以用敌军的人头来等价交换。

敌人首级，是虎狼之军的高官厚禄——当时的秦国，所有的世卿世禄，已经全部废除。所有社会最底层的百姓甚至奴隶，只要能斩杀敌人，就可获田获宅获爵位，改变自己以及整个家庭的人生地位，而且可以传子、传孙，可以世袭。如此之天大好事，故而出现了人人当兵前苦练杀敌硬功，人人战场上凶猛以一当十；出现了秦军的骑兵，马后拖着一尸体，右臂夹着一俘虏，左手提着一人头，策马欢呼，回营报功。这就是秦国战无不胜的虎狼之军，这就是虎狼之军所向披靡的虎狼之士。而这样的虎狼之军、虎狼之士，在秦国拥有100万，占到秦国总人口500万的五分之一，远远高于其他国家。

在当时的历史时期，100万的"虎狼"，面对几个小小的战国"六雄"，岂不是小菜一碟了吗？秦国的"虎狼之军"，统一了华夏，震服了东方，永载于中国的军事史册。

第五节　千古一帝　开创历史纪元

千古一帝，若把它作为对中国历史上杰出皇帝的一种荣誉褒奖，那么，秦始皇、汉武帝、唐太宗等都当之无愧。然而，若从千古一帝的字面本意来说，"一"即第一，"一"即唯一，不具有重复性。那么中国的封建社会2132年，中国的历代皇帝494个，唯一可称为"千古一帝"的，只有秦始皇！明代的思想家李贽，在中国历史上第一次、第一个把秦始皇誉为了"千古一帝"。秦始皇是中国千古历史上无人比肩的第一位皇帝。是秦始皇发明了"皇帝"的尊位称号，开创了专制主义的中央集权，奠定了中国两千多年的政治体制。没有秦始皇，就没有中国的皇帝制度；没有秦始皇，就没有中国历朝历代的政治格局。

中国5000多年的历史长河，在秦之前，有传说中的伏羲等"三皇"，有远古时的尧舜等"五帝",有商朝的商德王、商纣王等,有周朝的周文王、周武王等,有春秋战国时期群雄争霸的齐宣王、楚怀王,等等,以上的诸多统治者,要么称的是"皇",要么称的是"帝",而真正作为有史载的朝代商朝及之后,则一律称的都是"王"。还有更为重要的是,这些都不是真正意义上的大一统朝代。

秦国血战十年,横扫六合,一统天下,建立了中华大地亘古未有的大秦帝国,雄才大略宏图无限的秦王嬴政,终极目标已经完全实现。然而,此时大功告成的秦王,却在苦苦地思索着一个别人根本不曾去想的问题,那就是立国之后,作为亘古未有的大秦帝国的缔造者,作为亘古未有的一统天下的最高统治者,他的称号,也绝对应该是亘古未有的。他要在中华大地上,开创一个历史的新纪元,而这个新纪元,首先要从他的称号开始,要名垂青史、要世代传承。于是,秦王嬴政召集重臣专题商议:从今往后,大秦帝国的最高统治者,究竟应该称作什么?

丞相王绾提出:"三皇五帝",有的称"皇",有的叫"帝",但实际本身控制的土地方圆不过区区千里。而商周二朝称王后,虽然群雄割据,但毕竟拥有了天下,而且商维持了700余年,周维持了800余年,可谓天长地久。故臣以为,"王"的称号最吉祥、最长久。

秦王听完很是不悦:我不要商朝的700年,也不要周朝的800年,我要的是永远传承,无穷无尽的大秦帝国。

廷尉李斯听罢禀奏道:陛下平定六国,天下共主,如今四海均已成为大秦的郡县,百姓均已成为陛下的子民,中华一统的帝业均由陛下缔造。陛下亘古未有的功业岂是三皇五帝所能比之?岂是商王周王所能及之?古有天皇、地皇、泰皇,而唯以泰皇最为尊贵,臣以为,称为泰皇,至高无上、无人可比!

秦王一听,思路顿开,泰皇虽贵,但仍与前称没有区分。依我看,取"三皇"之"皇",选"五帝"之"帝",就用"皇帝"之称最好,可谓亘古未有。从今开始,我即为"始皇帝",后世以数计位,即"秦二世"、"秦三世"、"秦四世"、"秦五世"等,直至千世万世,永无穷尽。再之,尊庄襄王为"太上皇";以"朕"作皇帝的自称,唯皇帝专用,所有人不得再以"朕"称之。

就这样,于公元前的221年,在大秦帝国创立的同时,秦王嬴政成为了中国历史上的第一位"皇帝",即后人称为的秦始皇;其父庄襄王成了中国历史上的第一位"太上皇";以前人人自用的"朕"的称谓,成了皇帝的专用自称。与此同时,秦始皇为了巩固皇帝的绝对权威,在统一六国后的全国范围内,废止了所有的分封区划,废除了所有的诸侯官员;设立了46个行政建制郡,郡下设立了若干个行政建制县,创立了从中央到郡县的三级管理,且层层官员均为朝廷选贤直接任命。形成了科学有效、中央集权的国家管理体系。

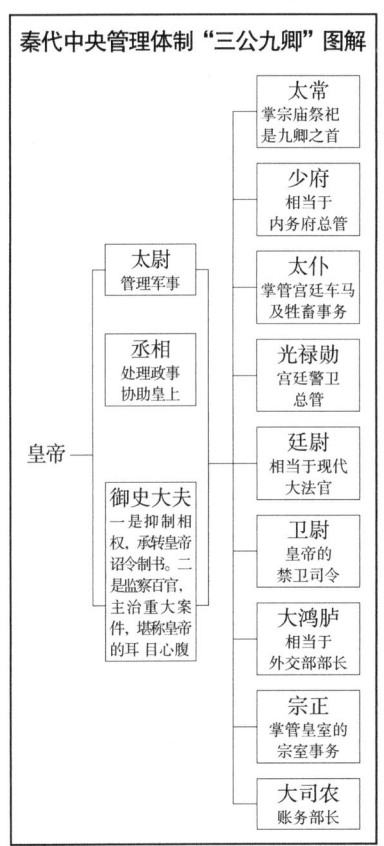

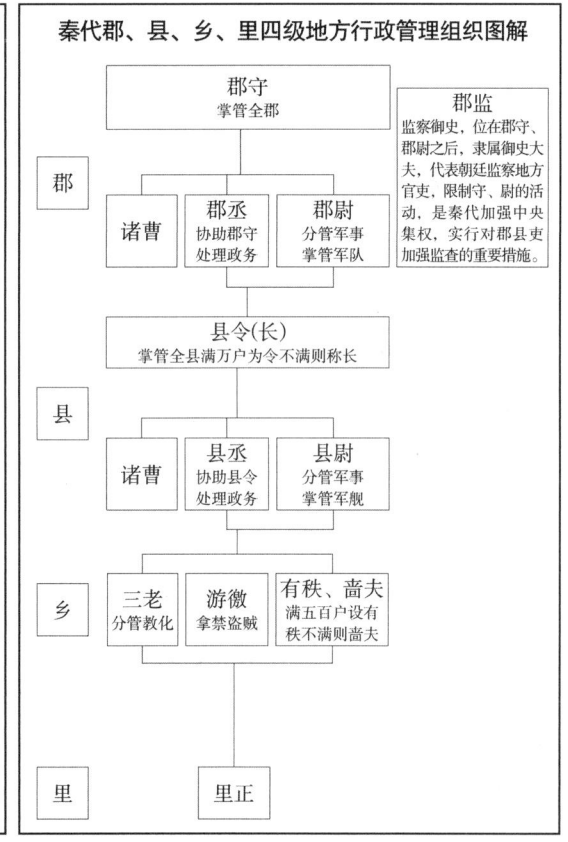

大秦帝国的皇帝称号，大秦帝国的太上皇尊位，大秦帝国的朕的皇帝专用，以及大秦帝国的"三级管理"，大秦帝国的"中央集权"，以上种种，查遍中国后世的各朝各代，无不都在照搬沿袭，无不都在效仿套用，谁也未能跳出千古一帝创立的这个模式。英国的《影响世界的100个帝王排行榜》中，中国的秦始皇排名第二，仅次于古罗马帝国的皇帝君士坦丁。

大秦帝国、千古一帝，功在千秋，利在后世。秦始皇"大秦帝国的世代传承"虽未实现，但其"中华民族的国家一统"，却世世代代都在传承，包括了汉、隋、唐，包括了元、明、清，一直到了后来的"中华民国"、中华人民共和国。不可否认，一个从古到今一直中华一统的大中国，即起始于公元前200多年的大秦帝国。

第三讲
刘邦立汉　大汉罗马世界东西两强

公元前202年，历时四年的楚汉战争，刘邦终于大败项羽，建立了汉朝，定都长安，史称西汉。西汉，是一个锐意进取、开疆拓土的朝代；是一个经济繁荣、文化昌盛的朝代；是一个幅员万里、兵精甲锐的朝代；是一个傲视群雄、逢犯必诛的朝代。是西汉开创了中国历史上的第一个黄金时期，实现了中华民族的第一次全面崛起，成了东方世界的第一强国。

第一节　西汉　名垂青史的文景之治

古代的政权更迭，一朝一代，全都是用战争打出来的。刘邦虽然打败了项羽，建立了西汉，但接手的却是一个十足的烂摊子。由于秦末连年的农民起义以及楚汉战争，致西汉建立之初，社会动荡不安，生产停滞不前，百姓流离失所，土地荒芜不堪。整个国家，要钱没钱，要粮没粮，就连宰相的马车都配不起马而用牛拉，经济到了几乎崩溃的边缘。为了稳定局势，巩固统治，恢复和发展经济已经成为当务之急。刘邦审时度势，果断推出休养生息，发展生产的政策，国家罢战止戈，士兵脱甲归田，一切为经济让路。在此大的背景之下，即出现了刘邦之后名垂青史的"文景之治"。

文景之治是历史对刘邦之子汉文帝刘恒及刘恒之子汉景帝刘启两代皇帝前赴后继，励精图治，富国富民的最高褒奖。文景二帝在位短短40年，把一个千疮百孔、饿殍遍地、人吃人、犬食犬的新生西汉，一举建成了一个繁荣富裕的新兴西汉，创造了中国历史上的伟大奇迹。

40年期间，文景二帝对外奉行力求和平，避免战争，与邻为善，以和为贵，韬光养晦，息事宁人，对屡屡犯境的恶棍匈奴，以和亲为约，尽量减少边境的烽烟；对内，主要是诸侯封国，采取德治为主，恩威并举，多安抚施惠，少引发对抗，相机削弱诸王的权力，保持了国内的政治稳定；对民，实施休养生息，鼓励发展生产，轻徭薄赋，让利于民的政策，减徭役、减赋税、免田租，开放国有山林川泽，供民获取，极大地促进了生产发展；对己，严格自律，带头节俭，拒绝奢华，二帝在位40年，食无珍奇、衣无锦绣、器不饰金、车不装点，就连古人最看重的修建皇陵都专门下诏，不用金银珠宝，只用陶瓦之器，为所有贵族官宦做出了表率，大大节约了支出；对酷刑严律进行废改，提高了社会文明，促进了社会进步，深得百姓及官员的拥护；对军队的改革，实行屯垦生产，亦农亦兵，实现了军需自给，减轻了百姓负担。

据《汉书·食货志》记载：文景之治的40年间，人口倍增、收入倍增，粮价大降、物价大降。西汉初年，大诸侯国的人口不过万家，小的仅仅五、六百家。到了文景之世，流民回归田园，人口迅速繁衍，大国达到三、四万户，小国也达两、三千户，而且，各自都钱多粮丰。整个西汉，政治稳定，国富民足。各地的粮仓满满当当，堆放不下，只有放在仓外，以至于霉变而无法食用；朝廷的钱库钱用不完，存放时间太长，以至于连串钱的绳子都统统朽断。好一个文景之治，短短40年，竟然一步登天，使西汉成了世界上少有的大款，富得流油。

文景之治是中国封建社会的第一个盛世。它使人民的生活水平得到了大幅地提升，国家的经济实力得到了大幅地增强，社会的整体秩序得到了空前地安定。然而，有谁知个中的百般痛楚，有谁知景帝的千般无奈。对于匈奴一次一次地犯境抢掠，对于大汉用公主换来的暂时和平，汉景帝是打碎了牙往肚子里咽。但他并不是没有血气，汉景帝是把他复仇的希望寄托在了儿子刘彻的身上，并一直在刻意积蓄国力，暗中进行备战，为其儿子即后来的汉武帝最终讨伐匈奴，彻底清除边患，打造世界强国，奠定了坚实的物质基础。

第二节　西汉　雄才大略的汉武大帝

汉武帝，一个家喻户晓的名字；汉武帝，一个雄才大略的皇帝。如果说文景之治是以文治国，而汉武帝则是文武兼治；如果说文景之治带来的是富国富民，而汉武帝带来的则是强国强军。汉武帝在位54年，各个领域无所不及，辉煌建树无处不在，创建了中华民族最早的强盛之朝，奠定了中国大一统的疆域大图，是中国历史上仅有的几个最伟大的皇帝之一。

汉武帝公元前141年执政之后，时刻牢记父皇的教诲，摒弃了前朝黄老学说的"无为而治"，推行了"积极有为"的治国理念。举纲张目，把既有的文景之治盛世经济同当朝的政治、军事进行有机地整合，实施了一系列大刀阔斧、卓有成效的有针对性的重大改革，开始了自己深谋远虑的宏图大业。

首先，汉武帝采纳了董仲舒"罢黜百家，独尊儒术"的谏言。把儒家学说确立为国家统治的精神思想，让人们都自觉地去追随它、崇尚它、信仰它，让儒家思想成了皇家封建统治的服务工具，且独统中国封建社会思想领域2000余年。

其次，颁布"推恩令"。以法律形式规定了各诸侯王在由长子继位时，还必须同时为其他诸王子在本王国范围内分割封地，建立侯国，且一一都为中央的直属侯国，但只有制地权而没有制民权。使各诸侯王的封地由此不得不自我缩减变小，而难成气候，更无力对抗中央。巧妙地削弱了诸侯王的实力，从根本上消除了国内长期以来的政治隐患。

再次,设立"刺史"机制,专门监察各地方高官和封国大员。对所有官员的违法乱纪,刺史可不受丞相制约,直接汇报中央的御史大夫,随时即可作出各种严厉惩处。犹如今天的中纪委和巡视组,对各级官员形成了强大的高压震慑。从体制上实施了对地方的严格管控,大大地强化了中央集权。

第四,创立了"中朝"、"外朝"的决策模式,限制了汉高祖时期形成的丞相大权独揽。中朝由尚书、中书、侍中组成,直接向皇上奏事,成了实际上的朝廷决策机构;而以丞相为首的外朝,则只负责一般行政事务的执行。中外朝的形成,保证了朝廷的所有决策权,高度地集中于以皇帝为首的决策中心。

第五,实行了"察举制"、"征辟制"、"考官制",进行人才选拔。通过举荐、征召、考试等不同形式,从不同渠道、不同层次、不同人群中选拔品德高尚、才干出众的优秀人才,进入官员队伍特别是中央机构,保证了人才的递进和增补。就连提出"罢黜百家,独尊儒术"的董仲舒,都是通过考试被汉武帝亲选出来的。

第六,统一货币,禁止封国铸钱。由朝廷统一铸造"五铢钱",在全国范围内流通。废止各封国的铸币权,对现存及流通的所有各种旧币统一收缴、统一销毁。实现了货币的独家铸造,中央直管。

第七,整治经济,开源增收。颁布相关法令,打击奸商,征收资产税;控制经济命脉产业,把原由富豪垄断的冶铁、煮盐等收归官营;设置平准官、均输官,由国家掌控贸易和运输;大肆兴修水利、移民边塞屯边屯田等,有效拓宽了政府的收入渠道,大大增强了国家的经济实力。

第八,开展了人类历史上的第一次人口大普查。人口普查,对汉武帝来说最具特殊的意义。整个西汉,自下而上,从最基层的里、亭、乡,到县到郡到中央,层层统计、层层造册、层层上报。使朝廷不仅掌握了全国的人口数量，而且对人口年龄的结构、性别的比例、地域的分布，也都了如指掌。为汉武帝的各项决策，提供了详实的人口数据。

西安汉城湖遗址公园内26米高的汉武大帝巨型铜像直插云天

以上的诸多重大举措，让汉武帝彻底摆顺了国内的方方面面。下一步，腾出手来要实施的，就是汉武帝谋划多年的强国大梦：清剿匈奴、扫除边患、收复失地、开疆拓土。要彻底树立大汉的尊严，要让大汉像大汉的都城"长安"一样，长治久安！

第三节　西汉　所向披靡的钢甲铁军

要说西汉的军队，必先要说匈奴的情况。匈奴是古代蒙古高原最强大凶悍的游牧民族。由于其生存环境的脆弱，但凡遇到自然灾害，都会给整个部族造成致命的打击，故匈奴时常四处抢掠。匈奴的大单于曾狂傲地说过：凡是他想要的，只要他的马到，就一定是他的。匈奴的整个发展，在秦始皇之后近百年的西汉前期，达到了历史上的鼎盛，其铁蹄遍踏，占领地域涵盖了中国的甘肃以西、长城以北，以及整个蒙古高原、西伯利亚、亚洲的东北大部。面积南北七千里，东西一万四，是当时东方世界不可一世的"匈奴帝国"，是当时西汉唯一的、也是最大的外患威胁。

反观中国此前的各朝各"国"，虽然屡遭匈奴的侵掠，但大多的应战之策，都是以城设防，以险御敌，除秦始皇外，主要打的都是防御战。因为啥？因为没有强大的骑兵！仅以汉初来对比，匈奴的骑兵高达30万，而西汉的骑兵仅仅一万余，且战技战术根本无法与马背上的民族一比高下。故此之前的中国历代，面对匈奴，很少敢于主动出击，正面迎敌，更不要说长途跋涉，兵临敌境了。但汉武帝的大军则敢，不仅敢出击，而且敢远征，敢深入敌境，敢连锅齐端！究其原因，只有一点，登基十余年，蓄势待发的汉武帝，日夜想打的就是匈奴，故养的马都是战马，练的兵都是骑兵，请的教官都是匈奴的教官，配的武器装备都是专门为对付匈奴的骑兵而精心设计的。

自汉武帝登基后的第12年（公元前129年）起，西汉已建起了60万的铁甲大军，30万的骑兵军团。并特别配备了西汉独有的新式武器，专门用于马上劈砍的骑兵砍刀（匈奴用的是剑），专门用于勾剖马肚子的步战长戟，专门用于远距射杀的大黄强弩，专门用于阻挡敌人骑兵冲锋的武钢战车（一种有装甲防护的战车），以及穿透力强的钢制箭头，刀枪不进的铁铠钢甲（匈奴为铸铁甚至骨质箭头及皮制铠甲）。开始了长达十余年的讨伐匈奴，收复失地的战略大反攻，创出了一次一次的战争奇迹。

西汉对匈奴的大规模反攻,从公元前129年到公元前117年的12年间,最为有名的共有六次大战。

第一战奇袭龙城——公元前129年,匈奴侵犯上谷(今河北怀来),杀掳吏民千余人。汉武帝派卫青反击匈奴,卫青七战七捷,最后出其不意,一举攻破匈奴的祭天圣城龙城,俘获敌军千人。此战,取得了反击匈奴的初战大捷,大涨了西汉军民的斗志。

第二战河南之战——公元前127年,卫青率三万骑兵出战云中(今内蒙古大青山一带),对河套及其以南的匈奴楼烦王、白羊王部实施远征奔袭,大获全胜,楼烦王被杀,白羊王逃走。此战,汉军掳获马牛羊百万头,收复整个河套地区,并设置朔方与五原二郡。

第三战漠南之战——"漠南",即蒙古大沙漠以南。公元前121年,汉武帝发起漠南之战,由卫青率三万主力精骑,自高阙而出(今内蒙古狼山中部),长途奔驰七百里,乘夜包围了匈奴右贤王王庭(今蒙古国戈壁省),连锅齐端,右贤王率百骑逃走。此战,汉军俘敌1.5万人,缴获马牛羊千万余头,大大削弱了匈奴在整个漠南的有生力量。

第四战定襄之战——公元前120年,卫青率十万骑兵两次奔袭定襄(今内蒙古赫尔格林),直取匈奴大单于主力,匈奴大败。此战,斩获匈奴1.9万余人,匈奴大单于远逃大漠以北,致河西地区的匈奴从此即处于孤单无援的危险境地。

第五战河西之战——"河西",即中国的河西走廊,土地肥沃,水草茂盛,宜耕宜牧,汉文帝时被匈奴占领。定襄之战后,匈奴大单于远逃漠北,整个磨南仅剩了河西的匈奴浑邪王、休屠王所部。公元前121年,汉武帝打响了收复河西之战,令霍去病率数万精骑出陇西北上攻匈。汉军翻越焉支山,奔袭千余里,连战连捷,杀死匈奴数王,俘获匈奴王子及相国,斩获匈奴8900余人。同年夏,霍去病率五万精骑,北渡黄河,翻越贺兰山,深入祁连山,歼灭浑邪王、休屠王部三万余人,浑邪王率四万兵投降大汉。随之西汉即在此设立了武威、酒泉、张掖、敦煌四郡。此战,收复了匈奴最后的生存之地河西草原及祁连牧场,打开了西汉通往西域的道路,解除了匈奴对西部边郡的一切威胁。

第六战漠北之战——公元前117年,为了彻底击破匈奴,汉武帝发起了史无前例的漠北之战。由卫青、霍去病兵分两路,共10万骑兵,15万民工、18万牲畜,辎重后勤,浩浩荡荡,远征漠北(今蒙古国以北)。卫青北进千余里,大败匈奴大单于。霍去病深入2000里,大败匈奴左贤王。东西两路,均告大捷。漠北大规模的远征之战,匈奴剩余的主力全部被歼,左贤王战死,大单于率数百骑兵突围远逃,无影无踪。此战,彻底赶走了匈奴恶魔;此战,实现了《汉书》上所载的:"从此大漠无王庭";此战,2000多年前,2000多里路,数十万人的长途奔袭,西汉人成功地解决了大军团的远征补给,创出了前所未有的世界奇迹。

西汉名将霍去病　　　　　　西汉名将卫青

赶走了匈奴，原受匈奴控制的小国纷纷向大汉称臣。至于流窜于各地的匈奴残余，有的正式归顺大汉，有的只是苟延残喘，剩余的所谓"汉匈之战"，仅为大汉对匈奴残余的零星扫除。之后，强盛的西汉，更向世界发出了"犯我强汉者，虽远必诛"的气吞山河的豪言壮语！让大汉终于像"长安"一样得到了长治久安。

第四节　西汉　世界两强的东方大国

赶走了匈奴，汉武帝并未就此罢休，他还要把那些借机寻衅滋事、侵扰大汉甚至诛杀大汉使臣的属国、藩国彻底摆平。公元前 117 年、110 年、108 年，汉武帝分别对突袭大汉辽东、扬言吞灭汉朝、杀死西汉使臣的南越、闽越、朝鲜等国逐一发兵反击，最后的结果是，实现了对以上三国的直接设郡管辖，奠定了中华版图大一统的历史根基。

解决了匈奴，摆平了三国，汉武帝的宏图大业终于实现。然而，多次的远征，致大汉的国力大耗，经济衰退，民怨不止。而此时，依然雄才大略的汉武帝，来了一个天下首创，发出了别出心裁的"罪己诏"，向全国昭告：连年征战，自己有罪，请求百姓宽恕。并从此开始罢战止戈，开始振兴经济，开始还富于民。这一彻底潜心发展经济的方针，从汉武帝后期一直实施并传承到了十余年后西汉的又一历史明君汉宣帝继位，并继续秉承武帝遗愿，强国富民，实现了西汉的另一个极盛时期"昭宣中兴"。

总观西汉的历史，是文景之治为汉武帝的赶走匈奴、开疆拓土，打下了坚实的物质基础；是汉武帝的文治武功为汉宣帝的振兴经济、富国富民打出了长久的国家安定；是汉宣帝的昭宣中兴，将西汉推向了"天下殷富，百姓康乐，繁荣昌盛"的历史顶峰，与欧洲的罗马帝国一起，形成了世界两强，鼎立东西。在此，让我们把当时的西汉与当时的罗马、当时的世界，从以下几个方面做以对比,看一看西汉究竟强在了哪里?

先看西汉的人口。当时世界的总人口为1.8亿人。排名世界前三的既是人口大国又是世界强国,大汉帝国6000万人,罗马帝国3340万人、安息帝国830万人。西汉占到世界的三分之一,是世界第一人口大国。

再看西汉的疆域。西汉的疆域,仅仅指设置郡县的疆域,东到朝鲜半岛,西到帕米尔高原,南到越南中部,北到阴山山脉,陆地面积已达1100万平方公里。而当时世界第二疆域大国的罗马帝国,连同其地中海的水域在内,也只有625万平方公里。西汉是世界第一疆域大国。

西安汉城湖公园内的大型石刻浮雕"天汉武风"

三看西汉的经济。西汉农业的农耕新技术、生产新工具,世界独有,促进了高效高产,粮食亩产量高达130公斤,大大领先于世界各国的数倍;西汉工业的诸多创造创新,早于欧洲600到1000多年。

四看西汉的科技。西汉的科技远远超前于当时的整个世界。仅举一例,西汉在世界上最早发现了煤,采出了煤并首先使用了煤,这一发现并使用,早出了西方世界一千多年！1300 年后的公元 1254 年，欧洲的世界著名旅行家马可波罗来到中国，当他平生第一次看到西汉的煤后，竟然不知道是什么东西？惊异地称其为"会燃烧的黑石头"。《影响世界的 100 大中国古代科技发明》榜单中，5000 年的中国古代历史，仅有 200 多年时间的西汉就占了 32 项。足以说明，西汉是当时的世界第一科技强国。

五看西汉的文化。西汉文化是一个博大精深的文化体系，是西汉各代精英在华夏文化的基础上创意发挥提炼而成，且各具特色，各具精辟。"无为而治"奠定了汉王朝的立国之本；"独尊儒术"造就了汉王朝的长治久安；"龙凤文化"成了中华民族的精神象征。

"犯我强汉者，虽远必诛！"这是大汉的旷世名言。作为世界强国，大汉说到做到。由于国土辽阔，虽然没有人敢于大举侵犯，但遥远的边境，则仍会受到外部势力偶尔的侵扰和抢掠。特别是逃到西域的匈奴残余，总以为大汉太大，鞭长莫及，难以应对。但事实证明，对此，大汉不计远近，不算成本，虽远必诛！虽远必惩！其结果必然是全歼来犯之敌，维护了大汉帝国的国家尊严，保证了大汉 300 年的边境安全。

第四讲
张骞出使　首开中西交流丝绸之路

丝绸，是古代中国的伟大创造，是中国对人类、对世界的伟大贡献。丝绸之路是指中国古代把以丝绸为代表的中国文明，经中国的甘肃、新疆运往世界的中亚、西亚以及地中海沿岸诸国的这一条连接亚欧的贸易之路。它东起中国的长安，西至欧洲的罗马。而这一条漫长的、艰险的，对中国、对世界有着巨大意义的友谊之路、贸易之路，却是在令人难以想象的2000多年前、两万多里路、只有两个人、只有两匹马的极其恶劣的条件下，被中国西汉的张骞，从长安开始，一步一步踩踏出来的。

第一节　匈奴侵掠　西汉遣使西域联友征讨

秦末时期，秦二世政权名存实亡，楚汉两雄忙于打仗，秦朝国内陷于极度的混乱之中。这时北方大漠的匈奴，见缝插针，趁机扩张，很快即占领了土地肥沃、水草茂盛的河西走廊以及以西的西域广大地区。原生活在这一地区的诸多部族、国家，有的被消灭，有的被吞并，有的被迫归顺，有的则弃地西迁。匈奴在此垂涎已久的丰腴之地，设立了自己的王庭政权，组建了庞大的军事机器，实行了残暴的奴隶主统治。同时，并把下一步的扩张目标，锁定在了刚刚建立的西汉政权。

在这被迫西迁的诸国当中，有一个叫作月氏的国家，一直国强势大，匈奴曾长时间地受制于月氏国，并送王子人质于该国。秦朝灭亡时，匈奴王子设计从月氏国深夜逃回匈奴，并以弑父立威的方式杀掉其父老单于，立自己为"冒顿单于"，成为匈奴新的统帅。冒顿单于残暴凶狠，众臣惧怕，其势力迅速大发，不久即大举兴兵进攻月氏国，以报被质之仇。强大的匈奴很快即攻占月氏都城，杀死月氏国王，且割下国王首级，把其头盖骨当作饮器极尽羞辱。月氏国颜面丢尽，被迫长途西迁，从此与匈奴结下了深仇大恨，且随时准备回返报仇，灭掉匈奴。

西汉建立之初，虽然战争结束，但新朝建立，百废待兴。匈奴瞅准时机，侵犯边境、烧杀抢掠。文景二帝韬光养晦，被迫与之订立和亲之约，才使匈奴暂缓了更大的企图。直到汉武帝执政，对匈奴决心讨回尊严，予以打击，但苦于当时的兵力尚弱，故欲联盟结友，共同讨伐匈奴。恰好此时，得知曾经的强国大月氏，领土被占，国王被杀，首级被辱，被迫西迁，正欲寻找盟友报仇雪恨。如此一来，正中汉武帝下怀。只是，若要与月氏国联络结盟，路途遥远艰险，肩负责任重大，急需一位爱国忠君、有胆有识、敢于迎难而上的人出使游说。故而，汉武帝专此进行公开募选，招考出使西域的官员。当时，身为朝廷侍官的张骞，挺身而出报名应招，并顺利通过了汉武帝直面的种种测试，成为了中国有史以来出使异域的第一人。

月氏国究竟具体在哪？当时谁也说不清楚，只知道在汉朝以西很远很远的西域，特别是要经过匈奴控制的河西走廊，其一路的艰难险阻，谁也无法想象。但张骞不畏凶险，忠心报国的壮志，感动了大量的热血青年，数百人踊跃报名。汉武帝与张骞共同精选了100余人，特别是委任一位身居长安名叫甘父的匈奴人作为整个使团的向导，此人为张骞之后开天辟地的惊天壮举，立下了不可磨灭的汗马功劳。

第二节　首使西域　张骞历尽艰险不辱使命

"西域"是古代中国人对西部的统称,有狭义和广义之分。狭义指葱岭(即帕米尔高原)以东的中国境内新疆及甘肃的河西走廊地区;广义指丝绸之路后葱岭以西的中亚、西亚和南亚及欧洲地区。而张骞欲出使的大月氏国首次西迁的位置即在今新疆的西部边界一带,距当时的长安,约有4000公里的距离。

公元前的138年,张骞率领百余人的出使团队,带着大汉的文书,带着大量的金银,带着诸多的中国特产,踏上了漫无边际、生死未卜的寻求结盟之路。

当张骞的大队人马进入匈奴控制的河西走廊后,尽量避开大路走小路,尽量避开集镇走荒漠,尽管如此,还是冤家路窄,遭遇了匈奴的巡逻马队。所有人全部被抓,并被押解到匈奴王庭。当匈奴单于得知张骞的人马是要出使自己的敌对国家月氏国时,先是没收了所有的物资,再是扣留了全部的人马。而对于领头的张骞,因赏识其的才华,则百般利诱,请其留在匈奴为己服务。但见张骞坚持不应,又专为张骞选娶美女、成家生子、配置仆人,以情感化,然而,一切均未能凑效。而张骞,则明里麻痹单于,暗中牢记使命,日夜终持"汉节"不失,且时刻在观察各处地形,寻找逃走的机会。日复一日,年复一年,张骞的淡定终使匈奴放松了暗中的监管。直至公元前的129年,在一个下着暴雨的深夜,张骞舍弃了妻子儿女,带着甘父,偷得两匹快马,徒手逃出了匈奴王庭。由于二人穿的是匈奴衣,说的是匈奴话,故顺利地走出了河西走廊,逃出了匈奴的辖区。而至此,张骞已在匈奴苦苦等待、煎熬留居了十年的时间。

十年的时间,外面情况已经发生了巨大的变化。当张骞二人一路打探朝着月氏国的方向奔波时,却得知月氏国早已被其敌国乌孙联合匈奴入侵占领,致月氏国又一次被迫西迁,从原来的伊犁河流域,迁向了葱岭以西远离匈奴的中亚一带。而未完成使命的张骞，此时只有改变路线，沿塔里木河一路向西，经库车、过疏勒、翻葱岭、越沙漠。一路上，有沙漠难耐的高温，有葱岭极度的严寒，有无水饮尿的苦熬，有断粮食草的苦撑。整个西行之路，经历了"西游记"般的千难万险，熬过了近百天的日日夜夜，才终于来到了并非目的地的西域大宛国（今哈萨克斯坦一带）。而大宛国距大汉的长安城，已经是 5000 多公里的距离了。

西安玉祥门外的大型丝路群雕，这里是当年丝绸之路的驼队集结起始地

来到大宛，见到了高鼻子、蓝眼睛的大宛王。大宛王早就听说东方有个大汉国，人多国大、富饶强盛，很想高攀结交，但苦于山高路险、距离遥远，故始终难以如愿。今见这泱泱大国的使者，遥遥万里，主动上门结交，好不受宠若惊、喜出望外。于是，又是设宴款待，又是各地参观，并亮出了自己的国宝"汗血宝马"。得知张骞还要到大月氏国，更是主动派出向导、翻译、

车马以及食水之物。同时介绍了大月氏之外的周边诸多国家的相关情况，并承诺，以上国家，均由大宛人带领张骞，一一前往、一一到访。大宛国王的热情，目的只有一点，让张骞回国后，多向大汉皇帝美言，多向大汉皇帝引见，以便为日后交好大汉，做好已有的感情铺垫。

　　离开大宛，张骞首先来到的是月氏国。张骞的第一件事，就是说明来意，希望与月氏国联盟抗击匈奴。不料，时过境迁，情况大变。原来，自老国王被匈奴杀后，月氏国已另立国王，新王率部族已经两度西迁，一直迁到现在的大夏国以北，即今天的阿富汗一带。此地可耕可牧、少战少乱、生活安定，加之如今已远离匈奴，故月氏国王不愿再去挑起战端。但对大汉如此看重月氏国，历经十年，远道专来，倍加感激，愿与大汉永远交好、亲如兄弟。并诚邀张骞在月氏留住一段时间，以月氏为据点，走一走，看一看，了解各国的风土人情，观赏西域的异地风光。然后，带上月氏送给大汉皇帝的厚重礼品，由月氏派人派马，护送张骞一行回汉，以表深深的歉意以及作为新结好友的见面礼。

　　话已至此，月氏国王的态度已经表达得明明白白。张骞心想，看来，即使再说，也难以让月氏国王改变主意。既然联盟抗匈未能达成，不如就照国王的建议，留住一段时间，摸清各国、吃透西域、广交朋友。若能如愿，则可把大汉丰富的物产、先进的技术、优秀的文化，输送西域，以展示大汉的文明，远播大汉的国威，岂不更有价值、不虚此行。主意打定，张骞客居西域一年有余。期间，访问大宛、月氏、康居、大夏，了解了乌孙、安息、条支、身毒等国，拜见了各国国王、结交了王公大臣，展示了大汉愿与西域各国建立友好关系、加强各种交流、彼此互通有无的良好意愿。受到了所有国家的热烈欢迎、高格接待，并纷纷向大汉皇帝赠送珍贵礼品，充分表达了友好交往的真情实意。

　　公元前128年，张骞一行人带着西域诸国的一片浓情深意，带着献给大汉皇帝的厚重大礼，怀着难以名状的喜悦，踏上了通向大汉的归途。为躲开匈奴控制区，张骞特意选择从南路的青海羌人区通过，岂知羌区早已沦为了匈奴的附庸，故依然是冤家路窄，又遇匈奴、又遭扣留、又被没收全部财物。持续扣押了一年有余，中途幸遇匈奴太子与单于争夺王位，内部大乱，张骞才有幸携甘父一道逃出。公元前126年，离别大汉13年的张骞，终于回到了都城长安。但去时100多人的大队人马，归时却只剩下了张骞主仆二人。

张骞首次出使西域，路途遥遥万里，历尽各种磨难，时长一十三年。虽然联合大月氏共同抗匈的使命因故未能完成，但张骞不辱使命，收获颇丰，为大汉踏通了西域之路，遍访了西域诸国，结交了各国友朋，了解了各国文化，摸清了各国物产，掌握了各国需缺。为日后大汉与西域广泛、长期、友好、双赢地经济与文化的相互交流，奠定了无可替代的坚实基础。被司马迁称为了"凿空西域"的第一人。

第三节　二使西域　开创中西交流丝绸之路

张骞对西域的出使，不仅是一次政治上的外交游说，更是一次卓有成效的外事考察。张骞写给汉武帝的出使报告，对葱岭的以东以西、中亚西亚以至于诸多国家的方位、相邻、人口、城市、物产、文化、信仰甚至兵力都作了详尽地描述，并向汉武帝重点汇报了西域各国对于与大汉友好交往的极大热情。当汉武帝见到了历经磨难13年后又奇迹归来的张骞，见到了这详实丰富的出使报告，知晓了西域各国对大汉的积极友好，备受感动，大加赞赏。随即封张骞为太中大夫，授甘父为"奉使君"，以表彰他们的丰功伟绩。

此时的西汉，对于匈奴，已经从原来的战略防御进入了全面的战略反攻，且捷报频传，不断收复失地。公元前121年的河西之战，匈奴被汉军彻底赶出了河西走廊，葱岭以东再无匈奴的铁蹄。至此，一直雄心未泯的张骞趁机向汉武帝提出，愿为大汉二次出使西域，以进一步巩固已有成果、扩大交流范围，正式把大汉的经济、科技、文化推向西域，同时引入西域国家特有的物产及文化，在弘扬大汉文明、宣传大汉帝国的前提下，达到与西域诸国经济文化交流的双赢结果。汉武帝听罢，当即满口答应，并给出了二次出使西域的三大任务：一是与西域各国建立普遍的友好关系，约定不与大汉为敌，不与匈奴结盟；二是推介大汉特有的物产及科技文化，推进西域与大汉的经济贸易，互通有无；三是宣传大汉的地大物博，展示大汉的文明先进，传播大汉的强盛国威，让全世界都知道东方有个大汉帝国。

公元前 119 年，西汉组建了 300 人的外交使团，每人配马两匹、随团牛羊万头，携带了大量中国独有的丝绸锦缎、瓷器茶叶、金银器皿、创新农具、文化典籍，以及冶铁、农耕、凿井、织布、蚕桑等诸多的新技术，由张骞统率，自长安出发，开始了亘古未有、贯通中西的丝绸之旅。

本次出使，张骞兵分三路，各持"汉节"，先后分别访问了于阗、扜弥、安息、乌孙、大宛、月氏、康居、大夏、奄蔡、身毒等西域 36 国，足迹遍布了中亚、西亚、南亚各地，最远的到达了地中海的罗马帝国及非洲的部分国家。所到之国，各路使团不仅访问了都城，拜见了国王，而且还参观了主要城市，走访了农村牧场。所到之处，各路使团广泛传播大汉的文明富强，介绍大汉的发明创造，推广大汉的先进技术，宣传大汉的睦邻友好。整个使团受到了西域各国空前未有的、从上到下的热烈欢迎。

通过大汉使团在西域数年的访问交流、播种友好，西域各国体验了从未有过的丝绸、刺绣、瓷器、漆器、茶叶、金银器皿等大汉的独有产品；学会了冶铁、制铜、农耕、织布、打井、蚕桑等大汉的创新技术。同时，大汉也从西域引进了葡萄、石榴、核桃、芝麻、蚕豆、黄瓜、大蒜、胡萝卜等中亚物产，以及良马、骆驼、鸵鸟、狮子等西域物种。以上的交流，乍看起来，大汉的西行付出得太多太重，而回报得太少太轻，不成比例、价值悬殊。但从大汉战略的层面来考虑，用现在的话来说，即张骞出使西域的成果是根本无法用金钱计算的。

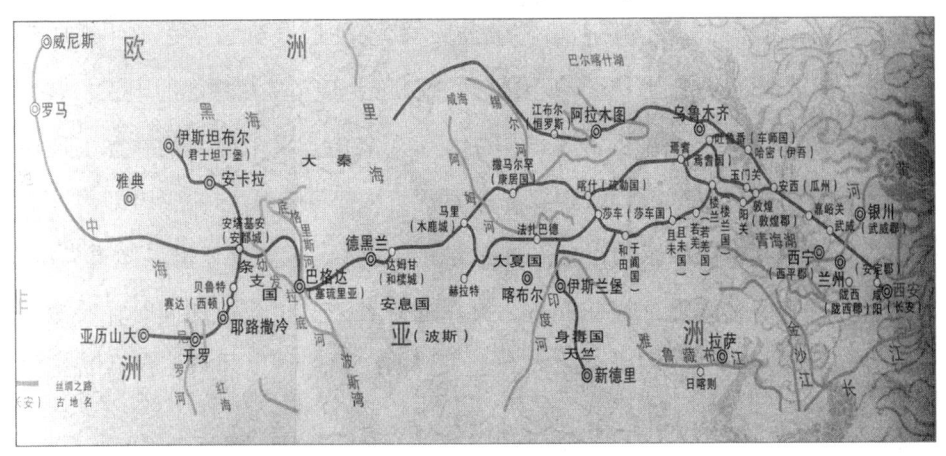

古丝绸之路路线全图

张骞的出使，开天辟地地打开了一条中西友好交流、互通商贸文化的亚欧大通道，为确立大汉在世界上的崇高地位，立下了名垂青史的千古伟功。

19世纪中叶，德国的地理学家费迪南·李希霍芬在中国的新疆考察，在他所著的《中国》一书中，首次将这条中西交流之路称之为"丝绸之路"。此后，"丝绸之路"这一特定称谓，便广泛专用于2000多年前由西汉开辟的这一条连接东西方两个世界的文化经贸交流的友谊之路，且一直沿用至今。

第四节　丝绸之路　是古代大汉的强国之路

对于张骞的二次出使西域，其实是汉武帝长远的政治谋略。当时的西汉，已经成功地取得了五大战役的全面胜利，将不可一世的匈奴魔王赶到了遥远的大漠以北。作为西汉，疆域广阔、人口众多、物产丰富、国力强盛。但诺大的世界，其他国家是个什么样子？大汉在世界的地位是个什么概念？汉武帝心中丝毫无底。张骞的第一次出使，仅仅到了四个国家，且大汉的"文明之物"均被匈奴一一抢走。世界如何能了解大汉的一切？大汉的国威如何能够远播世界？是汉武帝几年来一直思考的问题。而一次偶然的事件，让汉武帝终下决心。当时,为了开辟西南的通道,西汉使臣来到云贵之地一个叫作"夜郎"的王国。没想到,这个只有区区二、三十万人弹丸之国的国王,竟然可笑至极地质问大汉使臣:吾夜郎国之大、人之多,汉国能比吗?并串通西南诸国联合抗汉,不久,即被西汉一举吞灭。"夜郎自大"的成语即因此而来。就此,汉武帝深深感到,必须要走出去,走多走远。要让世界知道大汉,知道大汉的强大,知道大汉的先进;要在进行经济文化交流的同时,播撒大汉的恩惠,展示大汉的国威。故才有了张骞的二出西域,才有了汉武帝给出的三大任务。

对于汉武帝的深谋远虑,张骞充满自信,慷慨表示,只要配足人,配足马,配足物资,所有任务定当完成。历史证明了,张骞的二出西域,不辱使命,国威尽显,大功告成。请看二出西域的影响与收获。

张骞二次出使西域的驼马队群塑

安息国组织了两万人的盛大欢迎仪式迎接汉使；身毒国举办了 800 人的大型宴会招待大汉使团；乌孙国派出了近百人的团队护送张骞回归长安。通过二次出使，大宛国奉上了汗血宝马；康居国贡上了珍珠翡翠；大夏国献上了西域美玉；条支国拿出了蓝色宝石。更有不少的国家主动送来王子王侄，质子于汉，以示称臣。诸多的国家通过来使长安，验证了大汉的强大，感受了大汉的文明，纷纷背弃匈奴，交好大汉，主动向大汉朝贡纳税，积极与大汉互通有无。

各个国家的积极示好，目的只有一点，换回大汉的丝绸瓷器，学会大汉的最新技术，带回大汉的文明成果。从此之后，各国的使者和商队，争先恐后，络绎不绝，来到西汉、来到长安，学习、取经、交流、贸易。一条热闹繁忙的丝绸之路，不仅让大汉普惠于沿线各国，更使大汉威名远扬，誉满世界。

第五节　丝绸之路　是现今中国的世界舞台

丝绸之路，最初张骞开辟的只是长安到西方的陆地通道，但到罗马的丝绸则需要经过西亚的商人中转倒手，故诸多的地中海国家希望能有一条海上通道直达罗马。汉武帝时的公元前 107 年，西汉顺应形势，及时开通了从中国的南部海岸经中南半岛、南海诸国，穿印度洋，进地中海，再抵达欧洲和东非的海上丝绸之路。自此，西汉形成了陆海并通的世界丝绸之路贸易网络，使 100 多个国家可与大汉进行直接的商贸往来。

西汉的丝绸之路，为古代中国的对外交流，为古代世界的经济发展，发挥了巨大的作用。而在 2000 多年后的今天，中国的丝绸之路，在中国、在世界上更是扮演着极其重要的战略角色。2013 年，中国的国家主席习近平提出的、中国正在全力实施的、规模最为宏大的世界经济合作开发计划——"一带一路",全称即为:"丝绸之路经济带"及"21世纪海上丝绸之路"。

"一带一路",由中国主导,与合作国家共建。旨在沿古代丝绸之路的范围(中亚、南亚、西亚、欧洲以及东非),建立一个全球最大的世界经济走廊;在以上地区,建设各国急需的以基础设施为主的各种大型项目;与沿线的近百个国家一起,打造共同发展,共同繁荣,共赢互利的命运共同体。

2017年5月,第一届"一带一路"国际合作高峰论坛在北京召开,国家主席习近平在演讲中说道:2000多年前,我们的先辈筚路蓝缕,穿越草原沙漠,开辟出联通亚欧非的陆上丝绸之路;我们的先辈扬帆远航,穿越惊涛骇浪,闯荡出连接东西方的海上丝绸之路。古丝绸之路打开了各国友好交往的新窗口,书写了人类进步发展的新篇章。中国陕西历史博物馆珍藏的千年"鎏金铜蚕",在印度尼西亚发现的千年沉船"黑石号"等,见证了这段历史。

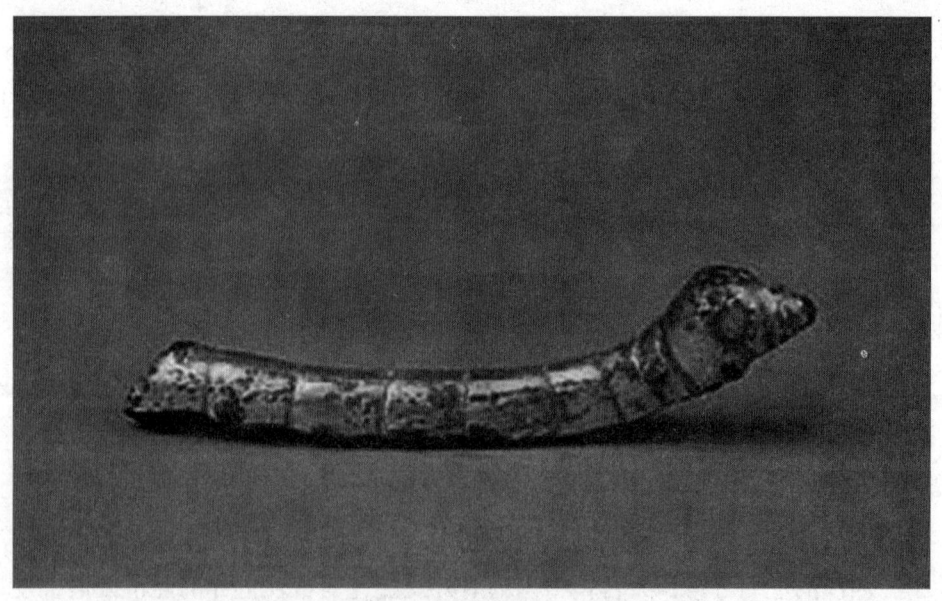

展出于陕西历史博物馆2000多年前西汉时期的鎏金铜蚕

2019年4月,第二届"一带一路"国际合作高峰论坛在北京召开,习近平主席在主旨演讲中说道:共建"一带一路"倡议同联合国、东盟、非盟、欧盟、欧亚经济联盟等国际和地区的发展和合作规划对接，同各国发展战略对接。从亚欧大陆到非洲、美洲、大洋洲，共建"一带一路"为世界经济增长开辟了新空间，为国际贸易和投资搭建了新平台，为完善全球经济治理拓展了新实践，为增进各国民生福祉作出了新贡献，成为共同的机遇之路、繁荣之路。

2021年，第三届"一带一路"国际合作论坛虽因疫情未能如期线下举办，但之后相关的线上会议频频召开，"一带一路"的国际合作硕果累累。中国外交部发言人汪文斌在中外记者招待会上如此说道：中国"一带一路"的倡议，超越了地缘博弈的旧思维，开创了国际合作的新范式，已经成为深受国际社会欢迎的公共产品。得益于"一带一路"，东非、柬埔寨有了高速公路，马尔代夫有了跨海大桥，哈萨克斯坦有了出海口，老挝从陆锁国变为了陆联国，诸多国家都有了梦想成真的首条高铁……参与国家已经充分享受到了中国"一带一路"的巨大红利。

丝绸之路，串起了古代和现代；连接了东方和西方；拉动了中国和世界。西汉的丝绸之路，为世界播种了文明，为各国带来了利惠，打开了一条世界交往的友好之路。如今的丝绸之路，为世界带来了合作，为各国带来了机遇，开辟了一个中国复兴大梦的世界舞台。中国的丝绸之路，实践证明，从古到今，都是一条通向发达、通向繁荣、通向友好、通向共赢的兴旺之路。

第五讲

玄武门之变　历史推出大唐太宗

若要说到李世民，可谓人人知晓，若要说到"玄武门之变"，恐怕并不是人人都知道。没有玄武门之变，也许就没有李世民；没有玄武门之变，也许就没有以后的"贞观之治"。玄武门之变是一场兄弟之间争夺皇位的喋血之变，其刀光剑影，短兵相接，两大集团，绝地厮杀，可谓惊心动魄！最终，是历史选择了雄才伟略的李世民，造就了华夏民族的"天可汗"，推出了功德世界的唐太宗。而决定中国历史的玄武门之变，就发生在1000多年前的长安城，就发生在长安城太极宫的玄武门内外。

第一节　唐高祖的无奈之举酿就了玄武门之变

唐高祖是谁？唐高祖就是李世民的父亲李渊，是唐朝的开国皇帝。唐高祖的无奈之举指的是什么？指的就是唐朝建立后唐高祖在册立太子问题上的无奈之举。

要说这个问题，必须要先说李渊是如何起兵反隋，如何建立唐朝的。李渊原为隋朝的太原留守，相当于现在的山西省长。当时的李渊共有三个嫡亲儿子，即长子李建成、次子李世民、四子李元吉。三个儿子唯李世民随李渊驻守太原。公元615年时的隋朝末年，天下大乱，民不聊生，全国各地的反隋势力蜂拥而起。眼看隋朝已经大势已去，而这时的隋炀帝却还在江南的扬州巡幸作乐。李渊的起兵反隋就发生在这个时候，且一路南进，势如破竹，五个月即攻克长安。既然在立太子上有无奈之举，那么，我们来看一下，从李渊起兵谋划到长安的彻底占领，李渊的三个儿子各自都充当了怎样的角色？起到了多大的作用？

正值隋末的天下大乱之际，跟随父亲驻守太原的李世民，审时度势，把握时机，冒险与自己的密友晋阳令刘文静及晋阳宫宫监裴寂，开始密谋串通，商议起兵反隋，并把这一大胆企图报告了李渊。虽然李渊大为吃惊且并未表态，但李世民已经达到了捅破这层纸的目的，并开始了积极地准备工作。

公元616年，李渊与突厥作战失败，按照隋朝的律令，隋炀帝召李渊到扬州领罪。此时的李世民再次力劝李渊起兵，不可坐以待毙，静候大祸临头。致使李渊终于下了起兵决心，并正式形成了李世民、刘文静、裴寂连同李渊在内的四人秘密领导核心。

公元617年6月，李世民令刘文静打着突厥进攻之名招募了兵勇一万余人。隋炀帝的亲信、太原副守王威以及高君雅，发现李世民私自募兵，拟有谋反之意，遂决定先行除掉李渊，再奏报皇帝。不料被李世民识破，先发制人，伪称王威、高君雅勾结突厥，并设伏于晋阳宫，诛杀了王、高二人，除掉了心腹大患。

为防止兵进长安时，突厥趁虚攻占太原，李世民派刘文静深入突厥，几经谈判，给出了事成之后的诸多许诺，最终达成了联兵之盟，确保了太原的安全，消除了兵进长安的后顾之忧。

一切准备就绪，李渊调回了李建成和李元吉。公元617年的7月，李渊正式起兵。由李元吉留守太原，看好大本营，由李渊担任起兵统领，由李建成、李世民各为左右两军都统，共十万人马进兵长安。

从617年的7月起兵，到617年的11月收兵，只有短短五个月，其中战斗的惨烈、李军的英勇、百姓的拥护，这里不一一详细叙说，总之夺取了长安城，推翻了现政权。现在咱们只说一说李渊的三个儿子，在整个的起兵谋划阶段，李建成、李元吉始终未曾参与；在整个的作战行动阶段，李元吉留守太原，李建成、李世民共同领兵作战，攻城夺地、冲锋陷阵，各自都建立了战功；但在期间数次重大问题的决策中，例如，左右兵变进程的突发事件，李渊误判形势的欲要回兵太原，沿途的先扫障还是先进兵长安，以及抢时间收编关中的反隋势力，等等，李世民对于情势的识别、困境的判断以及整个战局的洞察，都展示出了高超的战略智慧，整个行动都是按李世民的谋略执行的。为最终夺取长安，起到了不可逆转的决定性的作用。

随后的公元618年5月，李渊正式建立唐朝，正式登基称帝，是为唐高祖。皇帝之梦，李渊如愿，然而，在册立太子的问题上，李渊却陷入了深深的两难。他知道，不管是论武还是论文，不管是治人还是治国，李建成、李元吉都远远不及李世民。特别是唐朝的建立，在三个儿子当中，就数李世民的贡献最大，建功最多，按说立李世民为太子最为顺理。但是，中国皇朝传统的长子继位制又使李渊不愿越出雷池。无奈的李渊，关门静思了整整三天，最终决定，还是沿袭旧制，选择了建成。而且，既然已经决定，为了防止夜长梦多，李渊在自己登基后的仅一个月，即为建成举行了册立仪式，并同时封李世民为秦王，李元吉为齐王。李渊的无奈，给以后的皇位争夺埋下了难以消除的隐患和大唐悲剧的种子。

第二节　李世民的盖世功绩诱发了玄武门之变

唐王朝虽然已经建立，但国家远未真正统一。当时的全国形势，正是各派军阀整合与混战的高潮时期，前朝的残余势力以及诸多的割据集团，都在虎视眈眈。如今横空出来了一个唐朝，出来了一个天下共主，反而一下成为了大家的共同敌对目标。当时的王世充、刘周武、窦建德、薛仁杲，就是四股最大的反唐势力，而且都和李渊一样，是先后建了朝、称了帝的超大型政治军事集团。故而，这一时期，李唐的最大任务就是尽快扫平各路的反唐势力，尽快实现国家的真正统一。

但是，面对树欲静而风更疾的严峻形势，作为皇帝，李渊不可能再去领兵征战；作为太子，李建成要在京城辅佐皇帝处理朝政；作为齐王，李元吉太过年轻稚嫩，尚不够成熟。这时，平定各路敌寇，实现真正统一的任务，便摆在了李世民的面前，让这个只有20岁的秦王不可推卸地承担起了这李唐的历史重任。

秦王时期的李世民身边即有诸多忠心追随的嫡系文武精英

要实现唐朝的真正统一，不仅任重，而且道远。李渊虽然建立了新朝，但大量的地盘却不在自己的手里。东边的河南，为王世充控制；偏北的河北，为窦建德控制；西边的甘肃，为薛仁杲控制；正北的山西，是李渊的龙兴之地,但就在唐朝建立的仅仅第二年,即遭灭顶之灾,被刘武周连太原、带晋中,一路南下,全部占领。李渊派裴寂领兵征讨,但又被刘武周打得全军溃败,裴寂只身一人逃回京城。且刘武周狂言,半年之内,拿下长安。总观整个局势,此时的李世民,面对的是三面四方的重重威胁,肩负的是护卫唐朝政权和平定天下的双重重任。然而,历史却给了秦王一个树威建功的大舞台,成就了一个军事家、战略家、常胜将军的李世民。

公元618年,刚刚受封秦王仅仅数月的李世民,即领受皇命,开始了其艰苦卓绝、平定四方的浴血奋战。先后北渡黄河,大败刘周武,收复全山西,把刘周武一举赶到北部草原的突厥之地;西进甘肃,趁薛仁杲为父大丧之际,出其不意,攻入天水,诛杀残无人道的薛仁杲,剿灭了对唐朝威胁最大的西秦政权;东出河南,数月扫平豫西,围困孤城洛阳半年之久,致王世充无粮无水无士气,主动开城投降;抢占豫东虎牢关,堵截西进的窦建德,明里守关,暗里偷袭,乔扮敌军,直插敌方指挥部,活捉敌帅窦建德,打出了3500人对十万大军的经典战例。四大反唐势力先后全部解决,李世民不回京,不休整,一鼓作气,乘胜追击,铁蹄遍踏东西南北,对所有的小股反唐残余,一个不漏,全部清扫。直至625年为止,秦王大军整整鏖战8年,各种战事百余,全国所有的反唐势力,歼灭的歼灭,投降的投降,逃走的逃走,归顺的归顺。李世民的平乱大计,取得了空前的辉煌战果,为唐朝的最终统一,立下了无与伦比的绝世战功。

八年的时间,李世民在全国驰骋沙场,浴血奋战。而同样是这八年,李建成在京辅佐李渊的朝政,做着准皇帝,二者形成了强烈的反差。特别是李世民通过八年的艰苦鏖战,取得了辉煌的战果,平剿了各路势力,实现了唐王朝的真正统一。然而,现实不可避免地就产生了一个奇怪的现象,李建成、李世民,二人都同时处在深深的忧虑以及少有的危机之中——李建成心想,李世民连年征战,功劳最大,心中肯定不平衡,一定会对自己的太子地位构成严重威胁,甚至采取必要的行动,自己必须要有所准备;而李世民则想,自己浴血奋战，战功卓著，大唐一统全靠自己，李建成肯定会认为自己将要谋取他的太子之位，进而会对自己采取必要的措施，自己必须要有所准备。看吧，李建成、李世民二人的想法几乎一模一样！

光有想法倒不要紧，要紧的是，一个想法，引出了后来一系列的可怕博弈。

第三节　李建成的釜底抽薪助推了玄武门之变

李世民征战八年，收获的不仅仅是辉煌的战功，还有一个对李世民有着重大意义的收获，就是在这八年当中，知人善任的李世民聚拢了一大批顶尖的文武奇才，为李建成和李元吉羡慕不已，为李世民的成就大业做出了非凡的贡献。

如果按上节所说的李建成、李世民两人都不约而同地有了危机感，那么首先害怕的肯定是李建成，因为他是太子，否则，他就不需害怕。而李建成害怕李世民的只有两点，一是他的功劳最大，二就是他的人才最多。功劳大是与自己竞争的资本，人才多则是与自己抗衡的力量。对于李世民的功劳大，李建成无法改变，而对于李世民的人才多，李建成则想出了解决的办法，那就是釜底抽薪，把李世民秦王府中的文武精英想办法一一调离，任命为朝廷官员。因为，按唐律规定，朝廷命官不得与王府有任何的私下往来，否则，一律问斩。这样即可从根本上断了李世民的左膀右臂，让他失去和自己抗衡的中坚力量。不可否认，李建成的这一招实在狠毒。

李建成首先开刀的，是李世民的高参，谋略奇才的房玄龄和杜如晦，人称"房谋杜断"。这二人李建成最为忌惮，他曾说过：房杜是秦王府中最可怕的人。对于房杜二人，李建成一招即准，他上奏唐高祖：房玄龄、杜如晦身在秦王府，不断挑拨儿臣与李世民的关系，应当惩处。事关太子兄弟间关系，唐高祖最为气恼,几乎没有任何犹豫,就把房杜二人调离秦王府,安置为朝廷相关部门的闲职角色。房杜的调离,是李世民的最大损失。

其次是李世民的武将,秦王府的程知节也即程咬金,人称"三板斧",打仗极为勇猛。李建成处处找茬,无事生事,小事扩大,不断奏请皇上惩处。致程知节爵位被免,贬离京城,担任康州刺史,远远离开了李世民。

再次,是秦王府天下第一骁将的尉迟敬德,为李世民的贴身护将。对于李世民拥有敬德,李建成最为嫉妒,嫉妒的就是敬德的武功。李元吉因生性狂傲,曾邀敬德比武。李元吉持长枪,而敬德为空手,李元吉二十个回合但始终都刺不到敬德,而李世民仅喊了一声"徒手夺枪",李元吉的枪就奇迹般地拿到了敬德的手中,而且再试再夺,惊呆了在场的所有人。对于敬德,李建成先用重金收买,遭到拒绝;李元吉后派刺客暗杀,敬德索性晚上睡觉窗门大开,不想,竟然没有一个刺客敢于进来。最后,还是李建成、李元吉共同捏造罪名,共同奏报高祖,致敬德蒙冤入狱。后经李世民倾力营救,方才得以减刑放出。

如今大明宫遗址公园中的玄武门遗址

如此种种，接二连三，致李世民的文才武将，不断地被关、被贬、被调离，最终仅剩了尉迟敬德、长孙无忌以及秦叔宝等少数的三、五人可以公开进入秦王府。李建成的釜底抽薪，让秦王府的力量大大削弱。李世民尽管是怒火冲天，但又苦于无法对抗，因为，古代的调位，那是圣旨，是只有遵命，是万万抗拒不得的。

面对李建成如此的攻势，这些被贬离的以及有幸留下的李世民的嫡系文武精英，不仅感到了自己的孤单，而且也看到了李世民的危险，先后都向秦王发出了一个共同的声音：不能坐以待毙，要尽快采取有效的、强硬的措施，否则，秦王你将很快成为孤虎困兽，任人宰割。至于大家所说的这个"有效的、强硬的措施"，怎样有效？如何强硬？什么意思？笔者和读者、说者和听者，双方都明明白白，清清楚楚。让李世民处在了极度极度的矛盾之中。

第四节　太子党的三方结盟立决了玄武门之变

其实，李世民比任何人都清楚当前的形势，那就是太子、齐王已经结盟，兄弟二人联合起来对付自己。或许人们还不明白，太子之争，哪一点也轮不到他李元吉，他掺和进来干什么呀？大家有所不知，李元吉阴险狠毒、野心更大，他更想当皇帝！但是，因为李世民太强，他一个人对付不了，故先与太子结盟联合扳倒李世民，剩下的李建成，再由他来单独收拾。这一点，依李元吉的秉性，李世民完全可以想象得到。但让李世民想不到的是，太子、齐王的联盟中，竟然还加进了后宫皇帝的爱妃，可以对皇帝实施任何人也做不到的枕边风。这一前朝加后宫的"太子党"，让李世民明显处于严重的弱势状态，故使李世民终下决心亡羊补牢，加紧做好了各项应对的相关工作。同时，也策划了直接针对太子的"杨文干事件"，但最终因真相暴露，不仅未达目的，反而使两派斗争彻底明朗化。紧接着，山雨欲来风满楼，太子党一系列咄咄逼人的狠招，直至最后的谋杀，把李世民推进了权利斗争的死胡同。

　　第一、制造矛盾。后宫皇帝的爱妃伊德妃和张婕妤，都是太子党的一部分。太子、齐王成功地制造了两位皇妃的家人与秦王府的冲突矛盾，再让皇妃在唐高祖面前吹风告状，言说李世民横行霸道，欺负她们的家人，让唐高祖产生了对李世民功高盖主的深深忌惮和信任危机。

　　第二、制造祸患。唐高祖带三兄弟到郊外打猎，意在缓和兄弟间的关系，但这事被李建成利用。李建成特意带来了家中的一匹乌龙烈马，膘肥体壮，疾驰如飞，但桀骜不驯，谁也休想骑它，曾摔伤骑者无数。李建成有意让李世民试骑，意在制造祸患。不想，三番五次，烈马不仅摔不掉李世民，反而被李世民训得服服帖帖。这一计，没有伤到李世民，反而搭上了乌龙马。

　　第三、夜灌药酒。李建成邀李世民晚上到自己宫中夜饮，李元吉作陪。李世民酒罢回家的半路上，胸中暴痛，吐血数升。第二天，高祖特来探望，并怒斥李建成：秦王本来就不善饮酒，以后绝不许与秦王夜聚豪饮。史书记载本次夜饮的"胸中暴痛，吐血数升"，无非是酒中有鬼，只不过书中用了因"秦王不善饮酒"，饮量不够而未能导致生命危险罢了。

　　第四、一网斩尽。公元626年6月，朝廷接报，突厥包围了北方乌城。平常此等战事，均由李世民挂帅出征，但这次李建成特意奏报高祖，由李元吉统帅大军，前往平定，且主要武官包括了秦王府尉迟敬德在内的所有战将。李建成、李元吉于齐王府密谋，本次出征的壮行仪式，皇上已决定由李建成代其参加，其间，当场杀掉参加仪式的李世民，至于秦王府的其他将领，在到达战场后，由李元吉分别找理由一一处斩，将秦王府连同李世民在内的有生力量一网杀尽！李建成承诺，事成之后，立李元吉为"太弟"，兵回长安时，即抢班夺权，正式即位。而自己的皇位，不立太子，只立"太弟"。此计划，简单易行，不大动干戈，成功率百分之百。

　　然而，如此凶狠的重大阴谋，岂不知，却被李世民安插在齐王府的卧底王晔听到，全盘不遗地汇报给了李世民，让李世民惊出了一身冷汗！此时的李世民，不仅因为自己，更因为诸多患难与共兄弟的身家性命，不得不做出了最后的决定：绝地反击！随即，与身着道服紧急潜入秦王府的房玄龄、杜如晦等进行了周密地商议布署。紧接着李世民于公元626年7月1日的下午，即来到太极宫唐高祖当面密奏。但令人根本意想不到的是，李世民密奏的并不是李建成、李元吉的谋反阴谋，而是李建成、李元吉的"淫乱后宫"！并向高祖承诺，可持证据，与之对质。此奏报，令唐高祖大为愕然，半天说不出一句话来，最后硬硬的蹦出了八个字：明日大早，当面对证！

第五节　玄武门之变　一场惊心动魄的喋血之变

李世民密奏唐高祖，不奏报太子、齐王的谋反阴谋，却奏报了兄弟二人的淫乱后宫，这是为何？因为此时的唐高祖，经嫔妃的反复告状已经形成了对李世民的极大抵触，说谋反，他一定不会相信；说淫乱后宫，且可当面对证，唐高祖一定会大怒，一定会叫来质对。更何况，太子和齐王就是与嫔妃过从甚密。更重要的，李世民想以唐高祖的盛怒，将李建成、李元吉二人同时调虎离山，来实施自己不能有半点闪失的绝地反击。这是李世民的一把大赌，而事实证明，李世民赌赢了、赌成了。李建成、李元吉二人，被恼羞成怒的唐高祖一并按着李世民画定的路线，诏到了太极宫的玄武门内，调到了李世民的设伏之地。

玄武门是皇城的大门，是进入唐高祖所在的太极宫的必经之地，该门由禁军把守，统领虽是李建成的亲信，但却早已被李世民策反。公元626年7月2日的凌晨，李世民率尉迟敬德、侯君集、张公瑾等秦王府的铁杆将士100余人，趁着夜色，一一埋伏在了玄武门的内外。一张大网，正悄悄地等着太子、齐王的共同到来。

当日的清晨，一切如旧，毫无异常。李建成、李元吉带着卫队，汇合后按时来到玄武门前，当看到自己的亲信禁军的统领正在当值，兄弟二人才放心进入了玄武门。但当随行的护卫跟着进入时，忽听一声大喊："护卫不得进入！"李建成、李元吉顿时大吃一惊："不好！"立即拨马，回头要走，但是，说时快，那时迟，玄武门外秦王的伏兵已经堵死了大门，只把建成、元吉堵在了门内。只听后面又是一声大喊："哪里走，秦王在此！"事到如今，李建成、李元吉方知中了埋伏，刹时六神无主。李元吉迅速拿出弓箭，要射李世民，然而，心慌意乱，三拉弓而不开，三搭箭而不上。但早有准备的李世民，先于李元吉，已经从容镇定地拉弓搭箭，瞄准建成。只听弓弦声响，箭头带着哨音，声到箭到，李建成的喉骨瞬间即被射穿，他在双眼紧瞪李世民的同时，喉头插箭，跌落马下。这是玄武门之变的第一箭，射杀了太子党的一号人物李建成。与此同时，尉迟敬德则箭指李元吉，同样一箭，从后而射，深深地射入了他的后胸。这是玄武之变的第二箭，射杀了太子党的第二号人物李元吉。但是，大门之外，双方的兵马交战正酣，更有太子的手下高喊，要去攻打秦王府。此时，身经百战的尉迟敬德，急中生智，迅速取下李建成、李元吉的首级，一手一个，高高举起，大声呼喊："太子、齐王人头在此，休要无谓而战，快快缴械投降。"这一招真灵，对方的人马看到主子已亡，纷纷扔下兵器，退出了战场。就此，双方长达数年你死我活的权力争斗，一个"玄武门之变"，仅仅只有半个小时，未离玄武之门，即行宣告结束。

此时，稍稍平静的李世民，急令尉迟敬德速去保护皇上。说是保护皇上，其实是通报皇上。朝堂之上，唐高祖正在与丞相几人在等三个儿子前来质证，却见全副武装的尉迟敬德闯进大堂，不禁大怒：谁在作乱？尉迟敬德镇定回答："是太子、齐王谋反，秦王已派兵将二人诛杀，现派臣来保护皇上。"高祖听罢大惊，顿时软在了龙椅之上，但看眼前的阵势，而且木已成舟，又能如何。遂有意向身边的二位丞相问道："今天如此之大事，你等认为如何处置为好？"二位丞相异口同声："秦王功高盖世，现建成、元吉既已被诛，则天下归心,如陛下能就势立秦王为太子,助陛下处理国家大事,岂不天下太平。"高祖一听,顺势下坡,连说:"好好好,正随我愿。"并立即传召李世民前来相见。可怜的唐高祖,共有四子,老三小时早亡,老大、老四此时又去,现仅剩世民一个,作为高祖,还能再说什么?更何况根源在己,才酿成如此悲剧,想到此,不禁老泪纵横。世民见状,爬跪于高祖胸前,此时的父子,心中的所有前嫌瞬间尽释,二人相拥,失声痛哭良久,深深地感动了在场的各位朝臣。

公元626年7月5日,唐高祖正式册立李世民为皇太子,并颁诏书:从即日起,国家的所有军政事务,均由太子全权处理。

公元626年9月3日,唐高祖颁布制书,传皇位于太子李世民,自为太上皇。

公元626年9月4日,李世民在东宫显德殿正式即位,是为唐太宗,改元贞观。自此,中国的唐太宗,开始了他名垂青史的贞观之治。

西安大唐不夜城"房谋杜断"雕像群中的房玄龄和杜如晦

公元626年发生在长安的玄武门之变，已经过去1300多年。细思当时的情况，李渊既有的三个儿子，唐朝建立的前后背景，高祖登基的权利分配，平定天下的战功大小，诸多因素决定了争夺皇位的事变迟早一定会发生。试想，如果没626年的玄武门之变，一定还会再有后来的其他之变；如果玄武之变李世民失败或被杀，一定还会发生李元吉和李建成的夺位之变；如果最终成功的是李元吉，那之后的唐朝是个什么样子，无人能够想象得来。历史是千变万化的，无人能够阻挡，该发生的总会发生。但是，谁也无法否认，是玄武门之变，推出了一个让人们永远称道的中国皇帝，是这个中国皇帝缔造了一个让中国永远自豪的盛世大唐。

第六讲
贞观开元　大唐雄踞世界之巅

贞观，即大唐的贞观之治；开元，即大唐的开元盛世。二者为因果关系，二者是相辅相成。如果说贞观之治是颜料，那么开元盛世即画笔，二者的结合，才能画出美丽多彩的图画；如果说贞观之治是蒸汽机，那么开元盛世即火车头，二者的结合，才能成为高速飞驰的历史列车。正是因为有了贞观之治与开元盛世的接力组合，才有了中国历史上的辉煌鼎盛，才使大唐雄踞于诸强林立的世界之巅。

第一节　贞观之治　开创大唐的辉煌之路

唐太宗李世民的贞观时期，中国出现了历史上亘古未有的政治清明，致其经济繁荣，国力强大，文化昌盛，歌舞升平，史称"贞观之治"。唐太宗的贞观之治，其动因主要源自两个方面，一是隋炀帝的残暴无道，导致了隋朝的彻底灭亡；二是玄武门之变的逆取皇位，给极为注重自身形象的李世民留下的负面影响。要想避免重蹈隋朝的下场，要想改变历史对自己的评价，唯一的办法就是励精图治，奋发图强，创建一个无愧于历史、无愧于自己的伟大时代。

李世民想到了、说到了、也做到了。23 年的皇帝生涯，谱写了亘古未有的政治清明，开创了彪炳历史的贞观之治，留下了圣明君主的千古美誉。

西安大唐不夜城群雕中至高无上的唐太宗李世民

贞观之治的精髓是政治清明，贞观之治的秘诀是理性运用权力。其成就空前绝后，其秘诀无从类比。在此，难以用有限的篇幅一一细述，让我们窥一斑而见全豹，仅用数例令人既津津乐道又不可思议的贞观奇象，来佐证贞观之治的成就所在。

例一，欲谋杀皇帝的人，反成了皇帝最为信任的宠臣——唐时的魏征，原为李建成的谋士，曾多次出谋李建成杀死李世民。玄武之变后，唐太宗问魏征为什么要谋害于他，魏征则直言，因为秦王是太子必然的生死敌人，如果不杀掉后患无穷。唐太宗听罢，非但未杀魏征，反而因魏征的敢于直言，任魏征朝廷要职，专作直谏之事，专门监督自己，专当自己的"镜子"。并颁诏，若自己驾崩，把魏征葬在紧靠自己的身边。是当朝文武大臣中唯一享此殊荣的一位大臣。

例二，皇帝的诏令，可以随时被部门否决，不予颁发——李世民为了防止自己专权，专门创建了世界上最早的三权分立，即中书省、门下省、尚书省。中书省制定诏令，门下省审签诏令，尚书省执行诏令。所有要以皇帝名义颁发的连同皇帝直接亲颁的诏书，都必须要由门下省审签后方可颁发，有效地防止了皇帝因一时的情绪所致而作出的草率决定。对于皇帝亲颁的诏书，门下省曾多次驳回，且一一都被唐太宗按规接受。

例三，从谏入流，严于律己，皇帝怕谏臣怕出了千古趣闻——唐太宗喜欢鸟，一次得到一只鹞子，他让鹞子在自己的手臂上跳来跳去，如痴如迷。正玩得高兴，魏征来到，唐太宗害怕魏征说自己贪图玩乐，一时性急慌乱，将鹞子藏入怀中，但早已被魏征发现。魏征奏报公事，有意侃侃而谈、拖延时间，致太宗不敢掏出，终使鹞子捂死在太宗怀中。

例四，外国质子，放着王位不继，甘当护卫留在长安——大唐的盛世清明以及唐太宗的爱民如子，让各国的质子执意不愿回国。突厥左贤王阿史那，久居长安50年；于阗王子尉迟锐，国内数次促其回国继位，但该王子甘愿留在长安为唐太宗当护卫，也不愿回国当国王。

例五，数百名死刑犯，放归故里邢别，竟无一逃亡全部返回——贞观六年，全国所有的死刑犯290人，因古时均为秋季行刑，唐太宗恩准他们回家办理后事，第二年秋季再行回来受死。次年九月，290个死刑犯全部返回，无一逃亡，创出了天下奇迹。

例六，百姓千里外出，不需带钱带粮，沿途村落，过之皆可食宿——贞观之时，社会空前安定，百姓空前富足。"无复盗贼，囹圄常空，外户不闭，路无拾遗。出行千里，皆不钱不粮，取给于路。入山东村落，行客经过者，必厚加供侍。"

例七，出入境基本开放，不怕国人出去不归，不惧外人入唐不轨——唐朝的强盛，使唐朝有了足够的自信，边境来往出入，基本不作限制。国人出国,享有极大的荣誉与尊严,谁也不愿留在国外;外籍人入唐,羡慕大唐的繁荣昌盛,大多不愿回国。大唐的大国气度和王者风范,让外国人在中国犹如自家,享有中国人一样的国民权利,不但可以从商致富,还可以从政做官,更有数人还官至一人之下万人之上的大唐丞相。

以上数例,仅为贞观奇象的一小部分,仅为贞观之治的一个缩影。贞观之治,"治"为精髓,影响之大,远及世界。其治国之策的《贞观政要》,成为了当时亚洲大多国家的帝王教科书,成为了后世中外君主的仿效之蓝本。而贞观之治开创的大唐辉煌,更为之后的开元盛世,铺就了一条前景无限的坦途大道。

第二节　开元盛世　中国历史的盛世巅峰

贞观之治是中国历史上的治国之最,开元盛世是中国历史上的盛世巅峰。贞观之治是唐太宗李世民,开元盛世是唐玄宗李隆基。

李隆基一即位,其偶像就是李世民。《贞观政要》都已成为了外国帝王的治国教科书,更不要说李世民的子孙李隆基了。他要成为李世民那样的一代英主,他要开创前所未有的历史盛世,他要施展自己的伟大抱负。唐玄宗的决心大不大?从他对自己"执行人"的选定上,便可略知八九。

唐玄宗的"执行人",指的就是执政的宰相。当时的姚崇原为武则天时期的副相,备受唐玄宗的赏识,决定任其为宰相。当唐玄宗率众打猎当着朝臣告知这一决定时,不想姚崇并不买账,令玄宗大感意外,于是单独约谈。岂料姚崇竟然不知好歹,当面提出条件,即皇上须依从他的十大建议,否则难以从命。十大建议即,一是实行仁政,废除严刑峻法;二是息兵休战,拒绝好大喜功;三是后宫宦官,不得干预朝政;四是皇亲国戚,禁任台省官员;五是官员收礼,一律处以重刑;六是皇上议政,礼侍大小朝臣;七是官员进谏，免受任何惩罚；八是两汉为鉴，严禁外戚专权；九是不再兴建各种僧寺道观；十是官民犯罪，执法一律平等。大胆的姚崇，短短的百余字，向玄宗提出了自己秉持的执政理念，没想到，玄宗连想都不想，回答只有简单的四个字："朕能行之"。就这样，姚崇自开元元年即担任当朝宰相，辅佐唐玄宗，忠心耿耿，振兴大唐，为开元盛世的创建立下了不朽功劳。贞观之治，"治"为精髓，开元盛世，"盛"为核心！那么，长达30年的开元盛世，究竟"盛"在何处呢？有史料为证。

西安大唐不夜城群雕中开元盛世的唐玄宗李隆基

开元时期的人口。从唐初的 200 万户，猛增到 1000 万户以上，人口数量达到 9000 万，占到当时世界 2 亿人口的几乎一半！

开元时期的经济。国家"仓储盈满，财物山积"，年财政收入达 3000 万贯，"GDP"比重占到世界的六成！

开元时期的耕地。"高山绝壑，垦荒拓石，耕者归己"，致全国的可耕地达到 900 万顷，人均高达 10 亩有余！

开元时期的物价。历史上最为便宜，唐初时一斗米要值一匹绢，开元时一斗米仅卖三文钱，便宜了近百倍！

开元时期的粮食产量。实行了屯田制，发明了新农具，运用了新技术，粮食亩产高达334斤，是中国历史的最高！

开元时期的科技成果。出现了世界最早的雕版印刷术、舰船推进器、陶瓷唐三彩，以及冶铁新技术、纺织新技术、农业新技术，等等，领先世界近千年！

开元时期的文化之圣。涌现出了李白、杜甫、吴道之、颜真卿等文学、美术、书法领域的文化诸圣，其成就，整个历史无法超越！

开元时期的历史巨作。都城长安、敦煌壁画、龙门石窟、乐山大佛，等等，一个个都刷新了世界，一个个都是历史的丰碑！

总观中国历史，开元盛世是"果"，贞观之治是"因"。大唐贞观之治与开元盛世的有机融合，使大唐独秀于中国历史，雄冠于世界之巅。下边我们分节单讲，具体叙说大唐的疆域、军队、文化，以及大唐的都城长安。

第三节　大唐的疆域　国土范围空前未有

大唐作为当时世界上的最大国家，首先是疆域最大。疆域大块头才大，这是大国的硬指标，否则，你的经济再发达，GDP再高，充其量也只能是个经济强国。开元盛世时期，大唐的疆域已达到了西至中亚咸海；东到萨哈林岛（今俄罗斯的库页岛）；北至西伯利亚；南到西沙群岛，陆地面积1300万平方公里，且不包括那些称臣纳贡的附属藩国。大唐对当时的涉边地区，共设置了五大都护府（原为六个后合并为五个），下辖若干个边州都督府，进行了有效的分级管理。以下为五大都护府的实际辖区范围。

安东都护府——669年设立，治所平壤。其辖区西起辽河，南括朝鲜，东部、北部直至大海。

安南都护府——679年设立，治所宗平，即今越南河内。其辖区北至今云南的红河、文山两州，南至越南的河静、广平两省，东含广西部分地区。

安西都护府——640 年设立，治所西州（即今新疆吐鲁番高昌故城）。统辖安西四镇的龟兹、疏勒、于阗、碎叶，辖区相当于现今新疆以及中亚吉尔吉斯坦的楚河流域。

安北都护府——663 年设立，治所回纥本部，即今蒙古国杭爱山东端。辖区包括了今蒙古国和俄罗斯西伯利亚南部一带。

北庭都护府——702 年设立，治所庭州（即新疆吉木萨尔县北破城子）。辖区包括天山北路，东起阿尔泰山、巴里坤海；西至中亚威海，即今哈萨克斯坦乌兹别克斯坦一带；以及葱岭以西直至流经今土库曼斯坦一带的阿姆河两岸的中亚诸多城市。

大唐时的疆域范围及六大都护府（后合并为五大都护府）

以上是盛唐时期的中国版图，仅从形状上来看，又胖双圆。其国土面积之大，其管辖范围之广，是当时中国历史上的空前未有的最大版图。

第四节　大唐的军队　四大要素样样超前

一支雄霸世界的军队，必须同时具备四大要素：一是强大的国力；二是充足的兵力；三是先进的武器；四是超强的战力。大唐的军队，四大要素，样样不缺，样样领先，是当时世界最为强悍的军队。四大要素中的"强大的国力"，当时是大唐盛世，国力强大自不必说，咱们只看其他的三大要素。

一看唐军充足的兵力。大唐拥有正规军队68万，其中精锐兵团达30万。除此之外，另有大量的"府兵军"作为储备。全国共设634个府兵区，区内的所有中壮年百姓，一律军事建制，亦兵亦农，平时种地，闲时练兵，战时上阵。一旦国家需要，百十万的府兵军，召之即来，来之能战，不用朝廷花钱，军需全部自给，且个个装备精良，训练有素，能打善战，是一支隐藏于民间的威武之师。

二看唐军先进的武器。大唐科技的先进，决定了大唐武器的先进。大唐最渗人的武器要数唐刀和唐弩，都是唐朝的国之利器。唐刀为大唐独有，长柄长刃，两米有余，是步兵的超级武器。唐刀的渗人，主要是因为使用了唐代发明的"包钢"及"覆土淬火"等先进工艺，使唐刀达到了外硬内韧，锋利无比。其威力，吹毛毛断，砍甲甲碎，敌人的兵器若遇到唐刀，轻者成了锯齿，重者砍为两截。战场上的唐刀军阵，平端唐刀，横排一摆，能刺能砍，"如墙推进"。对付敌人的骑兵，犹如戳气球，对付敌人的步兵，就像砍西瓜，而且屡战屡胜，从无败绩。唐刀是中国古代兵器的极品，其技术被大唐列为国家机密，不得外泄，不能陪葬。而唐弩的渗人，则渗在了弩箭的哨音一响，即令敌军心惊胆颤。唐弩根据功能分为八种，什么兵配什么弩，什么距离用什么弩，都分得清清楚楚。一旦开战，弩兵必为第一战阵，敌人未到跟前，即被箭雨撂倒。最厉害的还有绞车弩，由8个人扳动绞轮开弓，射程500米，弩箭长3米，直径粗5寸，就像一根橼。更可怕的是，该弩箭的巨大射力，可以成排插入夯土城墙之内，攻城士兵尽可脚踏箭杆，像踩阶梯一样直攀城上，威力惊人，神奇无比。当时的敌方，哪家也没有如此先进的武器。

三看唐军超强的战力。唐军的战力如何？战绩最有发言权。历史上唐军创奇迹的战例举不胜举：李世民亲率玄甲军，3000人对战窦建德的15万，大破虎牢关，活捉窦建德；李靖长途跋涉，夜袭阴山，3000人干败突厥10万兵，俘获吉利大可汗，彻底灭掉东突厥；薛仁贵攻打高句丽，2000人对3万人，攻克严防死守的扶馀城，杀敌万余，俘虏万余；李嗣业率5000人，攻打小勃律一个国，"唐刀军"大显神威，杀得敌兵鬼哭狼嚎，死尸遍地，破城灭国，生俘国王；王玄策率大唐使团出使印度，却被印度篡权为王的阿罗那顺杀掉全部使团随员。王玄策身在域外，不辱使命，借兵7000，从南到北，风卷残云，横扫整个印度，生擒阿罗那顺，带回大唐问斩，创出了"一人灭一国"的历史奇迹；地处西域的大唐"安西都护府"，全部兵力从未超出过3万，但却掌控着数百万平方公里的西域国土，震慑着数十个原来的大小"国家"。

中国历史上，大唐的军队是唯一一个敢于同时四面出击，多线作战，且捷报频传的军队。但需要强调，大唐的军队虽然强大，但从不侵略、从不霸占，所有的所谓扩张，都是在屡遭侵犯忍无可忍之下才出兵反击，才一举消灭，才永绝后患的。以上的旷世战绩均在此范畴之内，它充分证明了大唐的军队奇将麾下皆精兵，打遍天下无敌手。中国1300万平方公里的疆域，大唐100余年的和平发展时期，都是靠这支天下无敌的神勇之师打出来的。

第五节　大唐的长安　是当时的国际中心

国际中心的主要体现，一是集中了多种的国际功能，二是汇聚了大量的外国人士。当时大唐外国人最多的城市就是长安和广州。广州因为是大唐的国际港口，贸易兴旺，外国人多，但人再多都是生意人。而长安的外国人多，则因为它是当时世界上唯一的国际大都会,是世界的政治中心、文化中心、经济中心、旅游中心,汇集的是世界各国的各类人群。以致出现了:"唐朝京城老外扎堆,身处长安疑在异域"的奇观。而且,最为重要的是,这些扎堆长安的老外,相当数量的并不是各国的普通民众,而是都有着不同重要背景的不同重要身份。

到长安结盟送质的各国君王。强盛的大唐,谁都愿意攀附,各国的君王,纷纷送来子侄为质,以和大唐缔结盟约。

到长安称臣纳贡的各国特使。臣服大唐,就要岁岁纳贡,而大唐的气度,付出的比得到的要多得多,故各国乐此不疲。

在长安长期派驻的外交人员。当时的风尚,与大唐交友为荣,和大唐建交的国家达100余个,都有一套人马常驻长安。

到长安谋官出仕的各国英杰。大唐任人唯贤,不论国籍,只要是人才,一准可在长安求得文武官职,最高的可以做到宰相。

到长安率众归顺的敌国将领。大唐的国威君仁,吸引了诸多的敌国将领,连人带马集体归顺,且最后都成为了大唐的名将。

到长安文化交流的各国学者。大唐的文化,引领世界,说是交流,实为取经,大唐的灿烂文化,就此播撒了整个世界。

到长安布法传教的各国僧侣。大唐政治清明,多教并存,在长安既可相互学习,又能弘扬自我,为各派的布法传教,提供了广阔的天地。

到长安公派留学的各国学子。长安有世界上最早最好的大学,各个国家的留学生不远万里,既带着国家的重托,又带着个人的宏愿,大量涌入长安读书留学。

到长安通商贸易的各国客商。大唐物产丰富,经贸发达,长安有世界最大的东市西市,商机无限,世界上有300多个国家与大唐通商,而这个通商,几乎全都是各个国家的国家行为。

第三篇章　西安　改变中国的历史事件

各国争派使节前往长安和大唐交好

以上的各类人群，奇怪的是，不知是看中了大唐的盛世，还是钟情于皇帝的仁爱，还是留恋着长安的迷人，总之，来了都不想走。各国的外交官员任职期满，想法设法不予回国；外国的质子，国内的王位不要，而愿就职于长安；各国的学子，学有所成，却愿留在长安为大唐效力；经商的大款，纷纷买房置地，定居长安；各国的僧侣，先后建寺扩庙，永留长安、圆寂长安。如此种种，让大唐的长安四夷不分，没有了内外，让长安城的国际中心，魅

235

力无限,经久不衰。

  大唐是中国历史上最为耀眼的全盛世代,是中国在世界上最为出彩的历史时期。从古代到现在,大唐不仅让中国人难以释怀,而且让外国人"念念不忘"。走遍如今的世界,不论是西方还是东方,不论是发达国家还是发展中国家,到处都能见到中国的大唐"专有":唐人街、唐人区、唐人学校等等。在所有的唐人街区,都有唐人的建筑,都挂唐人的招牌,都说唐人的语言,都过唐人的节日,就连不少国家的政府,还都为唐人的大年设定了专有的节假……"大唐雄踞于世界之巅",为中国在全球各地留下了诸多千年不灭的"大唐印记"。

第四篇章

西安 独领风骚的千年古城

中国古代所说的"城",习惯上并不指的是城市,而指的是城垣,是指把城市围起来的包括城楼、箭楼在内的城墙建筑,"城里城外"即以此而分。"西安独领风骚的千年古城",指的就是西安千年遗存的古城城垣,是在原唐长安城皇城基础上于明洪武三年(1370)改建的,是距今已有600至1000余年历史的西安古城。说它600余年,是因它于明代新建;说它1000余年,是因它是在唐城的基础上改建而来。西安古城,经历了历朝历代的战火,经历了经济建设的冲击,经历了城市发展的洗礼,最终,竟然奇迹般地保存下来了。她是中国古代灿烂文化的经典标志,是中国迄今保存最完整的千年古城,是中国独具风彩的五A级景区。

第一讲
古西安 中国千古大都的历史变迁

西安作为中国历史上建都时间最长、建都朝代最多、城市规模最大的古城，先后兴建了周朝的沣镐二京，兴建了秦朝的大秦新都，兴建了西汉的汉长安城，兴建了隋朝的隋大兴城，兴建了大唐的唐长安城。而恰恰是最为鼎盛的唐长安城，到了唐末，被大军阀朱温强行拆毁，虽然经过了韩建的重建，但仅仅只是一个缩小版的唐长安城。而留给后人、留给今天西安的，则是在缩小版的唐城基础上改建而来的明代西安城。

第一节 历朝都城的五度兴建

3000年前的周文王，在今西安的沣河西岸建起了西安地区历史上的第一座大型都市，史称沣京。周武王灭商后，成为了天下共主，又在沣河以东建成了西周之都，史称镐京。沣镐二京，拉开了古代西安建都建城的序幕，至此，镐京作为西周之都长达270余年，直至公元前的770年。按《周礼》当时的记载：古代城市共分为四个等级，一条主街两座城门的，是为小城；一纵一横，"十"字街道，四座城门的，是为中城；两纵两横，"井"字街道，八座城门的，是为大城；而三纵三横，十二座城门的，则是最高礼制的"天

239

子之都"。从古人绘制的周都之图即可看出，3000多年前的镐京，就是"三纵三横"的天子之都。西周的都城镐京，不仅是古代中国西安的第一座都城，而且是古代世界上第一座称"京"的京城。

公元前的221年，秦始皇横扫六合，一统天下。大秦帝国选择了渭河以南的沣镐之地兴建秦朝新都，与原来的秦国旧都隔河相望。按其规划，大秦帝都，"滚滚渭河，贯城而过，旧城新城，合二为一"，形成了别具一格的城市特色。而作为新都最重要的政治中心，其宫殿集群阿房宫，恢弘霸气、亘古未有。仅仅阿房前殿，"东西五百步，南北五十丈，上可坐万余人，下可建五丈旗"，成为了中国历史上的又一个"世界之最"，唐杜牧的《阿房宫赋》就是最有力的见证。秦阿房宫遗址，位于如今西安市未央区的三桥镇，占地15平方公里，被联合国确定为世界上最大的宫殿基址。

大秦之后，汉朝建立。刘邦听取了臣下之谏，放弃了原本设都洛阳的打算，建都于周秦两朝均为国都的西安，并将新建之都命名为"长安城"。汉长安城位于现今西安市的未央区，其面积26平方公里，城墙南北长6250米，

位处西安市未央区的汉长安城未央宫遗址

东西宽 5940 米，城高 12 米以上。是中国历史上第一个国际都会，是当时世界上最大的都城，是仅次于唐长安城的中国古代第二大城。汉长安城的三大宫殿未央宫、长乐宫、建章宫，不仅豪华恢弘，更是高耸入云，与附近的神明台、井干楼东阙、北阙等一起，构成了大片霸气尽显、凌空而起的超高建筑群，连同超高的基台在内，大多都在 80 多米到 100 多米，相当于现在的 40 层楼高！这在 2000 多年前的中国甚至世界，无疑是稀世仅有，无人可及。

公元 581 年，隋朝建立，隋文帝即选址在距汉长安城东南不远处的龙首塬一带兴建都城。因隋文帝由初封的"大兴公"而成就帝业，故将都城命名为"大兴城"。隋大兴城由当时的顶级建筑大师宇文凯担纲设计，其城市，宏大方正，布局严谨，气象雄伟，规模超前，面积高达 80 余平方公里；其工程，开创了先规划后建设的历史先河，开创了郭城、皇城、宫城的"三城形制"，开创了形如棋盘、左右对称的城市布局，是中国古代都城规划的经典之作。同时，规模宏大、豪华霸气的大兴城，从下诏营建到落成典礼，仅仅不足一年时间，让人听之咋舌，观之瞠目，创造了世界建筑史上的空前奇迹。

隋朝之后仅 38 年，大唐建立。由于隋大兴城新建不久，更由于隋大兴城规模宏大，霸气豪华，极符合唐高祖唯我独尊的理念，故大唐继承了隋都大兴城。但从名称上，把大兴城改为了"长安城"，把大兴宫改为了太极宫，把大兴殿改为了太极殿。同时，对整个城市进行了大规模的添补和修整，不仅增建了大明宫、兴庆宫、芙蓉园、东西内苑等，形成了长安城、大明宫、城北禁苑三大区域的新格局，而且对市区的街道、居区、商市进行了重新的科学布局，形成了中国历史上最具特色的古代都城。

以上各朝各代的"西安都城"，无不各领风骚、各为时先。特别是唐长安城，辉煌极尽，无可超越，在汉长安城的基础上又创出了诸多的中国之最。她凝聚着中华民族的无限智慧，绽放着华夏文化的璀璨光辉，而且是西安的最后一朝皇都，此后，不再有都城更替，不存在以旧换新，是最应该、最有可能完整保留下来的中国的都城标本。然而，一场突如其来的灭顶之灾，让大唐帝都的长安城,成了一片废墟,成了一片火海,成了永不复返的历史记忆。

第二节　大唐帝都的一朝被毁

长安城的灭顶之灾,不是火灾所烧,不是地震所震,不是洪水所淹,而是人为的拆毁,蓄意的焚烧,是唐末大军阀朱温的恶意所为。

唐天复四年,即公元904年,大唐王朝已是摇摇欲坠,气息奄奄。手握重兵的朱温早已控制了当时的皇帝唐昭宗,其挟天子以令诸侯,成为了唐王朝实际上的统治者。由于朱温祖籍安徽,起家河南,其势力范围多在中原一带,故朱温一心想迁都洛阳,回到自己的根据地,以巩固自己的统治,壮大自己的力量,以便日后择机取代,正式称帝。

此年的正月,蓄谋已久的朱温修书呈奏昭宗皇帝,谎称长安已被西府的两股藩镇势力左右包抄,逼近京畿,情况紧急,请昭宗从速迁都洛阳,以保江山社稷的长久平安。昭宗心中明如镜子,知道朱温是要挟持皇帝离开唐都,意欲在洛阳另立中央,但无奈自己已是个傀儡皇上,纵有万般不愿,只能笑脸屈从,让李唐多一天是一天。

朱温让昭宗颁布命令诏告全城:迁都洛阳,国之大计,凡有违者,格杀勿论。第一,所有朝中官员,连同家眷仆人,所有长安百姓,按籍算人,一个不少,一律迁往洛阳。第二,长安城中所有的皇家宫殿、百司衙署、百姓庐舍、庙宇道观,统统强拆,所拆木材及用料一律放入渭河漂运洛阳,用于新都建设。第三,所有带不走的建筑,拆不走的材料,地面上的遗留之物,一律放火焚毁,片甲不留。要让长安城变成一片废墟,变成一座空城,不给敌人留下任何有用的东西。

公元904年的正月,一场空前绝后的浩劫,一场亘古未有的灾难降临长安。朱温的军队，逐街逐巷，挨家挨户，不分男女老幼，统统赶往洛阳。稍有不从，轻者连打带骂，重者大开杀戒。长安城外，自西向东的大路小路，拥满了迁徙的人流，一望无边。长安的百姓，一家一户，扶老携幼，车推肩扛，艰难前行。一路上，哭嚎遍野，骂声连天，谁也不愿离开故土，谁也不愿离开长安。再看拆城的军队，说是拆，实是毁。谁都知道，结构奇妙的古代建筑，拆时要比建时难得多！更何况，建时是专业人员，拆时是军队士兵。面对这巨大的立柱、密集的梁檩、精致的斗拱、漂亮的飞檐，让这些兵痞实在是老虎吃天，无从下爪。干脆，一个字最简单，那就是烧！于是，人人手持火把，大街小巷齐过，到处放火、到处烧房、到处浇油、到处煽风。一时间，整个长安城，浓烟滚滚，火光冲天，熊熊大火足足烧了一个多月。按照史书上的记载：长安城方圆百十里，烧得寸草不留，满目焦土。达到了朱温要达到的目的，让长安城变成了一片废墟，让长安城变成了一座空城，仅仅留下了宫城、皇城、郭城的三圈城墙。

位处西安高新区的唐长安城延平门遗址

仅仅两年之后，十恶不赦的朱温，杀掉了唐昭宗、杀掉了唐哀宗，自立为帝，改国号为"大梁"。而其最初的阴谋也昭然若揭：朱温对长安城的连烧带拆带毁，是要烧毁大唐王朝一息尚存的唐脉，是要拆除大唐帝国精神象征的唐都，是要灭绝大唐文化辉煌世界的遗存，是要掐断大唐百姓对大唐长安的念想。总之，一切都是为了他的皇帝梦。然而，恶有恶报，朱温的皇帝仅仅只做了六年，最终因作恶太多，被自己的儿子杀死在他的寝宫。

辉煌极尽的大唐帝都长安城，虽然被毁殆尽，但千古罪人的朱温却永远永远地被钉在了历史的耻辱柱上。不过，历史往往又是公平的，唐末的朱温烧毁了长安城，但同样是唐末的韩建，紧接着又重建了一座"长安城"，而这一毁一建，又同样都发生在公元904年的这一年。

第三节 浴火重生的唐长安城

韩建何许人也？黄巢之乱后，韩建曾任潼关防御史、华州刺史，在朱温迁都洛阳时，被任命为佑国军节度使，成为了弃都长安城新的统治者。

韩建接手的长安城，不仅已不再是国都，而且已是一片废墟，已是一座空城。除过被强迁洛阳的人口外，大多人或躲入南山，或四方投靠，或流离失所，长安城几乎没有了完整的房子，没有了留存的百姓。面对如此现状，韩建这个地方官，要做的头等大事即是重建长安城，召回老百姓，尽快恢复正常的社会运转。

要说重建昔日的长安城，韩建脑子没有进水，时下的长安城，已经成为了弃都，没有了那么多的驻军，没有了那么多的机构，没有了那么多的市民，撑不起那么大的架子。韩建要重建的长安城，是现实意义上的长安城，是缩小版的长安城，是想利用原基础尽量少花钱的长安城。朱温拆长安、烧长安、毁长安，拆走的是木料，烧毁的还是木料，但对于长安城最坚固、最具规模的城墙，既拆不走，又烧不掉，更毁不了。而古代建城，皆以军事为先，最需要的就是城墙，韩建要建的新城，恰恰就是要以长安城留下的这些完好无损的城墙为建城基础而建设的。

原来的长安城，由三部分组成，即宫城、皇城和郭城。郭城最大，是最外圈的城墙，宫城和皇城南北紧挨，被围在郭城中间，且都有各自独立的城墙城门，是典型的城中之城。其中宫城居北，主要为各大宫殿，是皇上办公和后宫之用；皇城居中，主要由百官署衙组成，是朝臣进入宫城觐见皇帝的必经之处；两城的东西南三面周围均是郭城内的空间，是整个城市的综合区域。郭城的城墙把整个长安城围成一圈，周长高达36公里。韩建要建的长安新城，就是要利用原有的城墙围成新城。若用宫城，面积太小且太偏北；若用郭城，则面积太大，大唐帝都的城墙，36公里！如今用不了也守不住；只有皇城，虽然作为一座城市，也略显狭小，但其面积大于宫城，且位置居中，更重要的是，城墙高度12米以上，完全可以满足防卫的需要。经过综合权衡，韩建的新城建设规划最终确定为，即以原长安城皇城的范围为新城的范围，以原长安城皇城的城墙为新城的城墙，以原长安城的城门作为新城的各大城门。至于新城城内的建设标准，韩建不敢造次越位，是以"区域政治中心"的标准而设计建造的。

虽然已不是国都，但缩建的长安新城，防御仍是第一要素。韩建根据实际需要，对原皇城的八个城门进行了统筹考虑，八个城门布局为：南边三门，分别为正中的朱雀门，偏西的含光门，偏东的安上门；北边三门，分别为正中的承天门，偏西的安福门，偏东的延喜门；以及西边仅有的西门顺义门，东边仅有的东门景风门。对这东西南北共有的八座城门，韩建只保留了五座，即北门承天门、西门顺义门、东门景风门，因长安城属坐北朝南，故南边保留了两座城门，即含光门和安上门。对于北边承天门两侧的安福门和延喜门全部予以封堵，对于南边正中的朱雀门，由于是大唐的形象之门，体量太大，仅门洞就有五个，且每个门洞宽度高达40米，大大增加了防御的难度，故韩建把朱雀门的五个门洞，暂时全部封死，以后根据形势的发展需要，到时再决定是否予以启封。

针对城内的建设，韩建在原皇城尚书省的旧址上，即今西安市北院门一带，率先建起了节度使的府衙，形成了新城的政治中心。然后，又对东市、西市已圈到城外的现状，及时在城北建起了新的北市。这一政一商两大建设举措的引领，招回了大量流散的长安百姓，致新城建设形成高潮。在各种公共设施如菜市、草场、府学、书院、医所、戏楼、文庙、太院、佛寺、道观等一一亮相的同时，大批自发建设的民居、商铺、酒肆、客栈也纷纷落成。新版的唐长安城短时间内又恢复了往日的热闹喧嚣。

直至公元906年，缩建的唐长安新城建成运转。其城门，为东西南北五大城门；其街道，为三纵三横主街布局。东西主要有景风门和顺义门贯通全城，南北主要由安上门和承天门串接两端。整个城市，功能设施齐备，规划布局整齐。然而，遗憾的是，由于受到皇城城墙的制约，新城东西长五里一百一十五步，南北宽三里一百四十二步，面积不足六平方公里，只有原唐长安城的十六分之一。

唐末韩建所建的长安新城，虽然相对较小，但她有大唐皇城雄伟的城墙，她有大唐皇城壮观的城门，她有大唐皇城不凡的气度，仍然在中国当时诸多的城市中，独树一帜，威武傲气，鹤立鸡群。

第四节 阴差阳错的明西安城

辉煌极顶的大唐帝都被毁之后，中国的政治中心再也没有光顾过衰败的长安，而缩建版的长安城，则一直陪着走过了宋元两朝。直到公元1368年明朝建立，千年大都的长安又一次被开国皇帝慧眼看中。然而，阴差阳错，长安城最终和大明都城擦肩而过。殊不知，就是这一阴差阳错，给历史、给后世，留下了诸多的"如果"，留下了不尽的悬念。

明太祖朱元璋起兵于江南，发迹于江南，在江南建立大明，在江南定都南京。而这时，元朝并未被推翻，北京并未被占领，朱元璋是在半年之后的北伐中，才平定了北方，攻占了北京。再之后，又八次兵进漠北，大破北元，才最终掌控了天下。也就是说，朱元璋定都南京在先，统一中国在后，选择南京，只是当时半壁河山的小范围考虑。其实，从定都南京的第一天起，朱元璋就是权宜之计，他执意认为，历史上的大朝大都都在北方，南京位置太过偏南，不利于北方边境的守护。更何况，凡在南京定都的大小政权，大多都维持的时间较短，这始终是朱元璋难以消除的心病。故他一直做着迁都的大梦，决意走出南京，建都北方。再往后，朱元璋是如何具体考虑的，相关的说法大致如下。

迁都北方，可供备选的城市只有三个，即长安、洛阳、开封。而让朱元璋最为心仪的却只是长安，因为长安是华夏民族的起兴之地，是各个一统大朝的共选之都，是汉唐鼎盛的世界都会，是中国建都的最佳之选，朱元璋也想让自己的大明像汉唐一样长久、兴盛、鼎立于世界。于是，他便按自己的迁都设想，暗暗地、渐进式地、有条不紊地做着各项相关的准备工作。

一是刻意提高新西安的政治地位。大明建立的1368年，朱元璋即将元朝称为的"奉元城"改名为"西安府"，意为西部安定之意。并于第二年对自己所有的25个儿子进行分封，除长子朱标立为皇太子外，其余24个儿子均封为藩王，分别就藩于全国20多个省份。而次子朱樉被封为秦王，其镇守地即为西安，是明书中记载的"天下第一藩封"，地位仅次于储君皇太子。使新命名的"西安"城，在朱元璋的心中，地位远远高于了当时燕王朱棣的封地北京。

二是大大扩大了新西安的城市规模。1371年，朱元璋命长兴侯耿炳文和都指挥史濮英扩建西安城，在原唐长安城皇城的基础上分别向北向东扩大城市面积，延伸原有城墙，增建城楼箭楼，拓展城市道路等。使新西安城较原韩建缩版的长安城面积扩大了许多，城墙周长增加到14公里。

三是建设堪比皇宫的秦王府城。1372年,朱元璋命令在西安城内新建秦王府城,1378年完工,形成了西安城的城中之城。秦王府城城墙周长5323米,占地1.5平方公里,其城大城高、宫室规模、豪华程度等,远远大于同为手握重兵、同为"塞王"的北京燕王府城,即是与当时南京朱元璋的皇宫相比,也绝不逊色半点,被后世清代学者在书中直接称为"紫禁城"。如此的秦王府,若无朱元璋的直接授意,谁敢如此的胆大包天?

四是兴建全国最大的鼓楼钟楼。钟鼓楼是古代重要城市的标志性建筑,有严格的等级之分。朱元璋专门下旨在西安建设钟楼鼓楼,1380年所建的西安鼓楼,宏伟壮观,高达36米,比同形制的北京天安门还高出了一米有余,比大明都城的南京鼓楼更是大出了许多;1384年所建的西安钟楼,按照形制,规模全国最大、高度全国最高,其重檐攒尖的屋顶与北京故宫的中和殿一模一样。所有这些,在当时建筑物等级严格有别的封建社会,若非皇都,是绝对不能允许的。

朱元璋于明洪武十三年所建的西安鼓楼

然而，西安城修得再好，但事与愿违。由于太子朱标西安之行的突然病逝，给了朱元璋以致命的打击，也给朱元璋心中留下了挥之不去的阴影。故从此，西安便成了朱元璋再也不愿提及的话题。

西安千古大都的历史变迁，经历了多朝多代，经历了数都数城，经历了中国历史上最为辉煌的鼎盛时期。虽然最终远离了都城，但朱元璋却留给了西安一座明城，留给了西安全国最大的钟楼鼓楼，留给了西安至今中国保存最完整的规格最大的千古城垣。

第二讲　历史上　守护西安古城的天险潼关

西安古城，数千年的历史，有建有毁有改造，经历了多重兴衰磨难，但历经更多的则是守护，而且是多种多样形式不同的守护。本讲仅说西安的天险潼关为守护西安作出的独特的、无法替代的重要贡献，这也是历朝历代建都西安的重要原因。潼关是古代西安的大门，是西安的锁钥，是西安的咽喉。失了潼关，则西安不保；失了潼关，则西安必失。历史上，作为西安天险的潼关，为守护西安经历了无数次的恶战，但很少有真正强行攻克潼关的。无数次的战例证明，只要潼关在，西安城一定会安然无恙。那么，潼关如果丢了呢？我这里对历史上潼关天险的诸多战例进行精选，拿出数例经典，有败的、有胜的、有因故自相争夺的，看一看，分别都给西安（长安）城带来的各是一个什么样的结果。

第一节　天险潼关　自古为长安锁钥
　　　　四大要素　雄奇险天下无双

潼关地处西安以东140公里处的陕豫交界，是历史上称作的"秦地东大门"，是康熙帝笔下的"天下第一城"，素有"长安咽喉""长安锁钥"之誉称。潼关鬼斧神工的地理组合，潼关古代军事家的奇妙创举，造就了潼关险关要隘的天下无双，构建了潼关四大要素的中国独有，留下了诸多卫护长安的千古佳话。

潼关之所以成为古代第一雄关，皆因它有秦岭、黄河、禁沟、潼关关城的四大要素。四大要素的巧妙结合，构成了一个东西走向的"H"形字母，它是潼关天险的精髓所在，是任何一个古代名关都不会同时具有的。

第一要素：秦岭——潼关南，有绵延起伏的大秦岭，东西摆开，长达数百公里，成为潼关南边坚不可摧的天然屏障，是"H"形字母的右侧也即南侧的一竖。**第二要素：黄河**——潼关北，有波涛汹涌的大黄河，在潼关自西向东，形成了潼关北边难以逾越的黄河天险，是"H"形字母的左侧也即北侧的一竖。**第三要素：禁沟**——秦岭与黄河东西走向，这一高山一大河南北相隔30里，而在这30华里的空地上，却硬生生地横卧了一条深达百米、宽约半里、南北走向的大深沟，名曰"禁沟"。禁沟南与秦岭紧紧相连，向北直插黄河，直接阻断了秦岭与黄河之间的中原通往秦地的东西大通道，真正起到了禁沟的"禁止通行"，是"H"形字母的中间一横。**第四要素：潼关关城**——秦岭、黄河之间三十余里的空间，横亘了一条三十余里的"禁沟"，然而这条禁沟却稍稍的短了一点，虽然南与秦岭紧连，但北却与黄河差了一截，留下了仅有一里多的空档。对此，古代天才的军事家就依据这个空档的大小、地势，精心设计了一座坚固独特且东门城楼高居于黄河南岸30米半崖之上的潼关关城，刚刚堵在了这个空档之间，天人结合，奇险无比。

另外，潼关关城高居于半崖之上、号称"雄关虎踞"的关城东门之外，还有一条长约5里、深约10米的沟谷，窄狭幽暗，人称"五里暗门"，是进入潼关关城东门的必经之路。而这个五里暗门又与东边直通河南灵宝60里长的函谷关连成一体。若想要从河南进入陕西，必须通过函谷关，必须通过五里暗门，必须通过横断东西大通道的深险禁沟和潼关关城。除此路之外，要想进逼长安，除非翻越秦岭远走陕南，除非跨过黄河绕道山西。杜甫笔下的

"窄狭容单车,飞鸟不能逾,胡来但自守,岂复忧西都。"即是对潼关天险及潼关天险护卫西安的最好写照。

这就是秦地大门的潼关,这就是长安锁钥的潼关,在古代,没有了潼关,长安的安全根本无从谈起。说白了,潼关就是汉代时专为保护长安而建的。

雄关虎踞的潼关古城东门

第二节　安史之乱　哥舒翰痛失潼关
　　　　玄宗弃京　长安城拱手相让

大唐天宝十四年也即公元755年,唐朝的节度使安禄山,以讨伐杨贵妃的哥哥、大乱朝纲的当朝宰相杨国忠为名,与叛将史思明联合,起兵反唐,大军20万剑指长安,史称"安史之乱"。反军从河北出发,很快攻占洛阳,直逼潼关。消息传来,唐玄宗火速任命谋勇过人的大唐名将哥舒翰为帅,同样率兵20万,赶赴潼关,阻敌西进,消灭叛军。

潼关天险易守难攻,天下皆知,只要守城的不出城,攻城的兵再多也鼓不上劲。因为有四大要素，因为形不成包围圈，因为狭窄的五里暗门不能集结大量的兵力，只能在远处打转转。这一点，哥舒翰清楚，安禄山更清楚。故安禄山的战术是，想尽一切办法，诱哥舒翰出城，在潼关的东门以外消灭唐军。而哥舒翰的对策则是，坚守潼关天险，拒不出城，与安禄山打消耗战，叛军攻城久攻不下，必然后勤供应不济，最后只有退兵罢战。

诱哥舒翰出城？哥舒翰不是傻瓜。但安禄山的办法是，唬不了哥舒翰，但他能唬杨国忠，能唬唐玄宗，让唐玄宗命令哥舒翰出城。在城内城外对峙了两个月之后，唐玄宗接到了安禄山已退兵百余里的陕郡城，且陕郡城（今三门峡陕县）"兵不足四千，皆老弱无备"的假情报。于是，哥舒翰的死对头杨国忠看有机可乘，立即进谏唐玄宗："养兵千日，用兵一时，今安禄山无备，然哥舒翰却龟缩城内，迟迟不战，20万大军岂不成了摆设，圣上的心腹之患何日才能根除？"杨国忠的话看似句句有理，实则包藏祸心。但只可惜唐玄宗不懂军事，听信谗言，当即派出使臣，严令哥舒翰出城讨伐。以至于来往催战的使者接连不断，"项背相望"，随后又派出亲信专往督战。面对连连的军令及皇上的严厉斥责，让哥舒翰别无选择。出城迎战九死一生，而违抗皇命则一生九死，大帅哥舒翰老泪纵横，失声恸哭，在向潼关、向长安抱拳告别后，率大军离开潼关，走上了不归之路。

最后的结果，悲惨至极。当哥舒翰的唐军进入五里暗门，进入函谷谷道时，峡谷两侧的头顶，突然冒出千千万万的伏兵，只听一声炮响，大量的滚木擂石、刀枪箭雨、干柴烈火，统统灌顶而下。成万成万的唐军，拥挤在这狭窄的沟谷之中，躲躲不开，跑跑不了，打打不成，个个血肉模糊，个个浑身是火，地上的尸体垒了一层又一层。整个军队，没有了指挥，只听到嚎喊；整个场面，已经完全不是两军的对垒，而成了单方的残酷杀戮，20万唐军，就此全军覆没。公元755年的六月初九，安禄山拿下潼关，这时，距哥舒翰恸哭出关，仅仅只有三天时间。

本次血战，不管原因如何，结果是，唐军失败了，潼关失守了。然而，潼关失守，长安不保，致唐玄宗弃城出逃，致京城的禁军不战而降，致长安城拱手相让，但同时也致大唐的帝都免遭战火，安然无恙，毫发无损。

第三节　黄巢西进　起义军智破潼关
　　　　僖宗出逃　长安城刀枪未动

唐咸通十五年即公元874年，灾荒连连，饥民遍地，朝廷腐败，民怨沸腾，出身盐贩世家的黄巢在山东曹州举兵起义。黄巢义旗一举，立即一呼百应，很快聚集十万余人，黄巢正式树起了"冲天大将军"的旗号，打出了推翻唐王朝的政治主张。至878年，黄巢已经拥兵数十万，控制了南部的大半个中国。踌躇满志雄心勃勃的黄巢，瞅准时机，趁热打铁，发布了"大军北伐、一统天下"的宣言，乘着民意支持的东风，亲率大军60万，直接兵指唐王朝的心脏——关中长安。

公元880年，黄巢先后攻克洛阳、攻克陕县、攻克灵宝。11月下旬，起义军向潼关守军发出檄文，命其缴械投降。当时唐朝的皇帝唐僖宗，年幼贪玩，朝廷的大小事均由从小带大他的养父宦官田令孜处理。当听到黄巢的60万大军已经逼近潼关时，朝廷顿时乱作一团。唐僖宗立即召集大臣议事，但可笑的是，如此关乎国家存亡之大事，竟然没有正儿八经的军事将帅参加，没有足够的军队出战，没有有效的退敌之策，年仅十余岁的唐僖宗竟然当着众大臣的面痛哭流涕。田令孜见状，提出让自己统帅的禁军前往潼关镇守，不懂军事的唐僖宗当即同意。殊不知，数量有限的禁军，仅仅派出了2800名的弓箭手，由统军张承范率领，去担负镇守潼关的天大重任。出征之日，唐僖宗亲自设宴壮行。然而，黄巢60万大军进攻，唐朝两千余禁军阻敌——二百人对一人！军事史上的奇谈，结果会是啥？谁都能预想得到。

12月2日，黄巢军开始正面进攻潼关城。张承范的兵虽少，但潼关城的城特险，黄巢军轮番攻城，从拂晓一直攻到黄昏，但就是屡攻不下，双方进入僵持状态。入夜，黄巢军突然放起火箭，直射关城城楼，稍许即大火冲天，越烧越旺。但守城的兵太少，谁也不敢去救火，眼看着大火把城楼烧了个精光。此时，已是午夜，张承范才敢悄悄分出兵力，派八百人马奔赴禁沟，严防起义军趁夜色从禁沟翻越。但是，此时已经大错铸成，黄巢火烧城楼的目的就是声东击西，以趁大火之际偷越禁沟。待唐军的八百兵丁到达禁沟时，黄巢的精兵早已翻越了禁沟且已到达潼关城西，形成了对潼关城的东西夹击之势。

黄巢偷越的潼关禁沟

12月3日大早，黄巢大军东西合围，向潼关守军发起总攻。潼关的守军，虽然人少饥寒，却都拼死抵抗。但当得知黄巢人马已翻越禁沟，从身后形成了合围，满腔的热血斗志，瞬间全无。六十万对两千，能坚持一天一夜，凭的是啥？凭的就是潼关的天险，凭的就是心中的底气。如今天险已破，区区两千人，六十万大军踩都能把你踩成肉泥！于是唐军顿时全线崩溃，四散逃命。当张承范的残兵逃至华阴时，遇到相继赶来的援兵，张承范仰天长叹：

晚了，晚了，一切都晚了，回身逃命吧。

黄巢大军终于占领了潼关。六十万比三千，这个极不成比例的攻守之战，最终，居然是黄巢趁夜偷越禁沟而取胜的。历史再一次证明了潼关天险的一夫当关，万夫莫开！

潼关失守，长安大乱。傀儡皇帝唐僖宗，在宦官田令孜率五百禁军的护卫下，离开了灯红酒绿的长安城，仓皇出走，逃向四川。幸亏唐僖宗走得及时，就在他离京的当天下午，黄巢义军执旗列队，浩浩荡荡开进长安城。唐朝的大将军金吾等众大臣数十人出城迎接，以示归顺。就此，黄巢的"大齐"政权在长安建立，历史又进入了一个新的时段。

本次战例，不是潼关天险不险，而是守军人手太少，防御失误——禁沟再天险，不守也不行！黄巢潼关之战的结果，仍然是唐军失败了，潼关失守了；仍然是潼关失守，长安不保；仍然是唐朝皇帝弃城出逃，唐朝军队不战而降；仍然是长安城刀枪未动，长安城安然无恙。

第四节　　乔扮明军　李自成轻取潼关
　　　　　天险已破　西安城开门迎敌

明崇祯十一年（公元1638），李自成在潼关的南原大战，几乎全军覆灭，他躲进商洛山中数年，卧薪尝胆，养精蓄锐，苦研兵法。三年后，李自成利用河南百年不遇的大灾荒，利用百姓对朝廷的冲天积怨，到河南重举义旗，招兵买马。时间不长，已轻松拥兵20万。1641年，李自成打出"闯"字旗号，并且小试牛刀，一举攻克重镇洛阳。不久，李自成公开放话：下一步，大军西进，先拿下潼关，报南原大战之仇；再扫平关中，占领西安，建立自己的起义政权。

要打潼关，李自成比谁都清楚，根本没有成功的可能。他提前放话的目的就是要让大明的皇帝心中发慌，下令陕西总督孙传庭出关作战，达到他既在关外消灭孙传庭，又以最小的损失占领潼关的目的。因此，李自成在河南大肆折腾，大闹声势，不断挑动大明皇帝的神经，以让皇帝把孙传庭调出潼关与之决战。看来，唐朝和明朝的反军想的都一模一样，安禄山和李自成都深深知道潼关天险的厉害。

雄奇险峻的潼关古城，爬山越河的古城城墙，图下方城门为潼关古城的西门。

孙传庭是谁？孙传庭就是三年前在潼关全歼李自成军队的明军将领，后因剿杀起义军有功，被提拔为陕西总督。刚刚上任的孙传庭，就接到了崇祯皇帝命他速出潼关，与河南官军东西夹击，剿杀李自成的军令。而且是连续两次军令，连续两次出关，连续两次战败，致孙传庭的军队死伤大半，仅剩下了两万人马。孙传庭只有退回潼关，紧闭城门，据险守关，再也不敢出城作战了。

同年11月，李自成趁热打铁，不给孙传庭留下喘息的机会。按照兵分两路的战法，第一路由右将军刘宗敏领兵五万，拿下潼关城东南的陶家庄，在潼关城南门外集结。第二路由左将军李过领兵两千，直插潼关东门，高举从河南缴来的孙传庭"帅"旗，全部换上缴来的明军服装，佯扮明军的溃兵退回潼关，混入东门，不杀不砍，直接从城内逼近南门。在城外刘宗敏人马佯攻的配合下，从城内拿下南门，放入刘宗敏大军。两路人马会合，在城内各自为战，全歼城内明军。

李自成的乔扮明军，黑虎掏心，一招致命！当假明军混入城内，从城内打开南门后，五万余人的起义军即蜂拥入城。与孙传庭的万余人相比，不仅数倍于敌，更可怕的是，李自成的假明军让孙传庭的真明军真假难辨，闷头挨打，防不胜防。一个不大的潼关城内，数万人在杀在战，一时间，街战变成了巷战，巷战变成了院战，院战变成了屋战。整个城内之战，从早打到午，从午打到晚，足足打了一整天。致潼关城内尸体成山，血流成河，整个潼河水，全都染成了红颜色。大战结束，起义军大获全胜！李自成的乔扮明军，让潼关城丢了个稀里糊涂，丢了个不明不白。

潼关失守，西安自破！各朝各代概莫如此。李自成大军挥师西进，一路势如破竹，数日后即兵临西安城下。但却根本未曾想到，驻守西安的明军将领，早就恭迎在西安城外，投诚归顺，迎接农民军。李自成未动一兵一卒，顺利占领西安，起名国号"大顺"——又一个农民政权在西安建立。

本次战例，朝代已不是唐代而是明代，西安已不是京都而是省府，城池已不是唐城而是明城，但潼关始终未变，仍然是西安的忠诚守护者——李自成潼关之战的结果，和以上两个战例完全一样：潼关一感冒，西安就咳嗽；潼关一失守，西安就投降。而潼关的失守带给西安的，仍然是安然无恙，仍然是毫发无损，仍然是一座完完整整的西安古城。

第五节　西安事变　"中央军"抢占潼关
　　　　　和平解决　西安城逃脱一劫

潼关不仅在古代的冷兵器时代是西安的卫士，而且在近代的热兵器时代其地位仍然非同一般。1936年的西安事变，潼关就一直是事变双方争夺的焦点，因为，谁掌控了潼关，谁就能有效地掌控西安。

张学良、杨虎城深知，如果南京获悉蒋介石被扣，一定会出动大批军队进军陕西，围剿西安。对此，二人不约而同都想到了潼关，只有潼关才能有效遏阻中央军进入陕西，否则，西安不保，前功尽弃。不仅张杨看到了这一点，远在陕北的中共领袖更看到了这一点，西安事变的第二天，毛泽东、周恩来即联名致电张杨，并着重建议，要将重兵置于潼关。潼关对于西安事变的重要，英雄所见略同！张、杨二人同时火速急电部下，调重兵控制潼关。

张学良同时给两个心腹发出密电，一个是驻守洛阳的东北军炮兵旅旅长黄永安，一个是驻守保定的东北军53军军长万福麟，命二人率所部立即向潼关进发。然而，张学良太过自信，虽然是心腹，但事关蒋介石，黄永安不仅不执行命令，反而告密南京，背叛了张学良。万福麟虽然良心未泯，但却怕担风险，迟迟不动，让张学良抢占潼关的计划——落空。

潼关原只有东北军的千余人驻守，现已兵变，潼关急需大量补防，而最近的只有杨虎城驻守大荔的冯钦哉42师，同样是杨虎城的心腹。杨密电命令冯冯钦哉："已兵谏于蒋，速发兵潼关，占据要隘，防阻蒋军西进"。冯钦哉接电，大吃一惊！他既不同于黄永安，又不同于万福麟，西安事变，一个是自己的恩人，一个是当今的"皇上"，如何处置？冯钦哉大为作难，左思右想，最后用了个算卦决断。卦师给出的结果，只有短短14个字："冠戴于首，即跌于地，捡之仍戴于首。"最后，又补了一句话："谁是谁，还是谁。"意思是：冠即帽子，帽子是头上戴的，即是掉在地上，拾起来土一弹，还照样是戴在了头上。冯钦哉明白了，帽子就是老蒋，跌倒了爬起来还是老蒋、还是"皇上"。于是，冯钦哉决定，西安事变决不能站错了队，决不能让自己失了前程又丢命。就此，杨虎城调兵潼关的计划也彻底落空。

潼关对西安事变的重要性，张杨知道，中共知道，南京政府更知道。军政部长何应钦抢占潼关更为神速。事变第二天，即电调离潼关最近的驻河南灵宝的中央军46军，乘专列进入潼关，首先缴了潼关千余东北军的武装。紧接着，国民党的大军源源不断集结潼关，仅仅几天，潼关的中央军就达到了 18 个师 20 万人之多。南京不仅牢牢地控制了潼关，而且同时开始了对西安周边渭南、富平、三原的警告性轰炸，做好了"炸平西安、玉石俱焚"的一切准备。西安古城，大战在即，灾难将临，火星四溅！危急之下，张杨二人、延安中共、南京政府、宋氏兄妹、美苏势力，统统概莫能外，角力其中。

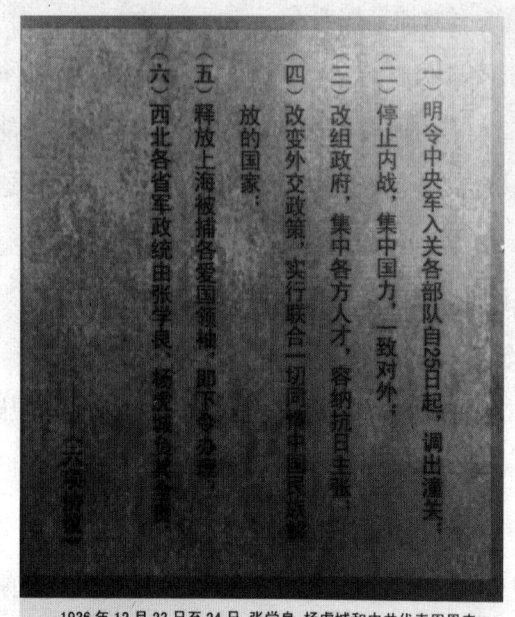

（六项协议）

1936 年 12 月 23 日至 24 日，张学良、杨虎城和中共代表周恩来，与南京方面宋美龄、宋子文，在张公馆西楼二楼会议室举行和平谈判。宋氏代表蒋介石同意停止"剿共"，一致抗日等六项协议。

西安事变中达成的"六项协议"第一条内容即是："明令中央军各部队自 25 日起。调出潼关。"

最终，经过各种因素的相互作用，一触即发的西安事变终于化险为夷，和平解决。而潼关独特的作用——秤锤虽小压千斤！则是任何因素都无法替代的。

西安事变，潼关的至关重要，各方政治力量认识高度一致。不论是谁控制了潼关，潼关都是西安事变的晴雨表，都是制衡西安事变结果的重要因素。虽然有 20 万大军陈兵潼关，虎视眈眈，但并未走出潼关一步；虽然有飞机轰炸富平、渭南，气势汹汹，但并未到西安上空一转，潼关起的就是这个作用！西安事变最终和平解决，中国幸甚、西安幸甚，而保留下来的，仍然是一座安然无恙、毫发无损、完完整整的西安古城。

第四篇章　西安　独领风骚的千年古城

第六节　抗战八年　日本兵难过潼关
　　　　　雄关虎踞　西安城免遭涂炭

　　自1931年"九一八"起，日本侵略军先后侵占了我国的东北、华北、中原、华东、华南26省，仅仅西北五省及西南三省未被占领。然而，日寇军队已到了黄河北岸的山西风陵渡，但八年抗战，自认为不可一世的日本侵略者，却从未跨过黄河，从未进入陕西，从未进入到他们梦中都想占领的古都长安。啥原因？原因很简单，因为河南岸就是陕西的东大门，就是飞鸟难逾的天险潼关。

抗战时期潼关黄河岸边坚固的河防碉堡

　　可能有些不了解潼关的人会问：冷兵器时代的天险潼关，岂能阻挡了热兵器的飞机大炮？此话差矣，日本人要的不是"外科手术"的打击，日本人要的是军队的进入，要的是国土的占领，要的是把中国变成日本。飞机大炮

261

永远不能直接实现日本的侵略大梦,潼关天险的黄河、关城、禁沟,哪一个都是有效遏阻日本军队进入陕西的铜墙铁壁。

不仅如此,潼关这个中国第一的险关,还驻守了中国第一的军队,还配备了中国第一的武器,更使得潼关坚不可摧,界不可逾,被美国记者团誉为了"中国的马其诺防线"。

先看潼关的军队。嫡系王牌,全美装备,中央军中最精锐。潼关的驻军是蒋介石亲派的中央军陆军第一师,是蒋介石最嫡系的王牌军,是师的番号,军的兵力。武器是清一色的美式装备;兵员全部经过严格的美式训练;军官基本为科班的军校毕业;蒋介石二公子蒋纬国就在这个部队任职。试想,蒋介石让儿子锻炼、实践、增长才干的部队能不是最顶尖的部队吗?

再看潼关的大炮。顶尖重炮,全国唯一,日本兵闻风丧胆。要与日本隔河对打,没有大炮根本不行,日本凭的就是大炮。而潼关的炮兵同样是蒋介石亲调的陆军炮兵独立团,是直属国民政府军管会管理的我国历史上第一个机械化重炮团。配备的是德国制造的,当时世界上最先进、射程最远、威力最强的重型大炮。首次使用,仅仅两炮,就一次性摧毁了日军黄河对岸的炮兵阵地。

三看潼关的战机。空中格斗,一比十四,驻潼空军创奇迹。大炮被炸、阵地被毁,日军穷凶极恶,动用了飞机,决心从空中轰炸潼关。1938年5月31日,日本派出36架战斗机,掩护18架轰炸机,对潼关进行全面轰炸。守卫在潼关的空军第33大队,仅派出了18架战斗机,开始了潼关战场的首次空战。其战斗结果令国人大喜,令日军大惊:共击落敌机14架,而我方仅损失战机一架,一比十四,空战奇迹!从此之后,日军的飞机,再也不敢轻易飞越黄河了。

热兵器时代的抗日战争,拥有飞机大炮的日本侵略军,在陕西最想摧毁的就是中国的古都西安,好让他们的京都、奈良成为世界唯一。然而,同样是潼关,雄关虎踞,挡住了日军,让日军没有跨过黄河,没有进入陕西,让西安城仍然是安然无恙，毫发无损，完完整整。

    以上的诸多战例说明了什么呢？中国的古城很多，但大多都为战争所毁，而唯独西安古城完整地保存下来了，原因何在？引用一个调侃的说法——作为西安的天险，西安的大门，不管潼关的战事是胜是败，特别是古代，西安城的安全靠的都是潼关。潼关一失守，西安城不攻自破，根本不用打仗；潼关未失守，西安城安然无恙，根本用不着打仗；只要不打仗，城就毁不了。哈哈，难怪西安古城保存的最好、最完整，原来西安这个东大门的潼关，也有着很大很大的一份功劳。

第三讲　八十年代初　西安古城的喜获新生

历史上的西安古城，虽然历经了诸多的战争，但都因为有天险的护卫终归安然无损。然而，新中国成立之后，在30多年的时间里，由于不同时期的社会需求，经济发展的情况变化以及文物意识的淡薄缺失，致西安古城遭遇到了多次的严重危机。一直到了1983年，西安古城终获新生，在国务院及国家文物局的大力支持下，实施了前所未有地大规模保护性整修，实现了西安古城有史以来的华丽大转身。

第一节　千年西安古城墙　五次遇险　五次幸免

从新中国建立后的1950年起，到改革开放时的70年代末，西安古城先后连续遭遇了共达五次拆城毁城的风浪冲击，然而，千年古城却始终大福大贵，次次都能转危为安，幸免于难。拆除城墙，如果用现在的眼光去看待当时的拆城，一定会感觉到不可思议，但如果用当时的眼光去看待当时的拆城，也许会觉得理所当然，行之必须。因为，众所周知，数十年前人们的思想认识与21世纪人们的理念观点相比较，那是有着天地只差的。

第一次拆城是新中国初始大办工业的五年计划，作为国家的战略要地，诸多的大型军工、装备企业都将落户西安,需要拆除城墙,打开通道,腾出地方,为重点项目无条件让路;第二次拆城是50年代中期中国城市发展的建设热潮,"拆除旧城墙,建设新城市"已经成为一种大势,全国各地诸多的古城城墙均已惨遭厄运,其拆城狂风也同时刮到西安;第三次拆城是1958年大跃进中的去除藩蓠,"赶英超美,放卫星,创奇迹"的口号铺天盖地,而这个"藩篱"一般的西安城墙,自然而然地就成了大跃进的直接障碍;第四次拆城是特殊时期红卫兵的"破四旧"运动,破四旧谁旧谁不旧?但西安城墙这个600多年1000多年的老古董则肯定是旧的,故首先成为了当时红卫兵破旧拆除的最大目标;第五次拆城则是20世纪70年代西安市颇为超前的地铁建设项目,为了解决地面建筑的负重问题,相关部门提出拆掉城墙,将地铁建在城墙墙基之下,既没有负重,又可环城一周,一举两得,此计划得到了当时陕西省革委会的正式批准,是一次名副其实的官方决定。

20世纪70年代西安城墙的南门城楼、箭楼、闸楼(源自西安城墙档案资料)

然而,功夫不负有心人。以上先后五次不同情势、不同原因的拆城计划,在各级的专家学者、有识之士、文保单位、地方政府的合理抗争以及国家层面的大力干预下,最终均被一一化解。虽然西安古城因此遭受了诸多的皮肉伤损,但却躲过了一次次的灭顶之灾。奇迹般地保住了这座全国独具特色的千年古城。

二十多年来,西安古城历经的五次拆城,五次抗争,每次都是山摇地动。尽管最终次次都幸免于难,但却让西安古城彻彻底底成为了惊弓之鸟,终日惶惶不安,提心吊胆,谁能知道何时又会大难临头!

第二节 国家文物局指令 加强保护 及早维修

新中国建立后西安古城的五次遇险,虽然次次幸免于难,但这仅仅是对大规模整体拆毁的成功制止。而部分群众、单位对西安古城零敲碎打的侵蚀,则时有发生,未曾中断。西安古城,犹如温水中的青蛙,在慢慢地、渐进式地被不断摧残。

1983年之前,西安城墙已经是千疮百孔,伤痕累累。城墙的顶部:有5000多个垛墙被毁掉,有98个敌楼被拆除,有4个角楼统统不复存在;城墙的墙体:有两万余平方米的外墙城砖已被扒走,星罗棋布的防空洞高达2000多个,80%的墙体受到破坏;排水的水道:整个城墙的排水系统,全部石槽铺成,全部遭到破坏,每逢雨天,雨水四散,无法正常排出;行车的豁口:为了打通道路,四大城门的两侧均挖了豁口,整个城墙断断续续共有14处已被断开;单位及个人的占用:文化革命前,东西南北的四个瓮城,就已被单位和个人占用,西门瓮城是消防队,南门瓮城是人防办,东门瓮城是棚户区,北门瓮城是百货公司。更有甚者,在明代建筑的西门瓮城内,竟然还端杵着欲与城墙比秀美的三层楼房!竟然还耸立着可与城墙比高低的两尊烟囱!一边是彩绘的城楼,一边是滚滚的黑烟,强烈的反差,极具讽刺。对四个瓮城的被占，西安市早就发出了撤离的通知，但由于诸多原因，文件迟迟得不到落实，现状长期不能够改变。

那时的西安人在介绍西安时，只说大雁塔，只讲兵马俑，西安城墙连提都不提，更不要说像现在充满自豪了。那时的外国人来西安旅游，在参观已对外宾开放的古城西门时，看到了西安城墙的千疮百孔，看到了古城西门的奇特景观，无不震惊，无不语塞，难道这就是辉煌大唐的帝都长安？这就是大名鼎鼎的西安古城？

当时西安不少区段的城墙都被扒光了城砖

新华社的记者慕名来到西安，想看看经历了数次磨难全国唯一保留下来的西安城墙，然而看到的却是以上的场景，感慨万千。新闻工作者的责任致他立即撰稿，一篇名为《我国唯一一座完整的封建古城遭到严重破坏》的文章，刊登于1981年11月22日的新华社《国内动态》之上。文章反映了西安城墙遭受破坏的情况；反映了四大瓮城长期被占的情况；反映了瓮城内盖楼房建烟囱的情况；反映了西安城墙环境脏乱差的情况。整篇文章虽然措辞犀利，但字里行间却溢满了对西安古城的痛惜和关爱。

当国务院的相关领导读到了这篇文章，痛心不已，立即给国家文物局打电话求实查证，并就此做出了"加强保护、及时修复"的相关批示。国家文物局仅仅十天，即根据领导的批示精神，于1981年的12月3日，形成了《加强西安城墙保护工作的意见》，并致函陕西省政府，提出了三项具体的保护措施。

三项措施内容为，一是希望按照国务院《文物保护管理暂行条例》的规定以及国务院领导"加强保护，及早维修"的批示精神，责成西安市人民政府依法切实做好保护工作。要划出必要的范围，竖立保护标志与说明，并建立科学记录档案，设置专门的文物保护管理机构。二是建立统一的保护方案，制定维修保护办法。所有的占用单位要限期迁出。今后城墙的保护由专门的机构负责管理，并将城墙的保护维修纳入城市规划建设之中。三是以政府名义公布保护城墙的命令或条例，自命令发布之日起严禁乱拆城砖、乱挖墙角的破坏行为。如明知故犯者，不论大小机关、公私个人等，均应依法惩处，为首者应予严惩。三项措施，要求到位，措施得力，为西安古城的保护烧了一把大火。

国务院领导"加强保护，及时维修"的批示，国家文物局保护意见及三项措施的下发，得到了及时的全面落实。1982年8月，西安市政府发布了《关于保护西安城墙的通告》；1982年年底，西安市编制了西安城墙的维修规划；1983年2月，陕西省西安环城建设委员会成立。紧接着的就是，"全市动员、全民动手、全面维修"的大规模西安城墙保护工作正式启动。

第三节　西安市政府牵头　专设机构　立即实施

新华社《国内动态》的文章，国家相关领导看了，陕西省也看了。1982

年 7 月，中共陕西省委第一书记马文瑞经过调研，提出了建设包括城墙、护城河、护城腰带以及绕城环路在内的西安城墙公园，并和西安市委、市政府及相关方面的主要负责人进行了讨论。1982 年 8 月，国家领导的批示及国家文物局的三项措施到陕，让马文瑞的构想更有了尚方宝剑，更添了心中的底气。

紧接着，西安市委、市政府即对整个环城建设规划的可行性进行了认真研究，制定出了"维修城墙、整治城河、改造环城林、打通环城路"的四位一体的建设方案，并于 1983 年元月上报陕西省委。1983 年 2 月 17 日，陕西省委通过了西安市的环城建设规划，并就此项目专向国务院写出报告，得到了有关领导的大力支持。同时，又协调国家城建部，向该项目拨出专款 5700 万元。5700 万！这在当时绝对是一个不小的数目，陕西省、西安市，腰杆硬了，底气足了，剩下的就是具体怎么干了。

1983 年 2 月 24 日，由陕西省委、西安市委主要领导牵头组成的西安环城建设委员会正式挂牌成立。为什么叫环城建设委员会？因为它修的不仅仅是城墙，而是以城墙为主的、包括护城河、环城林、环城路在内的四位一体——陕西省、西安市既然要干西安城墙的维修，就要干出一个连主体、连相关工程、连整个配套都有的，对得起历史、对得起子孙的千年工程、万年工程。

西安环城建设委员会，是西安环城建设工程的直接领导机构。由陕西省委第一书记马文瑞牵头任名誉主任，由西安市委第一书记何承华挂帅担任主任，由西安市市长张铁民及主管城建、计划、文物的副市长担任副主任，由省市的党政军群及相关区县的负责人分任委员。西安环城建设委员会，之所以涉及的相关领导众多，涉及的相关单位众多，为的就是，只要涉及到谁，你都得立即站出来，拍板定夺，全力支持工程建设，全力解决工程问题。

西安环城建设委员会，设立常设机构办公室，负责环城建设委员会的日常工作。1984 年 6 月，经市编委会正式批复，环建委办公室为市局级的事业机构，并编入市政府序列，办公室主任由环城建设委员会的总工程师兼任。办公室主任是谁？总工程师是谁？就是1972年扳倒"修地铁、拆城墙"一举两得方案的，原西安市基建办公室城建处的负责人。

省市领导马文瑞、李庆伟、何承华、张铁民为西安城墙维修工程开工剪彩

环城建设委员会的办公室是真正的干事机构，下设一室七处，并统辖四个工程指挥部。包括总工程师办公室、秘书处、规划设计处、计划财务处、工程管理处、经营管理处、动员拆迁处、综合保卫处。四个工程指挥部为，城墙工程指挥部、城河工程指挥部、环城林工程指挥部、火车站广场工程指挥部。作为环城建设委员会的办公室主任、钟爱西安古城的这位原基建办公室城建处的负责人，终于干上了自己最想干的梦想之事。

西安环城建设委员会的成立，西安环城建设委员会的党委牵头、书记挂帅，西安环城建设委员会诸多相关单位领导的参加，直接决定了西安环城建设的一路绿灯、畅通无阻；直接决定了环城建设委员会的有职有权，令行禁止。达到了"一个文件管全城，一声号令呵到底！"

第四节　全民齐上阵　义务劳动　人人奉献

本次西安的环城建设工程，有一个特殊的亮点，即全民共同参战的义务劳动。义务劳动，不仅为整个工程节约了大量的资金，更验证了广大的市民、各行各业的干部职工，以及身在外地的西安籍人士参与环城建设工程的极大热情和奉献精神。

义务劳动的对象：凡18～60岁有劳动能力的所有西安市民，所有西安市辖区内的党政机关、事企业单位的在职人员。义务劳动的项目：主要包括需要大量的劳力，以体力劳动为主，以及虽然需要技术但要求不高的普通技术工程项目。义务劳动的分配：在环建委的统筹安排下，属西安市民的由当地街办组织分配，属单位人员的由各系统各单位组织分配。

西安市民参加义务劳动（源自西安城墙档案资料）

义务劳动的任务：原则上按每人每年3～5个劳动日进行计算，根据实际工程需要，可连续一次完成，也可以分时段累计完成。为了加强对义务劳动的组织和领导，西安市的城六区和市属郊县都分别成立了各自的环城建设工程指挥部，直接接受西安环建委下达的劳动任务，并对本辖区进行任务的分配和工程衔接。整个义务劳动的体系管理，科学有序，分工严谨、环环相扣，操作性极强。

20世纪80年代西安人的觉悟怎样？环城建设的义务劳动就是一个最好的

回答。当所有的西安人听说要整修西安城墙，要进行环城建设，顿时奔走相告。当听说环城建设要组织义务劳动，纷纷摩拳擦掌，积极报名。谁都想在这场历史性的义务劳动中，留下自己作为一个西安人的历史奉献。

诸多的企业骨干，由于岗位的重要，单位调派人员参加义务劳动，总也派不到他们，但每遇轮休的日子，他们都会主动来到工地，自带工具、自带干粮，饱饱干上一天。诸多的家庭都已养成习惯，每逢周末，总要领上孩子，父母子女一起体验一同劳动。大量的市民，除派工之外，则街坊相约，成群结队，一到工地，轻车熟路，争活抢活，有啥干啥。在外当兵、在外工作的西安人，只要一回到西安，第二天一准先到城墙工地干上一天，然后再陪伴父母，走亲访友。还有的外地甚至外国的游客，都在关心西安的城墙建设，经常有人到工地问东问西，帮忙干活。大部分的来者，尽管技术活不会干，但拉土搬砖、和灰挑泥，只要有力气，人人都能行。更有大量的离退休人员以及在外不能直接参加环城建设义务劳动的西安人，纷纷捐款捐物，且不留单位，不留姓名，只写三个字"西安人"。还有一位在外省当水泥厂厂长的西安籍人士，自己出钱用火车运来了捐赠的200吨水泥，姓名仍然是三个字的"西安人"。诸多的捐款捐物者，目的只有一个：表达自己对工程的拥护支持，替代自己作为一个西安人不能前往参加的义务劳动。

驻西安部队官兵奋战在护城河的淤泥当中（源自西安城墙档案资料）

根据相关资料统计，将近三年的时间，西安全民齐上阵的义务劳动共计完成的项目有：全部城墙洞穴的封堵，内外墙面的包砖，女墙垛墙的修复、砖面海墁的补砌，马道水槽的铺设；城河的拓宽、加深、护砌及水渠的改造；游园道路、游乐场所以及大量简单的公用设施，等等。义务劳动日共计810万个，折合投资金额共计2900万元，占到整个环城建设总投资的几乎20%，其功伟绩卓，永载史册。

西安数十万人长达三年的环城建设义务劳动，轰动了全国，热闹了媒体，创出了中国之最，充分彰显了西安人民热爱家乡、建设家乡的奉献精神。

第五节 壮哉西安城 雄姿重现 旧貌新颜

1983年启动的西安环城建设工程，是以整修西安城墙为主、包括了护城河、环城林、环城路在内的四位一体的大型综合建设工程。其工程大规模的整修施工为1983年至1985年三年，但直至1990年底，剩余零星进行的相关完善项目才正式宣告结束。整个工程连集中施工带零星完善，共计时间长达8年，完成总投资1.8个亿，投入总劳力40余万人。但是总共都完成了哪些工程？补修了哪些项目？实施了哪些配套？实在是太多太多，无法一一列举。在此，我只能简明扼要，予以概括。

针对此前讲过的，也即新华社记者眼中西安城墙城楼的千疮百孔、遍体鳞伤的现状，该修的都修了，该补的都补了，该连的都连了，该搬的也都全搬了。所不同的是，除此之外，西安环城建设工程还拓宽了护城河、增加了环城林、兴修了环城路，新建了16公里长，围城绕一周，全国最大的、独特的环城公园。除火车站广场断开的城墙因故未能连接外，一座完整的西安古城、连同环绕城墙的河、林、路、公园等，像一位初出闺房的靓女，首次展现在世人面前。

整修城墙按区分段的工程碑记

西安的环城建设，创造性地、卓有成效地保护了文物，成功地实现了西安古城的雄姿重现。数月后的1991年5月，即被国家环境保护局和建设部评为了"全国城市环境综合整治优秀项目"第一名。一拨一拨的党和国家领导人，只要来到西安，都要登上城墙，视察和感受这一功盖千秋的伟大建设，并都给予了高度的肯定和赞赏。

1983年，西安的环城建设，轰动了全国，但也引出了一点小小的误解：至今仍有个别人认为，西安城墙是20世纪80年代重建的，有的人还拿出了证据：西安城墙顶上铺地的地砖上边就刻有"八四"年的字样。对此，需要特别予以重申，首先，城墙顶上的地面砖的确是1984年的地面砖，然而，道理很简单，你1990年买的房子，到了2010年换上了新的地板，难道因为

2010年的新地板，就能把20年前的旧房子也变成了2010年的新房子吗？城墙顶上的地面砖它是一个损耗品，是需要更换的。其次，1983年西安的环城建设，是因为新华社的告急文章，是根据国务院领导的批示，是依照国家文物局的指令，对原有的、不断被破坏的西安城墙进行的"抢救性维修"，和重建有本质的区别！《文物保护法》第二十二条明确规定："不可移动的文物全部被毁的，应该实施'遗址保护'，不得在遗址上重建。"如果文物能够重建，西安有千年大都的历史，有举世闻名的汉城墙遗址、唐城墙遗址，何须要选一个明代的城墙来重建？如果文物能够重建，北京是首都，最有权、最有钱、最有资格重建，那么，清代末期被毁的圆明园，50年代被拆的北京城墙，岂不都可以重建了吗？毁掉的只能是遗址，重建的只能叫景观，它绝不是历史文物！国家文物局把的就是这个关，一概不予承认。诚然，也有新建城墙的城市，但关键的区别，就看他所建的"城墙"是不是国家认定的城墙"文物保护单位"。

西安的环城建设，让西安古城雄姿重现，旧貌新颜，成为了西安独有的、靓丽的、永远的城市名片。而让西安古城雄姿重现，旧貌新颜的"历史功臣"，也即本讲中所说的"整修西安古城的历史功臣"，他并不指的是一个具体的人，而是包括了中央和地方，包括了西安市的市民，特别是对西安环城建设做出了巨大贡献的驻地部队官兵，他们的功绩与古城同在，西安的历史永远有他们的记载。

历史上的西安城墙，从明洪武三年（1371年）在原唐皇城的城墙基础上延伸扩建至今，共有过三次大的维修。巧合的是，从建成到之后的三次大修，中间的间隔时间却惊人地相同，都是200年！西安城墙1371年建成，到1572年（明隆庆六年）的第一次大修，间隔201年；第一次大修到第二次大修的1781年（清乾隆64年），间隔209年；第二次大修到第三次大修的1983年，间隔202年。201年、209年、202年，无人约定，无人沟通，各个历史时期，都在按着200年的时间跨度,履行着自己对西安城墙的保护责任。但是,毋庸置疑,三次大修,无论是人力的投入,财力的投入;无论是工程的大小,项目的多少;无论是功能的延伸和相关的配套,1983年的第三次大修,都是远远超前领先,远远无法比及的!

第四讲
九十年代后　西安古城的锦上添花

1983年对西安城墙的大修，与1572年和1781年的前两次大修相比，不仅在人力财力的投入、项目工量的多少方面要大得多，而且还有一个更重要的不同，就是功能的不同。前两次的大修纯属军事防御的需要，只求坚固结实，其他不予考虑。而1983年至1990年的大修，恰恰没有了任何的军事需求，大修的主要目的就是为了文物的保护，为了人们的观赏。所以，工程的要求也不同，即在文物维修原则的前提下，既要坚固耐久，又要壮观秀美；既要对历史负责，又要对子孙负责。第三次的大修已使西安古城基本恢复原貌，故1991年之后的西安市历届政府，一届一届，都义不容辞地承担起维护秀美西安古城的历史责任。

第一节　城楼箭楼排查　彻底修缮加固

不可移动文物，最脆弱的就是古建筑，抗风雨，抗腐蚀，抗破坏的能力最差，最需要间隔性地维护修缮。进入20世纪90年代后，西安市政府组织了相关的文物古建专家，对西安古城所有的城楼箭楼逐一进行了一次全面地大排查，对各种隐患及时地进行了清理排除，对发现的险情及时地进行了彻底地修缮加固。

西安古城的东门（长乐门）城楼，从1911年到1949年一直驻扎的军队，为了防御的需要，对城楼的木结构进行了随意的改造，留下了严重的隐患。直到1994年，问题终于呈现，整个城楼严重倾斜，屋面塌陷，大面积漏雨。西安市立即报请省文物局并经国家文物局正式批准，对东门城楼进行了一次性地规模化落架大修，不仅从整体结构上进行了彻底修复，而且重新进行了全部彩绘。时间历经五年，投资400万元。维修后的东门城楼经过了严格的验收，达到了陕西省古建筑保护维修的优良工程标准。

西安古城西门（安定门）城楼，2004年，城楼南侧发生地基下沉，深达18厘米，整个大木构架向南倾斜达15厘米。致屋面严重变形、榫卯脱出、屋顶漏雨。渗漏的雨水又对木架结构形成了严重的威胁，加速了木质糟朽的速度。西安市政府速报省局并经国家文物局获批后，立即组织顶级的专家技师，对西门城楼进行了揭瓦亮椽的全面大整修。既修已出的问题，又修潜在的隐患，同时还复原了所有被国民党驻军时改变了的墙体门窗、包砖回廊等。整个工程耗时18个月，投入360万，使西门城楼从结构到外观都得到了彻底地修复。虽然修旧如旧，但是旧貌新颜，再现了古城西门的历史风韵。

南门（永宁门）城楼，是西安所有城楼中历史最久的城楼，是隋朝初年所建。唐末缩建西安城时，原样未动，留作南门。2006年，南门城楼地基下沉，木卯破裂，屋面变形，漏雨不断。古代的木结构建筑，年代太久，害的都是一个病，而治病也都是一个药。西安市政府的本次药方，仍是揭瓦亮椽，全面修缮，加固地基，仍是重新油漆彩绘，修旧如旧，旧中有新。所不同的是，上次是西门安定门，这次是南门永宁门罢了。

西门箭楼的修缮，是所有城楼中最大的工程，其原因大同小异，其报批一模一样。但西门箭楼工程是被列为国家文物局的重点文物保护修缮工程。省市两级高度重视，有关领导和古建专家多次到现场考察调研，并三次召开研讨会商定方案。2007年10月开工，2008年9月完工，前后历时11个月，

第四篇章　西安　独领风骚的千年古城

投资金额500万元。本次工程除按传统的维修工序，更换全部屋面、重铺平石明台，重做木窗踏板，全部"一麻五灰"油漆外，对彩绘的重做和保护方面，大胆采用了最新的化工原料和最新的工艺技术，在整个文物修复领域创出了一个成功的范例，受到了中省文物部门的一致赞赏。

维修前的北门箭楼（源自西安城墙档案资料）

西安古城，城墙是躯体，城楼是脸面。从1994年到2007年，西安市政府对西安古城的四大城门共整修了三门四楼。而且每次都是揭瓦亮椽的全面大修，每次都是省市顶尖的专家技师上手，每次都达到了文物保护优良工程的所有标准。

第二节　异变城墙治理　车站豁口连通

1983年至1990年，西安环城建设对城墙部分的大规模整修，虽然大功告成，但留下了两个暂未解决的问题：一个是城墙夯土新旧土质的粘合问题；一个是火车站广场城墙豁口的连接问题。特别是后者，致整个的西安城墙不能一圈贯通，成为了广大市民心中的一大缺憾。

对于新旧土质的粘合问题，专家是这样解释的，由于西安城墙600多年的历史，经历了包括1983年在内的三次大修，每一次大修都要对城墙进行加固，每一次大修都要对城墙补加夯土，特别是1983年最为明显。由于土质不尽相同，各种土质的粘结度存在一定的差异，故夯土墙体因自身的原因产生了不同程度的裂缝、分离、凸鼓、沉陷。再加上雨雪对裂缝墙体的长期浸泡，城墙的异变现象越来越明显。通过西安市26个监测点的监测，南门至文昌门区间的城墙较为严重，既有裂缝，又有错位；既有凸鼓、又有沉陷，必须尽快予以治理。

如此道理，不难理解。人给人输血，都要血型相同。土给土夯填，当然也要土质匹配了。2006年4月，西安市组织专家对现场进行了反复勘察论证，最终拿出了"彻底扒掉包砖层、海墁层和防水层；挖掉墙体上所有的松散分离土层；重新换土，重新夯填；达到城墙的'土质相近、夯层粘合、一个整体'"的治理方案。并报请陕西省文物局正式批准。

异变城墙的治理，从2006年6月23日开始动工，当年9月完工。"施工中，除按照既定的方案操作外，又运用了'分层退台夯实'的筑墙方法，即把外层青砖包砌和内层土料夯填逐层逐层同步加高，使得新旧城墙衔接紧密，新旧土层粘合一体，内部坚固结实，外观平直严整。"受到了专家的一致好评。此次异变城墙的治理方案，事实证明，科学可行，效果明显，一次性地解决了异变问题。为以后处理同类情况，积累了难得的成功经验。

1983年，西安环城建设遗留的第二个问题，即火车站广场的城墙连接，这是一直以来人们最为关注的问题——城墙没贯通，等于工程没有最终完成！但是，此段城墙为什么会被搁置下来呢？就因为它对西安来说太重要了。其一，火车站是西安的窗口，全中国、全世界来西安的人都要在这里集中出现，是第一眼看到西安的地方；其二，西安城墙是西安的名片，是乘火车来西安的所有人，第一眼看到的西安形象；其三，火车站广场与正南一望无尽的解放路南北贯通，在这里必须要一览无余；其四，火车站广场的西安城墙，要对第一眼看到西安的国内外客人，形成巨大的震撼力！巨大的吸引力！丰富的想象力！如果没有合适的解决方案，谁也不敢轻易下手。

2003年，西安市委市政府下决心解决这一问题，在全国范围内发布公告广泛征集西安城墙火车站区段连接设计方案。其后共有8套方案入围，经省市文物、建筑、规划界的40余位专家反复论证，最终确定了西安市市政设计院的设计方案。该方案充分考虑了西安的文化，考虑了城墙的特色，考虑了火车站与解放路的一览无余。是一座三孔大跨箱梁结构的拱形大桥；是一座最大跨度为84米的西北第一大桥；是一座能够同时解决以上四个"太重要"形象顾虑的城墙大桥。

西安城墙火车站广场的大跨桥连接

火车站城墙连接工程，是陕西省西安市的献礼工程，是西安市民翘首期盼的圆梦工程。2003年12月30日，这一具有历史意义的工程正式动工。时隔一年，2004年12月26日上午，西安火车站站前广场，彩旗猎猎，人头攒动，随着西安市长的一声令下，最后的一斗混凝土浇进城墙桥体，西安城墙火车站段的连接工程胜利合龙，断开了60年的西安城墙终于实现了完整连接。

西安火车站城墙拱桥的连通，实现了西安人民和国内外游客长久以来的城墙贯通之梦；实现了无论是散步、蹬车还是马拉松，你都可以畅通无阻，绕城一周，在锻炼身体的同时，脚踏千年的城墙，饱览古都的胜景。

第三节　城河污染根治　科学净化水质

西安的护城河，是1983年环城建设时四位一体的一个部分，而且是核心部分。四位一体，其中古城墙、护城河是历史的文物遗存；而环城林、环城公园则是现今的景观配套。护城河是古代都城防御的第一道屏障，有了护城河，攻城的云梯近不了城墙；有了护城河，撞门的树车够不着城门；有了护城河，带火的箭簇射不到城墙之上；有了护城河，大队的兵马只能隔着城河望城兴叹。故历史上大都城的护城河均既宽又深水量又大。但在如今，已纯粹成为历史象征和城市独特景观的西安大型护城河，却给西安带来了一个需要长期应对的棘手问题，即污染的治理和水质的净化。

1983年至1990年的环城建设，虽然曾对西安护城河进行了长达三年的全面治理，但由于护城河的地势原因，致雨水、污水、淤泥、杂物等纷纷汇集于此，使得护城河的污染治理挑战不断，任重道远。从1991年起，西安市政府届届传承，届届接力，又于不同时段分别对护城河进行了六次侧重点不同的大规模治理，取得了极其显著的治理成效。

1991年，西安市投资3000万元，对进入南城河部分区段的污水管道进行截污改排，使原该区段80%以上的污水改排到城市的污水专用管网中；1996

年，西安市新建一条护城河专用进水管道，使大峪水库的清水不经过仁厚庄明渠及兴庆湖即可直接引入护城河，避免了城河进水的中途污染；1998年，西安市投资2.87亿元，实施了城河进水净化工程、截污工程、衬砌工程、退水工程、护坡工程、污水处理厂工程的改造等，是历史上投资最大的城河综合治理工程；2004年，西安市投资2个亿，不仅对护城河整个南段和西段新建了56公里的污水管道，彻底截断了来自西南两个方向的所有污染源，而且，又对护城河全线的雨水管道进行改排，把城河的污染治理，正式纳入了西安地区总体排水的统一网络；2005年，西安市启动了首次机械化清淤工程，采用高压水泵冲刷淤泥高压管道输送淤泥的新技术，不到一年时间，即完成了护城河的全线清淤，清淤量达到了13万立方；2013年，西安市投资1.8个亿，对护城河东西南北沿线剩余的所有进入护城河的污水管道进行全部改排，彻底掐断了护城河的所有污染源，终于走出了污染——治理——再污染——再治理30年来走不出的治污怪圈。

以上六次大的工程主要是治污。而对城河水质的净化，市政府则大胆出击，打了一场前所未有的"细菌战"，使用了从未用过的"生化武器"。2008年，城墙管委会与新加坡合作，运用生物清淤的新技术，把人工培育的新型细菌投入河中，由细菌对河中的有机物和腐殖物进行中和，使河中的淤泥就地即分解为水和二氧化碳，一次性即达到了河水变清、臭味消失的奇妙效果。本次的"细菌战"，一战致胜！经过五年时间的分段试验，收效极佳，后来即在西安护城河的全段推广使用。

问河哪得清如许，截污除淤治水来。掐断污染源，西安市政府为了从根本上改变护城河河水的品质，下功夫从秦岭山中引来清澈甘甜的黑河之水，使大流量的清水进入护城河的南半部。2017年12月，由西门绕经北门到东门的城河北半部改造工程正式开工，整个工段全长8.25公里。2020年完工之后，西安护城河将永远不会再有任何雨水的管道排入，形成亘古未有的"一水绕城、碧带环郭"。届时，整个护城河，河清了，水动了，全线贯通了，西安人民"泛舟护城河、环水赏古城"的长久梦想也终于能实现了。

经最新方案治理后的护城河

第四节　环城公园拓建　古城锦上添花

1983年的环城建设，已经修建贯通了16公里长，围城绕一周，全国最大的，西安独有的环城公园。环城公园虽然不是西安环城建设中的历史遗存，但它是西安城墙的外围包装，是西安古城的配套形象，是西安独有的景观资源，受到西安市历届政府的高度重视。1991年后，市政府在原环城公园的基础上，多次实施了不同规模的铺路、砌石、植树、亮化，增添了多种功能的相关设施，修筑了各个梯层的护栏平台等工程，大大提升了环城公园的硬件档次。进入21世纪后，西安市政府又充分利用环城公园这一资源，大打独家牌，确立了"以古代城墙与现代景观互为烘托、打造西安独有的环形城市景观带"的环城公园建设新理念。环城公园西苑，即是西安环城公园拓建的首个大型综合工程。

环城公园西苑工程，涵盖了从西安古城西南城角到西北城角沿环城西路与护城河之间的所有狭长区域，南北长约4公里，东西宽约300米，总投资约5个亿。环城西苑的规划原则，是历史性、文化性、特色性、利民性的四性结合；环城西苑的建设要求，是高起点、高标准、高质量、高档次的四高并举；环城西苑的拆迁，是护城河沿线所有与古城墙不相协调的，严重影响市容观瞻的杂乱建筑，统统拆除，全部清理！

环城西苑的沿河商街

建成后的环城西苑，极富特色，极具情调。从地形上看，环城西苑与护城河对岸高耸的城墙隔水相望，形成了一个古今辉映的景观河谷。河谷两侧从低到高，错落有致，层层叠叠。有亲水长廊、观景亭阁、跌水瀑布、喷泉音乐、名贵树林、湖光山色、民俗雕塑、园林小品、沿河商街、休闲会所，还有被国家体育总局作为向2008年北京奥运会献礼的中国全民健身示范工程的西安环城公园全民健身示范园区。最令人感到人性化的，是那拥有近千车位的地下停车场，停好汽车，关上车门，仅走几十米的地下通道，即可直接来到护城河边，亲水休闲，省去了诸多的停车烦恼。

独具特色的环城西苑，若是置身其中，当你看到那沿河的商街，你会以为这是在江南水乡；当你看到那河谷两侧层层的灯火，你会以为这是在山城重庆；当你看到那一组组身着彩服，一个个翩翩起舞的男男女女，你会以为这是在舞蹈培训学校；当你看到那一排排高品质的乒乓球台，一群群挥拍抽杀的老少球员，你会以为这是在乒乓球训练中心。但你的以为统统都不是，这里只是西安环城建设的一个部分，一个让西安市民流连忘返，让外地客人啧啧称道，让西安古城锦上添花的环城公园。

第五节　综合提升改造　风景这边独好

发展没有终点，提高更无止境，西安古城始终都在与时俱进。2012 年，西安古城的环城建设又迎来了一次大规模的综合提升改造。本次的提升改造，共涉及了南门、城河及顺城巷三大部分。

第一大部分是南门提升改造，其核心工程是南门箭楼的恢复。西安古城的东西南北四大城门，除城楼外，均各有箭楼一座，但东西北门的三座箭楼都完整的得以保存，唯有作为正门的南门，其城墙之上的箭楼楼体却于 1926 年被战火焚毁，形成了西安古城四大箭楼长达 80 多年的三缺一。2012 年 11 月，经国家文物局批准，南门箭楼的修复展示工程正式开工，2014 年 4 月完工建成。该箭楼在严格坚持文物保护"完整性、真实性"原则的基础上，采用了新材料新技术，不仅使整个楼体更轻，内部空间更大，而且达到了与原箭楼的外观相同，立面无异，风格吻合。南门箭楼的恢复，实现了西安古城东西南北四大城门的城楼对应，箭楼对应，瓮城对应，样样完整，一个不缺。

南门的提升改造,除核心部分的箭楼恢复外,还包括了配套工程南门外广场的拓宽,南门地下人行通道的开通,南门地下停车场的新建。三项配套工程均与南门箭楼同步开建、同期完工,同时于 2014 年 5 月 1 日正式对外开放。南门的提升改造,不仅使西安古城的正门南门城楼、箭楼、闸楼匹配齐全,使南门景区有了大型活动的豪华广场,有了可停放千辆汽车的地下车库,有了参观南门不用再横穿马路的地下人行通道,更有了中华第一迎宾大礼的西安古城入城仪式,打出了又一个西安的中国唯一。

整修后的西安城墙南门外广场

本次综合提升改造的第二部分,是南环城墙建国门至朱雀门段护城河的提升改造,是环城景区水景建设的示范工程。工程投资 1 个亿,建设周期 10 个月。建成了总长 2.6 公里的首条护城河水上游览线,共设 4 个码头可供分段上下,共有秦汉唐三种不同风格的画舫可供乘坐游弋,同样在 2014 年的 5 月 1 日投入营运。首条水上游览线的开通,为"全线游城河,泛舟赏古城"目标提供了全方位的技术示范。

提升改造的第三部分，是环绕城墙内侧的顺城巷。顺城巷，即老西安市民口中的城墙根。经过十多年的不断改造，整个顺城巷已完成了道路拓宽，棚户拆除，民居改建，沿线美化，以及已成形的南门东西两侧顺城文化街区的展示等一系列提升工程。2015年开始实施的皇城坊、长安里、尚德映巷三大项目，则是对顺城巷东北段到西北段两个角进行的综合开发，是大西安皇城复兴计划的开篇之作。三大项目采用了唐时长安城的"里坊街区"进行建筑布局，集艺术街区、文化餐饮、住宿休闲、特色民居为一体。使之成为了西安独有的顺城文商景观带，成为了西安环城建设的重要一环，实现了古城历史与新城发展的和谐共生。

二十多年来，西安的各届政府对西安古城的建设秀美，可谓不遗余力、不惜重金。二十多年的心血，致西安的千年古城超凡脱俗，致西安的环城建设创意不断，环城的城墙、环城的城河、环城的林带、环城的公园、环城的巷子，五环一体，环环相套！从此，西安古城以崭新的形象开始重新亮相中国，重新走向世界，并且一发而不可收。不仅为西安引来了无以计数的中外游客，更为西安迎来了源源不断的外国元首，成为了中国独领风骚的古城代表。

第五篇章

西安　名贯中外的旅游大牌

　　西安是中国的旅游名片，西安是世界的旅游名城。不到西安不知道中国历史的厚重；不看西安，不知道中国文化的灿烂。作为中国、作为世界的古都名城，数千年的文化积淀、十三个朝代的历史传承，形成了西安体量最大、类别最多、项目独特、历史厚重的旅游资源。本篇章所列讲的西安各大旅游景区，个个都是国家级的旅游经典，个个都是享誉世界的旅游大牌，个个都有自己的中国第一或世界独有。西安旅游，迷倒了诸多的外国政要、惊撼了无数的专家学者、陶醉了千千万万的中外游客、留下了道之不尽的佳话美言。2018年4月，"世界文化旅游大会"首届大会在西安隆重召开，会议决定，从2018年起，世界文化旅游大会的会址将永久性的落户西安，使古都西安千年之后又一次成了世界文化旅游的聚集中心。

第一讲
世界文化奇迹　西安兵马俑

兵马俑是世界文化遗产中的顶级遗产，是世界文化中的文化奇迹。整个世界总共190多个国家，但却先后有高达260多位国家元首或政府首脑，不惜打破外交惯例、不惜增加外交行程，也要前往西安一睹兵马俑的惊世风采，一观中国人的千古杰作，恐怕这也是另外一个世界奇迹吧。

第一节　西安兵马俑　信手拈来的地下宝库

前边在"层出不穷的地下宝库"一讲中，已经提到了西安临潼挖井时挖出了世界八大奇迹的兵马俑，在此所讲的"信手拈来的地下宝库"，说的就是当时如何挖出的兵马俑。人所共知，信手就是随手，而西安的兵马俑，就是临潼的村民在挖井定点时信手画了一个圈，而就画出了一个轰动世界的兵马俑。而且情节曲折复杂，充满了传奇色彩。

1974年的春天，正值小麦返青，但又逢春旱缺水。位于临潼县（后为西安市临潼区）的西杨村决定开挖大口井从地下取水。时任的生产队长绕村一周，最后选择了村西正对南山峪口水路走向的一片空地，随手用镢头画了一个不大不小的圆圈，对着身边的村民自信地说："挖吧，下边一定有水，而且不会太深。"喝！仅仅只是一个生产队长，信手画了一个圆圈，究竟能有多大的把握？

于是，六个青壮劳力，一人一把大镢，将信将疑地进入了画好的圆圈之内，猫腰弓腿，抡镢开挖。仅仅挖至不到一米时，即出现了极硬的红土，一镢一个印记，震得人虎口发麻。由于队长没有下令停止，六个人只有继续往下再挖。一直挖到大约三米的时候，一镢下去，只听"嗵"的一声空响，挖出了一个大窟窿，仔细一看："啊，是瓦爷！"大家一起喊出了声。再挖，挖出了一个空壳的"人身"；再挖，挖出了"瓦爷"的人头；再挖，挖出了"瓦爷"的胳膊和腿；再往下挖，竟然连着挖出了四具完整的"瓦爷"身体。"妈呀！"在场的人都倒吸了一口冷气："把瓦神爷的祖坟都给挖出来了！不得了、不得了！"村里的老头老太听了，纷纷拿来了香火，跪地烧香，乞求"瓦神爷"的宽恕。一时间，"西杨村挖出了瓦神爷"的消息不胫而走，传遍了周围村庄，传到了临潼县城，传到了县文化馆。县文化馆一听，当即派出文物干部火速赶赴现场，当看到这些身着铠甲的"瓦人"时，手舞足蹈、大喜过望！经过考证，初步认定它们是2000多年前秦始皇陵中的陪葬兵俑。

此时，适逢一位临潼籍的新华社记者回乡探亲，极富职业敏感的党报记者当即做了进一步的了解，在证实情况后随之放弃休假立即返京，并写好了一篇以"秦始皇陵出土一批秦代武士俑"为题的稿件，几经周折，终于在《人民日报内参》披露了这一重大消息。

1974年的中国，日理万机的周恩来总理很快就看到了这一刊有秦始皇武士俑的《内参》，顿觉此事非同一般，周总理立即安排国务院分管文物工作的副总理李先念办理此事，且要求务必做好相关的保护工作。李先念不敢怠慢，紧急召见国家文物局的局长王冶秋进行落实，并做出批示："建议国家文物局与陕西方面迅速协商，采取必要措施，妥善保护这一重要文物。"不久，一支精干的、高水平的考古队伍悄悄地开进了陕西的临潼。

临潼农民的一个圆圈，画出了2000年前的地下宝库；中国西安的考古发掘，挖出了震惊全球的"世界奇迹"。

第二节　西安兵马俑　惊服世界的伟大奇迹

1974年的7月15日，由国家文物局及中国社科院考古所专家组成的考古队伍带着李先念的批示，来到西安，与陕西省、与西北大学的考古专家汇合，以西杨村生产队长画的圆圈为核心，共同对现场进行了大范围的详细勘察。并在进一步认定了已出土的兵俑身份之后，最终决定，将后续的整个勘探发掘重任交给了具有国内一流水平和经验的陕西考古队伍。至此，兵马俑的大规模发掘工作正式开始。从1975年的一号坑挖出，到1995年的三大坑全部开放，先后经历了21年的漫长时间。

如今的秦始皇兵马俑博物院坐落在西安市临潼区秦始皇陵以东1.5公里的地方。总体建筑及布局气势磅礴，威武壮观，无处不彰显着当年秦始皇的霸气。整个兵马俑博物院分别由一二三号坑组成，其中，1974年最早发现的为一号坑，规模最大，面积高达14260平方米，相当于220多亩地的大小。坑内最前方整齐有序地排列着由210尊兵俑组成的3列（每列70尊）横队，面朝东方，好似军阵的前锋；其后的11条坑道排列着数千尊兵俑和多辆四马战车组成的40路纵队，位于边沿，分别面向南北西三个方向，担负着侧翼及后方的防卫，整个布阵呈品字阵形。一号坑东西长230米，南北宽62米，深约5米，坑内连兵俑带马俑总共高达6000余个；二号坑呈曲尺形，面积5000多平方米，是由骑兵、步兵、弩兵和战车及车兵组成的多兵种"特战部队"；三号坑呈凹字形，面积为520平方米，全部由"军官"组成，是一二号坑的指挥机关。3个俑坑共有约8000尊官兵军俑、100余乘大小战车、400余匹陶马和数十万件各类兵器。目不暇接、应有尽有，是世界上迄今为止空前绝后的地下军事博物馆。

说兵马俑是世界奇迹，说兵马俑奇迹伟大，主要体现在六大方面：

一是场面宏大。3座俑坑，近万"人"的庞大军队，布阵在600多亩近2万平方米的大场上，好似一个巨大的阅兵场，接受着统帅的检阅，护卫着2000年在阴间为皇的秦始皇。

二是兵俑量多。3座俑坑，8000尊的官兵军俑，8000件的雕塑作品，集中排列，一次推出，是世界最大的群雕展览，是中外举世无双的文物展示。

秦始皇兵马俑一号坑

三是类别繁杂。8000兵俑，诸多类别，有各个兵种、有各级军官、有各式军服、有各样军姿、有各种动作，一个个外形不一，一个个体态迥异，一个个都是不同身份的艺术作品。

四是工艺精细。8000兵俑，大到骨骼结构、铠甲军服，小到皮肤皱褶、头发纹理，全都是精雕细刻，一丝不苟，就连跪射俑漏出来的整个鞋底，其上疏密有致的针脚，也都被一针不漏地刻画出来，俨然是一幅幅立体的工笔画作。

五是形象传神。8000兵俑，不论是何种身份，不论是看表情看眼睛，个个都是生动传神，栩栩如生，但却找不出任何"双胞胎"，找不到一个复制品，绝对是千人千面，无一雷同，创造了世界美术史上的千古奇迹。

六是阵容威武。8000人的兵力，在现代战争中，几乎可顶一个军。秦始皇的军队素被誉为虎狼之师，而秦始皇的地宫中，就埋伏着一支装备精良8000人的虎狼之师，一个个威风凛凛、严阵以待，非我华夏后人，谁敢擅闯秦始皇的"大秦帝国"？

如此的古代军阵全世界哪里还会再有？如此的群雕展览全世界那个国家还能举办？而且，不是在地面，而是在地宫；不是在现在，而是由2000多年前的古人而为。秦始皇兵马俑的破土而出，以它的雄壮神奇极大地震撼了整个世界。1978年9月，对历史有着极高造诣的法国总体希拉克（时任巴黎市长）即慕名匆匆赶来西安，面对刚刚出土的一号坑兵马军阵，不仅瞪大了眼睛，而且伸出了拇指，连连赞叹："奇迹、奇迹、奇迹！世界上有七大奇迹，兵马俑的发现无疑是第八大奇迹！"临走之时，又一次发出感慨："不看金字塔，不算真正到埃及；不看兵马俑，不算真正到中国！"

兵马俑的奇迹吸引了千千万万的中外游客，每日车水马龙、人山人海，各种语言、各种皮肤、不同身份、不同地位的人蜂拥西安临潼，令虽大也小的兵马俑实实不堪重负。然而，人满为患的兵马俑却大大地惠及了当地群众，钱包鼓了，生活富了，腰杆硬了。当地村民难以掩饰心中的喜悦，索性把兴奋都写在了对联上："幸福全靠共产党，赚钱只凭兵马俑"，横批上写的就是"世界奇迹"。

第三节　西安兵马俑　无法破解的千古技艺

1820年，法英两国为了争夺一尊公元前四世纪的雕像"维纳斯"，不惜付诸武力，双方出动军舰，打了一场海战。混战之中，维纳斯的双臂被毁，成就了一个"断臂女神"，如今是巴黎卢浮宫的镇馆之宝，是世界家喻户晓的雕塑珍品。这个诞生于公元前四世纪的维纳斯和诞生于公元前三世纪的兵马俑都处在2000多年前的同一时期，前后不过相差几十年。但是，维纳斯仅为一尊雕像，仅有作者一个，而兵马俑则是8000尊的雕像，是一个庞大的雕像集群！8000雕像，不是标准化的重复生产，而是一件一件各不相同的艺术创作，而是8000件作品一次性地整体推出。试想，这得需要多少个艺术大家才能成就如此恢宏的惊世巨作呢？

然而，中国兵马俑的奇迹，并不仅仅奇迹于此，与兵马俑一起出土的兵器、出土的装备，同样是奇迹中的奇迹。这里的奇，奇在了2000多年前精湛的制造技艺，直到如今，仍然无法破解，令整个世界不可思议。

兵马俑的"形态记忆合金"——何为"形态记忆合金"？形态记忆合金是指人们理想中的合成金属在受到外部压力时会改变形态，但当压力去除，不论经过多长时间，此合金都会"记忆"着原来的形态，并自动恢复原状，就像汽车车壳的碰撞，不再需要钣金工的修复即可自动复原。这是当代冶金学家长期以来的梦想。而在兵马俑一号坑的发掘时，坑道内一把秦代的青铜剑，被一尊重达150公斤的秦俑压弯了全身，弯度超过了45度，但当两人轻轻地移开秦俑，奇迹赫然出现：那把又细又薄的长剑，竟然"嘣"地一声，瞬间反弹平直、自然恢复原状。惊呆了在场的所有专家："形态记忆合金"，在2000多年不见天日的秦代地宫，梦幻般地出现了！如今，不知道现代的"形态记忆合金"是否存在？即便存在，是否能有2000多年的超长记忆？是否能在2000年后又根据记忆恢复原状？恐怕整个世界没有一个专家敢给出这样的断言，恐怕也没有任何仪器可以检验出2000年后的记忆结果。

兵马俑的金属防锈工艺——还说秦代的青铜剑。在兵马俑的三号坑，有一把长90厘米的青铜剑，出土时，周身裹满了泥土，当工作人员刮掉泥土、擦净浮灰，又是匪夷所思、又是奇迹再现：整个青铜剑深埋地下2000多年，竟然全剑没有任何的锈迹腐蚀，而且寒光闪闪，渗气逼人。专家好奇地拿来一沓报纸，用剑尖轻轻一划，顿时，整沓报纸豁开了一个口子，数一数，共有18层报纸被一次性划透。大家不约而同地张大了嘴巴：好厉害的秦剑！然而，是何妙法让2000多年前的青铜秦剑至今不锈不蚀、锋利无比呢？科技人员经过检测，终于找出了答案，原来是秦代的青铜剑使用了现代的防锈镀铬工艺。虽然答案找到了，但是疑问又紧接而来：现代的镀铬工艺是德国在1937年才研究发明、并获世界专利，比中国的秦代晚了2000多年，不知道这世界的"专利局"是如何查验受理的？更何况，已获专利的德国镀络工艺，其防锈寿命最长只有60年。而兵马俑2000多年前的镀铬工艺、2000多年的防锈寿命，让世界的专利机构"无法解释，好不尴尬"；让如今的防锈工艺望尘莫及，自叹不如。

兵马俑的"兵器加工精度"——兵马俑出土的4万多个青铜箭头，用放大20倍的显微镜进行精度检测，同一个箭头的三个棱面，其角度、其弧度、其宽度，误差仅仅小于0.15毫米！而且总共检测900个箭头，个个一模一样；兵马俑先后出土19把青铜长剑，每把剑均为8个棱面，一边4个，用现在的游标卡尺测量，90厘米的青铜剑，八个棱面不论直线、斜线、宽窄，其误差均不超过0.07毫米，而且剑剑如此；兵马俑青铜剑的光洁度，用仪器测量，达到了现代工业光洁度标准14个等级的最高标准！2000多年前的秦代，没有任何的机械设备，没有任何的检测仪器，其产品的手工制作精度达到了现代工业的高等级标准，留给世界的不仅仅是叹为观止，而且更多的则是不可思议。

兵马俑铜车马的精密铸造——兵马俑出土的铜车马，其工艺之复杂、制作之精巧、技艺之卓越，震服了所有的中外游客。铜车马共有3462个零部件，令人叫绝的是，所有的零部件全都是铸造而成，包括了2.5平方米的超薄车蓬，包括了0.8厘米的细小铜管，都是一次性的浇铸成功。仅以车蓬来说，不仅面积大，而且带弧度，更关键的是，工件太薄且薄厚不一，从中心向四周蔓延，越延越薄，厚的地方只有4毫米、薄的地方仅仅1毫米，是铸造工艺的禁区。如此高难度的铸件，不要说在2000多年前，就是在科技发达、设备先进的今天，恐怕要用铸造的方法，也是绝对的难以完成的。秦代的青铜铸造，其技术达到了古今铸造工艺的世界极致。

秦始皇兵马俑的铜车马

兵马俑细如头发的铜丝加工——铜车马的马，脖子下边悬挂的缨穗，其一根一根的缨丝，其实并不是丝线，而全部都是由细如头发的铜丝组成。专家们用显微镜观察，发现整个铜丝的表面，竟然粗细均匀，且无任何锻打的痕迹；所有铜丝结成的链环，竟然严丝合缝，且找不出任何的焊点。2000多年前的秦代，没有拔丝机、没有精焊机，而这细如头发的铜丝、没有焊点的链环，究竟是如何加工而成？至今，仍然是个不解之谜！

外行看热闹，内行看门道。以上列举的千古绝活，仅是兵马俑的小小部分，但却令无数相关领域的中外专家能人无不被震撼折服。一位年过花甲的瑞士祖传制表高级技师携夫人慕名来到兵马俑，边看边摇头，边看边感慨：不可思议，不可思议！实在想象不出，这些神奇的产品，2000年多前的中国人，是如何用双手捣鼓出来的。

第四节　西安兵马俑　中国外交的金色名片

新中国成立之后，中国元首外交的接访地一直主要是传统的"老三站"，即政治之都北京、经济之都上海、文化之都西安。凡外国元首来访中国，除了北京，主要就是上海、西安。然而，自1974年西安兵马俑出现后，改变了老三站的格局，使西安一举成了中国除北京之外接访外国政要最多的一个城市。

1976年5月14日，正在发掘建设中的西安兵马俑迎来了首位到访的外国元首：新加坡总理李光耀。李光耀直接下到俑坑，零距离地与兵马俑待了整整45分钟，最后才在随行人员的提醒下恋恋不舍地上坑离开。走时，留下了他对西安兵马俑的评价名言："这是世界的奇迹，这是民族的骄傲！"之后，中外媒体对此进行了广泛的报道，在世界上引起了巨大的轰动。从此，各国首脑接连不断慕名而来。世界上只有190多个国家，但先后有高达260多位国家元首、政府首脑到访西安兵马俑。而且，所有到访的外国领导人无一例外，都对兵马俑给予了由衷的赞誉和极高的评价。

联合国秘书长潘基文说："兵马俑是人间奇迹，举世无双"；美国总统里根说："中国的兵马俑真是太伟大了"；俄罗斯总统普京说："兵马俑的确是世界奇迹"；英国女王伊丽莎白说："兵马俑的铜车马，赛过了英国的宫廷金马车"；日本首相大平正芳说："兵马俑是世界奇迹，百闻不如一见，真是名不虚传"；印度总理莫迪说："兵马俑是世界奇迹，它是中国文明成就的见证者"；欧洲议会议长韦伊夫人说："看了兵马俑，开阔了我的眼界，真不愧是世界奇迹"；丹麦首相约恩森说："兵马俑的面目各不相同，真是到了神的地步"；约旦国王侯赛因说："这是我一生中最有意义的一次参观，没有想到，我能看到这样好的东西"；中国人民的老朋友美国国务卿基辛格说："中国的光辉永远不会结束，兵马俑就是中国将会拥有光辉未来的最好证明"。好了，不说了，260多位外国领导人对兵马俑的评价太多，只举以上几例，以作代表。

西安兵马俑对外国人的吸引力,大大超出了中国人的意料。诸多外国领导人都有过两次以上再访兵马俑的经历。1976 年,第一个到访兵马俑的外国元首李光耀,先后共三次到访兵马俑,且每次故地重游都要大发感慨;美国总统卡特,先后两次到访兵马俑;法国总统希拉克,先后三次到访兵马俑;美国国务卿基辛格先后五次到访兵马俑。还有英国首相卡拉汗,则任开了"性子",直接对工作人员说:"今天我不受任何约束,要把更多的时间放在兵马俑,要把这独一无二的世界奇迹看个够,不然,我会后悔一辈子"。更有德国的铁娘子总理默克尔,执着到家,硬是把对兵马俑的访问计划放在了自己生日的这一天。因为她听说,按中国的十二相,她是属马的,她要在中国的兵马俑,过一个自己的马相生日。默克尔的执着,默克尔对兵马俑热爱的另类方式,让中国人感受到了德国的铁娘子对中国友好的真诚表示。

法国总统希拉克第三次来兵马俑并为兵马俑留言(图源兵马俑博物院)

不论是中国官方的安排,还是来访客人的要求,西安兵马俑几乎成了外国政要访问中国的必选之地。有诸多国家元首不惜打破惯例，把西安作为访华首站；有不少的国家政要不惜寻找机会多次再访兵马俑；所有到访的外国领导人均以能与兵马俑亲密合影而感到荣幸。兵马俑，已成为了名副其实的中国外交金名片；西安市，也变成了除北京之外又一处的国家元首会客厅。

世界八大奇迹，现存的只剩两个。260多位外国首脑谁都不想在有生之年错过参观兵马俑的机会。那么作为一个普通人呢？美国副总统蒙代尔的话说得最好："这里是真正的世界奇迹，全世界的人民都应当到这里来一开眼界"。然而，作为西安，提供给全世界客人的绝不是仅仅的一个兵马俑，而且还有诸多的、独有的、世界级别的东方文化经典景观。

第二讲
历代皇家温泉 西安华清宫

西安华清宫,是历代的皇家温泉,是中国最牛的温泉。

如果在全国说起西安华清宫,可以说人人皆知,但如果说华清宫是中国最牛的温泉,也许有些人不以为然。在全国共有的2700多处温泉中,华清宫的中国最牛!牛在了它的利用时间最长,距今已6000多年;牛在了它的使用等级最高,从西周到大唐一直都是御用温泉;牛在了它惊天动地的事件,曾三次改变了中国历史;牛在了与它不可分割的三大历史人物:周幽王、唐玄宗以及蒋介石;牛在了它创造出了中国旅游文化的惊世之作,实现了中国的五个第一!西安华清宫,见证了从古到今3000多年不同时期的中国巨变。

第一节 三千年前御温泉的华清宫

西安华清宫的温泉,据考证已有6000多年的历史,但真正成为古代帝王的离宫别苑,则是从西周开始的。因冬季时可利用温泉水在墙内的循环散热,形成了最早的暖气,故周幽王最先在此依骊山建起了可供过冬及游幸的宫苑,当时起名为"星辰汤";到了秦代,秦始皇又进行了增建,并更名为"骊山汤";再往后的汉隋两代,同样都给予了扩建加修,使其规模进一步变大;直到唐代，不同皇帝都在此各有建树，名字也由"汤"改成了"宫"，先后曾用了"汤泉宫""温泉宫"等；特别是到了唐玄宗时期，更是大兴土木，完善设施，增宫加殿，使这一皇家御汤达到了有史以来的最鼎盛时期，并取了一个更雅致的名字"华清宫"。

华清宫背骊山面渭河，依山就势而布局，规模宏大，建筑壮丽，楼台宫殿遍布骊山上下。唐代白居易的《骊山高》诗曰："高高骊山上有宫，朱楼紫殿三四重"；清代钱维乔的《华清宫》诗曰："华清之宫骊山足，玉殿千重相连属"，均是对当时华清宫宏伟气势的真实写照。唐代前期，每到冬季皇帝大多都要携众嫔妃来此过冬避寒，沐浴享乐。但到了唐玄宗当政，则改变了原有的惯例，只带杨贵妃一人，其他嫔妃一概不要，并为杨贵妃专建了"贵妃池"，为二人专建了"飞霜殿"，使华清宫成了大唐的第二皇宫。每年冬季唐玄宗必携杨贵妃来华清宫共度"蜜月"，直到次年春暖花开后方才返回长安城。在当时，华清宫不仅是国内外无与伦比的天下第一御温泉，而且是唐玄宗、杨贵妃忠贞爱情的唯一见证地。

唐代之后，虽然长安已不再是中国的都城，但华清宫从西周开始到民国时期的3000多年，都一直是全国公认的御用温泉和皇家行宫，各朝各代的皇帝巡视西安都要住进华清宫。八国联军时，慈禧太后到西安避难，就住在华清宫；抗日战争前，蒋介石来西安督战，也住在华清宫。华清宫虽然只是一个皇家温泉，但发生的事件却是惊天动地：周幽王在华清宫的烽火台烟烽烟戏诸侯，致江山改朝换代，从西周变为了东周；唐玄宗在华清宫的长生殿七夕盟誓，不要江山要美人，引来了安禄山的叛乱，使唐朝从此向走向衰败，不久即告灭亡；蒋介石在华清宫的五间厅置国家存亡于不顾，置张学良的哭谏于不理，酿成西安事变。西安的华清宫，秤锤虽小压千斤，先后三次改变了中国的历史进程。

如今，整个华清宫内有以唐文化为主的宫廷文化区、御汤文化区、爱情文化区、梨园文化区、环园文化区等五大文化区；有骊山风景区、九龙湖风景区、芙蓉湖风景区及西安事变风景区等四大风景区；有飞霜殿、长生殿、昭阳殿、禹王殿等大型标志性建筑群；有莲花汤、贵妃池等中国唯一出土的皇家御用汤池遗址和中国最早的皇家艺术学院"唐梨园"；有体验皇家温泉的御汤苑、星辰苑、长汤苑、少阳苑、澜汤殿以及香凝阁等精品汤池；有2007年华清宫首创的惊世之作大型实景剧《长恨歌》。是誉满海内外的中国唐文化旅游的标志性代表性景区。

华清宫，虽然在古代是天下第一的御温泉，只有皇帝可以享用，但是在今天，任何一个中外游客，只要到西安，都可以走进华清宫，赏过华清宫山水相映的迷人风景；再看华清宫3000多年的惊世事件；再看华清宫唐玄宗与杨贵妃的爱情大剧；最后再亲感皇帝专享的6000年前的温泉胜水。西安华清宫，古代天下第一的御用温泉，如今早已成为了全国人民的休闲胜地。

天下第一御温泉的华清宫

第二节　周幽王笑失天下的烽火台

20 世纪 90 年代，曾有过一幅照片，照的是一座高高耸立的"烽火台"，而照片的名字却是"古代战争的大哥大"。照片照得好，名字有创意，烽火台的确是古代战争的无线电话。但不同的是，古代的烽火台，不到万分危急的情况下是绝对绝对不能随便乱用的。烽火台，一般都建在高处，一般都是相隔数里一座接一座连续不断。烽火台的外观就像一个炮楼，楼下驻兵，楼上平台。一旦出现紧急情况，立即在楼顶平台点燃烽火，放起狼烟，台台点火，台台相传，几十里甚至百余里都能看见烟火，以达到远距离快速报送险情，呼叫救兵的最终目的。

在中国，家喻户晓的典故"烽烟戏诸侯"，就发生在西周时期的华清宫，就发生在华清宫骊山之上的烽火台。

烽火台是古代诸侯国间传递战报调兵的设施。公元前七七一年，周幽王为博得美人褒姒一笑，在骊山举烽火戏诸侯，留下了"烽火戏诸侯，一笑失天下"的历史典故。

位于骊山顶上周幽王笑失天下的烽火台

西周共计持续了 270 多年，最终是断送在周幽王手中的。周幽王荒淫无度，不事朝政，终日沉迷酒色，并下令在全国为自己招揽美女。最后终于如愿以偿，选得了一位名叫褒姒的女子，不仅貌如天仙，而且能歌善舞，颇得周幽王的宠爱，不久即册立为妃。可惜的是，褒姒虽貌美，却不苟言笑。周幽王为了博得爱妃一笑，常常使用各种办法，但始终一无所获。褒美人每天从早到晚，陪伴幽王，该唱唱，该跳跳，侍奉得无微不至，只是脸上漠然无情从未露过笑容，更不要说出声畅笑了。为此，周幽王不惜悬赏求计，谁能博得爱妃笑，赏赐黄金一千两。重赏之下必有勇夫，有如此昏庸的君王，必然会有如此昏庸的臣下。当时，适逢周幽王携褒姒正在骊山脚下的温泉行宫游幸作乐，一个大臣触景生情，忽然想出一个"妙计"：点燃烽火台的狼烟，引来各路的兵马，旷世奇景，不信博不得娘娘一笑？周幽王听罢，大加赞赏，认为此计不仅可行，而且成功可能极高。

次日，周幽王携褒姒在众大臣的簇拥下登上骊山烽火台，并由褒姒亲自点燃浇上桐油的干柴。一时间，烽火冲天，狼烟四起，放眼望去，一座座相连的烽火台，一台传一台，既有火，又有烟，绵延不断，一直伸向看不到头的远方。如此情景，既壮观又刺激，民间而来的褒姒从小到大何曾见过？禁不住张开了樱桃小口，嫣然一笑，露出了轻易难见的洁白牙齿。而当四处的诸侯看到烽烟，以为周幽王有难纷纷亲率各自兵马火速赶赴骊山行宫救驾时，见到的却是周王与爱妃正高坐楼台饮酒歌舞；得到的却是周幽王的告知：并无任何敌情，请爱卿速速返回；弄明的原因竟然是点烽火燃狼烟纯属嬉戏取乐博美人一笑！此时，众诸侯无不怒火中烧，深感被戏弄蒙骗。但是，个个都敢怒不敢言，只有俯首听命，愤愤而归。不过，周幽王要的就是这个效果，恰恰是这燃起的滚滚大火，绵延的冲天浓烟，招之即来的千万兵马，挥之而去的各路大军，让从不见笑的美人褒姒，如见世间奇观，竟然咯咯咯地笑出了响声。让周幽王大喜过望，手舞足蹈，立马奖励了献出妙计的大臣；立马，册封褒姒为西周的王后。

然而，乐极生悲，之后的结果人人皆知。仅仅数月之后，即公元前的771

年，西周真正的敌人西北夷族的犬戎出动大兵包围了镐京（今西安），周幽王惊慌失措，忙下令点燃烽火，呼叫救兵。烽火台白天是腾空的浓烟，黑夜是冲天的大火，但连续数日，始终不见任何救兵驰援。各路诸侯难道没有看见烽烟？当然看见了，只不过，大家心里所想的，仍然是周王与褒姒的寻欢作乐罢了。犬戎之兵，在围城数日之后，即攻占了镐京城，杀了周幽王，俘了褒美女，砍了所有文武百官的头，将整个镐京城抢劫一空。至此，275 年的西周王朝宣告灭亡，历史翻开了新的一页。

如今，当人们登上华清宫的骊山，登上骊山顶上的烽火台，极目远眺，西安临潼一览无余，千年美景尽收眼底。然而，我相信，此时站在烽火台上的人们，一定不仅只是在居高赏景，大多的则是在构想着 3000 年前烽烟滚滚、万马驰援的壮观场景，思索着千年不衰"烽烟戏诸侯"的古今话题。

第三节　唐玄宗七夕盟誓的长生殿

从古到今，夫妻恩爱山盟海誓的人很多很多，但是作为封建朝代的一国天子，与一位后宫的嫔妃为了长相厮守而生死盟誓，恐怕在整个中国历史上所有的 500 多个大小帝王中，绝对是举世无双，只有大唐皇帝的唐玄宗李隆基独独一个。

唐玄宗与谁盟誓？人人都知道是杨贵妃杨玉环；两人盟的是什么誓？也是人人都知道，"在天愿作比翼鸟，在地愿为连理枝"；盟誓之地在哪里？同样是人人都知道，因为白居易的诗写得很清："七月七日长生殿"；但是长生殿究竟在哪里？就不是人人都知道了。唐玄宗与杨贵妃盟誓的长生殿，就在古代的长安今天的西安，就在西安市临潼区的华清宫。

长生殿原建于唐代天宝六年（公元 748 年）。其建筑宏伟壮观、豪华极尽，是当时专为供奉唐代的高祖李渊、太宗李世民、高宗李治、大圣皇后武则天、中宗李显、睿宗李旦以及追封的太上玄元皇帝老子李耳,共七位先皇的灵位之处,故最初也被称为"七圣殿"。但自天宝九年唐玄宗与杨贵妃在此"七夕盟誓"之后,长生殿便成了中国的爱情圣地,受到了古今各类痴情男女的热烈追捧。

华清宫中的长生殿

唐玄宗与杨贵妃的忠贞爱情家喻户晓,尽人皆知,在此,无须赘述详情,仅说长生殿的七夕之夜。天宝九年的七月七日午夜,月光明媚,繁星满天。唐玄宗与杨贵妃悄悄来到长生殿,没有下人侍奉,没有护卫跟随,只有李杨二人。唐玄宗支走了长生殿所有的守护人员,在长生殿的大门外,唐玄宗亲手为杨贵妃铺好了棉垫,二人手牵着手面对大殿,脸朝苍天,双双跪地,指天盟誓:"我二人在天愿作比翼鸟,在地愿为连理枝,今生不分,来世不离,生生世世,永为夫妻。苍天在上,星月作证。"随之,唐玄宗与杨玉环,一个大唐的皇帝,一个后宫的嫔妃,二人抱头相拥,泪如雨下,良久良久,跪地不起。此情此景，感天动地，惊泣鬼神，知了不再叫唱，流水不再潺响，繁星停止了闪烁，长生殿的七夕之夜，一切的一切，都定格在了李杨爱情的这一场景，统统都静止不动，瞪大了眼睛。

唐玄宗作为一个皇帝，是否伟大？在此不做评说，但唐玄宗的爱情绝对是伟大之极，亘古未有！之所以伟大，就伟大在这是皇帝的爱情："后宫佳丽三千人，三千宠爱在一身"，面对专有的三千佳丽而只爱一人，而始终不渝，只怕连普通人也难以做到，更不要说是一个可以主宰一切的大唐皇帝了。

不少人都曾经问过，唐玄宗与杨贵妃的爱情盟誓为何选在长生殿？为何选在七月七？为何选在夜半时？其实原因很简单，选在长生殿，是因为长生殿是李唐皇帝的神灵之地，在此是要告知列祖列宗，是想在长生殿上让爱情长生不老；选在七月七，是因为七月七是中国的情人节，是情人互诉衷肠、告白盟誓的特定时节；选在夜半时，是因为皇帝为爱盟誓千古奇观，夜半无人，更能私语，皓月当空，天地可鉴。除以上的"为何"之外，其他的诸多为何，都可以在白居易的《长恨歌》中找到答案。

"七月七日长生殿"，始于唐代的唐玄宗，盛于如今的"追唐族"。长生殿早已成为了浪漫爱情的代名词，忠贞不渝的见证地。每年的七七情人节，七十七对中外情侣，齐聚华清宫，着唐装，吃唐宴，在长生殿举行豪华盛大的唐婚大典：盟誓言，留史证，让见证唐玄宗杨贵妃爱情的长生殿，见证千年之后有情人的忠贞爱情，生死相伴。

第四节　蒋介石西安事变的五间厅

华清宫内有一座玲珑精致的园中园，名字叫作"环园"，始建于清代的1878年，占地六千余平方米。其风貌极具江南园林秀色，又有北方景观特点，亭台楼榭自成一体，史书赞誉"环园外观极备华丽"，因山水环绕，故取名环园。最重要的是,西安事变的"五间厅"就在环园之内,而且位于环园的中心位置,是清代专供朝廷的皇帝显贵来陕的下榻之处。

1900年,八国联军攻占北京,慈禧及光绪逃往西安避难,即驻跸于五间厅。1936年10月、12月,蒋介石先后两次到西安督战"剿共",华清宫即为蒋介石的"行辕",五间厅则是蒋介石的寝宫。而震惊中外的西安事变,就发生在蒋介石1936年第二次来西安督战的12月12日。不料,督战未督成,反成阶下囚,当晚,蒋介石就住在华清宫的"五间厅"。

五间厅是由五间厅房横向排列的一栋独体建筑。在当时,五间厅房的安排,从西向东依次为:秘书室、蒋介石卧室、蒋介石办公室、军事会议室、侍从室主任钱大钧的办公室。与五间厅紧邻的还有"三间厅",蒋介石的卫队长当时就住在三间厅。

西安事变震惊中外,但真正的"震中"则是在西安的华清宫,在华清宫的五间厅。1936年12月12日的凌晨5时,张学良的卫队营长孙铭九率领百余名精锐部队兵临行辕,西安事变的第一枪在华清宫的大门外打响。随即,枪声四起,密如鞭炮,仅仅数分钟的战斗,孙铭九即率部冲进了华清宫的大门,直插环园之内的五间厅,目标只有一个:活捉蒋介石!

然而,一个风光秀美的环园,也许在初建时即考虑到了安全的因素。其通道蜿蜒上下,其房屋高低错落,其视线你遮我掩,看似风光秀美,实则易守难攻。孙铭九攻入华清宫的大门,仅仅只有数分钟,而攻入小小的环园竟然激战了15分钟。当时蒋介石80多人的卫队,拼死抵抗,整个环园到处都是尸体,遍地都是弹壳,连蒋介石的卫队队长也身负重伤不能动弹。但是,恰恰就是这15分钟的激战,给蒋介石赢得了仅有的逃跑时间。当孙铭九带人冲进五间厅蒋介石的寝室,顿时惊出了一身冷汗:只见蒋介石的帽子还在、衣服还在、皮包还在,就连从不离人的假牙都原封不动的放在床头,但唯独不见了蒋介石的踪影。摸摸蒋介石的被窝,余温尚存,看一看厅房的后窗,一扇大开。孙铭九二话未说,只喊了一个字:追!随即,带领部下消失在了夜幕之中。原来，毫无戒心的蒋介石在听到枪响之后，惊慌失措，狼狈不堪，在零下 10 度的寒夜，仅仅只穿了一件睡袍，光着双脚跳出窗外，不想还摔伤了腰胯，是被卫兵背着逃上骊山的。

五间厅蒋介石的寝室，西安事变时蒋介石即是从这个窗户翻出逃向后山的。

蒋介石最终的藏身之处，是在五间厅身后的骊山半腰，一个陡峭、狭窄的山缝之中。如今，当人们看到这个高达十余米的山缝，没有台阶，没有扶手，连游人也只能靠着后来加装的铁链才能到达之时，任何人都无法想象，当时的蒋介石，是在离开卫兵之后，冒着严寒、摸着石崖、穿着睡袍、光着脑袋、赤着双脚、忍着剧烈的腰胯疼痛，一个人爬到了十几米高的石缝中藏起来的。

蒋介石爬得再高，藏得再深，最终还是被张学良的东北军如愿活捉。是五间厅的地形、五间厅身后的骊山救了蒋介石。看一看至今仍残留在五间厅、残留在环园各处青砖上的累累弹痕，就能知道当时的扫射是何等的密集。想一想当初，若是五间厅的窗外没有骊山，蒋介石是绝不会在房中坐以待毙的，但若从前院出逃，完全有可能在夜幕中被流弹击中。假定如此，西安事变"变"虽然是变了，只不过变出的结果则是一个所有人都难以预测的结果。是"华清宫"成就了西安事变，是"五间厅"保住了蒋介石的性命。

第五节　惊世之作的实景剧长恨歌

目前在中国各省，已有 300 多个实景旅游演出项目，仅大型的、超豪华的、投资上亿元的也高达四五十个。而华清宫的实景剧《长恨歌》则是中国首部大型实景的历史舞剧，是中国旅游文化的惊世首创，是中国唯一的以千年之前的完整故事，在千年之前的发生之地，还原千年之前的历史场景，演绎中国亘古未有的皇帝爱情的传奇大剧，创出了中国实景演出的诸多第一！

《长恨歌》阵容强大，气势恢宏。它以骊山山体为背景，以九龙湖面做舞台，以亭台楼榭、树花碧水为舞美元素，运用世界最先进的高科技手段，营造了万星闪烁的梦幻天空，滚滚而下的森林雾瀑，熊熊燃烧的湖面大火。奢华极尽的宫廷场景。以李杨爱情象征的长生殿为标志，以可升可降的水下舞台为核心，将历史与现实、自然与文化、人间与仙境、传统与时尚、平民与"皇帝"有机融合，把千年之前唐玄宗与杨贵妃的传奇爱情故事全景式地再现给现代的人们。

《长恨歌》的精美，《长恨歌》的神奇，吸引了千千万万的不同人群，不仅有普通的民众，有蜂拥的游客，更有各界的名人，中国的政要，外国的首脑。但不管来者是何等的身份，只要置身其中，都一定会忘记时空，难以自我；都一定会看了《长恨歌》，甜了夫妻情。《长恨歌》场面震撼至极，剧情感人至深，影响史无前例，致各大媒体纷纷不惜笔墨、不惜版面，连篇累牍地宣传报道,把《长恨歌》推向了中国实景大剧的高高峰巅。

《长恨歌》中唐玄宗与杨贵妃生死难分的剧照

《人民日报》的"经典也可以这样传播"、《光明日报》的"让沉寂的历史鲜活起来"、《经济日报》的"文化创意带动了产业升级"、《中国新闻报》的"生生不息的常青之树"、《中国青年报》的"一幕舞剧火爆了西安华清池"……更有《中国旅游报》的系列报道:"长恨歌创新铸就经典""攀登大型实景剧的巅峰""长恨歌创出文化创意产业精品""华清池畔人间神话,盛世华章艳冠群芳",等等,以及中省电视台、各大网站,都对《长恨歌》进行了大篇大篇的连续报道和高度赞美。因《长恨歌》,文化部把华清宫确立为"国家文化产业的示范基地";因《长恨歌》,国家标准委把旅游演艺国家标准培训基地设在华清宫;因《长恨歌》,中央电视台把《星光大道》搬进了华清宫的舞台;《长恨歌》被国家相关部门树立为中国实景演出的标杆;《长恨歌》被专家学者誉为了"中国审美的高峰体验";《长恨歌》被亿万网民评为了"中国最美的实景演出";《长恨歌》让西安的华清宫红遍了整个中国。就连山东省2009年的高考语文试卷,都奇迹般的把舞剧《长恨歌》写入了考题,让山东的高考语文精英们无不大发感慨:《长恨歌》的诗我们可以倒背如流,但《长恨歌》的剧我们倒是想看却实在无缘一看。

《长恨歌》从不在报纸做宣传,从不在电视拍广告。《长恨歌》年年攀升的收入靠的就是自身的魅力,靠的就是游客的口碑,靠的就是大众的信任:江西一位年近七旬的老者,专程来到西安,住在华清宫、吃在华清宫,连续七个晚上、连续七个场次、连续坐在同一个座位,痴迷的品赏《长恨歌》,走时只留下一句话:"我还会再来"。一个湖南18人的旅游团队,大部团员都坚决要求观看《长恨歌》,但只有六位"大妈",看倒是十分想看,但总觉得200多元的票价太不划算。大家正在争执,西安的导游二话不说:"你们六人的钱我全部垫付,看完之后,若觉值得,你再给我钱,若觉不值,分文都不要。"最后的结果,六位大妈倍感庆幸,自己没有与《长恨歌》擦肩而过。还有2016年夏季的一个晚上,《长恨歌》冒雨开演,刚刚十多分钟,荷花船突然出现故障卡住不动,此时,场上的广播马上响起,设备故障需要抢修,可以提供退票服务。虽然如此,但当时所有的工作人员都高度紧张,严阵以待,时刻担心雨中的观众起哄闹事。然而,令大家万万没有想到的是,2500多个座位的全部观众,没有一句怨言,没有一人退票,每个人都静悄悄地选择在雨中默默等待没有时间概念的设备抢修,谁也不愿破坏正在陶醉中的意境。当20分钟设备抢修完毕之后,又是一个出乎意料,全场的观众自发地响起了热烈的掌声,而且几乎持续了一分多钟。我想,此时的观众,既是在为浸在水中抢修设备的师傅而鼓掌,也是在为自己能够继续享受这神奇的演出而庆幸。

《长恨歌》,场场观众爆满,场场座无虚席;《长恨歌》,常常售票告罄,一票难求。《长恨歌》的客源,散客大大高于团队,而且三分之二以上都是回头客以及回头客领来的外地客人。《长恨歌》,留给人们的并不是长长的"恨",而是深深地爱,常常地想。

华清宫温泉天下最牛，但华清宫的牛，并不只是温泉，华清宫的任何一个品牌都是响当当的中国品牌、独此一家。而且，华清宫紧紧毗邻西安兵马俑，前脚华清宫，后脚兵马俑，一个是天下最牛温泉，一个是世界第八奇迹，让任何一个人的华清之旅，都绝对是超值而归，收获满满，回味无穷。

第三讲
独领风骚的千年古城　西安城墙

西安城墙，在前边的第四篇章中已经以四讲二十节的篇幅作了详尽的介绍，本讲则是单从旅游品牌的角度进行讲述。西安城墙是西安誉满全球的形象标志，是中外游客来西安必看不少的旅游大牌，是外国首脑到西安绝不错过的接待项目。在"世界十大古城墙"名单中，西安城墙是除万里长城之外中国唯一上榜的古城城墙。无论从时间性、原始性、规模性、独特性、审美性、完整性等方面来说，西安城墙都是独领风骚的中国之最。

第一节　西安城墙　中国唯一保存完整的千年古城

大多的人们都以为西安城墙是明代城墙，只有600多年的历史。其实，这是一种误解。如今的西安城墙并不是单纯的明代城墙，而是三朝城墙的结合体。西安城墙经历了唐元明三个朝代的改建：先是唐末在原唐皇城的基础上重建的小"长安城"；后是元代在唐小长安城基础上改造的元"奉元城"；再是明代在唐、元城墙基础上把西墙和南墙分别加长扩大的明"西安城"。现在的西安城，其西墙南墙的大部分包括含光门在内是唐代的城墙；西南城角引人注目的圆形城角是元代的城角；剩余的东墙和北墙以及城楼才是明代的建筑。西安城墙,既有唐代的骨血,又有元代的肢体,更有明代的墙楼,其历史,早则1100多年,晚则640多年。三朝城墙的结合体,不仅在中国独树一帜,而且在全国数次拆城浪潮中均次次幸免于难,成了中国唯一作为文物完整保存、完整呈现并环绕一周的大型千年古城。

西安古城气势磅礴、规模恢宏、形制空前:城楼箭楼、敌楼闸楼、瓮城月城、吊桥马面,一应俱全;14公里的巍巍城墙,东西南北,环线贯通;12米高的梯形墙体,下大上小、稳如泰山;15米宽的城墙墙顶,犹如一级公路,最少六辆汽车可以并行;30多米高的巨型城楼,全国最高,高过了十几层的楼房;超大型的东西南北门四大瓮城,其中西门瓮城长71米,宽51.3米(南门瓮城长70米,宽50米,北门瓮城长70.5米,宽47.7米,东门瓮城长66.7米,宽49.4米)相当于将近9个篮球场……

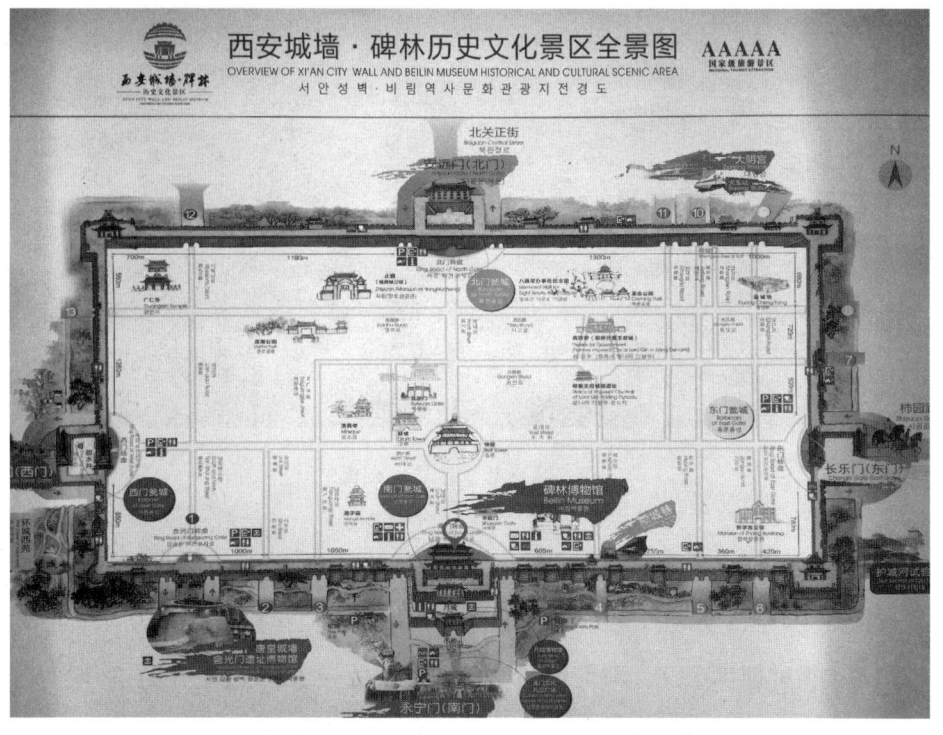

然而,千年城墙,庞然大物,横刀立马,位处市区中心,它是如何与现

代化的大都市和谐共生呢？如此疑问，只要你来到西安，只要你登上城墙，你即可明白：什么是西安？什么是城墙？什么是立体公园？什么是水乳交融？什么是大西安独一无二的古今辉映？

　　西安城墙，是中国唯一保存完整的大型千年古城，而围绕西安城墙形成的环城公园，则是西安独具特色的立体环城公园。立体环城公园，它不仅是环城的、不仅是立体的，而且同时拥有环城的城墙、环城的城河、环城的城巷、环城的林带、环城的公园。是内外五环环环相套，是高低错落五个层次，是中国乃至世界独有的立体环城公园。

西安城墙的立体环城公园

　　环城的城河，全线贯通，秦岭之水引流城河，画舫游船泛舟河中，两岸景观，古今辉映，水乳交融；环城的林带，高居城河里岸之上，20米宽的林带，各类树种郁郁葱葱，与两侧的城河城墙高低错落、层次分明；环城的公园，是立体公园中的平面公园，东西南北的市民皆可就近而入，内靠巍然挺立的城墙，外依鸟语花香的林带，是立体公园中的最大活动空间；环城的巷子，沿着城墙内侧的顺城巷，环城一周，十四公里，遍布着琳琅满目的艺术街区、文化餐饮、休闲娱乐、特色民居、文博展示等，清一色的隋唐风韵，仿佛置身于大唐的长安，是中国最大的古城文商体验旅游带；环城的城墙，是立体公园的最高一层、最核心一环，高达12米、厚达18米，特别是顶宽15米，就像一条空中的环城公路，除去平日的登城观览，世界的、中国的、陕西的、西安的各类相关活动，总会在西安的城墙上举办。每年一届的"西安城墙国际马拉松"，五六千人的中外选手齐聚城墙之顶，轰轰烈烈，环城一周，气势壮观，威风八面。若问诸多的国际知名选手，为何要来中国西安参赛？答案几乎都是一样：只因为西安城墙是中国的唯一，只因为西安城墙上的马拉松是全世界的独有。

第二节　西安城墙　中国独具创意的中华迎宾大礼

中国拥有5000多年的文明史，中国是闻明天下的礼仪之邦，历史上的大多朝代特别是主流朝代，在对外交往中都有自己规范的迎宾国礼。西安在中国历史上建都时间最长、建都朝代最多，中国的主流朝代一半以上都在西安建都。尤其是唐代，作为世界中心的大唐都城长安，全球注目、万国朝拜，对外交往更为频繁，形成了一整套严格有序、隆重豪华的大唐国宾接待礼制，而其迎宾的地点均设在长安城皇城正门的南门之外。

西安是世界四大古都之一，是中国四大古都之首。作为中国的文化之都，在新中国成立之后，一直是国家确定的国宾接待老三站之一，先后接待过260多位外国首脑，是仅次于北京的重要外事接待城市，凡到过西安的外国政要均对西安留下了极深的印象。西安是中国乃至世界唯一保存有完整古代城墙、城门的千年古都，为了让中国的国宾接待在世界范围内独树一帜，让外国元首了解中国的辉煌历史，了解西安的灿烂文化，让来西安的外国政要对西安感受独特，终生难忘，西安市根据大唐国宾接待礼制精心打造的西安古城"天下迎宾第一礼"应运而生。

西安城墙的南门永宁门，即永保安宁之意，是唐代皇城的南门，是西安城墙所有城门中历史最久，档次最高的城门，距今已有1000多年的历史。并同时拥有完整的城楼、箭楼、瓮城、闸楼、吊桥、月城以及宽阔的南门外文化广场。西安古城的"天下迎宾第一礼"即在最具历史意义的古城南门永宁门的内外举行。

"天下迎宾第一礼"以西安城墙为载体，以大唐礼宾为依据，通过二十道礼轨典庆组合而成。共分为了三大部分：一是永宁门外文化广场超大规模的大唐迎宾《入城仪式》；二是踏上吊桥进入城门直接感受千年古城的《触摸历史》；三是穿过箭楼来到瓮城醉赏实景美轮美奂的《梦回长安》。整个迎宾大礼，阵容庞大，气势壮观，形式独特，亮丽光鲜。犹如穿越时空，梦回大唐，置身千年的历史盛典，给人以前所未有的感官冲击和精神震撼。1996年，"世界古都大会"在西安召开，"天下迎宾第一礼"在该次大会上首次亮相隆重推出。与会的所有国内外古城城市的市长们有幸享受了这一殊荣，同时，也把中国西安的"天下迎宾第一礼"带往了中国各地，带往了世界各国。

仅仅18个月之后的1998年6月，美国总统克林顿访华，冲着西安的历史，冲着西安的古城，冲着西安的"天下迎宾第一礼"，带着1000多人的庞大团队，把访华的首站选在了西安。在西安，克林顿首享了世界独有的"天下迎宾第一礼"，领取了开启城门的"金钥匙"，获得了大唐护照的"通关文牒"，以从未有过的形式踏进了中国的"国门"。在西安，克林顿携夫人希拉里兴致大发，罕见地打乱了既定的外交行程，原计划城墙上只有40分钟，但他超出了计划整整一个小时。临走之时，仍然意犹未尽，满怀感慨地说道："作为美国总统，我经历了很多高规格的欢迎仪式，但唯有今天西安的古堡入城仪式，让我终生难忘。"而恰恰就是克林顿首选西安的古堡之行，全景式地聚焦了整个世界的电视转播，让西安的城墙、让西安的文化国门、让西安的

"天下迎宾第一大礼",从此名扬各国,蜚声全球。

西安城墙的"天下迎宾第一礼"

自此以后,西安的"天下迎宾第一礼"就像一股旋风,刮来了诸多的外国元首,且不少都把访华的首站定为了西安。其中的印度总理莫迪访华,不仅同样首站西安,而且是习近平主席与莫莫迪总理二人的双方约定。习主席专赴西安做东,以"天下迎宾第一礼"中的最高规格,迎接莫迪总理,并全程陪同莫迪在永宁门的瓮城一起观看了体现中印两大文明交相辉映的大型实景演出《梦回长安》,让中外媒体的眼睛豁然一亮,倍感震撼。

中外媒体的眼睛为何要豁然一亮?在此,我不说莫迪总理访华首站西安的如何感慨,只说习近平主席会见莫迪的开场道白:"今天,我们如约在我的家乡相会,感到格外高兴,这是我第一次在自己的家乡接待外国领导人。"西安——习主席的家乡!两国元首的西安会面,不仅震撼了外国的客人,而且,开启了中国元首"家乡外交"的先河，而且，也为西安的天下迎宾第一礼打上了元首外交的珍贵印记。

第三节　登上城墙　领略西安古城的强悍防御

西安城墙是明代在唐代皇城城墙的基础上扩建的，它既不是唐城的外围城墙，又不是明代的都城城墙，按说防御功能应属一般。但是，西安城墙的防御，不仅不是一般，而且是非常强悍，是六位一体的多层防御。六位一体，六道防线，即城河、闸楼、箭楼、瓮城、城门、马面。再加之西安城墙12米的超高、18米的超厚、15米的顶宽，构成了西安城墙坚不可摧易守难攻的钢铁堡垒。

首先是城河。城河即护城河，是专门保护城墙的，是古城的第一道防线。西安的护城河深达7米余，宽达50米，且护城河的里岸距城墙最少还有百米的距离。古代的战争，没有舟桥部队，当大队人马来到西安古城四周，面对既深又宽的护城河，无船无桥，只能望河兴叹，三思而后归。

第二是闸楼。围城一周的护城河，只有东西南北四个门设有吊桥。但吊桥是由闸楼控制的，白天吊桥落下供人出入，晚上吊桥升起谁也休想进来。若是敌人攻城，若欲夺取吊桥，对不起，此时的闸楼，又成了箭楼，又成了敌楼，楼上诸多的箭孔，即可以乱箭封锁吊桥的整个河面。

第三是箭楼。箭楼是西安城墙防御的最高点，那些一层一层密布的内小外大的射箭孔，可以多角度地对敌射击。更何况高达30多米的箭楼，对于敌军来说，从下往上，箭根本射不进箭楼的箭孔。而对于守军来说，远可以射到闸楼之外，近可以对付越过闸楼的敌人，而且其射击是居高临下，密如箭雨，是十足的地毯式射击。

第四是瓮城。瓮城瓮城，就是请君入瓮。当敌军付出了相当的代价，攻破箭楼的大门,蜂拥而入之时,其实已迈进了死亡的陷阱。这时瓮城四周城墙上的守军,并不来瓮中捉鳖,而是铺天盖地迎头而下的礌石、滚木、铁蒺、箭雨,让入瓮者逃无处逃,躲无处躲,听到的只是瓮城中敌军的鬼哭狼嚎,城墙上守军的哈哈大笑。

第五是正楼的城门。假如瓮城中的少数敌人有幸活着,其面对的就是这最后一道坚固的城门。城门的门扇厚达30厘米,拴门的杠子则比水桶还粗,门扇上不仅有密集的铁条包匣,且布满了比拳头还大的圆铁疙瘩,无比坚固。电视中常见的是用木桩撞击城门,不要说几十吨重的大门木桩是否能够撞开?单说这瓮城之上的守军岂能眼睁睁地看着敌军在这里作撞门的"表演"?西安城墙的防御,恐怕所有的敌军根本就到不了撞门的这一个环节。

第六是城墙的马面。古代攻城,若是攻打城门不开,必然会选择攀登城墙。电视上的云梯攀城人人见过。城墙的"马面",就是相隔一定距离,突出一座巨型的墩台,以对攀爬城墙的敌人形成三面合击。西安城墙共有马面98座,每座间隔120米,恰好是60米有效杀伤的交叉范围。试想,十多米高的

西安城墙的敌楼、马面延伸不断

城墙，爬在晃晃悠悠云梯上的士兵，毫无抵抗之力，面对着居高临下拿着大刀长矛的守军，他能上得了城墙吗？西安城墙的马面，只不过是防止万一中的万一，要说想在西安城墙攀城成功，纯属是痴心妄想。

西安城墙六位一体的防御是否真正强悍？仅举一例，它不是古代的冷兵器之战，而是有枪有炮的热兵器攻城。1926年，河南的军阀刘振华率镇嵩军攻打西安，城外是十万大军的层层包围，城内是不足万人的杨虎城守军。镇嵩军用尽了火力连轰带炸，甚至用上了棺材装炸药的超级爆破，最终也未能炸开西安的城墙。刘振华整整围了八个月，杨虎城死死守了八个月。尽管城中断粮断草，但镇嵩军始终未能踏入西安城一步。西安城墙，就是凭着这古代防御的六位一体，阻退了近代军队长枪短炮的火力攻城。

第四节　登上城墙　尽赏西安市景的古今辉映

西安是一座千年古城，又是一座现代都市。西安的城市面积很大，而西安的古城城墙则在大西安城的中心之中心。"巍巍城墙戏巨厦，弯弯八水映终南"，西安最迷人最有魅力最具特色的就是古今辉映的西安市景。"不识庐山真面目，只缘身在此山中"，而要见识西安的真实面目，要欣赏西安的古今辉映，则恰恰要置身西安的最中心，要登上西安的古城墙。

登上西安城墙，环绕城顶一周，站在东西南北不同的四座城楼之上，眺望东西南北不同的四条大街，放眼望去，你会看到不一样的西安：西大街南大街偏古，东大街北大街偏今。最惹眼的则是四条大街交汇之处傲然耸立600年之久的西安钟楼，虽然远隔数公里的距离，但依然五彩绚丽，依然金光夺目。以西安钟楼为中心，以四大城楼为辐射，以环绕的城墙为纽带，把老城之内这偏古的、偏今的各条街道，各类建筑，包括复古仿建顺城一周的顺城巷统统有机地融为了一体。

第五篇章　西安　名贯中外的旅游大牌

如果你没有环绕城顶一周的时间和体力，你只需登上南门的城楼城墙，这里便是西安观景最好的地方。向南远观城外，是鳞次栉比的高楼大厦，是闪闪发亮的玻璃幕墙；低头近看城下，是碧波荡漾的城河，是郁郁葱葱的林带，是一层一层的环城景观；向北远观城内，是一条笔直的南大街，是重檐尖顶的各式建筑，高低错落、争奇斗艳，直至古城中心的钟楼鼓楼；向下近观老城墙根，是西安独有的碑林，是青砖蓝瓦、朱门彩户的顺城汉唐文商街区；若要稍向东走，站在和平门的城洞洞顶，你顺着车水马龙的雁塔路可以一直看到正南方的远处巍然高耸的大雁塔，与西安城墙遥相呼应；回头再看看自己所处的周围，豪华的城楼，雄伟的箭楼，罕见的闸楼吊桥，以及宽如公路的城墙之顶，一座座敌楼马面延伸不断，一串串红灯高悬看不到头⋯⋯特别是晚上的夜景，闪烁的灯火，把钟楼鼓楼、城墙城楼、大厦立交、城河景观、雁塔广场、唐明建筑等各种各样的古今元素，勾勒得美轮美奂，流光溢彩，交相辉映。

古今辉映的西安夜景

走进西安看城墙，登上城墙看西安，你一定会被陶醉，会被感染。习近平主席先后两登城墙,面对西安的古今辉映情不自禁:"啊,多美呀!西安人民应该为此感到自豪、自信和幸福!"克林顿夫妇登上城墙,面对西安城的古今辉映留恋往返,在冷风中多待了一个小时;中外游客登上城墙,毫不讳言:西安真是风景如画,独具特色;媒体采访争相落户西安的大学生,为何钟情西安?回答即是:这里是中国最美的地方,我们渴望成为西安市民,永远生活在这座古今辉映的美丽城市。

世界有四大古都:罗马、雅典、开罗和西安,其中唯有西安完整地保存了古城城墙;中国也有四大古都:西安、北京、洛阳和南京,其中仍然唯有西安完整地保存了古城城墙。多国总统访华首站西安,诸多元首三次五次再访西安,260多位外国首脑到过西安,很重要的一个原因就是,西安城墙,独一无二,在世界上的任何一个城市,都不可能看到如此完整的千古城墙,更不要说享受西安那同样是世界独一无二的"天下迎宾第一大礼"了。

第四讲
中国唯一的二帝合葬 大唐乾陵

中国历史上不论哪个朝代，其皇帝的陵墓均在都城周边的京畿之地。唐朝共有21位皇帝，但皇陵却只有20座，其中除特殊原因一座在河南一座在山东外，剩余的18座唐陵皆以扇形的布局半围在大唐古都西安的周边。位处如今陕西乾县的乾陵，就是18座唐陵其中的一座。不过，乾陵并不在西安的辖区之内，它属于紧邻西安的咸阳辖区。之所以在此单讲乾陵，一是因为凡到乾陵的外地旅游团几乎都是从西安出发前往，打的都是西安的牌子；二是出自于对乾陵多年研究的特别偏爱，想借此机会宣传乾陵。对此特别予以说明，敬请不要误解。其实，作为唐陵中的皇帝，乾陵的主人并不是唐代最显赫的皇帝，但作为唐陵中的皇陵，乾陵却是唐陵中最显赫的皇陵。因为，一个乾陵埋着两个皇帝！而且是一男一女的两个皇帝！就这一埋，埋下了诸多至今难解的千古之谜。

第一节 一男一女的二帝合葬陵

乾陵位于西安以西60公里的乾县梁山，以山为陵、凿山为宫，气势壮观，规模宏大。但这两个皇帝特别又是一男一女是无论如何也不可能埋在一起的呀？其实，这一男一女，虽然是两个皇帝，但这一男一女，他更是一对夫妻。乾陵原为李世民之子唐代的第三个皇帝唐高宗李治的皇陵，是唐高宗的皇后武则天一手安排建造而成的。

乾陵左右两侧的双乳峰

　　唐高宗虽然不是大唐的杰出皇帝，但也不是怯弱无能的平庸之辈。李治16岁被立为太子，22岁（649年）即位皇帝。登基初年，他"载怀千古，流鉴百王"，谨遵唐太宗的贞观遗规，推行了一整套行之有效的治国新政，实现了社会政治清明，国家经济繁荣，人民安居乐业，被史书赞誉为"永徽之治"。特别是在废立皇后的问题上，坚持己见，力排众议，终于废了王皇后，立了武媚娘，彰显了唐高宗作为皇帝敢作敢为的强硬手段。

　　然而，好景不长，唐高宗中年之后，因时常"风眩头重，目不能视"，实难操持国事，无奈委托武后代行处理朝政。岂不知心比天高的武皇后趁机大权独揽，专断专行，竟然欲与高宗试比高。对此，宰相上官仪颇有微词，然，经不住武皇后的略施小计，便将其下狱处死。此时的李治才深感大权已经旁落，但无奈自己体弱多病，回天无力。为了防止不测，高宗帝屡立太子甚至太孙，却都被武皇后一一化解。弘道元年（683年），高治与武后巡幸洛阳，同年 12 月即驾崩于洛阳。不论是抑郁而死，还是患病而终，反正是崩在了他乡。临终前唐高宗念念不忘回归京师："天地神若延朕一两月之命，得还长安，死亦无憾。"且叮嘱武后，务将其尸骨运回长安埋在祖地，并下遗诏："百司表奏皆委天后详决"。一年之后，武则天遵照高宗遗愿，命睿宗护送高宗灵驾西返长安，随即葬于梁山，取名乾陵。

公元 690 年，雄心勃勃的武则天经历了腥风血雨的较量，最终在数万人的"劝进"之下，改大唐为大周，天授元年正式称帝。武则天为帝 15 年，期间，社会的政治、经济、文化均得到蓬勃发展。15 年之后，武则天病重卧床，10 个月之后，武则天驾崩洛阳。然而，临终前武则天留给其亲生儿子、已经复位的唐中宗李显的遗嘱，谁都料想不到，竟然是："祔庙、归陵、去除帝号，仅称则天大圣皇后。"恳请中宗将其以皇后的身份与高宗合葬，归祖乾陵！厚道仁义的唐中宗，虽然曾被其母屡屡打压，废黜皇位，虽然武则天的遗嘱遭到了诸臣的强力反对，但仍亲情为上，遵照母命，于次年运武则天灵驾魂归长安，与唐高宗合葬于乾陵玄宫。

尽管武则天要求以皇后的身份归葬乾陵，但谁也不会否认，她名副其实地做了 15 年的中国皇帝。最五味杂陈的是唐高宗：他一千个、一万个都想不到，在他死后的 22 年，他的皇陵又埋进了一个皇帝！他的叱咤华夏的皇后又回到了他的身边！而且，正因如此，他（她）们的乾陵被罩上了诸多的光环，成了中国和世界的唯一。

第二节　中国唯一的女皇武则天

在中国，从古到今曾掌控国家最高权力的女人并不少见，最典型的有汉代的吕后，有宋代的刘娥，有清代的慈禧，等等。这些女人或正面或反面都曾被称为了"无冕女皇"。然而，5000 年中国的所有女人都无法与唐代的武

329

则天相比，因为，所有大权在握的女人中，只有武则天有冕，只有武则天是中国唯一正统的女性皇帝。

"武则天"并不是武则天真正的名字，只因其自称为"则天大圣皇后"，故被后世称作武则天。武则天因貌美才佳，14岁即被唐太宗李世民选招入宫，封为五品才人，并赐封号武媚。贞观末李世民病危，太子李治侍奉在侧，与武媚互生爱意。李世民驾崩后，后宫凡未生养的嫔妃均被送进感业寺削发为尼替先皇祈福。永徽三年的太宗忌日，已为唐高宗的李治临寺焚香，巧与武媚相遇。二人旧情新起，武媚娘随后即被李治召回后宫，并一次性获得了二品昭仪的封位。

二次进宫的武则天虽然颇得李治的宠爱，但却引起了皇后及原宠嫔妃的极大不满。在后宫的生死恶斗中，武则天以其过人的智慧和罕见的手段挫败了包括皇后在内的所有情敌，实现了皇后的废旧立新，并从此开始涉足朝政。不久，智多谋广，通文精史，拥出众才华和强悍治国能力的武皇后，即获得了高宗皇帝的极大信任和高度依赖，夫妻同入朝堂，共理朝政，形成了亘古未有"二圣"并举的政治格局。

显庆五年（660年）十月，多病缠身、终日头晕目眩的唐高宗，以"百司表奏皆委天后详决"的诏书正式将朝廷托付皇后代理。自此，武则天的"伟大"抱负终于得以施展，她笼络朝臣，铲除异己，施惠于民，推行新政，有效地强化了自己的政治地位。弘道元年，唐高宗驾崩，太子李显（武则天第三子）唐中宗即位，但武则天仍然大权不放，以皇太后的身份临朝称制。因李显不满受母节制，武则天即于次年废黜了中宗李显，改立李显的胞弟李旦为帝，并令其必须听命太后，不得自作主张。到此为止，朝廷内部一切摆平，武则天开始了下一步的行动：公元690年三月，武则天命僧人编写《大云经》，称其为弥勒佛所生，应代唐为主；公元690年五月，武则天着心腹大臣组织了九百余人的称帝"劝进"；公元690年六月，朝廷上下、京城内外掀起了数万人"劝进"呼应；公元690年八月，全国各地群起"效仿"，劝进呼声此起彼伏。武则天眼看火候已到，心中暗喜，遂即昭告天下，改唐为周，并于公元690年的九月正式即位，登上了皇帝的宝座，成了中国历史上第一位也是唯一一位的正统女皇。至于傀儡皇帝睿宗李旦，则被武则天赐于武姓，并降为了武则天的武姓皇嗣。

武则天改唐为周，登基为帝，不靠武力政变，不靠外敌推翻，不靠暗杀夺位，靠的只是自己的权术谋略。可谓费尽心机，使尽手段，包括以牺牲自己的儿女作为代价，终于摘取了中国唯一的女皇桂冠。然而，谁也不曾想到，武则天在过足了15年的女皇瘾之后，居然又把大唐的大唐还给了大唐；又把大唐的皇帝还给了中宗；又把自己的身份还回了皇后；同时，追宗认祖，魂归长安，埋进了丈夫高宗的大唐乾陵。

坐北向南的二帝合葬陵

第三节　弃帝复后的诸多疑问

武则天在作了15年的武周皇帝之后，为何还唐于唐？为何弃帝复后？为何归葬乾陵？人们都有诸多的疑问，但这诸多的疑问，武则天当时没说，史书上后来没写。究竟是什么原因？后世都在猜测，而猜测的结果各有观点，说法不一，归纳起来，大致有以下四种。

第一是武则天不愿成为孤魂野鬼。武姓的皇帝必然要传位于武姓的太子，武则天若将皇位传于自己的侄子，但作为女人的姑母尽管曾为先皇却绝对入不了武周的宗祠，而敢于改唐为周的女皇更不能进入李唐的太庙。武周的宗祠不要，李唐的太庙不收，武则天百年之后岂不成了孤魂野鬼？

第二是武则天担心被儿子抛弃。武则天若将武周的皇位传给自己的儿子，不论是李显还是李旦，原本就是李唐的后人，哪个愿意真心实意地跟着武则天姓武？哪个愿意死心塌地地当武周的皇帝？恐怕武则天离世之后，亲儿子也一定会还唐于唐，还帝于李，武则天岂不被儿子永远地抛弃？

第三是武则天害怕被仇人掘坟鞭尸。武则天为了夺取李唐政权，几乎杀光了李唐皇室的所有宗亲，剪除了改唐为周的所有政敌。如若另建武周的皇陵，难免会成为楚平王第二，被伍子胥类诸多的仇敌掘坟鞭尸，羞辱极尽。武则天虽贵为先帝，但在阴曹地府将永无宁日，受人糟践。

第四是武则天想要得到后辈的祭祀。武则天若选择还唐于唐，弃帝复后，与高宗合葬，不但可以避免之后的被鞭被辱，相反，作为高宗的皇后，既能够阴间夫妻团聚，又能够与高宗一起长久接受子孙后辈的祭祀供拜。只要有武则天体面的名字存在，就会有武则天曾经为皇的辉煌历史存在。

除以上四点之外，在此我也来凑个热闹，加上一个自己的观点，即武则天只想过一把作为女人的皇帝瘾。按照武则天善于除旧创新、标新立异的性格，或许（这里只是或许）武则天根本就没有建立长久武周天下的打算，只是想创出一个世间的奇迹，做上一回唯一的女皇。如今，15年的女皇瘾已经过够，且国家被治得红红火火，臣民被管得服服帖帖，自己人生的价值早已实现，历史一定会为自己做出公正的结论，到此，理应见好就收，回归中国传统的儒家伦理。对于大唐及大唐的皇权，武则天则有"借"有还，善始善终，物归原主。

不论以上的各种观点是否成立，但总归武则天还回了大唐、还回了皇上，且最终是以皇后的身份埋入了大唐的乾陵。事实证明，武则天是绝顶聪明的，是顺应历史大势的，是无愧于中国唯一女皇称号的。

第四节 乾陵选址的经典传奇

如果说武则天的本意是只想做一回女皇，那么，武则天或许在改唐为周之前就已经计划好了自己的百年后事，因为乾陵本身就是在武则天的精心筹划下为自己和唐高宗建造的。而且，从选址开始到二次开陵，直至千年之后，似乎一切都在武则天的预料之中。

乾陵，一对夫妻两个皇帝，从古到今早已被彻底地神化了，不但史书有文字的记载，而且民间有神奇的传说。只要说起乾陵的选址，不论是在西安、还是在乾县，人人都能讲出诸多的故事，最典型的莫过于袁天罡、李淳风的"头针扎铜钱"。

袁天罡、李淳风是中国古代最为有名的预言家。传说，武则天婴孩时即与袁天罡有缘相见，并被袁天罡预测言中。当时因武则天身着男装，抱在乳母怀中，袁天罡一见大惊，细观之后即说："此子龙眼凤颈，富贵至极，若为女儿之身，日后定能成为天子。"一语道破了武则天的天机。民间传说中乾陵的选址，武则天指派的星象大师，就是袁天罡及袁天罡的徒弟当朝掌管天象历法的太史令李淳风。

袁天罡接到指令，沿黄河渭河从东到西一路走来，均无所获。一直走到长安西北的梁山，只见蓝天白云之下，梁山突兀而起，酷似一位少妇平躺在大地之上。少妇有面有目、两乳突出，就连乳头肚脐也都依稀可见。袁天罡看后心中暗喜，此山阴强阳弱，若仅为高宗一陵，多有不宜；但若与武后合葬，则阴阳绝配、天地作合。袁天罡没有忘记自己对武则天幼时的预言，只不过最后还要看李淳风是否也能选中此地。袁天罡登上梁山，找准方位，掏出一枚铜钱，埋在浮土之下，做好了记号，随即回京复命，然后，静等李淳风的结果。李淳风接令后则是沿渭水从西向东一路踏看，同样一无所获，同样行至梁山脚下，同样的景象呈现面前。活脱脱的一座陵山，真是天造地设，顿时迷住了李淳风。李淳风立马登上梁山，以身影取子午，以碎石摆八卦，并拔出头针在八卦的二鱼相交之处扎入土中作为标记，然后下山复命。武则天听得二人选择的陵地均在长安西北，即派数名大臣现场查看。当登上梁山主峰，当找到李淳风的定位，当扒开此处的浮土，"哇!"所有的人都惊大了眼睛，半天说不出一句话来，原来李淳风的发针，分毫不差，准准地扎在了袁天罡的铜钱孔中！老百姓的传说，让乾陵从选址开始就步入了神坛。

传说毕竟是传说，是真是假无人细究，但它却为神奇的乾陵增添了更多的神奇。乾陵的具体营建，相关文献的记载是：弘道元年高宗离世后，武则天遵照高宗"得还长安，死亦无憾"的遗愿，下令吏部尚书韦待价作为建陵特使，按照"以山为陵、凿山为宫"的例制进行营建。总计动用兵民20余万，耗工耗时300多天，主要工程得以完成。武则天不仅把自己诸多的独特构想一一落实在乾陵的建造之中，而且设计营建指导始终，各项工程尽皆掌控，直至11个月后唐高宗正式入陵。

乾陵的建造，因袁天罡而传奇，因武则天而神秘，因后人的加入而更加扑朔迷离。

第五节　悬念多多的无字石碑

在中国，只要提起无字碑，任何人首先想到的就是乾陵、就是武则天。无字碑已经成了乾陵、成了武则天名贯中外的象征，人人公认的代名词。

无字碑耸立在乾陵陵前司马道的东侧，与唐高宗的《述圣碑》左右而立，对称呼应。无字碑由一块完整的巨石精雕而成，通高 7.5 米，宽度 2.1 米，碑厚 1.5 米，重达 98.9 吨。碑的额首八条螭龙相互缠绕，碑的两侧各雕一龙腾空飞舞，碑的基座雕狮刻马栩栩如生。巨大的体态，精美的雕刻，把整个碑石烘托得唯我独尊，威武霸气。然而，巍然耸立的陵前碑石却出人意料地白板一块，没有只言片语的半个文字。武则天，一代空前绝后的中国女皇，为什么为自己立了一块无字的巨碑？这个问题，同样有各种各样的说法和观点论据。

乾陵悬念多多的无字碑

第一种说法认为：武则天觉得自己功高德大，盖世无双，刷新了历史，兴盛了中华，创出了唯一，所有的溢美文字都难以表达得出，不如什么都不写，让碑石空着。

第二种说法认为：武则天觉得自己罪孽深重，盖莫能比，改唐为周，诛杀唐族，连自己的儿女也不放过，为中国传统的儒家道德所不齿，心中底虚，什么都不敢写，只有让碑空着。

第三种说法认为：武则天有自知之明，自己的功也大但罪也大，究竟是国家的英雄？还是历史的罪人？什么都不用去写，留给后人千秋评说。

第四种说法认为：武则天自视雄才伟略且文笔极佳，现有的朝中文武，无人能读懂她、悟透她，更无人能够评得了她。与其没有高人能够胜任，不如空碑留下。

第五种说法认为：武则天可以为唐高宗撰写碑文，且洋洋洒洒5000余字，歌功颂德，美言极尽。但武则天的碑文却不能自写自颂，故碑文留给中宗李显去写。而当时的李显该如何评价武则天？是写母亲的恩典？是写太后的专权？还是写改唐为周的女皇功绩？不论从哪一点，都让尴尬至极的李显无从下笔，索性放弃不写空了下来。

与前边一样，既然说到这个问题，我也表达一下自己的观点。我认为还有第六种的可能，即武则天本就是一个处处标新立异、人云她不云的奇才。大家若穿红，她必然要穿绿；大家若尊男，她绝不会女卑；大家都是男人为皇，她偏要女人做帝；大家都是碑写自己的功绩，她非要为自己刻一个无字的石碑。而且把自己的无字碑与自己为唐高宗撰写的《述圣碑》分立两侧，形成强烈的对比，以达此处无字胜有字，此处无声胜有声。让后世的人们永远都忘不了中国的武则天。

无字碑！于无声处听惊雷！若是以上我的观点有幸言中，则武则天的目的早已实现，且远远超出意料。一个无字碑，一个大问号，杵在了乾陵，留给了后人！我相信，只要世界尚在，这个硕大的问号一定会和武则天一起，世世代代长长久久地传留下去，让后世的人们始终都会热议，始终都不能够消停。

第六节　至今未破的无头公案

在乾陵《述圣碑》和《无字碑》之间，分四排伫立着61尊石刻雕像，个个真人大小一般。该雕像名为"六十一王宾像"，是分别根据当时的真实人物雕刻而成。之所以称为王宾，因为大多都是当时大唐蕃属国的国王和使节，其身后都刻有各自国家的国名及本人姓名。

那么，这些外国王宾的石像如何会恭恭敬敬站在大唐皇陵的两侧呢？人们都知道大唐是当时世界上的头号强国，经济繁荣，文化昌盛，军事超强，国力雄厚。但大唐不恃强，不凌弱，且极力帮助周边邻居，先后和100多个国家和地区建立了友好关系。这些国家的国王、王子或使节，几乎每年都会不远万里，沿着丝绸之路来到长安，或进贡或朝拜大唐皇帝。他们对大唐的感情，真诚到了令人震撼的地步。唐太宗李世民驾崩，他们热泪盈眶，以本民族的最高礼节或割耳鏊面或拔刀欲自杀殉葬，使继位的皇帝高宗深为感动并及时地制止了友邦的感人之举。而当唐高宗驾崩之后，同样的场景再次出现，同样深深感动了作为皇后的武则天，在同样被全力制止之后，于是，这些对大唐充满深情厚谊的各国王宾，则以石像的形式陪在了乾陵的陵前。

外国的王宾为何能够如此地忠诚于大唐？是大唐的友好作为感动了周边诸国。李世民曾经讲过："自古皆贵中华，贱夷狄，唯朕独爱之如一。"各国的王宾均以能在大唐皇帝的陵前相陪为尊为荣。但是，事有蹊跷，不知何时，这61尊蕃像的"人头"，竟然全部悄无声息地不翼而飞！而且是齐刷刷地都从颈部切断，引出了一宗61尊蕃像集体被"杀"的无头公案。

乾陵的无头公案，又是一个千古之谜，又引来了从古到今的种种猜疑。61个头颅一次性的没了踪影，可谓天下奇案！有的说是明时的地震所为，有的说是清时的雷电所击，有的说是外国的文物贩子盗割，有的说是古时的战争中所毁。说得最多的则是"蕃像"的后辈来到中国，看到自己的祖宗在为唐皇"守陵"，遂出歪计，夜间大肆破坏了百姓田里的庄家，然后谣言嫁祸于是石像成精所为，让当地的农户群起而动砍掉了所有蕃像的头颅，而蕃像的后辈则趁乱包走了自己祖宗的像头悄然溜走。

乾陵至今难破的无头公案

第七节　屡掘不成的神秘乾陵

乾陵是中国历史上最富有的皇陵，是两个皇帝享有，据说武则天把当时国库三分之一的宝物都做了陪葬。按考古专家的推算，乾陵之中各种宝器的重量最少也在500吨以上！然而，各朝各代的所有皇陵都曾屡屡被盗，惨遭劫难，其中汉武帝的茂陵被搬空，唐太宗的昭陵被扫荡，康熙帝的景陵剩下的骨头都拼凑不齐。但是，唯有乾陵独善其身，自始至终完完整整，创造了中国皇陵史上的一大奇迹。

500吨的财宝埋在乾陵，完完整整！谁相信呀？其实，不是盗贼不想盗，而是盗贼盗不了！历史上对乾陵下手的人不计其数，仅有影响有名姓的就达

17人之多，更有先后三次出动大批军队光天化日之下的公开挖掘，但最终都是竹篮打水，撤兵走人。

三次的军队大开挖，第一个就是唐末的黄巢，调集40万的大军，到梁山西侧沿着半山腰深度开挖，几乎挖掉了半座山，留下了环形的"黄巢沟"，但始终连地宫诸多的假洞口都没有找到一个，最后只得怏怏收兵，空手而归。第二个是历史上有名的皇陵大盗，五代时期此处的节度使韩韬，挖遍了唐陵17座，最后率领5万人马围剿乾陵。但当来到乾陵山下，顿时狂风大作暴雨倾盆，雷电交加直击头顶，而人马一撤立即转晴。韩韬不服，一连来了三次，却三次皆次次如此！信神信鬼的韩韬再也不敢向"神"宣战，赶快走人，从此即断了乾陵的念想。第三个是国民党的将领孙连仲，出动了一个加强师，以演习为名，用炸药炸、用大炮轰，连续半月，瞎猫乱碰，削平了半个山头，连个洞口的影子都未曾见到。面对偌大的梁山，演习总不能演得炸平一座山？更何况山都没有了，宝还能在吗？孙连仲虽然口水长流，但骨头太硬啃不动只有罢休。

黄巢、韩韬、孙连仲，再精精不过武则天。武则天道高一尺，魔高一丈，早就成竹在胸。整个乾陵，大山即陵身，山石即宫墙；数十层的迷惑通道真假难分；且所有的真假通道全部一模一样，都采用石条穿铁棍，石缝浇铁水，一块连一块，结成了一座硕大的巨石，与整个大山融为了一体。即使找到了一个口子，凿开了一条通道，费尽了九牛之力，打了近百米的山洞，打到头原来是一个骗人的假洞！试想，哪一个人还有继续再干的斗志？哪一个人还有再想找到洞口的信心？

乾陵的防盗绝招，乾陵的坚不可摧，令所有的盗墓贼到头来只能是望山咬牙，望陵切齿，虽然恨得死去活来，但也只好忍痛割爱，就此收手。

中国共有100多座皇陵，为什么唯有乾陵有着如此之多的千古之谜？为什么一座皇陵埋着两个皇帝？为什么一代女皇最终弃帝复后？为什么耸天的石碑一字未写？为什么61尊蕃像统统没有头颅？为什么中国的皇陵唯独乾陵屡盗不成？为什么？为什么？为什么？其实道理很简单，如果没有这么多的为什么，那乾陵就不叫中国的乾陵了。

第五讲
中国最大的石刻宝库 西安碑林

"西安碑林"是西安碑林博物馆的简称,在全国重点文物保护单位所有的"石刻类"单位中,西安碑林被国家文物局列为"001号"的国字第一号!它是我国收藏中国古代碑石最早、收藏中国古代名碑最多、收藏儒家典籍最全的石刻博物馆,被誉为东方文化的宝库、中国书法的金屋、汉唐石刻精品的圣殿、世界最古老的石质书库,等等。西安碑林是西安《辉煌灿烂的历史文化》、《名贯中外的旅游大牌》中重要的组成部分;是西安独具特色、独具个性、独具魅力的"中国特殊旅游景观";是西安接待外国元首和国际名人的经典景区。

第一节 中国历史最早的博物馆 西安碑林

西安厚重的文化底蕴,奠定了西安碑林的历史久远,最早可以追溯到唐代的太和甚至开元时期。当时在长安城务本坊中的大唐最高学府国子监之内,保存着大量珍贵的朝廷碑石,包括了唐玄宗御笔书写的《石台孝经》,包括了儒家精粹集大成的《开成石经》,包括了盛唐诸多书法大师的大量惊世作品,等等。一直到了长安城被烧后的天祐元年(公元904年),当时的长安驻守韩建缩建长安城,为了便于管护,韩建将原存于务本坊国子监内的所有朝廷碑石整体迁到了唐尚书省附近的文宣王庙处,地点约在现今西安市的社会路一带,这即是唐代西安碑林的渊源之处。

180多年后,到了北宋时期的元祐年间,这一批唐代的朝廷碑石又进行了第二次的大搬迁,而这一次的搬迁,不仅扩大了地盘,不仅壮大了队伍,而且还形成了初具规模的碑林。北宋元祐二年(公元1087年),陕西转运副使吕大忠因看到保存于文宣王庙处的大批官方碑石"地杂民居,其处洼下",故决定搬迁,新址即选在了当时城内的孔庙隔壁,也即如今西安碑林的现址。本次的搬迁,其环境氛围俱佳,不仅搬迁了原有的碑石,与此同时,又将散存在其他各处的唐宋名碑也统一集中此地,并筹集专款,进行了大量的基础设施建设。至此,900多年前的西安碑林在此创建而立。

此后,西安碑林又经历了金、元、明、清以及民国五个历史时期。八九百年的历史,虽然朝代更替,但各朝各代对西安碑林则都各司其责,都给予了不同程度的整修、完善和扩充。特别是民国时期的于右任,一次性捐献了具有极高价值的古代史料和珍贵书法碑石共计387通,极大地丰富了西安碑林的藏品体系。同时,为了解决大量增加的藏品与原有地盘不足的矛盾,当时的地方政府决定拆除孔庙的隔墙,把原相邻而居的孔庙与碑林合二为一。并邀请北京的梁思成具体指导,进行重新规划、重新布局,形成了沿用至今"一轴两翼"的展陈格局。今天的西安碑林博物馆,其馆牌楼、内门、庭院、展厅馆舍,大部分都是当时孔庙的原始遗存。

至于西安碑林的名称,从古代碑林到今天碑林,曾经历了前前后后的多次反复。古代的"碑林"一名,这个在明代学者赵崡的《石墨镌华》中即写有西安碑林的"碑林"之名。延续到近代的官方命名,则要从民国后期开始说起:1938年西安碑林管委会成立;1944年陕西省政府在原有碑林的基础上整合了西安的数家文博单位,并借此成立了陕西省历史博物馆;新中国成立后的1950年,原陕西省历史博物馆又被命名为西北历史文物陈列馆;1951

第五篇章　西安　名贯中外的旅游大牌

西安碑林博物馆内的孔庙遗存

年，西北历史文物陈列馆经过扩充更名为西北历史博物馆，且同时悬挂西安碑林博物馆的牌子；1952年西北历史博物馆又更名为陕西省博物馆；1993年，陕西省博物馆正式一分为二，分出了陕西历史博物馆与西安碑林博物馆两个博物馆，而且从此一分为二的两个博物馆，都是响当当的国家一级博物馆。其中陕西历史博物馆搬迁南郊新馆，其中西安碑林博物馆留在原址不动。

　　西安碑林博物馆的历史，从北宋时的元祐二年创建，距今已有930余年的时间了。2007年10月，西安碑林博物馆隆重举行了"西安碑林920周年华诞庆典"及其系列活动；10年之后的2017年10月，西安碑林博物馆再次隆重举行了"西安碑林930周年华诞庆典"及其系列活动。930周年的华诞，作为博物馆无疑是中国历史最早的，当然这里所说的"历史最早"，指的只是

343

博物馆的始建年代，而不是指的其馆藏文物的历史时间。

第二节　中国十大碑林的第一家　西安碑林

　　从网上搜索"中国著名碑林"，跳出来的有中国三大碑林、四大碑林、八大碑林、十大碑林等多种版本的不同排名。不同版本的各"大"排名先后列入了全国各地的碑林共 12 家，涉及了包括台湾在内的 11 个省份。虽然不同版本的排名上榜碑林的顺序和名单略有变化，但不论是哪个版本，不论是三大、四大、八大、和十大，排在最前的两位则从来不变：第一位是西安碑林，第二位是曲阜孔庙碑林。尽管这些排名并不具有官方的权威性，但排名者对各大碑林情况及数据的列举，却都是具有相当说服力的。可查阅一下曲阜孔庙碑林的各种宣传介绍，第一句几乎都是这样介绍的："曲阜孔庙碑林仅次于西安碑林，是全国的第二大碑林"。完全可以说，西安碑林是全国碑林的偶像，之所以能够如此，无疑取决于西安碑林的综合实力。

　　一看西安碑林的展陈规模。西安碑林是在原古代碑林的基础上又扩进了西安的整个孔庙，既环境优雅，又规模可观，"一轴两翼"的布局为中国著名的规划大师梁思成设计。全馆共有 1 个碑刻艺术馆，1 个石刻艺术馆，4 个文物陈列厅、7 个碑石展厅、8 个大型碑廊、9 个独立碑亭，总计展陈面积高达 12 800 平方米。可以自豪地说：西安碑林的所有展品，虽然都是石头，但因极其珍贵，全部均在室内布展陈列，绝对没有一件露天置放，不会让它们风吹日晒雨淋。

　　二看西安碑林的碑石数量。十大碑林各家的碑石数量相差悬殊。其中除过龙门石窟的碑林均为"造像题记"不好类比外，其他各家碑林碑石最多的是曲阜孔庙碑林，拥有各种碑石 2000 多件。其余各家均在 1000 以下，有 700 多件的，有 500 多件的，有 400 多件的，有 300 多件的，最少的只有 100 多件,而西安碑林拥有各种碑石4000余件,遥遥领先于其他碑林。

三看西安碑林的藏品档次。西安碑林之所以能够领衔中国的碑林,最主要的原因就是它近水楼台先得月,其藏品绝大部分都来自于汉唐时期的京城长安,不仅数量庞大、门类众多,而且在当时都是朝廷的珍品,在今天都是国家的瑰宝,而这一点则是西安碑林的独有优势。如今的西安碑林拥有各类馆藏文物11 000多件,拥有国家一级文物535件,拥有国宝级文物134件,同时还拥有更为珍稀的国家永久性禁止出境的国宝级极品6件!其中在国家于2002年公布的第一批全国仅仅64件"禁止出境"的国宝级极品名单中,全国共有4 000多家博物馆,而西安碑林一家就占到了两件;其中李世民"昭陵六骏"的6件浮雕,除去1914年被盗卖到美国的"两骏"外,其余的"四骏"均在西安碑林公开展出,但是,同样被国家永久性禁止出境。

西安碑林的景云铜钟(国家第一批永久性禁止出境的64件国宝级极品文之一)

四看西安碑林的国家认定。文博单位、旅游景区在业界的地位如何？国家的认定最有权威。西安碑林是1961年国家公布的第一批全国重点文物保护单位；是全国重点文物保护单位"石刻类"的国字第一号001号；是国家文物局最高等级的一级博物馆；是国家旅游局最高等级的五A级景区；是全国仅有的18个特殊旅游景观之一；是2006年在人民大会堂公开发布的"中国最值得外国人去的50个地方"之一。

"中国十大碑林的第一家"，不说网上的其他排名，不说国家的其他认定，仅仅全国重点文物保护单位石刻类的"国字第一号"，就足以说明了这个问题。

第三节　西安碑林　中华文化儒家精粹的藏宝库

儒家文化源远流长，儒家思想博大精深，它是中华文化极重要的组成部分，即使对当代社会的诸多领域也同样有着重要的现实意义。儒家思想的精髓即是人们耳熟能详的"儒家十三经"，也即《周易》《尚书》《诗经》《周礼》《礼仪》《礼记》《左传》《公羊传》《谷梁传》以及《尔雅》《孝经》《论语》《孟子》，等等。十三经是古代科举考试、入仕做官、治国理政的必读之书，是古代人所公认的百科全书，被中国历代文人官宦视为了终生宝典。而这些千年之久传承至今的宝典原版石刻，除形成于宋代的《孟子》外，全部都珍藏于西安的碑林博物馆之内。

在唐代，当时的印刷技术不像现在，印书周期时间漫长，用于各类考试的儒家专著根本供不应求，人们只能用传抄誊写来代替正式的书典，故常常出现了大量的笔误和字词差错，且不断以讹传讹，有时连师者都难以确定真伪，极大地影响了科举考试的严肃性和公正性。为了彻底解决这一问题，唐太和四年（公元830年）唐文宗接受了国子监郑覃的建议，命陈介、艾居晦等人分别书写刻字，将全部十二经统统刻上碑石，并以此为范、昭示全国。整个工程浩大艰巨，连写带刻长达七年，直至唐文宗开成二年（公元837年）才得以大告成功。因其工程完工于开成年间，故唐文宗将其命名为《开成石经》。浩若烟海的《开成石经》，包括了6卷本的《周易》、13卷的《尚书》、20卷的《诗经》、11卷的《周礼》、17卷的《礼仪》、20卷的《礼记》、30卷的《左传》、12卷的《公羊传》、12卷的《谷梁传》、3卷本的《尔雅》以及《孝经》、《论语》，以及《五经文字》和《九经字样》——《开成石经》，囊括了十二部儒家经典一字不漏的所有内容。

《开成石经》碑刻的所用石料，均为巨大的青石石碑，每块高2.5米、宽0.8米、厚25厘米，共114块石，共228个面，正反两面全部刻写。碑文标题为隶书，正文为楷体，每字仅仅指尖大小，既疏密严谨，又公正秀丽，全部文字总计达到了650 252个字。试想一想，文言文的65万，那要相当于白话文的多少多少倍？石经刻成后，随即置立于当时全国唯一的最高学府、长安城的国子监内，成了大唐所有官员、学士、文人、僧侣等等读经、抄录、查证、校对的唯一范本。

如今的西安碑林，不仅有石刻巨著的《开成石经》，而且还有《开成石经》之前唐玄宗李隆基亲自作序、御笔书写的超大巨碑《石台孝经》。当你走进西安碑林，首先看到的是该馆的"迎客第一碑"，碑亭上是林则徐书写的《碑林》大匾，碑亭内是唐玄宗御笔的《石台孝经》。整个《石台孝经》碑石，高6.2米、宽1.2米，长方柱体、四面刻文，矗立在迎客碑亭之内，宏伟壮观、气势磅礴。穿过中轴线"迎客第一碑"的碑亭，走进两侧相互对称的一二展厅，《开成石经》赫然入目：114块大型碑石，比肩相连、绵延百米，两面均由玻璃罩护，两端各有石柱夹撑，密密麻麻的隶书、小楷苍劲有力、飘逸隽秀。然而，隔着玻璃你只能看但手摸不着，更不能允许任何人着墨拓片，因为它是西安碑林的国宝级文物。

西安碑林的"迎客第一碑"《石台孝经》，碑文为唐玄宗御笔书写

《开成石经》被誉为"古本之终，今本之祖"，它是中华文化的原典，是全球唯一的孤品，是儒家精粹的集大成，是中国历史上先后七次刻经至今唯一保存最完整的一部……洋洋经文65万，幢幢碑石114通，碑林碑林，碑石成林，《开成石经》实乃为西安碑林的林中之林、经中之经！

第四节　西安碑林　中国古代顶级书法的黄金屋

称西安碑林为"宝库"的，还有国家教育部审定的正规学校教材。人民教育出版社出版的小学六年级语文课本下册中有专门介绍西安碑林的《名碑荟萃》一课，文中是这样介绍的："在陕西省西安市，有一座我国最大的书法艺术宝库，那就是西安碑林……"该课本把西安碑林称为了："中国最大的书法艺术宝库",而专家们则又把西安碑林同时称作了"中国书法艺术的金屋"。两个赞誉大同小异,不过,比较来看,宝库固然好,但金屋更贴切——以金屋来藏宝,其宝当然更是宝中之宝了。

中国的碑林很多,凡是能在碑林碑石上写字的作者,大大小小都是不同层级的名人和书家。而西安碑林书法碑石的作者,则个个都是顶级的名人、顶级的作品!他们要么是历朝的"书法"皇帝,要么是历代的"书法"重臣,要么是中国书法史上划时代的顶级书法大师,其他不够档次的,一般是进不了西安碑林大门的。

西安碑林书法碑石的作者,有身为皇帝的唐太宗、唐高宗、唐玄宗、唐代宗、唐肃宗,以及清代的康熙帝、雍正帝,等等;有身为名臣的秦代丞相李斯以及清代的果亲王、林则徐、左宗棠,等等;有唐代书法"四大家"的颜真卿、柳公权、欧阳询、虞世南以及褚遂良、欧阳通、王维、怀素、张旭,以及名僧书法大家的怀仁与玄奘,等等;有宋代的米芾、苏轼、黄庭坚、赵梦頫;有明代的静庵,张端国、董其昌,等等;直至清代的马德昭、吕道仁、郭修文,等等。以上书法家的大名,哪一个不是各朝各代的震天响?哪一个不是书法史上的里程碑?更重要的是,西安碑林的书法碑石,多是以上大人物的代表作品。如唐太宗书写的《圣教碑记序》,唐玄宗书写的《石台孝经》,康熙帝书写的《宁静致远》,秦丞相李斯书写的《峄山石刻》,书圣王羲之的集字碑石《圣教序》,柳体创造者柳公权书写的《玄秘塔记》,颜体创造者颜真卿书写的《麻姑仙坛记》,林则徐书写的《碑林》牌匾,左宗棠书写的《天地正气》,等等,无不都是高等级的珍稀文物,无不都是书法史上的标杆作品。

西安碑林的书法不仅为中国的爱好者深深痴迷,也为外国甚至西方爱好者广为追捧。为什么写中国字就是书法?为什么外国字就没有书法的概念?一个小小软软的毛笔,如何能够写出如此奇妙多变的汉字?带着对中国书法的种种好奇,诸多的外国人纷纷走进西安碑林,亲自来体验中国书法。根据碑林书法交流中心的书法老师所讲:一年间,就有300多位外国客人来这里学习书法。不仅有亚洲诸国的客人,而且还有众多美国、法国、德国等西方国家的客人,有时会有一个家族的十几口人一起来学,且个个都是兴趣盎然、认真专心。更让人感到意外的是,在一次馆方举办的临摹书展中,有一批来自亚洲某国的书法爱好者,站在颜真卿的字碑前,久久伫立,不愿离去,并小心翼翼地询问工作人员:能否在碑前烧香叩头,以跪拜自己心中的宗师?看着诸多外国朋友的虔诚崇敬,馆方只好首次破例,满足了客人的要求。

西安碑林的迎宾第一亭

另外西安碑林还有一个至今也未能解开的谜团:该馆《石台孝经》碑亭上的"碑林"二字,因为没有署名,按照讲解员的讲解,据说是1842年清代的林则徐所写,但其中的"碑"字则明显的少了一撇。究竟是何原因?对不起,史料上没有记载,当时的林则徐也没有说过。对此民间的传猜各种各样,其中有一种说法最为人们接受认可:林则徐路过西安,慕名参观碑林书法,当看到如此之多的绝世大作，禁不住张口连连叫好，抬手不断摹画。随后，因林则徐的书法大名，馆方诚请其为碑林题写牌匾。而林则徐则唯恐班门弄斧，但又难却馆方的百般盛情，无奈之下思索再三，终于提笔一气呵成，写出了缺少一撇的"碑林"二字，且不留名不署姓，以表其心中对碑林书法的自愧不如、望尘莫及。以上传说并无文字记载，在此只是作为一个轶闻说出来听听而已。

第五节　西安碑林　日本天皇年号渊源的档案馆

年号是中国古代创立并最早在中国使用的皇帝纪年，它和皇帝相对应，不同的皇帝必须有不同的年号，到后来年号的应用逐渐被当时大中华文化圈的朝鲜、韩国、日本和越南等国所效仿。时至如今，中国以及其他相关国家早已没有了皇帝，没有了年号，但日本却仍在继续沿用，而且是全世界至今还在使用皇帝年号来标定时间的唯一国家。日本天皇的年号从公元645年的"大化"开始，到公元2019年的"平成"为止，时间长达1374年，共计使用年号247个。但是人们也许不知，这些年号的名称，从唐代到如今的1300多年中日本皇室既定的选取渊源，几乎全部都源自于中国古代典籍的儒家十三经，几乎全部都能从西安碑林的《开成石经》文库中查到出处，找到"档案"。

日本天皇年号如何源自于中国的儒家典籍？我们可以试举以下几例：日本天皇的"大化"年号，源自于中国典籍《周易》中的"大化流行，生生不息"；日本天皇的"昭和"年号，源自于中国典籍《周易》中的"百姓昭明，协和万邦"；日本天皇的"明治"年号，源自于中国典籍《周易》中的"向明而治"；日本天皇的"平成"年号，源自于中国典籍《尚书》中的"地平天成"……如此如此的渊源，如此如此的词句，如今仍千年不动地收藏在西安碑林《开成石经》浩瀚的文海之中。然而，谁也料想不到，《开成石经》，石经开成！正是这个《开成石经》，让日本的天皇有史以来第一次地推开了中国西安的大门。

日本的明仁天皇是日本战后的第一个天皇，当他得知自己的"平成"年号其渊源典籍的原始碑刻就珍藏在西安的碑林博物馆后，明仁即有了到访西安的强烈愿望。1992年10月下旬，也即日本的"平成四年"10月下旬，明仁天皇正式访问中国，同时向中方提出了希望能到西安参观的要求。而明仁天皇到访西安的唯一目的，就是要到西安的碑林亲自查找验证自己年号平成的真正出处。

1992年10月26日，当明仁天皇如愿来到西安，如愿来到碑林，站在气势恢宏的《开成石经》众碑前，迫不及待地即提出想要看到年号"平成"的具体所在，当时的博物馆领导欣然应允。但由于没有提前得到这个信息，没有丝毫的精神准备，馆领导当即安排了八个眼尖心细的女导游专门负责查找。

西安碑林被玻璃全覆盖的《开成石经》其中一道长长的碑墙

八个姑娘个个踩着高橙，个个贴着碑石，个个瞪大眼睛，一碑一碑地看，一行一行地查，一字一字地找，终于大海捞针在《开成石经》密密麻麻65万指尖大小的碑文中，找到了"地平天成"的四个小字，才使得诸位导游如释重负。当明仁最终看到了自己年号的渊源典籍，找到了年号平成的出处所在，激动不已，紧紧握着博物馆领导的手说道："西安碑林太神奇了，它在日本名气很大，今天能够亲眼一见，不枉来到中国的西安。"

西安碑林吸引了大量的中外游客，也吸引了诸多的国家元首，日本天皇并不只是个个例，巴西的总统、挪威的首相、日本的首相、俄罗斯的总理、希腊的总理、韩国的总理，等等，都曾来到西安碑林参观，都曾留下了感慨和感言。不过吸引他们的并不仅只是西安碑林独特的中国文化，而且还有西安碑林独有的古老钟声——悬挂在西安碑林院内巨大的景云铜钟，是中国第一批64件永久性禁止出境的国宝极品之一。每年春节除夕之夜，中央电视台悠扬悦耳，响彻长空的报时钟声，传遍了中国大地，传到了世界各国，而这个独有的钟声就是从西安碑林的景云铜钟发出的。但它不仅仅是在报时，同时也是向全世界发出"西安邀请"！人们一定会闻其声而生其情，循其声而觅其踪，到西安来一个追根溯源、寻根问底。

第六讲
一古一今的中国之最 西安大明宫

2010年，在西安大明宫遗址公园盛大开园之际，中国文物出版社总编辑葛承雍对大明宫及大明宫遗址的价值作了如下的描述，我把它拿来作为本讲的导语之用：大明宫是中国古代最强盛时代的独特见证，是世界最具代表性的唐文明载体。大明宫具备成为世界文化符号系统重要节点的资源禀赋，是无可替代的中国元素。它不仅蕴藏着中国历史文化的丰富内涵，而且是世界人类文化遗产的最重要组成部分。古代的大明宫，是无法超越的世界之最。而在1000多年后的今天，大明宫尽管已经成了遗址，但仍然继续创造了当之无愧的世界第一！

第一节 唐代大明宫 古代享誉世界的"东方圣殿"

大明宫是大唐帝国的政治中心，是唐朝天子的皇宫宝殿。若与北京比照，它是北京古代的紫禁城，是北京今天的中南海，是国家权威的最高象征。大明宫始建于唐太宗的贞观八年（634年）。唐朝共有21位皇帝，从唐高宗开始，先后有17位在大明宫前政后寝，生活办公，处理国事，号令天下，时间持续长达200多年。

大明宫位处古长安城城北龙首原的"龙首"之上，距现在西安市最中心的钟鼓楼仅仅不足四公里，是一座相对独立的城堡。大明宫高居龙首，唯我独尊。站在大明宫俯瞰长安城，繁华都市，灯红酒绿；站在长安城，仰视大明宫，恢宏霸气，雄伟壮观。

大明宫的丹凤门

大明宫的大，大得令人震撼，它不像一座宫苑，它更像一座城市！大明宫的城楼中国最大，丹凤门是各朝都城的楼阙之最，论高论阔论大均无与伦比；大明宫的城门古代最多，一座宫城11座城门，而明清的故宫只有东西南北的四座城门；大明宫的街道古今最宽，丹凤门大街宽达176米，比现在世界上最宽的街道还宽了50多米；大明宫的建筑千宫之宫，大型宫殿50余座，各种房屋一万多间，中国历代的皇家宫苑从来没有超越！

第二节 唐代大明宫 古代"千宫之宫"的皇家宫苑

大明宫是世界上从古到今最为恢宏霸气、最为豪华壮丽的宫殿建筑群，是中国古代建筑史上的巅峰之作。

大明宫整个的宫殿园林，无一不是殿中精粹，园中经典，但最典型的还数其中的"一门二殿两湖"，仅仅这个"一二两"，足可以代表大明宫的无与伦比。

"一门"即大明宫11座城门中的唯一正门，是中国古代都城城门的最高规格"天子五道门"，其形制等同于故宫的午门。故宫午门的规模东西长60米，南北进深25米；大明宫的丹凤门东西长74米，南北进深为33米。丹凤门的规制之高，规模之大，均创古代都城的门阙之最，是中国古代的"天下第一门"！

"二殿"即含元殿和麟德殿。含元殿是大明宫外中内三大殿中的第一殿，是皇帝朝政活动的正殿，形制等同于故宫三大殿之首的太和殿。故宫太和殿的规模东西长60米，南北进深33米；大明宫含元殿东西长77米，南北进深为43米。含元殿鹤立鸡群，独居于15米之高、80米之长的台阶坡道之上，充分彰显了千般尊严、万般威仪的大唐气势，是中国古代各朝三大殿正殿中的最大正殿！

麟德殿是大明宫最负盛名的别殿，是皇帝举行国宴、接见外国使节、举行各种演出的大殿，形制等同于故宫的保和殿。故宫保和殿的建筑面积1240平方米，大明宫麟德殿的建筑面积5000多平方米，是保和殿的4倍还多。古代5000多平方米的大殿，没有预制梁，没有钢结构，难道不是一个奇迹吗？麟德殿是中国古代历史上最大的单体建筑，从周代到清朝从来没有超越过！

"两湖"指的是大明宫的人工湖太液池，分为东西两湖。太液池水面达到17万平方米，而且池中还有三座岛，岛上还有蓬莱山，山上还有太液阁。太液池的周围，还建有环湖的回廊400余间。唐玄宗与杨贵妃经常在池中泛舟赏月，共度良宵。中国古代京城中有人工湖的比比皆是，但宫城中有人工湖，在整个中国历史上也是空前绝后，只有大明宫独此一家！

大明宫的建成，被中国的后世各朝不断效仿，被中国的周边各国纷纷照搬。对中国影响最大的莫过于宋明清效仿的外中内三大殿形制以及各大宫殿的设计格局；对外国影响最大的莫过于日本照搬的京都、奈良两大古都。

大明宫遗址公园内的微缩大明宫

如果你到过日本，你一定会在日本见到中国的大明宫。日本人仿照中国的长安城建起了自己的"平安京"；仿照长安城的大明宫建起了自己的"平安宫"；仿照大明宫的含元殿建起了含元殿的复制版；就连宫中"太极殿"的名字也是来自于大唐的长安城。

"九天阊阖开宫殿，万里衣冠拜冕旒"，这是王维诗句中大明宫的盛世壮景。然而，虽然春光无限好，但是风雨送春归！当年的大明宫，在风光极尽了200多年之后，最终被唐末的战乱彻底焚毁。而明清的北京故宫、日本的"大唐"宫城却依然都在，让遥遥远去的西安大明宫千年遗憾，长留人间。

第三节　今日大明宫 是联合国大型遗址保护的成功典范

　　西安大明宫遗址，是国务院首批公布的重点文物保护单位；是《世界文化遗产》中的中国上榜单位；是国际古遗址理事会确定的具有世界意义的重大遗址保护工程。1994 年，联合国即与中国签署了《保护唐朝大明宫遗址的行动计划书》；2005 年，国际古遗址保护理事会又在西安发布了举世瞩目的大遗址保护《西安宣言》。这一连串的记录，使得西安大明宫的遗址保护，不仅成了世界大遗址保护的重点，而且被联合国教科文组织寄予了莫大的期望，期望西安大明宫的遗址保护能为整个世界树立一个成功的全新样板。

　　联合国的厚望，给了西安巨大的压力，同时，更给了西安强劲的动力。

　　2006 年，西安市在反复地论证下确立了大明宫遗址保护工程的目标定位：即建设独具特色的世界大遗址保护示范工程，建成规模最大的世界级城市中央公园。实现历史与现状、经济与文化、继承与创新、文物保护与城市建设、人居环境改善与文化旅游发展的和谐共生，和谐双赢。赶超的目标，直指当今世界最大的美国纽约城市中央公园！

　　大明宫遗址保护工程的成果，就是今天的大明宫国家遗址公园。大明宫遗址公园先后历经了全球范围的海选竞标，历经了来自各方的风风雨雨，历经了中国空前的项目拆迁，历经了工程建设的酸甜苦辣，艰苦鏖战三年整，终于苦尽甘来，于 2010 年的 9 月，圆满完工并隆重开园。

　　历史证明，西安成功了，大明宫成功了。按照既定的双赢目标，新落成的大明宫国家遗址公园个性突出，创意尽显，五大特点，独树一帜，被国际组织誉之为世界大遗址保护的"大明宫模式"，令整个世界的相关城市都在思考：大遗址保护这个全球难题，中国西安的大明宫究竟是用什么秘诀才得以破解成功的呢？

　　大明宫的成功，秘诀不敢枉称，但大明宫有自己的五大特点，倒是大明宫的成功经验：第一是把地下搬到了地上——仅举丹凤门一例，在外看是气势恢宏的丹凤门,在内看是一览无余的古遗址。新丹凤门不仅重现了古丹凤门的形象,而且成了丹凤门遗址风雨不避的保护罩,成了丹凤门遗址全景展示的博物馆。第二是把无形变为了有形——遗址不能复建的文物原则,让如今的大明宫打造了微缩的大明宫。1:15的"大明宫",数一数,仅是大大小小的各式宫殿,就高达1175处,把消失在战火之中的世界"千宫之宫,东方圣殿",从无形变为了有形!第三是把死物变成了活景——大明宫遗址公园通过大量的影视、书籍来演绎大明宫及其历史故事,包括影视作品的《大明宫》《飞跃大明宫》《传奇大明宫》,包括书籍出版的《大明宫研究》《大明宫之谜》《大明宫史话》,等等,把死物变成了活景,把静态变成了动态,展示了最华美的大明宫,展示了最鼎盛的长安城!第四是把不可行变为了切实可行——遗址上禁止固定建筑是一条红线,而大明宫遗址上的丹凤门、博物馆、展览厅等一律都是伪装的钢结构,随时可以拆卸,随时可以搬走,随时可以异地重装,不用挖任何的基土,不改变任何的遗址现状!第五是把严重对立的拆迁,变为了官民期盼的双赢——大明宫遗址地处西安的"道北",也即西安老火车站的铁道以北,是西安最大的棚户民区。3.5平方公里的遗址范围,蜗居着10余万的百姓。由于是国家级的遗址保护区,不能开挖建房,不能埋设管线,市政建设一概无从谈起。两三代人的家庭,二三十年的破房;一条巷子一个公厕,几十户人一个龙头;遍地是臭水,到处是垃圾;头顶的电线似蛛网,脚下的道路麻子坑。这就是大明宫棚户区的真实写照。面对如此的棚户区,西安市的拆迁政策充满人性:"先安置,后拆房,百姓为遗址保护让地,政府还百姓一个公园。"西安市说到做到,一年之内完成拆迁,三年之内公园建成。既是市民家门口的免费公园,又是政府大遗址的保护项目,民众高兴,政府高兴,实现了大明宫遗址保护目标定位的官民双赢。

西安大明宫遗址保护项目的成功,产生了强烈的轰动效应,中外的相关城市、相关媒体纷至沓来参观考察。2012年6月,同样拥有大遗址的河南省安阳市组织了代表团专赴西安考察,并在《安阳新闻网》连续刊登了《走出安阳看旅游》的西安系列化报道，安阳的文章如此写道：

> 西安大明宫国家遗址公园的建成，为西安构建起一道独特的城市风景，标志着西安构想的"遗址保护与城市发展，民生改善与旅游开发的和谐共生"已经成为现实，为中国大遗址保护事业竖起了新的标杆，它所开创的大遗址保护与利用的"大明宫模式"，将成为中国文化遗产保护的成功典范。

大明宫丹凤门全室内的地下遗址保护工程

西安大明宫遗址保护项目的成功，不仅有同类城市的学习推崇，更有世界考古领域、国家相关部门及中央媒体的一致认可，世界古遗址理事会的司库乔拉认为："大明宫遗址保护工程创造出了世界大遗址保护的典范和大遗址带动城市发展的新模式"；英国牛津大学莫顿学院院长、考古学家罗森女士赞誉："大明宫国家遗址公园的建成，让这个从前的伟大宫殿，从前欧亚大陆的主角，再也不会消失在历史的长河之中，它可以让全人类共享这样的东方文明"；中国国家文物局的局长单霁翔评价："在大明宫遗址的保护中，西安市解放思想，创新了机制体制，创造了西安的'大明宫模式'，树立了中国大遗址保护的世界典范";新华社的《国际先驱导报》报道："大明宫国家遗址公园是世界大遗址保护模式的新探索，是中国大遗址保护事业的领头羊。"

大明宫遗址项目的成功，不仅仅在于它文物遗址的成功保护，还在于它遗址保护与城市建设的和谐共生，在于它在遗址成功保护的同时，又为西安人民提供了一个面积超大的"城市中央公园"。

第四节　今日大明宫　是世界上面积最大的城市中央公园

敢称世界面积最大的城市中央公园，当然是有根有据的。

什么是城市中央公园？"城市中央公园"的概念来自于美国，来自于美国纽约的曼哈顿公园。曼哈顿是纽约的经济中心、商务中心、文化中心，是联合国总部的所在地，是纽约的城市最中央，故该公园被美国称之为纽约的城市中央公园。城市中央公园，最关键的就是"中央"二字，它必须是名副其实的城市中央区域；否则，就不能称之为中央公园。

世界最大的城市中央公园，论的是什么？当然论的是面积。要看它为市民提供了多少休闲空间，要看它为城市增加了多少树草绿地，要看它在城市中的公园用地占到了多少比例，一个城市的公园特别是中央公园，面积越大越能彰显该城市的文明理念，因为，城市的中央，寸土寸金，是各个行业都想占领的阵地，能够大面积的辟为公园，绝对是该市人民的幸福。

此前，各国公认世界最大的城市中央公园，就是美国纽约的曼哈顿中央公园。论位址，地处纽约的最中央；论面积，占地346公顷也即3.46平方公里，世界再无闹市区的公园能够比及；世界第二的城市中央公园是英国伦敦市中心的海德公园，占地160公顷也即1.6平方公里。另有2013年，中国的重庆打出了世界第三、亚洲第一的城市中央公园，该公园位处重庆渝北的空港新城，占地面积1.53平方公里，略小于英国伦敦的海德公园。不过，世界最大的城市中央公园这一排名，早在2010年就已经被西安的大明宫一次性地颠覆，打乱了既有的顺序。

西安大明宫国家遗址公园，论方位，地处西安的最核心，与西安老火车站前门对后门，距西安市的中心坐标钟鼓楼仅仅不足4公里，是地地道道的城市中央公园；论面积，大明宫遗址公园占地354公顷，3.54平方公里，比纽约的城市中央公园大出了8个公顷，比伦敦的海德公园大出了一倍还多。虽然大明宫开园的时间没有美国、英国的早，但后来居上，赶超了世界的第一。

大明宫遗址公园内的大明宫博物馆

另外，还需要强调，西安的大明宫公园与纽约的中央公园还有两点最大的不同：一是纽约中央公园是先有公园后有曼哈顿的市区，是公园引来了城市，公园建设时土地便宜，没有拆迁，整个投入极少；而西安大明宫公园则是先有城市后有公园，是在稠密的居民区通过10万人的拆迁才建起的中央公园，工程量大，成本极高。第二，纽约中央公园是纯粹的休闲公园，没有历史根基，没有文化底蕴；而西安的大明宫，不仅是一个功能齐全的休闲公园，更是一个千年历史的皇宫遗址，是世界大遗址的保护典范。虽然二者同为公园，但是内涵价值大不相同。

大明宫遗址公园的世界最大，大是大给了"世界遗产"的文物保护，占的是寸土寸金的西安市中心。然而，它的大大是大给了西安人民的安居幸福。3.54平方公里的都市白菜心，西安市的付出，目光长远，理念超前！

第五节　权威的预言　大明宫遗址起码还要发掘二百多年

如今的大明宫公园，共有四大功能区，即宫殿建筑群、文物观赏区、科技体验区、休闲娱乐区，每年的游客接待量都在2000万人以上。由于是开放式公园，本地市民的文化聚集效应也已如愿实现，园内的群众大舞台，已成为了西安最有影响的文化品牌之一。但是，作为世界关注的大遗址，作为3.54平方公里的遗址区域，人们从这里能看到的"地下大明宫"究竟有多少呢？

对此，2010年10月在西安举行的"大明宫——世界的遗产"国际学术研讨会上，中国社会科学院的安家瑶女士一语点破：目前的大明宫遗址，其发掘的面积最多不到应发掘面积的1％！哇，原来人们见到的丹凤门、含元殿、麟德殿等诸多的大明宫遗址，仅仅只是冰山的一个小尖尖！

安家瑶何许人也？安家瑶是中国的汉唐考古专家，是中国社科院考古研究所单设的西安研究室的主任。中国社会科学院专为西安设了一个研究室，足可见西安在中国考古领域的地位无可比肩！安家瑶表示：大明宫遗址公园开园后，考古发掘工作不仅不会结束，而是一个有计划、有步骤考古大戏的新开始，大明宫的考古发掘起码还需要200多年！意大利的庞贝古城遗址1748年发现，直至如今还在继续发掘；日本奈良的平城宫遗址，从1959年开始发掘，也制定了一个200年的计划。中国的大明宫，继续发掘200年，仅仅只是一个很保守的估计！

在"大明宫——世界遗产"的研讨会上，各国专家普遍认为：作为全人类共同的文化遗产，大明宫遗址公园可能会持续 100 年，也可能会持续 200 年，也可能会持续 500 年地吸引来自世界各地的考古工作者。大明宫的考古发掘，可谓：任重道远，全球注目。

大明宫的地下都还有些什么？一千多处的宫殿都分布在什么地方？史书上的记载是否都与实际发掘的结果一一对应？这一切，都在等待着这 200 年的持续发掘。

200 年的时间，咱们任何一个人都不可能看到，但大明宫的价值却会一直都在持续不断地发酵，刷新着整个世界考古领域的历史。

西安大明宫之所以能够成为世界大遗址保护的成功典范，它的成功之处就在于它大胆地跳出了"就保护而保护、就展示而展示"的圈子。西安用独具创意的保护手段、独具创意的展示方式、独具创意的综合利用，把遗址保护和城市建设这一对长期以来不可调和的矛盾巧妙地融合在了一起，用西安古代世界最大的宫殿建筑群遗址，为西安市民打造出了一个当今世界最大的城市中央大公园。

第七讲
一带一路的历史象征 西安大雁塔

在中国，说起"玄奘"不一定人人都知道，但说起"唐僧"，则是老幼皆知、家喻户晓。其实，《西游记》中唐僧的原型，就是大唐时期的玄奘。玄奘因历尽艰险五万里、孤身"西天"取真经的壮举，被世界誉为中外文化交流的伟大使者。在联合国的《世界文化名人录》中，中国只有两个人入选，一位是孔子，另一位即是玄奘！而大雁塔，就是玄奘取回真经之后，大唐皇帝专为玄奘敕建的藏经塔。西安的大雁塔，只所以闻名遐迩，在于它不仅仅只是一座中国最大的唐代佛塔，它还是玄奘西行壮举的标志，是西行相关国家的念想，是唐僧西天取经的藏宝库，是世界佛教中国化的里程碑，是丝绸之路《世界遗产名录》中的西安"世界遗产"，是所有中外游客到西安绝对不会错过的全开放五A级景区。

第一节 偷渡西天 万里取经 世界壮举 青史留名

《西游记》中的唐僧，西天取经万里之行，历经九九八十一难，但他有三个徒弟同行，有神通广大的孙悟空护卫。而历史上的玄奘，西行取经五万里，走过了100多个大小国家，历经了难以想象的艰难险阻，居然一直都是孤身面对，一人独行！让国人为之惊叹，让世界为之震撼。

因是大唐的高僧，故被世人称之为唐僧，玄奘则是唐僧的法号。玄奘自幼善钻肯研，钟情佛学，少年起即拜师学佛，13岁即剃度出家，16岁即造诣非凡，18岁即开始讲学，不久已是独秀长安，誉满大唐了。

由于佛教来自国外，且传入时间不长，其门派纷杂、观点多样，许多重要问题分歧巨大、难以融合。故心存高远的玄奘，立志远赴天竺求法解难。公元626年，玄奘正式向朝廷提出申请，赴"西天"取经，但未获唐太宗的批准。后又多次再行奏请，但仍然未能如愿。然而，决心铁定的玄奘在做好了身体、外语以及出行路线的扎实功课之后，在自己27岁时的公元627年，毅然以偷渡的方式从长安出发，只身一人踏上了遥遥数万里、凶险皆未知的西天取经漫漫长路。

玄奘要去的天竺，是佛教的发源地，即当时包括现在的印度、巴基斯坦、孟加拉、尼泊尔等国在内的南亚古印度地区，直行路线5000多里。但玄奘特意选择的则是汉代张骞之后的丝绸之路，即一直向西，穿过西域、穿过新疆、穿过中亚，然后再向南，然后再回头向东，整整要绕一个大圈，才能到达南亚的古印度。虽然这一条路崇山峻岭、孤烟大漠，但丝绸之路是大唐的对外友谊之路，会让玄奘省去了诸多的麻烦。只是，与从长安直接南行从云南到南亚的5000里路相比，多出了整整10倍的距离！

五万余里的长路，单人只身的孤征，时处1000多年之前，一路的凶险艰难谁也无法想象：玄奘曾半道收徒一个，但仅仅20天，因难抵艰险，即偷偷开溜；玄奘曾在沙漠断水4天5夜，倒地奄奄一息；曾在雪山遭遇特大雪崩，险丢了性命；曾在中亚碰到团伙抢劫，被捆绑深山，5天未曾吃饭。更有高昌国的奇遇，因该国国王仰慕玄奘的博学，以超常的盛情与玄奘结拜兄弟，但却百般限制出境，目的只想让玄奘留在该国。玄奘无奈以绝食相拒，连续4天不吃不喝，终于使高昌国王倍受感动，最后以极其丰厚的物资为玄奘送行。以上幸遇虽还有多例，但各种凶险则是数不胜数，到头来连高昌国王赠予的

10个随从也都一一遇险。从公元627年,到公元630年,先后4个春秋寒暑,玄奘穿越了千山万水,走过了无数国家,经历了九死一生,孤征了五万余里,终于踏上了古印度的国土,进入了梦寐以求的佛教最高学堂那烂陀寺,并拜在了整个佛教最高权威的戒贤大师门下,开始了长达18年的研学修行。

18年的西天取经,玄奘广学了佛教"大乘"、"小乘"的各派经论;游讲了古印度所有的18个国家;撰写了融贯各派的《会宗论》佛学名著;当选了"佛教大学"那烂陀寺仅次恩师的主讲高僧;获取了佛教世界的最高学位"三藏法师"。此时的玄奘,其佛教造诣在整个南亚地区已达到了炉火纯青、无人可及!公元624年,古印度18国的盟主、摩揭陀国的国王在其国都曲女城专为玄奘开设了一个规模空前的佛法辩论大会,有18个盟国的国王出席,有6000余各国的高僧、学者参加。辩论大会以玄奘为论主,以玄奘所著的《会宗论》为论标,会上可以任人发难,任人质疑,任人破论,任人辩驳。然而,当所有的参会者在听了玄奘立论的精彩讲演后,18天的会期,6000余众的参会者,竟然没有一人敢于上台发表观点、辩驳立论!大家均对玄奘的学识、造诣、观点心悦诚服、五体投地。从此之后,"唐三藏"的名号即享誉全印、声震南亚。佛教的大乘奉玄奘为"大乘天",佛教的小乘奉玄奘为"解脱天",古印度的佛教界皆奉玄奘为"众僧之天"。东土来的唐三藏,已经成了整个世界佛教的学术领袖。

玄奘在天竺取得的惊天成就,消息早就传到了大唐的长安,惜才爱才的唐太宗虽然心中多有愧疚,但仍万分高兴,期盼着唐三藏能够不计前嫌回归大唐。其实,唐太宗有所不知,玄奘报国心切,早已谢绝了自己的恩师、佛友以及各国国王的盛情挽留,于公元641年,带着各方赠送的原版佛经657部,佛祖舍利158粒,3尺5寸高的释迦牟尼全金塑像,以及其他金质的佛像20多尊,连同30匹骡马、50名卫士,在数万人的夹道欢送下,浩浩荡荡,踏上了东归大唐的回乡之路。

公元645年,玄奘终于回到了久别的长安。大唐朝廷为玄奘举行了盛大的欢迎仪式,全国各地的佛教信众,都城长安的痴情市民,几十万人出城迎接。唐太宗专门召见玄奘法师,并长时间听取了玄奘西行的所见所闻,称赞他为大唐的"国宝"。之后,太宗多次劝说玄奘弃教入仕,但都未能得到玄奘的应允。事隔不久,大唐唯一的皇室寺院大慈恩寺建成,李世民则直接委任玄奘为大慈恩寺的主持,给了玄奘空前未有的显赫地位。

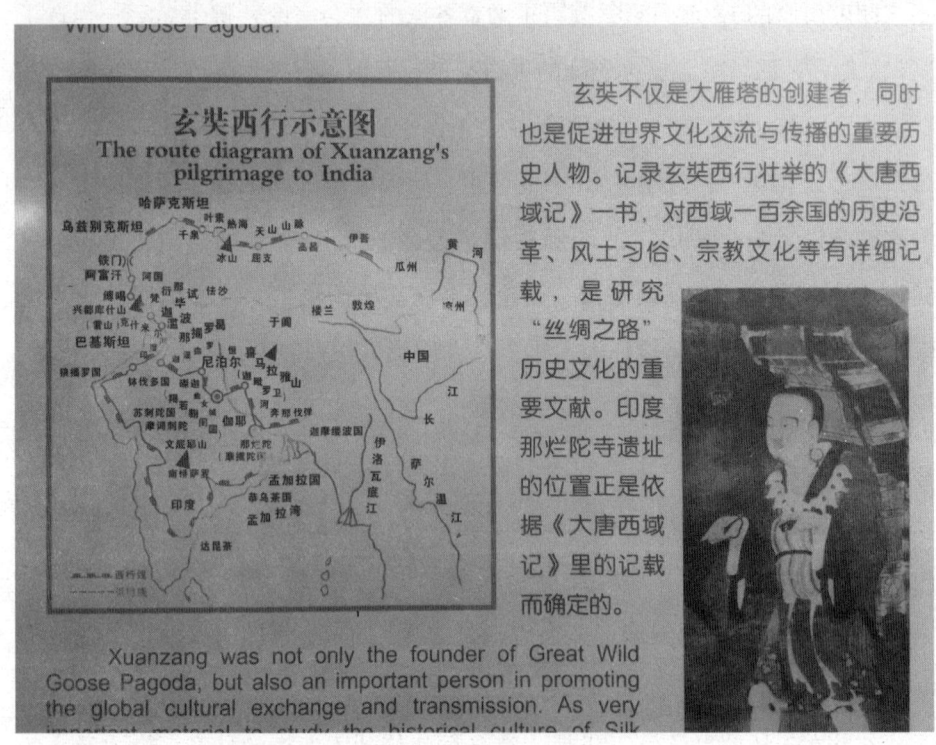

大雁塔内展板对玄奘西行壮举的中英文介绍

宗教是无国界的,玄奘尽管已回到了长安,但整个佛教世界的"大乘天""解脱天""众僧之天"的桂冠仍为玄奘所有,大唐的唐三藏已经站在了世界佛教的最高点。而玄奘西行取经的世界壮举,则被写进了中国的历史、印度的历史、亚洲的历史,以及世界的历史。

第二节　皇帝敕令　唐僧亲建　西安雁塔　中国最大

大慈恩寺是大唐唯一的正宗皇室寺院,是贞观二十二年太子李治为追念生母文德皇后,专门奏请唐太宗敕令所建。大慈恩寺是长安城最为宏伟壮观的寺院,其规模达到了庭院13座、屋宇1897间,并为玄奘建有专门的"国立译经院"。慈恩寺建成后,唐太宗在此专为玄奘举行了盛大隆重的入寺升座仪式。之所以委任玄奘为慈恩寺的主持,唐太宗就是为了给玄奘提供一个最豪华、最气派、最有地位的寺院,让玄奘在此专心译经研佛、著书立说,以实现他毕生追求的宏图伟愿。

慈恩寺虽然长安最大,但遗憾的是有寺无塔。为了妥善保存西行取经带回的大量经书、佛祖舍利、金银雕像等佛家圣物,玄奘禀奏皇上,恳请在慈恩寺内建造佛塔一座,同时还呈上了自己绘制的建塔图纸以及设计方案。时间不长,建塔奏请即获准通过,高宗并下诏由玄奘亲自主持督建。公元652年,佛塔建成,因天竺有埋雁造塔的传说,玄奘即把该塔命名为雁塔。后又因长安荐福寺的寺塔落成也称作雁塔,形成一大一小,故人们把前者称为大雁塔,把后者称为小雁塔。

大雁塔共有7层,每层均可登临,通高达到64.5米,相当于如今20多层的楼房,是当时大唐时间最早、规模最大、高度最高的阁楼式佛塔,岿然高耸,招人注目,是长安城的标志性建筑。唐代诗人岑参曾在诗中这样赞誉:"塔势如涌出,孤高耸天宫。登临出世界,蹬道盘虚空。突兀压神州,峥嵘如鬼工。四角碍白日,七层摩苍穹。"大雁塔的恢宏壮观由此可见一斑。

大雁塔建是建成了,而且是专为珍藏玄奘取经带回的佛家珍宝而建的。但是,时至1360多年后的今天,历史却和我们开了一个大大的玩笑:史书所载,玄奘从古印度带回的657部贝叶真经,158粒佛祖舍利,一米多高的金身佛像,以及古印度各国国王赠予的当地珍宝,这所有的一切,当今的人们却从未见过,不知珍藏在了何处。

根据无数的例证，按照专家的推断，有古塔必有地宫，而地宫中都埋藏着什么，通常的概念，都是由各塔的渊源和地位来决定的。西安的大雁塔，既是皇室寺院的寺塔，又是玄奘藏宝的佛塔，如此看来，大雁塔不仅会有地宫，而且，玄奘带回的所有佛家珍宝肯定都埋在大雁塔的地宫之内。只不过，大雁塔的地宫不像法门寺塔的地宫，它还是一块处女之地，是一个尚未发掘的地下宝库。更何况，2007年有关部门曾对大雁塔的内部结构进行过探测，探地雷达曾准确地探测出大雁塔的地下空洞，这样的地下空洞，无疑就是大雁塔的地宫所在。

话说到此，人们不禁会问，1000多年前，玄奘从遥远的古印度带回几十骡马的佛家珍宝，回长安后不分昼夜、呕心沥血19年的工作成果，直到如今究竟为我们留下了多少能够看得见摸得着的东西呢？对于这个问题，我虽不是专家，但我可以斗胆回答：玄奘为佛教世界留下了1300多卷翻译过的传世真经，为诸多国家留下了千金难买的《大唐西域记》，为今日中国留下了一座让世界永远追念的千古佛塔。

西安大雁塔南广场的玄奘雕像

第三节　西安大雁塔　是一带一路的历史象征

西安大雁塔意义超凡，它不仅有着巍峨壮观的外部雄姿，更有着无与伦比的政治内涵。大雁塔自建成的那一天开始，就成了大唐京都的形象标志。从唐代的长安城到今天的西安市，其标志的地位从来未曾改变，而且愈加引人注目、愈加重要显赫，成了中国"一带一路"的历史象征！

大雁塔 64.5 米的高度，相当于如今 20 多层的楼房，在 1300 多年前的唐代，就是长安城的超高建筑，鹤立鸡群、一花独秀。到了中国的女皇时代，好大喜功的武则天，则一次性地把大雁塔加高到了十层，达到了百米以上的高度。虽然再后又因故回到了原来的层高，但无论是大雁塔的最后七层，曾经十层，都是大唐盛世的标志性建筑。

作为唐长安城的标志，大唐诸多的重要活动均在此举行。大雁塔的辉煌莫过于盛唐时期的"雁塔诗会"与"雁塔题名"。每年的雁塔诗会，皇帝都要亲率百官，登塔远眺，吟诗作赋，精选佳作。岑参的雁塔五言诗，即是当时雁塔诗会中的优胜之作。"雁塔题名"则是每年最高级别的全国大考，万里挑一。凡新科进士在曲江接受皇帝的宴请之后，便会集体登上大雁塔，将所有进士的名字写在墙上，以流芳后世，故谓之"雁塔题名"。其中最典型的要数白居易，在仅仅录取的 17 人当中，数他的年龄最小，当其大名题在雁塔墙上之后，白居易又得意地写下了："慈恩塔下题名处，十七人中最少年"的千古佳句。

一直到了现代，不论是中国的改革开放之前还是改革开放之后，大雁塔同样都是西安市的标志形象。所有到西安的外地客人，一下火车，站在西安车站的候车楼前、城墙之上，向南眺望，其视线穿过了长长的解放路、穿过了长长的和平路、穿过了长长的雁塔路，西安千年高耸的大雁塔，跃然而出，挡在了视野的尽头，给所有的外地客人，来了一个"强制性"的先入为主。

1988 年，西安市正式发布了自己的市徽：圆形的市徽，一圈是从宽到窄齿轮状的西安城墙，其圆心是全部大红色的铺衬，红底之中即是巍然耸立的大雁塔。西安城墙像一轮弯弯的月亮，大红圆心似一个硕大的太阳，日月共辉，把象征西安的大雁塔烘托在徽标的圆心中央。

唐代玄奘的世界壮举，走的却是汉代的"丝绸之路"，丝绸之路如今已经成为中国的国家战略。2017年5月，首届"一带一路"国际高峰论坛大会在北京隆重举行，共有130多个国家、70多个国际组织的首脑以及1500多位中外嘉宾参加会议。而本次大会全球聚焦的会标即是以西安的大雁塔为核心设计而成：圆形的会标，由金蓝两色的两条丝带分别代表了中国的"一带"和"一路"；两条丝带交织环绕形成一个球体，象征着互利共赢的全球合作；而两条丝带环绕交汇的中心，即是中国西安秀丽壮观的大雁塔。按照北京设计单位的会标设计说明："整个会标寓意着丝绸之路以中国为中心，始于西安，惠及全球"！一带一路的高峰论坛，把大雁塔推向了如今世界的经济最热点、战略最前沿。

中国北京"一带一路"国际合作高峰论坛永久性会标

2018年元月8日，新上任的法国总统马克龙第一次访问中国，首站即选择了西安，并且在临起程的前一天改变计划，把大雁塔改为了西安参观的重点。马克龙特意登上大雁塔，详细听取了大雁塔的历史传承和玄奘的西行取经。马克龙在大雁塔的时间，大大超过了在西安其他三个参观点的时间。对此，各国媒体分析，法国总统之所以把大雁塔作为了重点，主要是因为大雁塔与"丝绸之路"的特殊关系，马克龙希望以此来传递欧洲、传递法国将与中国在"一带一路"上加强合作的友好意愿。

大雁塔不仅是西安城市的标志，而且是中国丝绸之路的标志。中国的古迹名胜太多太多，但毫不讳言，能够担当起如此国家大任的，只有傲然耸立的西安大雁塔！

第四节　西安大雁塔　有亚洲最大的音乐喷泉

西安大雁塔，拥有中国最大的唐文化广场；中国最大的唐文化广场，拥有亚洲最大的音乐喷泉；亚洲最大的音乐喷泉，拥有六个单项的世界之最。这个拥有了中国之最、亚洲之最、世界之最的大雁塔，吸引了大量不同国度的世界客人。

中国最大的唐文化广场，又叫西安大雁塔广场，占地1000多亩。整个广场以大雁塔为轴心分为了八个板块：包括大慈恩寺、雁塔东苑、雁塔西苑、雁塔不夜城、雁塔南广场、雁塔北广场，以及环绕四周的雁塔商贸区和雁塔步行街。八大板块，除大慈恩寺外，对所有游人全天开放、全部免费。

大雁塔八大板块中最大的板块，就是大雁塔北广场，也即亚洲最大的喷泉广场。整个广场，高差9米，分层9级，自北向南，逐步升高，形成了对千古雁塔的顶礼膜拜；整个喷泉，两万平方米的水面，两千个水下的喷泵，3000多盏的彩灯，2000多个的喷头，1000多台的变频器，22种的各式水型，以及6米高的喷火火泉，30米高、60米宽的大型激光水幕，等等，汇集了中国现代喷泉相关的最新技术。大雁塔的音乐喷泉，不仅有灯水的群舞，而且有古今的内容。整个表演分为六大篇章：包括龙腾神州、梦在东方、辉煌丝路、泱泱大唐、共舞中华、一路长安。让人们在音乐喷泉的享受中，既认识大唐的长安，又认识今日的西安。

人山人海水泄不通的大雁塔北广场（摄自大唐不夜城中国年文化馆）

观赏大雁塔的喷泉，最好选择晚场，最好提前占位，否则你将遗憾万分。当你的倒计时数到了最后的一，呈现在你面前的即是铺天盖地的仙界美景、美轮美奂的立体灯阵、变化无穷的摇曳水景、悠扬醉人的古今乐曲、流光溢彩的图像幻影。将整个大雁塔隐映在五彩缤纷的水幕之中，把全新的科技与辉煌的历史无缝衔接自然融合，让所有的观者如痴如醉，如醉如呆，醉梦其中。

一位《中国旅游报》的记者观后感慨："看了诸多的音乐喷泉，有国内的，有国外的，有白天的，有晚上的，有号称中国之最、世界之最的，但唯有西安的音乐喷泉不同凡响、感受别样，像一杯美酒，沁人心肺，回味悠长。"中国的音乐喷泉不算太少，为什么西安的喷泉能够如此特别？其实道理很简单：因为它在大雁塔广场，它是大雁塔的喷泉。大雁塔的喷泉，带给所有人的，不仅是视觉的盛宴、感官的震撼，更有着与众不同的艺术思想、穿越历史的深邃内涵。

曾有人说：大雁塔是中国的千年名胜，与现在的大型喷泉是否格格不入？说到此，请不要忘记，西安独树一帜的城市特色就是古今辉映，而且是高度和谐交融的古今辉映。千年的大雁塔与喷泉的现代化，只不过是西安城市古今辉映的一个局部而已。还有人曾说：喷泉广场，只要有钱，谁都可以建为中国最大、亚洲最大、甚至世界最大。此话没错，但并不全对：西安亚洲最大的喷泉广场，名字是大雁塔的北广场，背景是举世闻名的大雁塔，同时拥有着千年历史"唐僧"取经、丝绸之路的厚重底蕴，却是再多的钱也建不出来的。

如果你有着两米五的身高，你一定是中国的最高；但是，如果你既有中国第一的身高，又有NBA球星的身份，那么，你超人的身高，是不是才高得更有价值？高得更有意义？

大雁塔是一座千年古塔，但古塔与古塔，概念不一、价值不同。中国的各种名塔并不少见，有的时间最久，有的层数最多，有的构建材料独特，有的外观形象唯一，甚至都可以从不同角度打出中国之最。然而，能够是大唐皇帝敕令，能够是"世界名人"亲建，能够让外国元首青睐，能够让外国人民追念，能够成为中国丝绸之路的象征，能够成为国际会议的会标，集以上诸多的荣耀于一身，恐怕除了西安的大雁塔，在整个世界的任何地方也是绝无再有的！

第八讲
盛唐缩影 西安曲江旅游区

曲江旅游区并不是一个景区，而是一个超级的景区集群！数千年的中国历史、几十个的大小朝代，曾有过诸多的皇家园林，但不论规模大小，不论是否辉煌，几乎全都成了历史的牺牲品。大唐时期的长安曲江，是中国历史上规模最大、最为辉煌的皇家园林。《全唐诗》收录的 500 多位著名诗人中，一半以上都曾在曲江留下了诗篇。然而，偌大的曲江皇家园林也一样被淹没在了历史的长河之中。在进入 21 世纪之后，作为唐长安的传承者西安市，为了再现大唐的辉煌，为了圆西安人民的梦想，斥巨资对大唐的曲江园林进行了重点性的恢复重建和保护性的开发建设，形成了一个诸多高端景区汇集一起的世界最大的唐文化旅游区，把盛世大唐的风貌重新展现在了世人的面前。

第一节 唐代极尽辉煌的曲江芙蓉园

大唐时期，因芙蓉园位处长安城的曲江，故称作曲江芙蓉园。史学家这样描述唐代曲江园林的历史地位："它兴起于秦汉，繁盛于隋唐。从秦到唐，历时千年，是中国古典园林的集大成者，代表了当时世界东方园林的最高水平，为中国园林的形成发展和对世界园林的示范起到了关键性的作用。"

西安曲江的芙蓉园，同是一个地方，名字却经历了四个朝代的变化：先是秦代的秦始皇，在此地最早开辟了皇家禁苑并命其为宜春苑；到了汉代，汉武帝看上了这块地方，但却不喜欢宜春苑这个名字，因见此地曲水循环，颇富诗意，故改名为曲江；再到隋朝，曲江已经颇具规模，但汉代的武帝爱曲，隋代的文帝却忌曲，认为"曲"而不吉，因梦中梦见了出水的莲花，遂之又把曲江改成了芙蓉园；最后到了大唐，海纳百川的唐太宗则兼容并蓄、汉隋不拒，索性把两个名字合二为一，直接称作了大唐的"曲江芙蓉园"。

从秦到汉，从隋到唐，中国四个大朝的皇帝，不管爱不爱曲江的这个名字，但却都爱曲江的这个地方，都在这里下本钱进行了投资建设。需要说明的是，秦汉隋三朝在此投入的纯粹都是硬件设施，致皇家园林的面积一代比一代大，设施一代比一代多。只有到了唐代，特别是唐玄宗时期，国强民富、财大气粗，而且唐玄宗最注重大唐形象，最在乎精神享受。不但对曲江芙蓉园的硬件进行了前所未有的大规模投入，增建了紫云楼、御宴宫、水殿、凉堂等大体量的建筑，成倍扩大了曲江池的水面；同时还开创了一系列的人文项目：全新创意的"曲江流饮"，把酒论英雄的"杏园关宴"，人才层出的"登高诗会"，流芳百世的"雁塔题名"，等等，形成了千古不朽的曲江文化。使大唐曲江芙蓉园的硬件设施、人文内涵，都达到了各朝各代的历史巅峰。

不过，大唐的曲江芙蓉园和秦汉隋的皇家园林还有一个最大的不同之处，就是秦汉隋三朝，曲江都是纯粹的皇家园林，平民百姓是根本不可能进入的。而大唐的芙蓉园，既是名义上的皇家园林，更是实际上的平民公园，是长安城独有的任何人都可以进入的大众游乐场所。每逢盛大节日或重要庆典之时，大唐的皇帝都要登上紫云楼，在芙蓉园内与长安城各个阶层的百姓一起共庆共欢、与民同乐。为此，唐玄宗还专门修建了一条各朝各代从未有过的夹城通道，内宽52米，长度达到了8公里。以供他在不声张、不扰民的情况下，"隐身"来到芙蓉园，而不知不觉地突然出现在百姓之中。

壮哉芙蓉园！美哉曲江池！曲江皇家园林，是盛唐气象的典型代表，是盛唐文化的艺术宝库，是中国古典园林的巅峰之作，是历史留给西安难得的宝贵文化遗产和永不衰竭的旅游资源。

第二节 如今享誉中外的曲江旅游区

1994年，日本的京都为了申报世界遗产，对其唐时模仿长安城而建的"平安京"遗址周边的原唐风建筑进行了修复重建，进而推出了"世界最大的唐风建筑群"，并赫然入列世界遗产保护名单。这让当年作为平安京蓝本的长安城，让如今以恢复大唐风貌为己任的西安市，不仅感到了极度的震惊，而且面临着巨大的压力和诸多的挑战，同时更担上了历史的重托。

对于当年大唐都城的西安来说，再现大唐风貌，曲江当属首选！这里是大唐盛世最具代表性的地方：拥有诸多的大唐留存，拥有诸多的大唐遗址，拥有诸多的大唐标志，拥有诸多的大唐轶闻，拥有诸多的大唐国保文物，拥有曲江这个辉煌千年的大唐名片，是大唐风貌的精髓所在。

再现大唐风貌，西安时不我待！1996年，陕西省在做了充分的论证之后，报请国务院批准，在西安成立了西北第一家旅游度假区—曲江旅游度假区；2003年，曲江旅游度假区升格为正厅级的曲江新区，专司曲江地区旅游文化产业的开发发展，由西安市副市长担任管委会主任，并赋予了辖区之内市政府的管理职权。2004年，中国最大的、也是唯一的全方位展示盛唐风貌的超大型唐文化旅游名胜区在曲江正式开建。

曲江唐文化旅游名胜区位于原长安城的东南城角，位于现西安市曲江新区以大雁塔为辐射的核心区域，面积约10余平方公里，涵盖了秦汉隋唐四个朝代曲江皇家园林的所有范围。

曲江唐文化旅游区的建设目标，是将辉煌灿烂的大唐文化浓缩包装、汇集曲江；让游客可观赏、可穿越、可消费、可互动；让游客走进曲江，感受大唐，体验历史，温古知新；让游客从曲江之行中追寻中华民族的精神脉络。曲江唐文化旅游区的规划和建筑设计，是由中国工程院院士、享誉国际的唐风建筑大师张锦秋女士担纲，依据曲江的历史文脉、地形风貌，确定了"因借曲江山水，演义盛世园区"的规划理念；绘就了大唐文化旅游区各大板块的园林格局、功能定位、角色分工；使整个区域古今交融、浑然一体、有主有从、层次分明。曲江唐文化旅游区追求的最高境界是：创出中国旅游的新奇迹；让国人震撼、世界惊奇；让西安的曲江成为全球旅游的聚焦之地。

曲江旅游区的"最中国看西安"

从2004年到2010年，仅仅六年时间，在媒体的关注下，在国人的期盼中，西安曲江唐文化旅游区终于揭开了面纱，像一个出闺的少女，婀娜多姿地走出了绣楼：一个10平方公里的唐文化旅游区，集中性地出现了四大唐遗址公园，两大唐遗址湖泊，一大唐文化广场，一个全新的唐芙蓉园，一座惊憾世界的盛唐"天街"！出现了诸多的中国之最、亚洲之最、世界之最，把

"曲江"这个中国人久违了1000多年的名字,又一次推到了世人的面前。

曲江唐文化旅游区的建成,达到了既定的目标,实现预期的最高追求:"创出中国旅游的新奇迹"被媒体广泛报道;"国人震撼、世界惊奇"的巨型广告高频率地出现在了机场、车站以及各大高速公路;2007年被授予了中国第一家"国家级文化产业示范基地"。西安的曲江,已经成了全球旅游的聚焦之地。

曲江的唐文化旅游区,虽然已经不是唐都时期的皇家御园,"大臣的儿子踩掉了娘娘的绣鞋,公主的口红印上了王爷的衣衫"也不会再度重演,但是,如今的曲江,盛况依旧,大批的中外游客慕"唐"而来,他们要在曲江,体验脉传唐都的大唐风貌,品味根正苗纯的大唐文化,亲感一次千年之前的"大唐"究竟是个什么样的概念?

第三节　全球最大的盛唐文化体验地

千年之前的大唐究竟是个什么样的概念,这是所有来到西安曲江的中外游客都想解决的问题。他们需要在曲江,游的是大唐的景观,看的是大唐的风貌,逛的是大唐的街市,感受的是大唐的繁盛,体验的是大唐的文化。一句话,他们都是慕"唐"而来,来曲江寻找中华民族的大唐之脉。

曲江唐文化旅游区,展示给中外游客的四大唐遗址公园、两大唐遗址湖泊、一大唐文化广场、一座国人震撼的大唐御园、一条世界震惊的盛唐天街,其门类多样、形式不同、内涵各异、包罗万象,全部都是地地道道的大唐标号。

其中四大唐遗址公园是:唐曲江遗址公园、唐寒窑遗址公园、唐城墙遗址公园、唐大慈恩寺遗址公园;两大唐遗址湖泊是:唐皇家曲江池、唐皇家芙蓉湖;一大唐文化广场是唐大雁塔广场;一座唐皇家御园是大唐芙蓉园;

一条世界震惊的盛唐"天街",就是曲江的大唐不夜城。

到曲江体验大唐文化,领略大唐风貌,你需要有时间、有计划、有主意。这里我不妨为人们做一个导引:看唐景去大唐芙蓉园,逛唐市到大唐不夜城;品小吃去雁塔步行街,吃唐宴到大唐御宴宫;看唐舞去九天唐剧院,赏唐诗到摩崖唐诗峡;看杂耍绝活去唐市街区,品茶艺表演到陆羽茶社;敬佛求经去大唐慈恩寺,游湖泛舟到大唐曲江池;要看宫殿有唐玄宗的紫云殿,要登唐塔有唐玄奘的大雁塔;要追寻忠贞爱情去大唐的寒窑公园,要了解科举文化到大唐的杏园书院;这里有展示大唐巾帼风采的侍女馆,这里有汇集唐代四夷商家的胡店街;这里有世界最大的水幕电影,这里有亚洲最大的音乐喷泉;这里有世界最大的唐文化雕塑广场,这里有亚洲最大的唐风貌景观大道;若要想知道唐长安城的大小,你可去唐城墙遗址公园;若要想领略唐长安城的繁盛,你可以到不夜城的盛唐天街……如此种种,令你眼花缭乱,无所适从,全然没有了自己的主意。以上我引导的只是曲江唐文化旅游区的一个部分,但仅这一部分已经绝对可以满足你对大唐文化的全面体验。不过,需要你辟出很多很多的时间,如果是跟团旅游,恐怕你连想都不要去想。

旅游最忌的是目标分散,最受欢迎的是景点集中。而到曲江旅游最大的优势就是集中,是诸多景点紧连一起:大雁塔广场正南的南广场,紧连的就是大唐不夜城;大唐不夜城的中轴天街,直通的就是唐城墙遗址公园;大唐不夜城的东侧,毗连着大唐芙蓉园;大唐芙蓉园的正南,紧贴着曲江池公园,且两园两湖水系相通;而大唐爱情胜地的寒窑遗址公园,则位于曲江湖的对面,与大唐芙蓉园隔水相望。除此之外,芙蓉园旁边还紧挨着一个秦二世的皇帝陵遗址公园,只不过它不是唐文化的组成部分。如此密布的九大高级别景区,直接颠覆了"下车看庙,上车睡觉"的传统旅游,因为你根本就没有坐车的机会,在曲江旅游,是前脚出了这个公园,后脚即进了另外一个景区。而且更令人出乎意料的是,紧紧相连的九大景区包括大唐芙蓉园在内居然有七个都是全部免费的!

曲江旅游区的唐寒窑遗址公园

尽管如此，到曲江旅游并不是一件轻松的事情，你可能感到既费体力又伤脑筋。费体力是因为景点太多，游不过来；而所谓伤脑筋的是，在曲江旅游，既需要白天，更需要晚上：观大雁塔亚洲最大的音乐喷泉需要晚上，看芙蓉园世界最大的水幕电影也需要晚上，逛不夜城中国最繁华的盛唐天街更需要晚上。然而，西安是世界旅游名城，要游的地方太多太多，你来一趟西安，能有多少个晚上？

但是想一想也无须多虑，凡来西安的人一定都有思想准备，都有计划安排。好的东西谁也不会嫌太多，好的东西谁也不愿意错过。

第四节　西安独有的曲江大唐芙蓉园

今天的大唐芙蓉园并不是唐代芙蓉园的全部，而是其中的精华部分，是在唐代芙蓉园遗址以北，仿照原芙蓉园进行的重点性恢复重建。是国家5A级景区，是中国第一个全方位展示盛唐风貌的大型皇家园林式主题公园。

新建的大唐芙蓉园占地一千余亩，投资13个亿。一个芙蓉园几乎集中了唐时所有的建筑形态。其整个建筑群体气势恢宏博大，布局严密有序，造型精美华丽，可谓登峰造极，叹为观止，被诸多的中外专家誉为"中华古典建筑的博物馆""中国唐风建筑的精品园"。

大唐芙蓉园以文化为载体，将古与今，山与水，光与影，艺术与科技，浪漫与传奇交融变幻，全景式、多角度地展示了大唐文化的内涵和底蕴，演绎出大唐盛世与当今盛世相交互融的史诗画卷。"全园以紫云楼、御宴宫、芳林苑、仕女馆、彩霞阁、唐诗峡、胡店街、桃花坞、丽人行、茱萸台、杏园书院、石舫龙船、曲江流饮、陆羽茶社、唐市街区以及凤鸣九天唐剧院等主要景观为代表，组成了水秀表演、帝王文化、歌舞文化、科举文化、诗歌文化、外交文化、女性文化、宗教文化、饮食文化、民俗文化、阙门文化等12个不同的景观文化区。集中展示了大唐天朝一柱擎天、辉耀四方的豪迈风貌，璀璨多姿、无与伦比的文化艺术，以及它横贯中天、睥睨一切的雄浑大气。"

其中，帝王文化区的紫云楼，以唐时曲江的紫云楼为蓝本而建造，总高39米，是西安最高的仿唐宫殿，是大唐芙蓉园的标志性建筑。其高筑的基台、飞渡的云梯、巍峨壮丽的楼体、金碧辉煌的雕画，无不给人以强烈的艺术震撼。四层高的主楼，每层都以不同的角度、不同的载体、不同的形式，共同展示了盛唐时期的天子尊威和八方来朝、万邦共拜的大唐雄姿。

最具震撼力的是晚间芙蓉湖中世界最大的水幕电影《大唐追梦》。高20米、宽120米的超大水幕，由激光、音乐、喷泉、火焰、水雷、雾幕结合而成的水火奇观、雷雾光影，连同世界最大的户外香化工程，使游人的视觉、触觉、听觉、嗅觉均受到前所未有的刺激。《大唐追梦》，让人们随梦入唐，穿越时空，与皇帝相约，与古人相会。

西安大唐芙蓉园内的紫云楼

唐代的芙蓉园是朝廷举行各种庆典的地方，是皇帝与民同乐的场所。今天的芙蓉园同样热度不减，热闹异常。大唐芙蓉园从它开园庆典的那一天起，即以自己独有的优势一炮打响，一路走红。2005年4月11日，大唐芙蓉园正式开园。时隔仅半个月的2005年4月26日，应中共中央总书记胡锦涛的邀请，中国国民党主席连战访问大陆的"破冰之旅"，西安作为了第三站，就是在大唐芙蓉园进行的会面和宴请；连战西安之行的仅仅十天之后，2005年5月5日，同样受胡锦涛的邀请，台湾亲民党主席宋楚瑜访问大陆的"搭桥之旅"，西安作为了首站，仍然是在大唐芙蓉园进行的会面和宴请。除过国家的相关政治接待在西安大唐芙蓉园进行外，中央电视台也最钟情于西安，钟情于西安的大唐芙蓉园：2006年，央视的大型文化活动《玄奘之路》在大唐芙蓉园举行；2007年，央视的中秋节晚会在大唐芙蓉园举办；2016年，央视台全年仅有的三台传统节日大型晚会则全部选择了西安，除春晚会场选在西安城墙的南门瓮城外，其元宵节晚会、中秋节晚会都是在西安的大唐芙蓉园进行的。至于陕西省以及西安市，其春节的、十五的、端午的、中秋的、六一的，九九的等等，更是年年都有诸多的大型喜庆活动在大唐芙蓉园隆重举行。

大唐芙蓉园红了，确实红了！且通过报纸、通过电视、通过网络，红遍了全国、走向了世界。从第一年游客超过 300 万起始，之后年年攀升，年年爆出新高，实现了曲江最初"创出中国旅游新奇迹"的建园目标。

广东的海森文旅集团，在其以《中国主题公园的奇迹——大唐芙蓉园》为题的旅游市场研究报告中这样评价大唐芙蓉园："众所周知，我国的主题公园经营现状是 70% 经营惨淡，只有 10% 在盈利。而大唐芙蓉园的成功，让我们不禁要问，为什么在普遍不好的环境下，占地一千余亩，投资 13 个亿的大唐芙蓉园却能够打破中国主题公园的怪圈，自始至终的'卓尔不群'呢？"海森的答案明确而简单："文化是旅游之魂！作为位处西安的主题公园，掌握着全国独有的盛唐之都的唐文化主题，这就是大唐芙蓉园'卓尔不群'、长盛不衰的'金钥匙'！"

第五节　国人震撼的曲江大唐不夜城

大唐不夜城又称为"天街"。之所以叫作不夜城，是因为它没有黑夜，24 小时运作；之所以称为天街，是因为它比唐代长安城誉为的朱雀天街还要热闹。大唐不夜城之所以让世界惊奇，是因为它恢宏的唐风建筑与璀璨的现代灯火相互碰撞，碰撞出了世界最美丽壮观的盛唐天街。

大唐不夜城既是一个景区，又是一个商城。它以盛唐文化为背景，以唐风元素为主线，以消费体验为特征，以展示大唐风貌为宗旨，是集购物、餐饮、娱乐、休闲、商务、旅游为一体的唐风旅游商城。不论是它的气势、它的规模、它的建筑、它的雕塑、它的灯火，都创出了中国乃至世界的前所未有。

大唐不夜城是中国最大的唐风商业城——大唐不夜城投资50亿，占地967亩，南北长2100米，东西宽500米，且分为了地面和地下两个部分。其中的内容应有尽有，是一站式的消费天堂，是中国第一的文化MALL。

大唐不夜城有中国最大的唐风建筑群——大唐不夜城拥有玄奘广场、贞观文化广场、开元庆典广场三个主题广场，六个仿唐街区以及西安音乐厅、西安美术馆、陕西大剧院、太平洋电影城等标志性建筑。整个不夜城建筑总面积高达65万平方米，不仅是清一色的唐风建筑，而且几乎都是大屋顶、重檐式、宫殿化的巨型建筑，规模恢宏、豪华壮丽、威风霸气、无与伦比。

西安流光溢彩的大唐不夜城

大唐不夜城有中国最大的雕塑景观群——大唐不夜城的雕塑景观群位于大唐不夜城的中轴大街，并沿街形成了一条景观带。作为大唐不夜城的重要组成部分，通过贞观之治、武后从行、开元盛世、万国来朝、人文科技、精英群星等一组组震撼人心的巨型雕塑集群，演绎出了大唐盛世的壮美场景、大唐皇帝的四海臣服、大唐帝王的光华四溢。大唐不夜城的大唐雕塑，不仅是大唐不夜城的大唐景观，更是大唐不夜城的大唐之魂。

大唐不夜城有世界最大的唐风单体建筑——中国的某个城市，一座仿唐的寺院，建筑面积数千平米，打出了"中国最大的仿唐建筑"；世界上的某个国家，一座仿唐的宫殿，建筑面积1万平方米，打出了"世界最大的唐风建筑"。而西安大唐不夜城宫殿式的陕西大剧院，一座单体建筑，项目投资13个亿，建筑面积5.18万平方米，超出了上述中国之最、世界之最的十倍、五倍之多。谁是中国、世界的最大？数字才是公认的权威。

大唐不夜城有世界唯一的"盛唐天街"——大唐不夜城被誉为"盛唐天街"，是中国唯一世界独有的唐城唐街。大唐不夜城的中轴大街，北连大雁塔广场，南接唐城墙公园，全长2100米。中间是直通南北的雕塑景观带，两边是各2.1公里的超长步行街。大唐不夜城是西安夜晚最热闹的地方，每到八点以后，现代科技的灯火把恢宏壮美的大唐天街演绎得流光溢彩、美轮美奂，各种各样的人群齐聚天街，在拥挤喧嚣中寻觅各自的不同需要，满足各自的感官需求。大唐不夜城，不夜地热闹，不夜地沸腾，一直要持续到深夜。2018年的国庆黄金周，仅仅三天，接待游客高达104万！看一看人们所拍的留念照片，拍下的全都是拥挤的人群；看一看不夜城的航拍图像，你根本找不到脚下的地面。

一对年过六旬的法国夫妇，听了朋友的介绍，专门在黄金周来到西安，专门住在不夜城的附近，专门每天晚上都来不夜城，赶这个拥挤，凑这个热闹，看这个喧嚣。记者问道为什么？法国夫妇回答很干脆：我们想知道，究竟什么才是中国的盛世大唐？

曲江旅游区是世界最大的唐文化体验地，它的大，大在了它的占地面积、建筑规模大；大在了它的项目门类、内容涉及多；大在了它的内涵地位、历史价值高；大在了它的原汁原味，是在原大曲江、大遗址上拔地而起的。大唐之都在西安、大唐之魂在西安，要想感受什么是中国的大唐？西安可看的地方还有很多很多。

第九讲
中国唯一　陕西历史博物馆

陕西历史博物馆，简称"陕历博"。当最初这个名字出现在各大媒体之时，随即引来了一片质疑的声音：全国各省的博物馆，统统都带有"省"字的称谓，为什么唯独陕西省的博物馆取掉了这个"省"字呢？这个问题问出了问题的核心。其实，取掉这个"省"字，陕西没有这个权利，这是国家做出的决定！因为她的地位特殊，因为她展出的是整个中国的历史，而且是全国任何博物馆都替代不了的最为辉煌、最为久远的中国历史。这里浓缩了中国5000多年的文明，是中华民族赖以骄傲的历史物证，这里是中国唯一的设在陕西建在西安的"国家历史博物馆"。

第一节　陕西历史博物馆的重大"历史"机遇

这里所说的历史机遇，既包含字面上的"历史"一词，又包含里程碑的历史意义，是从此之后，确立了陕西历史博物馆在全国博物馆中独一无二的历史地位。

陕西历史博物馆在中国文博领域的地位重要不重要？新中国的首任总理周恩来专请两位外国首脑到此访问就是一个最好的说明，只不过，当时博物馆的名字还叫的是"陕西省博物馆"。周总理到访的第一次，是 1961 年陪同尼泊尔的国王；第二次是 1973 年陪同越南的总理。本节所说的重大"历史"机遇，即是周总理在陪同越南总理参观当时的"陕西省博物馆"后做出的相关指示。

陕西历史博物馆的原址，从 1944 年起即位处于如今的西安碑林博物馆内，一直是神多庙小，远远不能适应需要。对此，周总理在第一次陪同尼泊尔国王参观时，就感触颇深。当第二次陪同越南总理参观时，周总理的感受则更为强烈。于是，当场指出：陕西省博物馆地方太小，太简陋，与陕西、与西安在中国历史上的地位、与丰富的馆藏文物极不相称。随后即就相关问题做出了三点指示：第一，应建一座新的博物馆；第二，馆址应设在大雁塔附近；第三，馆名应加上"历史"二字，并可考虑取掉"省"字。周总理虽然考虑得如此具体，可周总理从不会对下如此独断，三个指示仅是用三个"应"字作为建议进行表达的。

周总理的建议，彻底改变了陕西省博物馆的命运。据曾经的该馆馆长回忆，当时新馆筹建组给国家计委的建馆报告中，博物馆的名字报的是"陕西省历史博物馆"，虽然加上了"历史"二字，但"省"字仍未敢取掉，看来当时陕西省的报告给自己留有了一定的余地。而国家计委下达的《批复》，其中的名字则是"陕西历史博物馆"，不仅取掉了那"省"字，并且还在批文中明确表示："陕西历史博物馆是国家的历史博物馆"，并说明了取掉"省"字的深层考虑，道理很简单：陕西省的历史博物馆，如何能够展示整个中国的历史？陕西省的历史博物馆，如何能够代表中国 5000 年的文明？

随之，"陕西历史博物馆"的项目，不仅被正式立项，而且被列入了国家的"七五"重点项目，目标定位即是现代化的国家级博物馆。整个项目经历了从行政程序的报批，到馆址地质的勘探，再到城市布局的规划，再到馆舍建筑的设计，以及国家投资的到位等等，直到 1984 年，陕西历史博物馆项目终于破土开建。

1990年，一座气势恢宏、超凡脱俗的仿唐宫殿式建筑群在西安拔地而起。1991年6月，陕西历史博物馆隆重开馆。至此，周总理的遗愿圆满实现：馆址，是周总理生前决定的馆址；馆名，是周总理生前决定的馆名；博物馆的格次，是中国第一个国家级的现代化大型博物馆。同时，陕西历史博物馆更为已故的周总理争光争气：不鸣则已，一鸣惊人，从开馆的那一天起，即夺得了四个"中国唯一"，创出了"五个行业之最"！

第二节　陕西历史博物馆的"四个中国唯一"

整个中国文博系统的博物馆，省级以上的有近百家，中省市县的加起来有数千家，形成了一支世界上最为庞大的博物馆队伍。但在这支庞大的队伍中，唯有一家博物馆与众不同，那就是陕西历史博物馆，独占了四个"中国唯一"。

一是中国唯一的里程碑式博物馆——陕西历史博物馆，是根据周总理的遗愿，建成的中国第一座全现代化的国家级博物馆。它的建成开创了中国现代化博物馆的先河，树起了中国博物馆发展的里程碑。用国家文物局的话来说即是："标志着中国博物馆建设进入了一个全新的历史阶段"。此后，全国各地的文博单位，纷纷派人前往陕历博考察、学习、取经，进而掀起了全国范围的博物馆建设高潮。随之，按照现代化博物馆的设计理念，一大批造型新颖、功能齐全、规模宏大的博物馆，陆续出现在了全国的诸多城市。从此，中国的博物馆以全新的形象展现在了世界的面前。

二是中国唯一的国家历史博物馆——陕西历史博物馆的"历史"二字以及陕西历史博物馆的国家级别是国家统筹规划的书面批复。查遍中国文博系统大大小小的数千家博物馆，再也找不出哪一家名称带有"历史"二字。就连原来的"中国历史博物馆"、"中国革命历史博物馆"，也都在2003年之前先后并入了中国的"国家博物馆"。毋庸置疑,以博物馆展示中国的"历史",靠的就是实物展品,而在中国,不论是展品的量,不论是展品的类,不论是展品的精,不论是展品的品位,不论是展品的内涵,只有陕西的"陕历博",能够承担起如此的"历史"重任。广大网友的"进馆一天,领略万年",就是对陕历博的观后之言、感慨之语。

三是中国唯一六次获得"全国十大精品奖"的博物馆——全国十大精品奖,全称为"全国博物馆十大陈列展览精品奖",是衡量博物馆实力水平的最权威评定,主办单位为国家文物局。从1997年开始至2020年,已连续举办了17届。前4年每年一届;从2001年第五届起,改为每两年一届;从2012年起,又把两年一届恢复为一年一届。"全国博物馆十大精品奖",全国所有的各级博物馆均可参加,每届仅评出十家博物馆的精品大奖。评奖采用摇号决定专家的办法,每次评奖前从专家库中随机摇号确定评委。全国大赛,一年一届,数千家博物馆竞争,共计举办了17届,仅仅只有10个精品大奖。而陕西历史博物馆先后共六次获奖,不仅获奖次数全国最多,而且其中的第八、第九、第十、第十一届,连续四届,届届不空,迄今为止,全国还再无第二家获此殊荣!

四是中国唯一的大型仿唐宫殿建筑群馆舍——陕历博的馆舍是一处在中国创纪录的大型仿唐宫殿建筑群,是中国唯一的大型唐风建筑博物馆,是西安市的又一标志性建筑,为西安获得了诸多的荣誉。作为国家的陕历博,中国历史最具辉煌的就是唐朝,中国古建最具气势的就是唐建;作为陕历博的所在地,西安最为骄傲的就是唐代,唐代最具代表的就是"西安"。故中国的陕西历史博物馆,用气势恢宏、磅礴豪迈的唐风宫殿作为馆舍,不仅是全国的唯一,而且是独有的优势、是不二的绝配。

"四个中国唯一",并不能概括陕历博的全部,陕历博还拥有中国博物馆的"五个行业之最"。

第三节　陕西历史博物馆的"五个行业之最"

陕历博是建在省城的国家级历史博物馆。陕历博不能与中国至高无上的国家博物馆比高，也不能与国人赖以自豪的故宫博物院比高，故本节所说的"五个行业之最"的范围，不包括以上两大馆院在内。

第一，陕历博的渊源时间最早——陕西历史博物馆的前身是陕西省博物馆。而陕西省博物馆的前身是1952年的西北历史博物馆；再前身是1950年的西北历史陈列馆；再前身是1944年民国的陕西省历史博物馆；而民国陕西省历史博物馆的再前身，则要远溯到北宗时期的元祐二年，即公元1087年设在当时西安府文庙中的"碑林"，距今时间长达931年，是中国最早最早的"博物馆"。

陕西历史博物馆最早的馆址是宋代（1087年）的文庙，也即现在的西安碑林博物馆

第二，陕历博的文物年代最远——陕西历史博物馆，既然是中国唯一的历史博物馆，当然要有自己超人的历史。在陕历博陕西古代史展馆中，其

"史前部分"的展品,有新石器时期的,有旧石器时期的;有龙山文化的,有仰韶文化的,有老官台文化的;有西安半坡遗址的,有临潼姜寨遗址的,还有渭南的大荔猿人,还有西安的蓝田猿人,等等。大量的先民遗存,展示了陕西极其悠远的远古文明,最短的时间距今 6000 余年,最长的时间距今 163万年,这是全国所有博物馆任何一家都无法超越的。

第三,陕历博的文物数量最多——陕西历史博物馆的展品,只展历史文物,没有近代、更没有现代的各类展品。按照陕历博的官方公布,截至 2018年的 5 月,最新统计数据显示,陕历博的各类馆藏历史文物,数量高达 171万余件,仅仅次于故宫博物院 180 万件的全国最高纪录,远远高于其他博物馆的藏品数量。

第四,陕历博的文物内容最广——陕西历史博物馆的文物,从远古时期到 20 世纪,从猿人起始到民国之前,163 万年的时间跨度,171 万件的历史文物,涵盖了中国范围之内的各阶段人类进化及各朝代历史进程,涵盖了从朝廷到地方,从皇帝到平民,从政治到军事,从文化到科技,从经济到生活,一切的一切,包罗万象、无所不及,是中国最"博"的博物馆。

第五,陕历博的文物品位最高——西安是 13 朝的古都,周边有 79 座皇陵。故陕历博的展品,大多都是皇帝的用品,大多都是皇陵的陪葬,大多都与皇帝皇后、皇妃皇亲、皇宫贵族以及各朝各代最显赫的历史人物有着直接的关系。没有做过历史大都的城市,没有埋过皇帝皇后的地方,显然很难会有宫廷的用品,更很难会有皇帝的物件。同样都是博物馆,同样都是馆藏文物,但陕历博的文物,其文物价值,其艺术价值,其档次品位,大多都是无价之宝,大多都是中国仅有,大多都是世界罕见。

第四节　陕西历史博物馆是中国的通史

陕西历史博物馆,所展示的不是陕西的历史,而是发生在陕西的中国历史；所展示的不是中国历史的某个时段，而是整个中国的历史长河，是被媒体誉为的不可替代的"中国通史"。

陕西163万年前就有了蓝田猿人，4700年前就诞生了炎黄二帝。黄帝在这里铸鼎分华夏为九州；炎帝在这里取火为人类带来了光明；后稷在这里教稼先民开创了农业生产；仓颉在这里呕心沥血创造出最早的文字；周文王在这里制定礼乐；周武王在这里分封天下；秦始皇在这里统一中国；汉武帝在这里称霸全球；大唐天朝在这里成了世界的中心；丝绸之路在这里辐射到四海五洲……唐代之后的长安，虽然告别了帝都，但作为国家西部的政治、经济、文化中心，仍然在中国的历史舞台上占据着极其重要的地位，创造出诸多的中国辉煌。而这100多万年的历史长河，在西安，则以文物的形态，浓缩在了中国的陕西历史博物馆。

厚重的历史，浩瀚的文物，让陕西历史博物馆的底气十足。在中国除去国家博物馆之外，只有陕历博一家，其展厅的陈列是以中国的不同历史阶段为顺序，而不是以不同的展品类别为划分进行陈列布展的。陕历博的陕西古代史，分别以三个展厅、七个单元，以史前、周、秦、汉、魏晋南北朝、隋唐、宋元明清为阶段划分，以各朝各代的馆藏精品为文物形象，系统地展示了中华文明自蓝田猿人至鸦片战争百万余年间在陕西这块沃土上的发展历程。

陕西古代史的陈列，第一单元是《人猿揖别》，以距今163万年的蓝田猿人，以及大荔猿人、西安半坡、临潼姜寨等先民遗存，再现了中华民族生机勃勃的童年时期和远古人类的文明曙光；第二单元是《凤鸣岐山》，以陕西作为西周王都拥有的丰富遗物，展示了中国早期国家的政治制度、经济形态，尤其是伦理精神以及精湛的青铜铸造技术；第三单元是《东方帝国》，重点展示了以兵马俑为代表的秦代文化，以磅礴的气势和鲜明的军事特征，表现了大秦帝国垂范后世的制度文明以及积极进取、一统华夏的时代精神；第四单元是《大汉雄风》，以汉都长安、汉家陵阙和典型的汉代文物极品，展示了中国古代社会发展的第一个高峰——大汉帝国繁荣的经济、文化以及对外交往，彰显了其开放进取、开拓强盛的时代风貌；第五单元是《冲突融合》，以陕西农业民族与草原民族丰富精美的文化遗存及宗教文物，表现了魏晋南北朝时期的民族大融合以及文化艺术的繁荣与特征；第六单元是《盛唐气象》，通过隋唐两朝的典型遗存，展示了中国古代最鼎盛时期的大唐风貌、世界上最为繁华的京都长安、沟通了东西方交流的丝绸之路，以及隋唐文化兼收并蓄、创新发展而达到的前所未有的历史高度；第七单元是《告别帝都》，展示了唐代之后，作为中国西部区域中心的陕西，在后代依然重要的历史地位，以及独具魅力的文化创造和精神传承。

三大展厅，七个单元，一天时间，百万余年！再加上《大唐遗宝展》及《唐墓壁画展》两个陕历博独有的精品专馆，把整个中华民族的通史及辉煌，集中展现在了陕西的历史博物馆。难怪每天如一都有着看不到头的超长排队，中外游客寒暑不避、苦苦等待、期盼一观的，原来就是这中国独有的"万年历史大穿越"。

第五节　陕西历史博物馆是华夏的宝库

文物是与历史分不开的。中国是世界文明古国，拥有亘古久远的辉煌历史，地下埋藏着极其丰富的历史文物。然而，无数的事实证明了：在偌大的中国，哪里的历史最早，哪里地下的东西就最久，就成了文物；哪里历史上的地位最显赫，哪里地下的东西就珍贵，就成了宝物；哪里历史上显赫的时间最长，哪里地下珍贵的东西就最多，就成了宝库。总之，地上的情况决定了地下是否有宝，而且决定了地下是否是个"宝库"。这一点，不以任何人的主观意志为转移。

中国最大的地下宝库就在陕西：陕西有中国最早的远古存在，有中国最久的华夏文明，有中国最长的建都历史，有中国古代最为骄傲的周秦汉唐，有中国最多的杰出皇帝，有中国最多的顶级皇陵，有中国最多的与皇家与都城相关的各种遗址……因之形成了中国最为庞大、最不可估量的地下文物宝库。然而，有地下宝库就得要有地上宝库，陕西历史博物馆，就是专门接收陕西浩瀚的地下珍宝重见天日的地方，是中华民族最具优势的地上文物宝库！

几十年来，陕西独有的优势，让得天独厚的陕西历史博物馆不仅赚得盆满钵满，而且珍奇异宝数不胜数。陕西历史博物馆共有的馆藏文物171万件，其中能称之为国宝级的文物高达1 709件，国家明文规定禁止出境展览的文物10件组，而且还拥有一件中国国宝级文物中的顶级国宝。陕西历史博物馆，已经成为除故宫和国博之外，中国最大的博物馆、最富有的文物宝库。

陕历博和故宫有个最大的不同，故宫的文物大多都是明清的完整移交，而陕历博则全部依靠的是地下文物的出土。不过，身处13朝古都的陕历博随时随地都可能有惊天的收获。我们不说那些计划内的皇陵发掘，不说陕西规划内的考古成果，仅说西安辖区那些西安人人人熟悉的也即前边曾经讲过的诸多偶然发现：百万年前的蓝田猿人是挖龙骨时挖出来的；六千年前的半坡遗址是挖路时挖出来的；世界八大奇迹的秦兵马俑是挖井时挖出来的；千年之后仍然香气四溢的西汉美酒是挖地时挖出来的；50多公斤重的219枚纯金汉代金饼是挖土时挖出来的；一大堆不计其数的古代钱币那是在拉土车乱倒建筑垃圾时被工人遗漏出来的；两瓮一罐宫廷窖藏的千余件何家村遗宝则是在建筑队挖地基时被最终"解放"出来的……如此的偶然发现，在西安是连连不断，仅仅何家村一次出土的两瓮一罐，全部都是唐代的宫廷珍宝！

其中有50多件被确定为国家一级文物；有4件被确定为国宝级文物；有2件被确定为"永久性禁止出境展览"；更有1件"镶金兽首玛瑙杯"惊破大天，被确定为海内外的孤品！成了前边所说的"中国所有国宝级文物中的顶级国宝"，被专家惊誉为名副其实的价值连城。

以上诸多的珍奇异宝，稀世罕见、举国瞩目。然而，一件一件，最终都加入到了陕西历史博物馆的藏品行列。

说到这里，也许人们最关心的已不是陕历博的文物，而是地下藏宝的原因。为什么能有如此之多的珍宝集中埋藏在西安呢？为什么？就因为西安是周秦汉唐的都城！就因为西安是中国历史上建都时间最长的城市！仅说这两瓮一罐的珍宝，埋藏人即是唐德宗时期的尚书租庸使刘震，是专门管理宫廷珍宝的高官。因当时突然发生"泾原兵变"，皇帝已逃离长安，而此时的刘震，不知是为公为私，反正精心挑选了大批的宫廷珍宝，并携宝出逃。由于在出城时受阻，故刘震只有返回家中埋藏了珍宝。后刘震又做了叛军的命官，但不料很快唐军又收复了长安，刘震夫妇双双被斩，其私藏的大批珍宝，也就永远地长眠地下，无人可知了。

两盒一罐中的舞马衔杯银纹壶

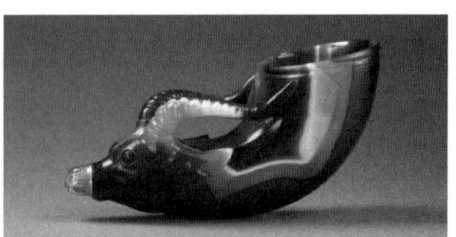

两盒一罐中的镶金兽首玛瑙杯

两盒一罐中的鸳鸯莲瓣纹金碗

两盒一罐中的唐三彩载乐驼

一场小小的 5000 人的兵变，即可使长安城的朝廷高官埋宝出逃，那么，安史之乱呢？黄巢起义呢？再大的战争呢？试想，那得会有多少的王爷大臣、豪强富商埋宝出逃呢？如此看来，西安市的诸多"偶然"，只是千年之前长安城地下藏宝的冰山一角。这无疑意味着，古都西安今后还将会有更多更多的"偶然"降临，还将会有更多的"何家村遗宝"出现。

陕西历史博物馆，作为中华民族的宝库，有着 13 朝的大都作后盾，有着 79 座皇陵做底垫，有着难以估量的隐性宝藏做储备，其馆藏文物的量、馆藏文物的质、馆藏文物的品位、馆藏文物的珍宝，人们完全有理由相信，在中国，除过"国博"和故宫，陕历博一定都会遥遥领先，一定不会被人超越！

第六节　　陕历博馆舍是"中国建筑新遗产"

不一样就是不一样！不同凡响的陕历博，其内在的藏品不同凡响，其外在的建筑照样不同凡响！陕西历史博物馆还有一张王牌，还有一个中国唯一，那就是：在全国所有的综合性博物馆中，除过中国国家博物馆外，唯有陕历博一家，其馆舍建筑和人民大会堂、人民英雄纪念碑等全国 98 项著名经典建筑一起，被评为了首批《中国 20 世纪建筑遗产》。

《中国 20 世纪建筑遗产》由中国文物学会、中国建筑学会主办，由"20 世纪建筑遗产委员会"的 97 位专家委员严格评选，在公证部门的监督下，评选出首批"中国 20 世纪建筑遗产项目"共计 98 项，并于 2015 年 8 月 27 日在北京故宫召开了隆重的发布大会。98 项《中国 20 世纪建筑遗产》，其中北京一家占有 34 项，包括了人民大会堂、人民英雄纪念碑、毛主席纪念堂、钓鱼台国宾馆、中国革命历史博物馆（即现中国国家博物馆）、奥林匹克体育中心等。另外上海占有 13 项，天津占有 5 项，重庆占有 7 项。以上 4 个直辖市共占有了"20 世纪建筑遗产"59 项，剩余的 39 项为其他各个省市共同占有。

三是秦岭分出了中国的南雨北旱——南方来自太平洋、印度洋的暖流向北运动,暖流运动即携带雨水,但因受秦岭阻隔又调头向南返回,一来二去,雨都下到了南方。

四是秦岭分出了中国的南稻北麦——由于气温雨量的不同,导致了南方北方粮食作物的种植也各不相同。南方多种水稻,北方多种小麦,南方人爱吃米饭,北方人爱吃面食,因为秦岭本身就是水稻和小麦种植的气候分界。

五是秦岭分出了中国的南船北马——南北气候的差异,决定了南北水资源的悬殊。在过去,南方人出行大多靠船,北方人出行大多靠马;到南方处处都有航运码头,而在北方各地都有车马大店。一直到了如今,中国的交通已经天翻地覆,但北方人的出行仍然和船基本无缘。

六是秦岭分出了中国的南尖北平——南方天热雨多,为了隔热通风,为了泄水快捷,南方民居的屋顶大多都是尖屋顶;而北方干旱少雨,故北方民居大多都是平顶房,既可省工省料,又为诸多北方农作物提供了最好的晾晒平台。

七是秦岭分出了中国的南轻北重——北方拥有丰富的煤炭、石油、矿产资源,故采矿、冶金、机械制造等重工业相对比较发达;而南方资源贫乏,但技术理念超前,优先发展的是生活消费品的领域,故轻工业的比重相对较大。

八是秦岭分出了中国的南经北政——从古代到近代基本如此:南方近海,经济发达市场繁荣,商业理念根深蒂固;而北方则天子脚下,政治、军事机遇较多,氛围影响无处不在。故从总体上来说,南方人经商的多,北方人从政的多,而且这个理念也许还将不断延续。

第二节　西安终南山　中国的中央国家大公园

终南山是西安境内的秦岭,是古代司马迁笔下的秦岭,是当今中国最为

"秦岭"的秦岭——华夏龙脉大秦岭，秦岭之魂终南山！

说终南山是秦岭之魂，当然有着它的历史依据，因为，秦岭先叫终南山，后才称秦岭。然，山还是一个山，只不过叫了两个名。秦岭在秦始皇统一中国前一直被称作"昆仑"，后来有了秦国，因昆仑耸立在秦国的都城之南，故昆仑被称为了终南山，也简称南山。并且在先秦时期的著作《诗经》《山海经》中都有终南山或南山的文字出现。直到秦始皇横扫六合、建立大秦帝国之后，由于终南山仍然紧靠大秦帝国都城的身后，当时的人们因其大秦的秦威，才把终南山称为了"秦岭"。虽然只是口头称谓，但秦岭一名就此产生。再到后来的西汉时期，司马迁在其《史记》中写下了"秦岭，天下之大阻也"，秦岭才有了正式的文字记载。只不过，在古代相当长的一段时间内，秦岭与终南山都是同一个概念，二者的名字一直都是相互通用、共指一山的。

至于以后出现的广义大秦岭，把秦岭延伸到了甘肃及河南。虽然长达1600多公里，但西安的终南山，从狭义的秦岭，到广义的秦岭，自始至终都在整个秦岭的最中心。看一看新中国的版图，大秦岭论南北是中国的中心线，论东西是中国的中心段，而终南山即位处这一线一段的中心点！

终南山东西长约230公里，南北的宽度，最窄处15公里，最宽处55公里，跨越了西起周至东至蓝田的西安四个区县，海拔高度2600余米，总面积4851平方公里。在此需要特别强调，终南山可不是一般只看景观的风景山，终南山的"功能"多门多类，无山可及！终南山是中国南北的地理、气候、生态、环境乃至人文的天然分界线，其标志就在终南山的主峰峰脊；终南山是亚洲的天然植物园，其植物的种类类别、品种数量是中国所有植物园中的排名第一；终南山是中国的天然动物园，其以大熊猫朱鹮四大国宝为代表的各类动物飞禽，类别占到了中国总类别的30%以上；终南山是中国蓝田猿人的诞生地，拥有世界上仅有的最早最完整的猿人头盖骨；终南山是世界著名的地质公园，展示了2.4亿年前的地质遗迹、山崩奇观、以及第四纪的冰川；终南山是中国道文化、佛文化、孝文化、钟馗文化、财神文化的发祥地，每种文化分别都有自己的代表景点；距终南山不远，有着中国唯一的"大地原点"，把终南山定位在了中国几何地理的最最中央。

终南山的独特奇异，该关注的单位总在关注着。2005 年，最具行业权威的中科院刊物《中国国家地理》，推出了自己"蓄谋已久"的重磅篇目：《秦岭，中国人的中央国家公园》，在全国引起了广泛地热议，并从此把"中央国家公园"的帽子"不容商量"地戴在了西安终南山的头上。

西安秦岭国家中央公园及秦岭国家植物园入口处

中国的各类国家公园都叫国家公园，但中科院的刊物为秦岭国家公园的定名为何多出了"中央"二字？其实，人人都明白，加上了"中央"二字，并不是指由中央来管辖，而是重点强调：秦岭国家公园与其他国家公园的最大不同，就在于它位处的是中国版图最中央的地方。

虽然秦岭的终南山本身就是一个稀有的大公园，本身就有诸多世界级的稀缺资源，但中科院对于《中国人的中央国家公园》的定位，特别是其中"中国人的"概念定位，与国家相关部门以及陕西省省市政府的思路恰恰不谋而合，且早已在规划实施当中。2017 年 10 月 1 日正式开园运营的特大型"秦岭国家植物园",就是其中兑现的规划项目之一。

第三节 西安终南山 有中国最大的国家植物园

全国目前不同的植物园共有130多家,但所有的植物园,不论类型、不管级别、不分大小,其名字的前置都冠有城市或区域的称谓。唯有终南山的植物园,名字中既没有城市,又没有区域,但却冠上了大大的"国家"二字,是全国唯一一个"国"字号的植物园——秦岭国家植物园。

在终南山建设植物园,其实陕西省和西安市谋划得很早,动手的也很早。在进入21世纪的第一年,即2001年的2月份,陕西省政府即正式行文批准建设西安终南山全国最大的植物园。2001年的11月,陕西省政府正式确定了植物园的名称,但叫的不是现在的名字,而是带有地域称谓的"陕西省秦岭植物园"。同时,还组建了陕西省秦岭植物园的机构,并加挂了"陕西省秦岭植物研究院"的牌子,级别为正厅级单位,直接归属陕西省政府的领导。

2016年10月,对于西安来说,天上掉下了馅饼。国务院在北京召开了有陕西省政府、国家林业局、中国科学院、西安市政府参加的四方联席专题会议。会议决定,终南山的植物园由以上的省、局、院、市联合共建,总投资13.8亿元,四方出资分配为1:1:1:0.5。并将植物园的名字正式变更为"秦岭国家植物园",这是全国所有植物园中第一个、也是迄今为止唯一一个带有"国家"称谓的植物园! 2007年5月30日,省局院市四家联合在陕西省西安市的周至县集贤镇举行了隆重的奠基仪式,并由此拉开了秦岭国家植物园的建设大幕。

秦岭国家植物园,是全国唯一的特大型综合植物园,是世界上规模最大的天然植物园。秦岭国家植物园的大,大到了与现有国内外的任何植物园无法可比:其占地面积高达639平方公里,几乎相当于一个小型国家!与那些

"终南山福地";不失于宁静优雅。任谁,都会做出这样的选择。

华夏龙脉大秦岭,秦岭之魂在西安。龙是中华民族最崇高的象征,龙能带来吉祥,龙能佑护平安,龙能使你龙凤呈祥,龙能让你龙腾虎跃。也许,正是因为秦岭,因为秦岭的龙脉,才成就了西安的千古大都,才能让如今的西安龙腾虎跃、如日中天。

第十一讲

西安周边一日游 "中国第一" 围西安

外出旅游，在旅行社、在所有游客的眼中，只有旅游点、旅游线、旅游片。对于某个旅游点的行政区划隶属，说实话，旅游的客人恐怕只能记得省份，只能记得从哪个核心城市出发，至于这个点属于哪个区？哪个县？大多的游客都是漠不关心、似知非知。本讲要说的"中国第一"，对于陕西以外的游客来说，都是在全国旅行社"西安一日游"的线路之内，都是在西安100公里左右的范围之内，都是要从西安集结始发的旅游片区，都是乘高铁大约30分钟、开小车仅仅一个小时的车程。但是，它们都不在西安的行政辖区，都属于陕西省内的西安周边。西安是世界著名的旅游胜地，不仅本身有诸多的世界大牌，就连周边的一日游也个个都是"中国第一"，包括秦岭的第一在内，分别从东西南北四个方向，包围了古都西安。

第一节 黄帝之陵 中华民族第一陵

黄帝陵，位于西安以北陕西省黄陵县（原名中部县）的桥山，是《史记》中记载的中国唯一的一座黄帝陵。陵区包括了桥山山顶的黄帝陵，包括了桥山山麓的轩辕殿，包括了山上山下三万多颗千年之久的古柏群，包括了黄帝的"手植柏",包括了黄帝的"脚印石",还包括了大量的古代现代各朝各代国祭大典的"皇帝"碑石,以及其他诸多的历史遗存。是全中国、全世界公认的中华民族始祖之陵。

本节的题目是"黄帝之陵,中华民族第一陵"。鉴于在网上曾出现过一些人对黄帝陵的模糊认识,故而,在这里不说黄帝陵景观的如何俊山秀水,不说黄帝陵祭典的如何隆重壮观,单单只说黄帝陵在中国究竟"第一"在了哪里?

首先,黄帝陵是全国所有各级文保单位中古墓葬的"国字"第一号。在中国古墓葬是文物,但任何一处文物其价值的高低都取决于它是哪一级的文物,是县保级?是市保级?是省保级?还是最高级别的国保级?中国的各级古墓葬包括所有的帝王陵在内数量高达几千座,而陕西的黄帝陵则早在1961年中国第一批《国家重点文物保护单位》共180家的名单内,即被国家编为了"古墓葬"中永久性的第一号。

其次,黄帝陵是全国所有5A级景区中帝王陵风景区的"国字"第一家。中国的旅游景区共分为了五个层级:1A、2A、3A、4A和5A。在2007年国家评定的全国第一批共计66家的5A级景区中,陕西的黄帝陵是其中第一家、也是唯一一家的帝王陵风景区,更是迄今为止全国所有批次5A级景区中帝王陵风景区的"国字"第一家。

第三,黄帝陵是全国所有国家级"非遗"祭典项目中的全国排名第一位。2006年出台的全国第一批《国家级"非遗"项目》名单共计10个大类518项,其中民俗类的"祭典"项目仅仅入选了8项,依次是:陕西省黄陵县的黄帝陵,湖南省炎陵县的炎帝陵,内蒙古鄂尔多斯市的成吉思汗陵,山东省曲阜市的孔子祭典,福建省莆田县的妈祖祭典,甘肃省天水市的伏羲祭典,河北省涉县的女娲祭典,浙江省绍兴市的大禹祭典。而陕西的黄帝陵,在全国所有的"非遗祭典"项目中,则排在了第一批的第一位。

位处陕西黄陵县的黄帝陵

第四，黄帝陵在古代中国的管护格次全国最高。明洪武三年，朱元璋颁诏降旨国祭黄帝陵，且在黄帝陵设置了专门的管理机构。护陵官由当地的中部县（今黄陵县）县令兼任，并因此提高了中部县县令的级别，从七品一举升格为五品。五品级别的黄帝陵护陵官，比其他县的七品县令，整整高出了两个级别，放到现在，最少相当于正厅级以上。

第五，黄帝陵是全国唯一一个因陵名而被国家动意更改了县名的黄帝陵。在抗日战争最艰苦的几年里，为了进一步凝聚中华民族，团结抗击日寇，蒋介石不仅亲自于1942年为黄帝陵题写了陵碑，而且在1944年，责成国民政府将沿用了近2000年的陕西省"中部县"的县名，改成了黄陵县。进一步突显了陕西黄帝陵在中国的一陵独尊。

第六，黄帝陵是全国唯一一座从古到今连续不断享受着国祭大典的"黄帝陵"。对黄帝陵的国家祭祀，是从3000多年前的古代一朝一代传承下来的，自夏商周开始，即逐渐形成了态势。秦始皇统一天下后，即把原来的"黄帝之丘"封为了"黄帝之陵"，同时又沿袭了夏商周对黄帝的祭祀礼仪；到了汉代，汉高祖刘邦不仅正式敕令，在桥山建起了"轩辕庙"，并把桥山黄帝陵确定为全国祭祀黄帝的唯一场所，且从此开始了中国对黄帝陵大规模地官方祭典，汉武帝最为典型，曾率兵十万，北巡朔方，返回时专赴桥山，全军祭祀黄帝陵；即使到了北魏时期的少数民族鲜卑族，也自认为是黄帝的后裔，也有多位帝王亲临桥山祭典参拜；大唐建立，则由天子颁诏，把对黄帝陵的祭祀升级为国家大典；进入宋代，虽然中国都城东移，远离了长安，远离了桥山，但对黄帝陵的祭典并未因远而断、因远而减，宋太祖赵匡胤下旨明令：对黄帝陵的祭祀一年一小祭，三年一大祭；特别是元朝时期，虽然是外族政权，但对中华民族的始祖尊崇有加，把对黄帝陵的祭典写进了法律，在其《元典章》中明确规定："黄帝是开天辟地的先祖，应享国家祭祀"；明朝建立后，从朱元璋开始，即代代国祭、不曾改变，仅明一代就在桥山留下了御制祭碑 21 通；再就是满清政府，不仅继承了汉人的祭祀礼制，而且规模更为宏大，内容更为丰富，除常祀之外，凡遇皇帝登基、太后寿辰、水旱灾害、五谷丰登，以及弥除边患之际，均要专赴陕西桥山，增祭特祭，以向黄帝陵"讨"个吉祥平安。

一直到了封建社会结束后的"中华民国"，大总统孙中山亲自参与国祭，亲自撰写《祭文》；国民政府规定每年清明节公祭黄帝陵，蒋介石亲自题写黄帝陵陵前碑；"九一八"事变后，国共两党各派代表前往桥山共祭黄帝陵，毛泽东亲撰《祭黄帝陵文》，此《祭文》成了昭告列祖列宗、团结抵御外侮、建立全国抗日统一战线的中华民族铮铮誓约。

1949 年新中国成立后，毛泽东亲自批示，请周恩来总理部署对黄帝陵进行维修保护，并委托郭沫若为黄帝陵题写黄帝陵陵碑。此后，国家对黄帝陵的陵区先后进行了多次的大规模整修和扩建；此后，国家每年清明节都要进行隆重的祭典仪式；此后，每年都有国家领导人专程来陕参观公祭；此后，大批的各界代表、港澳台胞、海外侨胞奔赴黄陵共祭黄帝；包括中国的百年大喜、香港澳门的回归，董建华、何厚铧都要亲撰碑文立碑黄帝陵，把这一喜讯"汇报"给中华民族的祖宗……如今的黄帝陵，其国家祭典的至高性、至尊性、持续性和唯一性，得到了中华民族的一致认可，同时也成了炎黄子孙缅怀始祖的精神圣地。

司马迁在《史记》中写的是："黄帝崩，葬桥山"。《史记》记的就是汉代及汉代之前的历史，"黄帝崩，葬桥山"即是以汉代之前的相关史实而写的。桥山在哪里？司马迁最清楚。汉代时对桥山黄帝陵的祭祀，是对前朝前代的礼制沿袭；汉代后的各朝各代，包括大唐，包括中国都城东移后的宋、元、明、清，包括封建社会之后的"中华民国"和新中国，所有对黄帝陵的祭祀，都是从汉代之后一朝一代传承下来的，不仅从未中断，而且规格越来越高，而且祭的都是陕西桥山的黄帝陵。陕西的黄帝陵，是中华民族的第一陵，哪怕再过一千年、一万年，这个"第一陵"都是绝对不会改变的。

第二节　西岳华山　奇险天下第一山

中国最著名的山要数五岳，五岳最奇险的山要数西岳。西岳华山，位处西安以东的陕西省华阴市境内，距西安有高速、有高铁仅仅120公里，被大多的游客称之为"西安的华山"。是5A级景区，是国家级文物保护单位。"奇险天下第一山"，这里的"天下"二字，不仅包括了中国，其实也包括了世界。

华山的山是世界上最险的山——查一查网上"世界十大最惊险的景点"，华山就在其中，而且排在首位！华山的险，在唐代即留下了久传不衰的故事，说的是唐时的大文学家韩愈攀登华山的险遇。当时华山的登山之路只有脚窝，没有台阶，当韩愈游罢三峰下至苍龙岭时，只见脚下的山路如履薄刃，两边的峭壁绝壑千尺，顿觉双腿发软、寸步难移，自知无法下山，坐在岭上痛哭。绝望之后即给家人写下遗书并绑上石块投下山岭求救。幸亏山民捡到报官，当地县令方才派人将韩愈抬下华山。至今，苍龙岭上还留有"韩退之投书处"

第五篇章　西安　名贯中外的旅游大牌

的摩崖石刻。如今的华山，除过冬季，昼夜都是人满为患。华山险不险？险到何种程度？看一看游客对华山"险"的深刻感受，几乎用尽了中国的特定成语：什么惊心动魄、魂飞胆颤，什么大惊失色、提心吊胆，什么步步惊魂、目瞪口呆，什么惊恐万分、毛骨悚然！还有的则用的是最时髦的网络词汇：华山的险，险倒全中国，碾压全世界！

华山绝崖千丈的大西峰

华山的路是世界上最险的路——"自古华山一条路"！然而，华山的"路"根本就不是凡人的路。这是一条奇险的"天路"，把人们带进了九霄云端。不论是千尺㠉、百尺峡、老君犁沟、擦耳崖，以及那纯粹90度的登天梯，以及那吓坏了韩愈的苍龙岭，一段段天路，无不都是游客们所说的"步步惊魂、毛骨悚然"。仅看那第一段天路的千尺㠉，峭壁上"凿"出的一道石槽：坡度是高达80度的陡坡，宽窄几乎仅仅一个人的容身，脚下的台阶进深只够放下三分之一的脚掌，370多级的立陡石梯，必须要紧抓铁链，必须要四肢并用，必须要一气完成。若是胆怯想返，那是绝对不行的，因为你的头

417

顶全都是脚,你的脚下全都是头,你停不成也回不去,只能进,不能退,咬紧牙关也得上!

华山的索道是世界上最刺激的索道——华山的西峰索道,总长4.21公里,落差894米,虽然总长落差都不是世界第一,但西峰索道的刺激,却无疑是中国第一、世界第一。试想,站在1000米高的山顶,眼望脚下缓缓而下的山坡,和站在1000米高的楼顶,眼望脚下直上直下的悬空,同一个落差那能是同一个感觉吗?华山索道的险,险在了西峰没有索道站的空间,而是把站建在了世界唯一的在绝壁上凿出的山洞内。乘坐华山索道,对胆大的人来说是享受,对胆小的人来说是遭罪。吊厢的窗外、吊厢的脚下,全都是立陡立陡的绝壁,全都是令人目眩的深渊。一个吊厢几乎一半的人都是紧闭双眼、紧咬牙关,根本不敢往下看;而胆大的人则是连连拍照、连连叫好,120块钱的索道票,价格超值、景色超好、感受超刺激。游客坐过的所有索道,在这里的刺激,在哪里都感受不到!

华山的旅游是世界上最惊心的旅游——任何人到华山旅游,都是早已听到过华山的奇险,都是做足了华山的功课,都是做好了充分的思想准备。但是,相当多的人只要到了千尺幢的脚下,只要看到了那似拦非拦的"回心石",虽然真正就此而回的人很少很少,但从此开始,自己的神经即突然绷紧。往上走,一个接一个的千尺幢、百尺峡、老君犁沟头发麻;再往上,登天梯、擦耳崖、苍龙岭上叫爹妈。这一连串的惊与险,让人的心越绷越紧,越紧越崩,直至到了休息的地方,不少人的牙关还死死地咬着忘记了放松。然而,当人们攻克了这些险关,来到了东峰的"鹞子翻身",来到了南峰的"长空栈道",这时都会不由自主地发出声音:哇!所有走过的险关,在这"世界之最"的面前,都成了小菜一碟。你看那长空栈道:脚下是万丈的深渊,头顶是直立的山崖,手抓的是绝壁上的铁链,脚踩的是仅仅只有30厘米宽的木板。那一个个走上长空栈道的勇者,完全就像吸附在2000米高空绝壁上的蜘蛛大侠!看到如此,让所有观者的心,都会紧紧紧紧地紧绷着。

奇险天下第一山！华山的险，可以说，喜煞胆大的，吓坏胆小的。但是，华山的险，绝不像探险者前途未卜的险，而是绝对的有惊无险、只惊不险，只不过少数胆小的人过不了心理这一关罢了。上华山，说句大实话，其实就是在旅游中练胆。无限风光在险峰——只要你走进了华山，只要硬着头皮把山上完，不管男的和女的，不管国人和老外，在经历了这世界上最险的山、最险的路、最刺激的索道、最惊心的旅游，你的胆一定会变成另外一个胆，同时，你也一定会最终看到"奇险天下第一山"的真正面目。

第三节　法门大寺　中国佛教第一寺

法门寺位于西安以西的陕西省扶风县，距西安仅仅100公里的距离。"中国佛教第一寺"，要说"第一寺"，概念可以很广，涉及的方面也可以很多，可以是建筑、可以是规模、可以是藏品、也可以是知名度、也可以是在中国在世界的影响力。而法门寺的"中国佛教第一寺"，以上的诸多方面，全部覆盖，都是第一。

法门寺的佛塔世界最高，148米的高度，相当于50层的楼房，远远高于中外的所有佛塔；法门寺的佛指舍利世界唯一，在全球佛祖遗骨现存的只有一块顶骨、一节中指和两块牙骨；法门寺的地宫珍宝，全是大唐时期的顶级宝物，独揽了佛教领域的"十大世界之最"；法门寺的佛教地位，在中国是至高至尊，在世界是所有佛教信徒的朝圣中心。

法门寺的佛教第一寺，最核心的还是佛祖的指骨舍利。"舍利"即佛祖释迦牟尼的遗体经火化后的骨块以及凝结而成的细小颗粒，其中以顶骨、指骨、和牙骨最为稀有。由于是佛祖遗骨的原物，教徒视舍利即为佛祖。在古代，为了保护舍利，教徒可以剖开肚皮，将舍利藏在腹内；在现代，为了保护舍利，法门寺的僧人不惜点火自焚，以壮举而惊退了天不怕地不怕的红卫兵。

佛祖舍利是全世界所有佛教信徒心中最神圣的圣物，供奉佛祖舍利的寺院则是全世界所有佛教教徒心中最神圣的圣地。在此，我们不再细说法门寺的其他，只说一说法门寺的佛祖舍利在中国、在世界的地位，以及佛祖舍利的突然封存，以及千年之后的意外发现。

直插云天的法门寺双手合一舍利塔

佛祖的舍利据说是2000多年前古印度的阿育王分发给世界而进入中国的。法门寺的宝塔即是因佛祖舍利而筑，法门寺的寺院也是因舍利宝塔而建。在唐代，佛祖舍利即是中国的国宝神灵，法门寺则是大唐的皇家道场，可以说，当时的大唐有多辉煌，法门寺就有多辉煌。佛祖舍利三十年一迎请，先后有唐太宗、唐高宗、武则天、唐肃宗、唐德宗、唐宪宗、唐懿宗、唐僖宗等八个皇帝，以大唐的最高礼遇，共计六次，从200里外的法门寺迎请佛祖舍利至长安皇宫。八位皇帝的六迎二送佛骨之举，在中国的佛教史上无疑是空前绝后的。皇帝迎请佛祖舍利，除了供皇帝皇后皇妃皇族每日潜心瞻礼外，同时也给了广大民众一个礼奉膜拜的极好机会。

迎送舍利的沿路人山人海，有的教徒从长安出发，一步一礼，一直叩头到法门寺迎接；有的信众以示虔诚，砍断左臂右手执之，血流满地而追随圣撵之后；有的错者，以艾火置于头顶，任其燃烧，为的是要向佛祖真诚忏悔；朝廷的高官则竞相施舍金银珍宝，多得数不胜数……每次皇帝的迎请，其规模都是前不见头、后不见尾，鼓乐动地、声震云霄，幢幡蔽空遮日，队伍浩浩荡荡，已经成了大唐例行的国家大典。

然而，到了唐末，在第六次舍利入宫唐僖宗归送之后，因有之前唐武宗"灭佛"运动的余悸，因看到大唐王朝势不可挽的衰败，公元874年，法门寺的僧人做出了一个毅然决然的决定，将这枚真身佛指舍利以及三枚仿制的"影骨"，连同诸多皇家供奉的稀世珍宝，一并神不知鬼不觉地封入了法门寺宝塔下的地宫之中。

日月变换、斗转星移，一直到了20世纪的后期。1981年，法门寺佛塔轰然倒塌。1986年，政府牵头主持重建。当时恰逢四月初八的佛祖诞辰日，不知是天意，还是巧合，法门寺的地宫洞口竟然奇迹般地展现在了施工人员的面前。谁也不曾想到，这枚世界仅存的佛指真身舍利，在消失沉寂了1113年后，终于重现真容、重见天日！而且还带出了另外3枚玉质佛指"影骨"！而且还带出了2000多件大唐时期的国宝重器！而且还成就了法门寺佛教世界的"十大之最"！消息一出，轰动了全中国，惊爆了全世界，"疯狂"了所有的佛门教众——法门寺，千年之后再次成了全球范围的佛门圣地。

法门寺是国家5A级景区，是全国重点文物保护单位。作为"中国佛教第一寺"，自开放以来，法门寺的文物多次受邀走出国门，先后到过日本、韩国、德国、瑞士、英国、美国等国举办展览；先后接待过江泽民、胡锦涛、温家宝、吴邦国、贾庆林、李瑞环等20多位党和国家领导人；先后接待过诸多的外国首脑、驻华使节，以及外国佛教团体。2014年"世界第27届佛教联谊会"在法门寺隆重召开。这次会议是世界"佛联会"第一次在中国大陆召开，法门寺则是该次会议在中国大陆数千座佛教寺院中选择的唯一寺院。

第四节　红镇照金　陕甘边区第一镇

在西安以北 90 多公里的地方，陕西铜川有个小镇叫"照金"。小镇虽小，但名声极大——它是中国革命史上的里程碑，是陕甘边区根据地的第一镇，是红军长征到达陕北的落脚点，它对中国革命做出了无以替代的巨大贡献。

照金是以刘志丹、谢子长为代表的老一辈革命家于 1932 年底创立的陕甘边区第一个革命根据地。在照金驻扎的：有 1932 年 12 月 24 日被中共中央授予正式番号的西北第一支正规红军红二十六军；有 1933 年 3 月 8 日于照金成立的中共陕甘边区特别委员会；有 1933 年 3 月 15 日于照金成立的陕甘边区游击总队指挥部；有 1933 年 4 月 5 日于照金选举成立的陕甘边区革命委员会。革命委员会是照金苏区的政权执行机构，主席由贫苦农民的代表周冬至担任，副主席由上级党组织派来的同志担任，下边设有土地、粮食、肃反、经济等职能部门。再往下同时建立了辖区内包括照金镇区在内的诸多镇、乡、村各级革委会。从此，照金即成了陕甘边革命根据地的政治、军事以及经济的中心，根据地的范围横跨耀县（今耀州区）、淳化、旬邑、宜君四县，面积达到数万平方公里。

中国革命陕甘边区的第一个根据地，麻雀虽小，但五脏俱全。照金不仅有陕甘边的党政军领导机构，而且还分别设立了红军医院、红军仓库、红军军械厂、红军被服厂，而且还修建了军寨、战壕、哨卡、碉堡、吊桥等防卫设施。与此同时，还进行了各类干部的培训工作，开展了轰轰烈烈的土地革命，建立了发展苏区经济的贸易市场。特别是贸易市场，开始定的是五天一小集、十天一大集，再往后天天都有人，天天都开集，深受整个苏区群众的欢迎，不仅解决了红军的军需，又打破了国民党对陕甘边区的经济封锁。

1933 年 8 月，中共陕甘边特委在照金召开了著名的陈家坡党政军联席会议，会议做出了三大决定：一是对根据地所有的正规军、游击队、起义部队实行统一指挥；二是集中优势兵力深入广大陕甘地区开展游击战争，扩大革命队伍；三是实行武装割据，扩大陕甘边区根据地的规模。陈家坡会议的召开，为根据地的发展指明了方向，使陕甘边苏区的规模不断地向北延伸扩大。

红色旅游小镇照金

当时的中国革命已经到了最困难的时期，南方的所有苏区已经丧失殆尽，红军被迫长征北上。这时的陕甘边根据地则成了中国共产党"硕果仅存"的唯一一块苏区，但万里北上还没有落脚之地的长征红军并不知情。当大队人马到达甘南哈达铺时，毛泽东无意中从一张国民党的报纸上得知，陕北还有红军！陕北还有苏区！随之喜出望外，大手一挥：走，到陕北，陕北就是我们的目的地。于是，各路长征的红军会师陕北，开启了中国共产党领导中国革命的新篇章。而迎接党中央及长征红军的陕北红军，就是刘志丹等人领导的陕甘边红军队伍；迎接党中央及长征红军的陕北苏区，就是以照金为中心的陕甘边革命根据地。

照金照金，是金子一定会发光，更何况还有太阳的照射。过去的照金，是"南有瑞金，北有照金"的二金辉映；今天的照金，是"全国百家红色旅游经典景区"，是"全国爱国主义教育基地"，保留有大量珍贵的红军旧址及